HOBBIT PRESSE KLETT-COTTA

HISTORISCHER ATLAS VON MITTELERDE

KAREN WYNN FONSTAD

AUS DEM AMERIKANISCHEN VON HANS J. SCHÜTZ

Verlagsgemeinschaft Ernst Klett Verlag – J. G. Cotta'sche Buchhandlung
Die Originalausgabe erschien unter dem Titel
»The Atlas of Middle-Earth« im Verlag Houghton Mifflin Co., Boston

Printed in Germany 1985
Umschlagentwurf: Dietrich Ebert
Gesamtherstellung: Wilhelm Röck, Weinsberg
ISBN 3-608-95023-0

Abkürzungen:

Für die Werke von J. R. R. Tolkien wurden folgende Abkürzungen verwendet:

BB	= »Baum und Blatt«	H	= »Der kleine Hobbit«
I	= »Die Gefährten«	ME	= »Nachrichten aus Mittelerde«
II	= »Die Zwei Türme«	P	= »Pictures by J. R. R. Tolkien«
III	= »Die Rückkehr des Königs«	S	= »Das Silmarillion«

Zitiert wird nach: der dreibändigen deutschen Leinenausgabe *Der Herr der Ringe* (die identisch mit der kartonierten Ausgabe ist, bis auf die »Anhänge«), *Das Silmarillion; Nachrichten aus Mittelerde* (alle Hobbit Presse); *Der kleine Hobbit* (dtv-Taschenbuchausgabe), *Baum und Blatt* (Ullstein Taschenbuch).

Bei allen übrigen Angaben ist nur der Name des Verfassers genannt; der vollständige Titel ist der Bibliographie am Ende des Buches zu entnehmen.

Die Kompaßrose auf dem Einband wurde dem heraldischen Entwurf von Earendil, dem Seefahrer, nachgebildet (P 47; III 450).

Die abgebildeten Runen wurden, unabhängig von der Sprache, auf allen Karten in Mittelerde verwendet.

Es ist zu beachten, daß der Kompaß nach Westen ausgerichtet war, das heißt in Richtung Valinor.

 numen (Westen)

 romen (Osten)

 hyarmen (Süden)

 formen (Norden)

Inhalt

Einleitung

Ebenso wie Bilbo habe ich Landkarten immer geliebt. Ich machte als wissenschaftliche Assistentin der Kartographie 1969 zum ersten Mal Bekanntschaft mit dem *Herrn der Ringe,* denn eine meiner Studentinnen beschloß, als Semesterarbeit die Karte von Mittelerde neu zu zeichnen. Sie beendete ihre Arbeit bis zum Semesterende nicht, und ich weiß nicht einmal, ob sie es je getan hat; doch die Arbeit und der Einfall blieben mir im Gedächnits haften.

Zwei Jahre später las ich schließlich den *Herrn der Ringe* und den *Kleinen Hobbit.* Sofort erwachte bei mir die Lust des Forschers, diese (für mich) neuentdeckte Welt kartographisch zu erfassen und zu gliedern. Die Komplexität der Geschichte, die Vielfalt der Landschaften und die unübersichtliche Zahl der Orte waren eine Herausforderung, so daß mein Bedürfnis wuchs, sie zu meiner eigenen Befriedigung mit Feder und Tinte festzuhalten. Ich wünschte mir eine riesige, durch ein Register erschlossene Landkarte, die über jeden Ortsnamen und über alle Wegstrecken Auskunft gab. Die wiederholte Lektüre der Bücher (so zahlreich, daß ich zu zählen aufhörte) verstärkte lediglich diesen Wunsch. Nur meinem eigenen Arbeitsplan folgend, nahm ich das Projekt in Angriff, und die Arbeit ging langsam voran.

Die Veröffentlichung des *Silmarillion* füllte so viele Lücken und brachte so viele neue Schwierigkeiten, daß ich schließlich begriff, daß eine einzige Karte niemals ausreichen würde; aus dieser Einsicht erwuchs dieser Atlas.

Gleichwohl muß dem Werk ein warnendes Wort vorausgeschickt werden: Denn Tolkien selbst warnte uns, nicht zu verlangen, die »Knochen des Ochsen zu sehen« (BB 27), aus denen die »Suppe« gekocht wurde. Doch viele seiner Bewunderer haben ein solch unersättliches Verlangen, in jeden Winkel von Mittelerde zu spähen, daß wir nicht in der Lage zu sein scheinen, seinem Rat zu folgen. Auf diese Weise geziemend vorbereitet, will ich versuchen, Ihnen einige der »Knochen« zu zeigen.

Tolkiens »Zweitschöpfung«

In seinem Aufsatz »Über Märchen« erklärt Tolkien, daß die Sekundärwelt die »innere Folgerichtigkeit der Realität« (BB 51) haben müsse, um ein imaginäres Land (und die Geschichte, die sich darin abspielt) glaubhaft zu machen. Je mehr eine Sekundärwelt sich von unserer Primärwelt unterscheide, desto schwieriger werde es, sie an jeder Stelle glaubwürdig zu machen. Dies erfordere eine »Art Elbenkunst« (BB 51).

Tolkien wollte keine völlig neue Sekundärwelt schaffen. In einem Interview gab er einst die Antwort: »Wenn Sie wirklich wissen wollen, worauf sich Mittelerde gründet, so sind es mein Erstaunen und meine Freude über die Erde, besonders die natürliche Erde.«[1] Und er wollte für England eine neue Mythologie schaffen.[2] Also nahm er unsere Welt mit allen ihren Entwicklungen und durchsetzte sie mit gerade so vielen Veränderungen, um sie »märchenhaft« zu machen.

Rund oder flach?

Obwohl Kocher vorschlug, sich nicht allzu eingehend mit einer Frage zu befassen, die Tolkien selbst nicht ansprach,[3] stellt sich einem Kartographen, der versucht, die Karte einer Welt zu entwerfen, unausweichlich die Frage, ob diese Welt kugelförmig oder flach ist. Eine Stelle weist nachdrücklich darauf hin, daß Arda ursprünglich flach war: Zur Zeit des Unterganges von Númenor wurde Valinor von Arda entrückt; darauf wurde die »Welt tatsächlich rund geschaffen«, obgleich jene, denen es erlaubt war, noch immer den »Geraden Weg« nach Valinor finden konnten (S 309). Bevor diese Veränderung eintrat, bezog sich die Verwendung des Ausdrucks »Kreise der Welt« (S 280; 291) vermutlich nicht auf eine Kugelgestalt, sondern eher auf die physikalischen äußeren Begrenzungen oder »Grenzen der Welt« (S 208). Es ist möglich, daß Tolkien sich seine Welt auf dieselbe Weise ausmalte, wie die mittelalterlichen Kartographen es mit der unseren taten. Sie gaben die Erde als Scheibe wieder, an deren Peripherie Ozeane lagen, und die Orientierung erfolgte nach Osten, zum »Paradies« hin. Im Gegensatz dazu behauptet Tolkien, daß die Windrose in Mittelerde mit Westen begann (III 450), also offensichtlich nach Valinor ausgerichtet war, *ihrem* Paradies (Abbildung 1).

Eine Schwierigkeit, Arda als flache Welt wiederzugeben, war die Größe Belegaers. Die Breite des Großen Meeres wird zwar nie genannt, doch sie kann mit Hilfe zweier Anhaltspunkte geschätzt werden: Ar-Pharazôns Flotte benötigte (vor einem Ostwind segelnd) 39 Tage, um Valinor zu erreichen (S 307); und Númenor lag näher an Aman als an Mittelerde (S 289). Beim ersten Mal überquerte Columbus den Atlantik in 33 Tagen und ein zweites Mal in nur 21 Tagen.[4] Er legte also täglich zwischen 75 und 100 Meilen zurück. Die Schiffe des Odysseus segelten mit einer Ge-

Abbildung 1

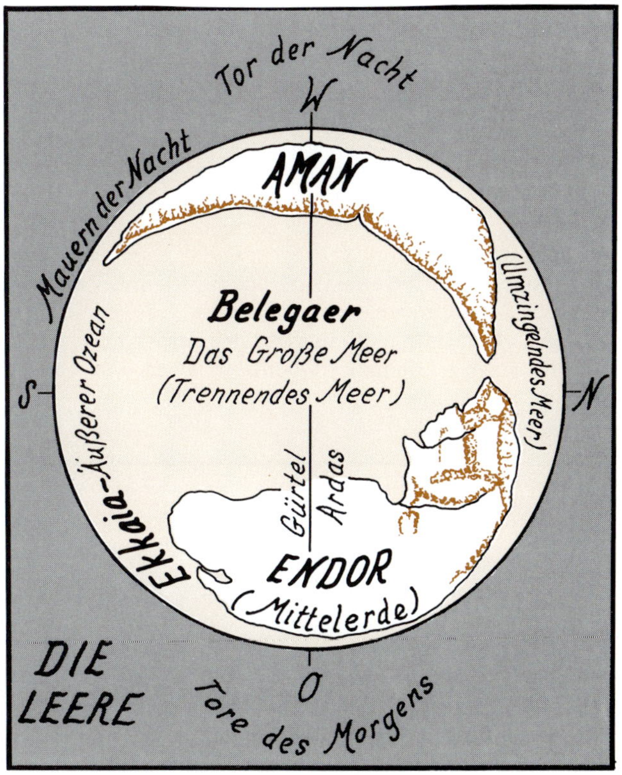

schwindigkeit von 3 Knoten — etwa 82 Meilen täglich.[5] Geht man von diesen Geschwindigkeiten aus, kann das Meer am Gürtel Ardas so breit gewesen sein wie der Pazifik. Doch an seinem äußersten nördlichen Ende war Aman nur durch eine schmale Meerenge von Mittelerde getrennt (S 102). Bei einer Kugelform Ardas wäre das Meer Belegaer an den Polen auf ein Nichts zusammengeschrumpft, so daß bei der geschätzten Breite der Meerenge die nördliche und die südliche Ausdehnung der Landzungen relativ gering gewesen wäre (Abbildung 2). Bei einer flachen Erdoberfläche andererseits hätte sich *jede* dieser Landzungen jeweils über fast 4.000 Meilen erstrecken müssen (Abbildung 3); es scheint unannehmbar, daß die Noldor diese lange Entfernung zurückgelegt haben könnten — zumal Fingolfins Heer von der Meerenge Helcaraxe bis nach Mithrim nur sieben Tage benötigte (S 113; 123). Hinzu kommt, daß Tolkien dem Großen Meer tatsächlich die Breite des Atlantik zugesprochen haben kann, denn er wird mit der Äußerung zitiert, Númenor liege »in der Mitte des Atlantik«.[6] Deshalb ist die Ausdehnung Belegaers mit einer Ausnahme auf allen Karten weit geringer als die Entfernung, auf welche die Reisen hindeuten.

Selbst nachdem das Aussehen der Welt verändert und Arda rund geschaffen war, ergaben sich kartographische Schwierigkeiten. Die dem *Herrn der Ringe* beigefügten Karten zeigen sowohl einen Nordpfeil als auch einen Längenmaßstab. Dies bedeutet, daß Entfernung *und* Richtung als genau angesehen wurden — für die Abbildung einer runden Welt eine Unmöglichkeit. Durch die Jahrhunderte ist es eines der größten kartographischen Probleme gewesen, eine runde Welt auf einem planen Blatt Papier wiederzugeben. Es ist nicht möglich, in jedem Fall und bei allen Entfernungen genau zu sein. Wenn die Richtung vorgegeben ist, dann erscheinen die Umrisse und Gebiete verzerrt. Karten kleinerer Gebiete können diese Abweichungen als unerheblich vernachlässigen, doch bei Erdteil- und Weltkarten ist das nicht möglich. Genauigkeit in einer dieser Eigenschaften läuft nur auf Ungenauigkeit bei den anderen hinaus. Wie viele von uns dachten einmal, Grönland sei größer als Südamerika — dank der Wandkarten in der Schule!

Kehren wir also zum Anfang zurück — zu Tolkiens Welt, die zumindest nach der Veränderung rund war, doch auf den Karten als eine flache Welt wiedergegeben zu sein scheint. Die einzig vernünftige Lösung besteht sicher darin, diese Karten Tolkiens zugrunde zu legen, also seine runde Welt so zu behandeln, als wäre sie flach. Dann wird uns Mittelerde vor die Augen treten, wie Tolkien es gesehen hat. Im übrigen: wie viele von uns machen sich tatsächlich klar, daß wir auf einer gekrümmten Oberfläche leben, obwohl wir wissen, daß es so ist!

Das Ortsregister

Es war eines der Hauptanliegen dieses Atlasses, ein Register zu erstellen, mit dessen Hilfe Orte leicht lokalisiert werden können. Man hätte in einen Atlas der Primärwelt Koordinaten eintragen und dabei die geographische Länge und Breite verwenden können, doch beides steht uns nicht zur Verfügung. Die geographische Breite kann durch klimatische Anhaltspunkte grob geschätzt werden — durch Jahreszeiten und Windrichtungen. Diese deuten darauf hin, daß die bekannten Länder des Nordwestens ungefähr die geographische Lage Europas gehabt haben müssen. Von Tolkien wird sogar berichtet, er habe auf die entsprechende Frage geantwortet, Mittelerde *sei* Europa,[7] dies aber später bestritten.[8]

Die Verwendung realer Koordinaten aus unserer realen Welt führt uns nicht nur zu den Problemen der flachen Erde zurück, sondern erscheint auch vermessen und unnötig. Statt dessen ist allen Karten mit Ortsangaben ein Liniennetz zugrundegelegt worden, das von Valinor bis zu den Bergen von Orocarni und vom Malm-Eis bis zur Weit-Harad reicht. Jedes Quadrat hat eine Seitenlänge von 100 Meilen. Jeder Ortsname (und seine Varianten) ist in einem Register nachgewiesen; und alle Karten weisen an ihren Rändern die Koordinaten auf.

Wie lang ist eine »Wegstunde«?

In dieser Zeit des Kilometers, in der sogar die Englische Meile rasch verschwindet, verstärkte Tolkiens Gebrauch alter Bezeichnungen wie Wegstunde *(league)*[9], Achtelmeile *(furlong)*, Klafter/Faden *(fathom)* und Elle das Gefühl mystischer Historizität — und die Verwirrung des Kartographen. Ein Klafter/Faden entspricht 6 Fuß; eine Elle mißt 27 bis 45 Zoll und eine Achtelmeile 220 *yards*. Diese kleineren Maßeinheiten sind für den Kartographen relativ unwichtig, aber eine »Wegstunde« — wie lang ist sie? Die Länge der Wegstunde schwankte in verschiedenen Ländern und Zeiten (der »realen Welt«) zwischen 2,4 und 4,6 Meilen.[10] Um hundert oder mehr solcher Abweichungen vermehrt, resultierten daraus unannehmbare, unbrauchbare Angaben; aber mit der Veröffentlichung der *Nachrichten aus Mittelerde* wurde endlich ein definitiver Orientierungspunkt gegeben. Danach ist eine Wegstunde in »númenórischer Rechnung« eine Entfernung, die »fast genau drei heutigen [englischen] Meilen entspricht« (ME 377).

Um sicherzustellen, daß die Entfernungen einheitlich waren, wurden für jede im *Herrn der Ringe* (dem einzigen Werk, dessen Karten eine Maßstabangabe aufweisen) in Wegstunden angegebene Entfernung exakte Vermessungen vorgenommen, und zwar sowohl in Luftlinie als auch nach dem Straßenverlauf. Es ergab sich, daß die Länge der Weg-

Abbildung 2

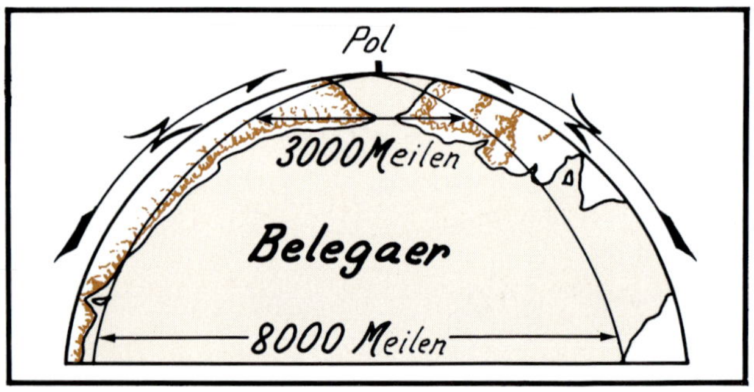

Abbildung 3

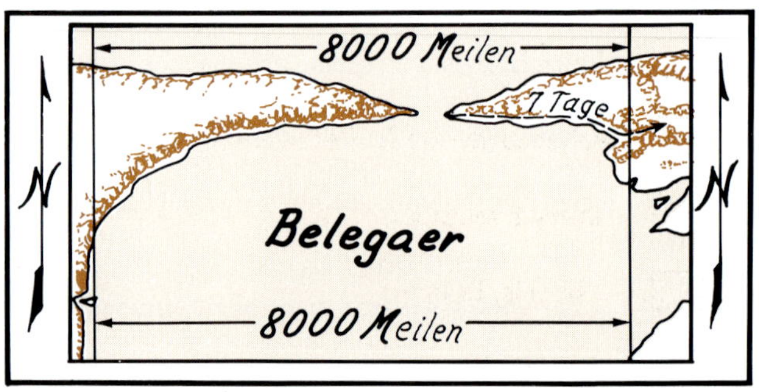

stunde zwischen 2,9 Meilen (am Anduin entlang zwischen Pelargir und den Anlegeplätzen von Harlond) und 17,5 Meilen (die Luftlinie zwischen Helms Klamm und den Furten des Isen) schwankte. Die meisten Längenangaben waren ziemlich genau, wenn die im Text genannte Zahl der Wegstunden auf die Luftlinie bezogen wurde, ob dies im Text ausdrücklich gesagt wurde oder nicht. Die Verwendung der konstanten Zahl von drei Meilen pro Wegstunde und der im *Silmarillion* genannten Entfernungen erbrachte ein erstaunliches Resultat: Die Krümmung der Blauen Berge — das einzige, was die Karten des Ersten und des Dritten Zeitalters gemeinsam haben — stimmte exakt überein. Diejenigen, welche diese Werte mit allen großen Regionalkarten vergleichen wollen (ausgenommen Valinor, Númenor und Auenland), können den folgenden vergleichenden Maßstab benutzen:

Abbildung 4

Die Wegstrecken waren die zweite Schwierigkeit. Sie waren Grundlage der allerersten Entfernungsberechnungen für die Basiskarten, und sie wurden ebenso benutzt, um die Lagerplätze zu lokalisieren. Viele Meilenangaben mußten im Vergleich zu unserer Primärwelt geschätzt werden. Wie viele Meilen pro Stunde waren länger als einen Tag zu ertragen — von einem Menschen zu Fuß (mit einem Elben und einem Zwerg)? Von Reitern in Rüstungen? Von Halblingen bei gekürzten Rationen? Von Ponys auf Bergpfaden? Schließlich wurden die täglichen Entfernungen berechnet, indem Lagerplätze mit bekannter Lage und bekannten Ankunftszeiten benutzt wurden; die seit dem letzten Lagerplatz zurückgelegten Meilen ergaben sich durch Interpolation, wobei Änderungen der Reisegeschwindigkeit (z. B. bei einer Verfolgung durch Wölfe) berücksichtigt wurden.

Die physikalischen Basiskarten

Weder die Kulturmorphologie noch die Geschichte der Freien Völker ließe sich verfolgen, wenn nicht zuvor die physikalische Grundlage geschaffen würde. Tolkiens wundervolle Beschreibungen waren dabei von unschätzbarem Wert, und die Breite seines Wissens ist unstreitig; dennoch war es schwierig, einige Details durch Begriffe aus unserer Primärwelt wiederzugeben. Gewöhnlich wiesen die Abweichungen auf Einflüsse der Sekundärwelt hin, doch gelegentlich können diese Unterschiede unabsichtlich entstanden sein. Einige Autoren haben behauptet, Tolkiens Karten seien stark von Europa beeinflußt.[11] Ähnlichkeiten sind offensichtlich, doch ich bin eher geneigt anzunehmen, daß seine Landschaften aus lebendigen geistigen Bildern erwuchsen, die sich auf spezifische Gegenden gründeten, mit denen er vertraut war. Bei der Veranschaulichung der charakteristischen Landschaftsformen habe ich mich einer Darstellung bedient, die gewöhnlich bei physiographischen und Übersichtskarten verwendet wird. Diese Methode ist lediglich dazu geeignet, einen allgemeinen Eindruck von der Anordnung und der Art der Landschaftsmerkmale zu geben, kann jedoch nicht jeden Hügel zeigen. Tolkiens ursprüngliche Karten und Illustrationen sind als allgemeine Hinweise zur Lokalisierung und zur Höhenbestimmung verwendet worden; bei Abweichungen wurden die endgültigen Karten gewöhnlich auf der Grundlage des Textes und der Folgerungen angefertigt, die sich aus ihm ergaben.

Kulturelle Aspekte

Der Atlas zeigt sowohl die physikalische Oberfläche als auch deren kulturelle Prägung durch die Freien Völker. Es gibt sechs Arten von Basiskarten: (1) physikalische Karten mit Ortsnamen (eingeschlossen Landschaftsformen, Gesteine und Klima); (2) politische Karten (oder Einflußgebiete); (3) Schlachten; (4) Wanderungen (eng mit der Sprachentwicklung verbunden); (5) die Reisewege; und (6) Karten von Schauplätzen (Städte, Wohnorte). Diese Karten sind im allgemeinen in dieser Reihenfolge angeordnet. Die Ortsnamen auf den Karten können von einem Zeitalter zum nächsten variieren, je nachdem, welche Sprache zu einer bestimmten Zeit an einem bestimmten Ort vorherrschte.

Symbole, die zur Kennzeichnung verschiedener physikalischer und kultureller Erscheinungen Verwendung fanden, wurden nach Möglichkeit beibehalten, obgleich einige Abweichungen notwendig wurden, falls da die Elemente nicht überall gleich waren. Immer wenn »gut« und »böse« gemeinsam auftraten, wurde »böse« durch schwarz und »gut« durch grau und/oder braun wiedergegeben. Zur leichteren Orientierung wurde den meisten Karten eine Bilderläuterung beigefügt, doch gewöhnlich lassen sich die Symbole einer der folgenden Kategorien zuordnen.

Geographische Symbole:

 niedrige Hügel

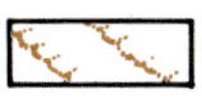 Hügelland

 schneebedeckte Berge

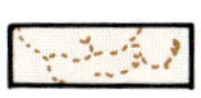 überschwemmtes Land

 Treibeis, Eisberge

 Ozean

 See

 Fluß, ständig wasserführend

 Fluß, gelegentlich wasserführend

 Stromschnellen

 Wasserfälle

 Wald

Sumpf

Topographische Symbole:

politische Grenze

Stadt mit Mauern

Stadt

Wachtturm

Ruine

zeitweiliger Aufenthaltsort, Lager

Straße

Brücke

Furt

Gefechtsbewegungen:

angreifende Streitmacht

fortdauernde Aktion

Rückzug

Truppen:

Knechte von Morgoth, Sauron u. a.

böse Menschen

andere, z. B. Drachen, Balrogs

Elben oder die Verbündeten

gute Menschen

Zwerge

andere, z. B. Adler, Ents

Wege:

Wege der Hauptpersonen

Wege der Nebenpersonen

gemeinsame Wege

Lagerplatz tagsüber

Lagerplatz nachts

Begegnung

Lagepläne:

entweder Damm, Deich oder Graben

befestigte Mauer

Tor

Hof

verschiedene Gebäude

große Säulenhalle

Treppen aufwärts

Treppen abwärts

Eingang

Pier

Baum

Schlußbemerkung

Eine fast endlose Reihe von Fragen, Vermutungen und Deutungen war notwendig, um die Karten auf den folgenden Seiten herzustellen. In vielen Punkten werden sich mit ziemlicher Sicherheit Meinungsverschiedenheiten ergeben; bei mehreren Möglichkeiten habe ich mich für die entschieden, die mir am vernünftigsten erschien, da ich nicht zum »Alten Gerstenmann« gehen und um weitere Aufklärung bitten konnte. Ich hoffe, daß der Leser bei der Auseinandersetzung mit den Karten ebensoviel lernen wird wie ich, als ich sie zeichnete.

Das Erste Zeitalter

Die Altvorderenzeit

Einleitung

»Am Anfang war...« (Genesis 1,1)

Ilúvatar sandte die Valar, um die Welt zu ordnen und Arda auf die Ankunft seiner Kinder vorzubereiten — Elben und Menschen. Melkor, Bruder Manwes, anmaßend in seiner eigenen Stärke und Macht, suchte alle Werke der anderen Vala zu verderben. So begann Arda mit Krieg und Aufruhr: Die Valar bauten auf, und Melkor zerstörte. In dieser ersten der Großen Schlachten war es einzig die Macht Tulkas', die Melkor in die Flucht schlug, der in die Äußere Finsternis floh.

Der Frühling von Arda und die Besiedlung Amans

Mit dem Verschwinden Melkors waren die Valar endlich frei, die Unruhen der Welt zu befrieden und die Dinge nach ihren Wünschen zu ordnen. Von der Größe und der Gestalt des Landes ist wenig bekannt. Man sagt, die Valar hätten ursprünglich auf der Insel Almaren gewohnt, die im Großen See in der Mitte des Landes lag (S 44). Über dem Norden stellten sie die Leuchte Illuin auf und über dem Süden Ormal. Die Pfeiler der Lichter waren Berge, höher als alle Berge späterer Zeiten (S 43; 59).

Fern im Norden, wo Illuins Licht abnahm, verliefen die Eisenberge in einer großen Biegung von Osten nach Westen (S 133). Es ist unklar, wann diese großen Berge aufgerichtet wurden. An einer Stelle sagt Tolkien, Melkor habe sie »als Schutzwehr für seine Burg Utumno« (S 133) errichtet, was zu besagen scheint, daß sie zur Zeit des Baus von Utumno entstanden. Doch an anderer Stelle wird erzählt, daß Melkor heimlich über die Mauern der Nacht zurückkehrte und unter den Ered Engrin die Festung grub (S 44) — Beleg dafür, daß die Berge bereits während der früheren Unruhen Ardas Gestalt angenommen haben könnten. Wenn es auch unwahrscheinlich erscheint, die Erschaffung einer so mächtigen Bergkette hätte sich vollziehen können, ohne daß die Valar es bemerkten, so ist es doch denkbar, daß Melkor über genügend Macht verfügte, um seine gigantische Tätigkeit zu verschleiern. Seine Umtriebe waren gewiß geheim geblieben. Obwohl die Valar wußten, daß er zurückgekehrt war, konnten sie sein Versteck nicht ausfindig machen. Von Utumno aus zerschlug er die Leuchten Illuin und Ormal und warf ihre Pfeiler um. Ihr Sturz war so gewaltig, daß das Land barst und Almaren zerstört wurde. Es ist möglich, daß bei dieser verheerenden Umwälzung Aman von Endor (Mittelerde) getrennt wurde, denn als Earendil in westlicher Richtung nach Valinor segelte, überfuhr er »lang versunknes Land« (I 286). Die Valar verließen Mittelerde und überquerten das Trennende Meer Belegaer, das zu dieser Zeit schmäler war als jemals in späterer Zeit. Sie ließen sich in Aman nieder — »das von allen Ländern am weitesten westlich an den Grenzen der Welt liegt« (S 45). Als Verteidigung gegen Melkor nach Osten, Norden und Süden erbauten sie die Pelóri, die höchsten Berge Ardas (S 45). Sie erstreckten sich vom Malm-Eis der Helcaraxe bis in den tiefen unbekannten Süden. Hinter ihnen, im Gebiet von Valinor, schufen sie das Segensreich. In ihrem bewachten Land setzten die Valar ihre Arbeiten fort und kehrten selten nach Mittelerde zurück. Während ihrer Abwesenheit breitete sich Melkors Macht aus: nach Süden von Utumno und von seiner Festung Angband, die im Nordwesten Aman gegenüber lag. Nur Orome und Yavanna wagten sich in die Äußeren Länder. Um Oromes Reisen zu erschweren, errichtete Melkor eine neue Gebirgskette — die Hithaeglir, die Nebelberge (S 65).

Das Erwachen der Elben und die Zweite Große Schlacht

Unermeßliche Zeit verstrich. Yavanna hatte die Bäume des Lichts wachsen lassen und Varda die letzten der Sterne entzündet, als die Elben — die Erstgeborenen der Kinder Ilúvatars — an den Wassern von Cuiviénen erwachten. Sie wohnten an den Seeufern in dem Wilden Wald und erfreuten sich an der Musik der Bäche, die von den Orocarni, den Bergen des Ostens, herabflossen (S 58f.). Cuiviénen, im Osten gelegen, war weit entfernt von den Ländern Mittelerdes, die dem Leser am vertrautesten sind. Doch es kann sich nicht weiter östlich befunden haben, als das östliche Gestade des Umzingelnden Meeres, denn es war eine Bucht im Binnenmeer Helcar. Dieses Binnenmeer lag dort, wo einst die Wurzeln des Berges Illuin gewesen waren (S 59), und diese Leuchte dürfte sich vermutlich weit genug im Westen befunden haben, um den größten Teil des Nordens mit Licht versorgen zu können. Cuiviénen kann außerdem nicht sehr weit östlich von Utumno gelegen haben, denn während seiner späteren Belagerung konnten die Elben den Schein der Schlacht im Norden sehen — nicht im Westen.

Die Belagerung von Utumno fand statt, nachdem Orome entdeckt hatte, daß die Elben endlich erschienen waren. Die Valar wünschten die Elben von Melkors böser Herrschaft zu befreien, denn er hatte bereits Furcht unter sie gesät, und einige von ihnen hatte er gefangen und dazu benutzt, die mißgestaltete Rasse der Orks zu züchten. So begann also die zweite der Großen Schlachten. Rasch schlugen die Valar Saurons Streitkräfte bei Angband in die Flucht und zwar mit solchem Ungestüm, daß die Länder des Nordwestens »zerschlagen« wurden. Dann zogen sie nach Osten gegen Utumno. Dort war die Widerstandskraft des Bösen so stark, daß eine Belagerung ins Werk gesetzt wurde. In jeder Auseinandersetzung zwischen Melkor und den Valar wurden die Länder Ardas stark verändert, und die Belagerung war keine Ausnahme (S 61). Belegaer wurde weit und tief. Die Küstenlinien wurden vielfach durchbrochen, so daß viele Buchten entstanden. Der »Große Golf« des Südens ist hier als jenes Meeresgebiet gedeutet worden, aus dem später die Bucht von Belfalas wurde. Die Bucht von Balar, heißt es, war die größte Bucht zwischen dem Großen Golf und der Helcaraxe, und die Bucht von Belfalas war weit größer. Es ist natürlich durchaus möglich, daß es während des Ersten Zeitalters keine Bucht von Belfalas gab und daß sie erst am Ende des Zeitalters während der Überflutung Beleriands gebildet wurde — ein Ereignis, das die Meereshöhe verändert haben könnte.

Nicht nur die Meere wurden verändert, sondern auch die Landgebiete. Die Mittleren Hochlande, Dorthonion und Hithlum, sollen aufgetürmt worden sein. Auch die Echoriath

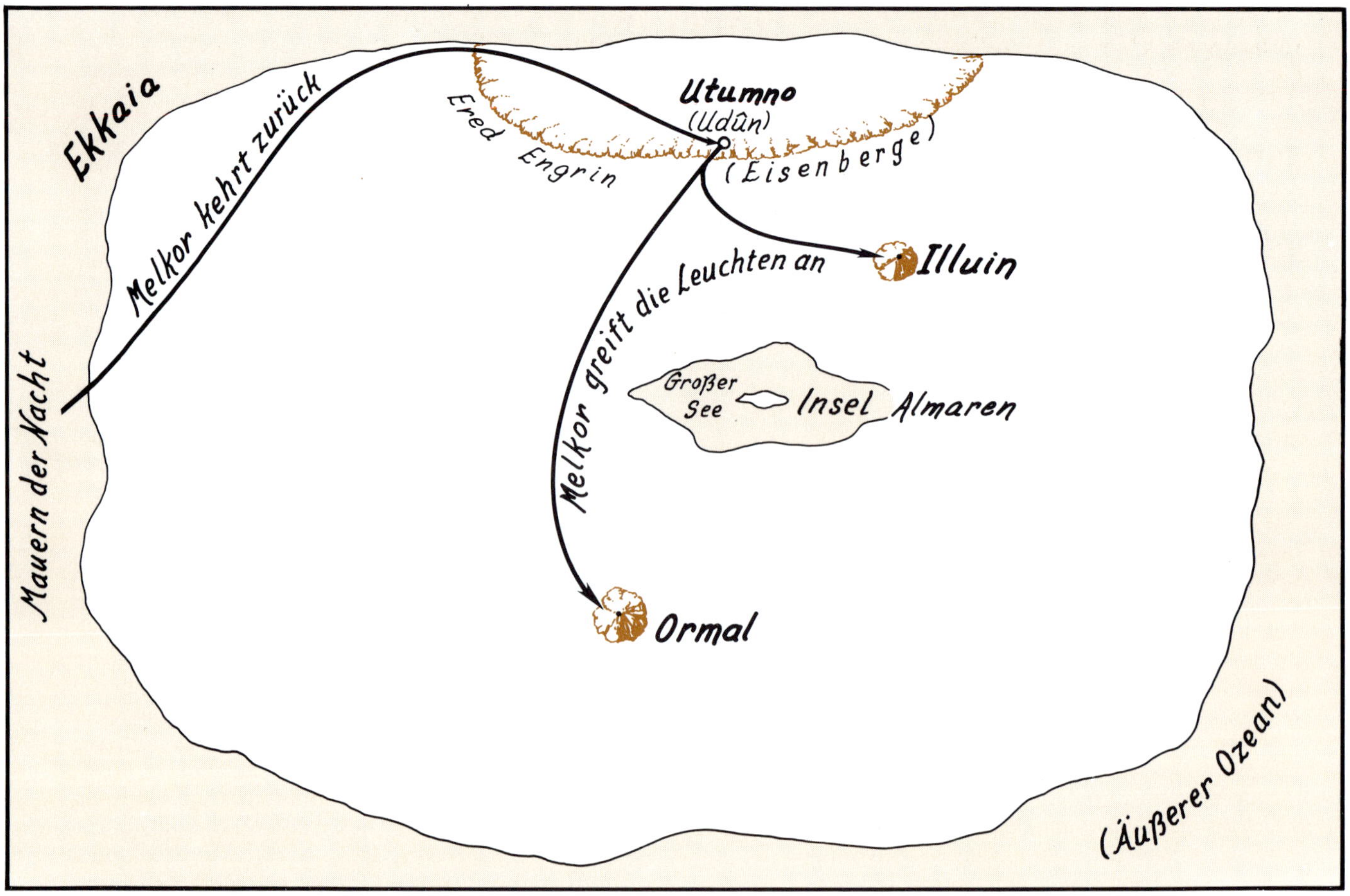

Frühling Ardas

sind vermutlich während dieser großen Umwälzungen aufgetaucht — als gewaltiger, tätiger Vulkan. Sogleich müssen die in unserer Primärwelt herrschenden gesetzmäßigen Prozesse in Gang gekommen sein. Es wurden neue Flüsse (wie der Sirion) gebildet, welche ihre langsame Arbeit der Abtragung und Ablagerung begannen.

Der Weg nach Westen

Schließlich nahmen die Valar Utumno ein und rissen die Dächer von seinen Hallen — doch nur zum Teil. Die mächtigen Ered Engrin, die einst als beherrschende Mauer den Norden von Mittelerde überragt hatten, wurden nach dem Ersten Zeitalter von Tolkien weder erwähnt noch in Karten eingezeichnet. Der westliche Teil nahe Angband stand bis zur Dritten Großen Schlacht (dem Krieg des Zorns) am Ende des Zeitalters. Es ist nicht bekannt, ob die Reste der Gebirgskette während der Belagerung zerstört wurden oder während des Falls von Beleriand, oder ob sie im Dritten Zeitalter noch existierten. Die Karte im *Silmarillion,* die dieses Stadium im Ersten Zeitalter wiedergibt, geht davon aus, daß die Berge bei der Zerstörung Utumnos nur zum Teil verändert wurden (S 202, Karte) und daß die endgültige Zerstörung aller Berge mit Ausnahme weniger Reste später geschehen sein muß, möglicherweise nach dem Krieg des Zorns.

Melkor wurde für »drei Alter« in Mandos' Hallen in Ketten gelegt, und den Quendi stand es frei, westwärts nach Valinor zu ziehen. Auf ihrem Weg bekamen die Elben viele Länder und Flüsse zu Gesicht, doch wird über diese Reisen nichts erzählt, bis sie den großen Wald erreichten, der später der Grünwald genannt wurde. Ihr Reiseweg kann in ziemlich gerader Linie nach Westen geführt haben, was bedeuten würde, daß Cuiviénen ein wenig nördlicher lag. Es ist möglich, daß Orome die Elben über eben jenen Pfad führte, der später die Alte Waldstraße und die Große Oststraße wurde. Bei einem Ausgangspunkt weiter im Süden hätten sie die Berge und den großen Wald verfehlen können. Auch hat Orome sie vermutlich nicht nach Süden geführt, weil es dort ein anderes größeres Hindernis gab — unwegsame Wälder. Baumbart sagte, daß die Wälder sich einst von den Bergen von Lhûn bis zum Ostende in Fangorn erstreckten (I 165; 322; II 79).

Westlich vom Grünwald überquerten sie den Großen Strom und sahen sich dann den aufragenden Nebelbergen gegenüber. Diese waren »zu jener Zeit noch höher und schrecklicher« (S 65). Dies allein schon macht deutlich, welche ungeheure Zeitspanne zwischen der Wanderung in den Westen nach Valinor und der Rückkehr der Noldor nach Mittelerde während des Schlafs Yavannas und vor den Sonnenjahren verging. Eine halbe Million Jahre dürften für die allmählichen Erosionsprozesse kaum ausreichend gewesen sein, welche die Berggipfel erkennbar abflachten. Ansonsten wurde über die Länder östlich der Ered Luin nichts berichtet, außer daß die Ered Nimrais (die Weißen Berge) entstanden sind (S 107). Dies läßt lediglich die Mutmaßung zu, daß die im Dritten Zeitalter kartierten Gebirgsbildungen bereits in einem geologisch jüngeren Status vorhanden waren: ausgedehnte Hügelländer, engere und tiefere Täler, Flüsse in veränderten Flußbetten, kleinere Mündungsgebiete.

Zuletzt überquerten die Wanderer die Ered Luin, die niedriger gewesen sein müssen als die Hithaeglir, denn sie scheinen ein geringeres Hindernis gebildet zu haben. Der Paß lag in den oberen Tälern des Flusses Ascar — wo später die Berge auseinanderbrachen und den Golf von Lhûn bildeten. Westlich der Länder von Beleriand begann das Trennende Meer, und die Elben konnten nicht weitergehen.

Der Mittag Valinors und die Rückkehr nach Endor

Um die Überfahrt des großen Heeres zu ermöglichen, entwurzelte Ulmo eine Insel, die in der Mitte Belegaers lag. Auf dieser Insel beförderte er die Quendi — zuerst die Vanyar und die Noldor und dann die Teleri. Der östliche Zipfel der Insel, die auf die Sandbänke trieb, blieb in der Bucht von Balar zurück (S 68). Den größeren Teil verankerte Osse in der Bucht von Eldamar — Tol Eressea, die Einsame Insel (S 70).

Dies war der Mittag Valinors. Die Valar legten eine tiefe Bresche in die Pelóri (den Calacirya), um Eressea zu erleuchten. Die drei Geschlechter wohnten im Glanz des Segensreiches — bis zur Begnadigung Melkors. Nachdem die drei Alter der Gefangenschaft vorüber waren, wurde er freigelassen. In der Folge vergiftete er die Zwei Bäume des Lichts, stahl die Silmaril und floh nach Mittelerde — verfolgt von den Noldor. Dort türmte er vor den Toren von Angband die Thangorodrim auf. Als Tilion, der den neu erschaffenen Mond geleitete, den Himmel überquerte, griff Melkor ihn an. Darauf verliehen die Valar, des Untergangs von Almaren eingedenk, den Pelóri noch unangreifbarere Höhen mit steilen Klippen zum Meer, und außer dem Calacirya gab es keine Pässe. Östlich von Eressea wurden die Verwunschenen Inseln ins Meer gesetzt (S 116). Bis zum Ende des Zeitalters ging vom Bewachten Reich keine Hilfe aus. Die Noldor und die Sindar waren sich selbst und ihrer Stärke überlassen.

Gleichwohl erhielten die Elben Unterstützung von Menschen, denn mit dem Aufgang der Sonne erwachten in Hildórien die Jüngeren Kinder Ilúvatars. Ihr Land lag ebenfalls in den östlichen Gebieten Mittelerdes (S 117), doch von seiner Lage in Bezug auf Cuiviénen haben wir keine Kenntnis. Von Hildórien breiteten die Menschen sich nach Westen, Norden und Süden aus (S 117), und viele zogen nach Westen zu dem Ort, an dem die Sonne zum ersten Mal aufgegangen war. Einige gelangten möglicherweise nach Beleriand, und ihre Schicksale sind mit denen der Elben in alle Geschichten bis zum Ende des Zeitalters eingewoben, als die Lande überflutet wurden.

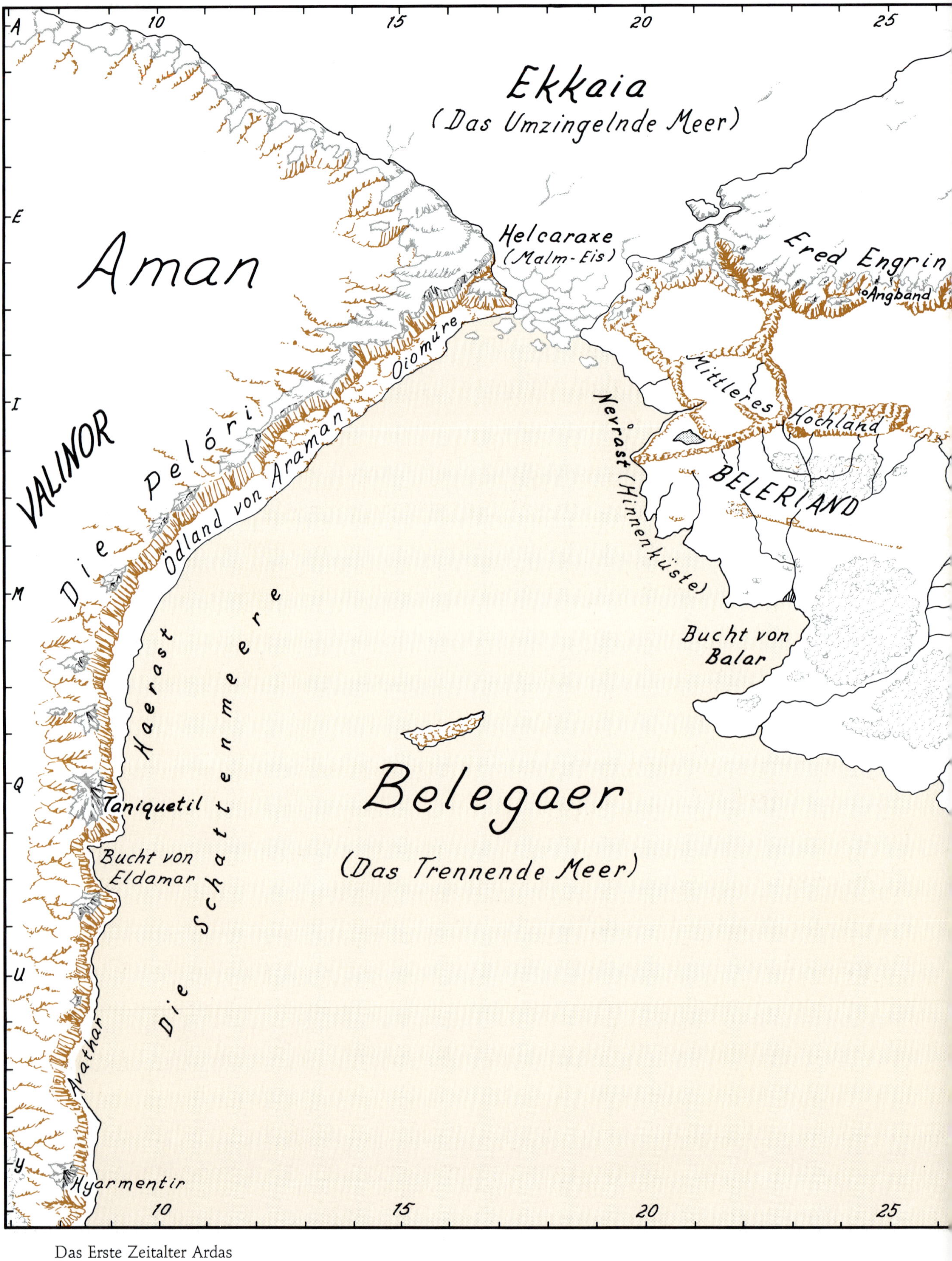

Das Erste Zeitalter Ardas

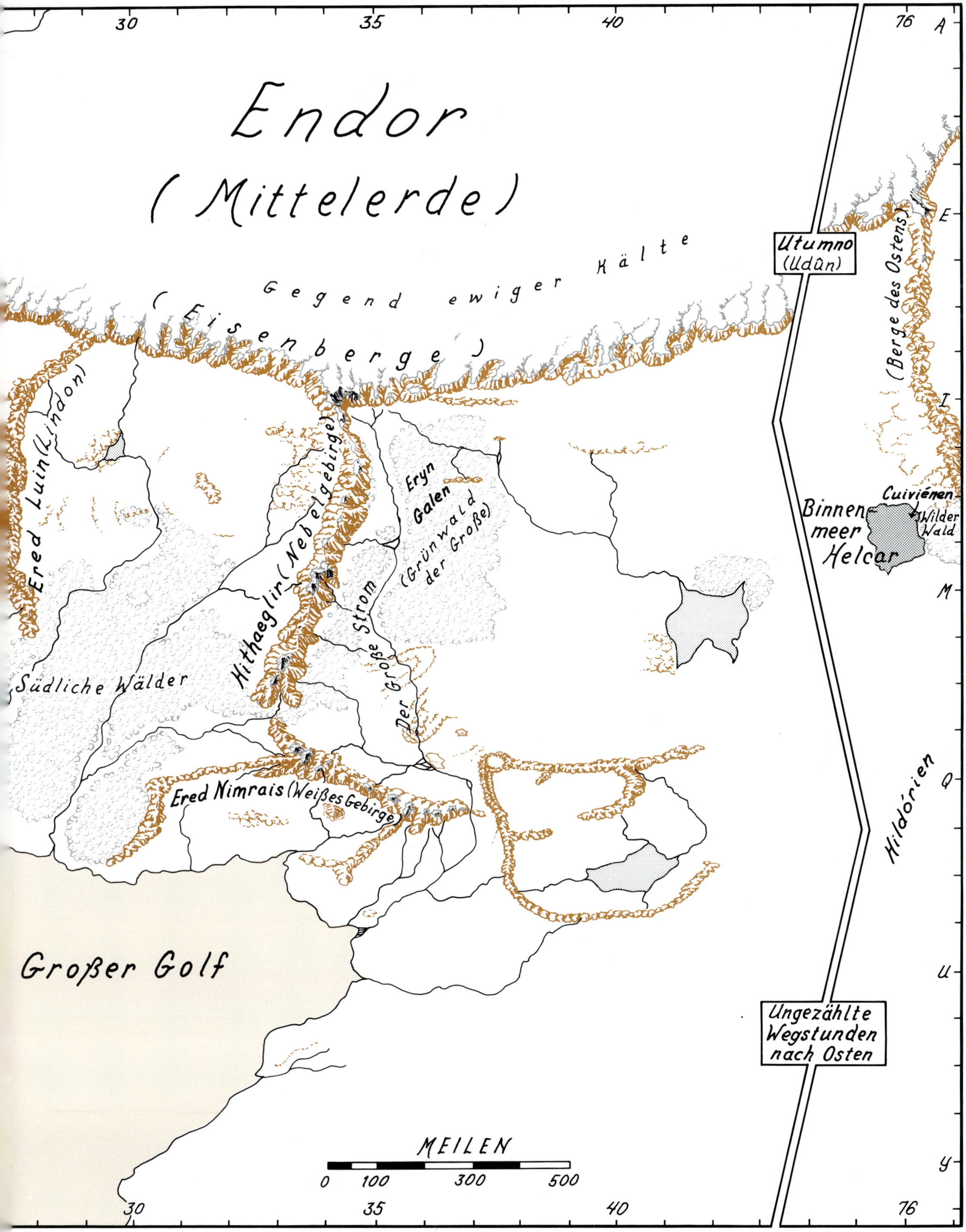
Endor
(Mittelerde)
Gegend ewiger Kälte
(Eisenberge)
Ered Luin (Lindon)
Hithaeglir (Nebelgebirge)
Eryn Galen
(Grünwald der Große)
Der Große Strom
Südliche Wälder
Ered Nimrais (Weißes Gebirge)
Großer Golf
Utumno
(Udûn)
(Berge des Ostens)
Cuiviénen
Binnenmeer Helcar
Wilder Wald
Hildórien
Ungezählte Wegstunden nach Osten
MEILEN
0
100
300
500
30
35
40
76
A
E
I
M
Q
U
Y

Valinor

Obwohl Aman während des Ersten und Zweiten Zeitalters innerhalb der Kreise der Welt lag, kann es nicht so einfach behandelt werden wie irgendein anderes Land. Es wies zwar Gebirge auf, Küsten, Seen, Berge, Ebenen und Wälder, und es war von denselben Meeren umgeben, die gegen die Küsten von Mittelerde fluteten — doch es war ein aus dem Geist geborenes Land, ein Land der Sekundärwelt.

Das bedeutete, daß keine Entfernungen angegeben wurden, denn diese waren ohne Bedeutung. Als geistige Wesen müssen die Valar die Fähigkeit besessen haben, jederzeit jede Entfernung zurückzulegen. Statt genau errechneter Wegstunden hinterließ Tolkien Impressionen von Valinor, die mit wenigen raschen Strichen gezeichnet sind; diese Impressionen sind zusammengefügt worden, um die Zeichnungen vom östlichen Mittel-Valinor und den verstreuten Orten herzustellen.

Die Küste und die Pelóri

Als die Valar Aman in Besitz nahmen, war ihr erstes Bestreben, die Pelóri als Schutz (oder »Zaun«) gegen Melkor zu errichten, der noch in Mittelerde hauste. Die Pelóri fielen zum Meer hin steil ab, doch ihre westlichen Hänge waren sanfter (S 85) und verliefen sich in die fruchtbaren Ebenen und Wiesen Valinors. Das Küstenland auf der Ostseite der Pelóri lag im Schatten der Berge und war eine öde Wüstenlandschaft. Die Küsten von Avathar im Süden waren schmäler als die von Araman im Norden (S 85). Wo Araman sich dem Malm-Eis der Helcaraxe näherte, war es mit dichten Nebeln bedeckt, so daß dieser Teil Oiomúre genannt wurde (S 92). Ursprünglich gab es keine Pässe, doch als Osse Tol Eressea in der Bucht von Eldamar verankerte, öffneten die Valar den steilwandigen Calacirya, durch welchen die Teleri das Licht der Zwei Bäume empfingen (S 70). Außerdem gab es in den Pelóri einige natürliche Schluchten, und in einer davon hauste Ungolianth in der Nähe des Hyarmentir, dem höchsten Berggipfel südlich des Taniquetil.

Wenn wir uns auch hüten müssen, reale Grenzen auf ein Land der Sekundärwelt zu übertragen, so muß Aman doch von beträchtlicher Ausdehnung gewesen sein. Seine Ostküsten zogen sich von der Helcaraxe über den Gürtel Ardas, der nahe an Tirion auf dem Hügel Túna vorbeiführte (S 98), bis in unbekannte südliche Fernen. Vermutlich dürfte der Gürtel Ardas mit unserem Äquator vergleichbar gewesen sein. Wenn dem so ist, sind der Calacirya und die Länder jenseits ein wenig zu weit nördlich angesetzt; doch die Elben späterer Zeitalter segelten von den Grauen Anfurten nach *Westen* und nicht nach *Nordwesten*, um in Eressea anzulegen. Aber es sei daran erinnert, daß nur ein allgemeiner Überblick notwendig oder wünschenswert ist.

Wohnstätten

Hinter den Pelóri erbauten die Valar ihre Wohnstätten. Inmitten der Ebene lag Valmar (oder Valimar), die Glockenreiche — die wichtigste und vermutlich einzige Stadt der Valar. Sie barg eindrucksvolle Bauwerke (S 86f.), doch die berühmten Wahrzeichen befanden sich außerhalb ihrer goldenen Tore: der Ring des Schicksals und die Zwei Bäume. Im Máhanaxar, dem Ring des Schicksals, hielten die Valar Rat und saßen zu Gericht (S 46). Dort wurde Melkor verurteilt und später begnadigt, dort wurde Feanor in die Verbannung geschickt, und dort brachte Earendil seine Bitte vor (S 275). In der Nähe des Ringes lag der grüne Hügel Ezellohar. Dort sang Yavanna ihr Lied, das die Zwei Bäume des Lichts wachsen ließ. An seinem Fuß stellte Varda große Kübel auf, um das Licht einzufangen, das sie als Sterne über den Himmel ausstreute (S 46; 58).

Die anderen erwähnten Städte waren allesamt Elbenstädte. Tirion wurde auf dem Hügel Túna erbaut, der mitten auf dem Calacirya stand. Kristallene Treppen führten zum großen Tor hinauf (S 72). Die Noldor und Vanyar erbauten prächtige Häuser. Sie alle überragte der Turm Mindon Eldaliéva (S 70), dessen Lampe weit auf dem Meer zu sehen war. In der Nähe des Turms lag das Haus Finwes (S 81) und der große Platz, auf dem Feanor und seine Söhne ihren schrecklichen Eid schworen (S 94f.).

Die Teleri, angezogen vom Licht, das durch den Paß strömte, gaben Eressea auf und erbauten, immer noch voller Verlangen, die strahlenden Sterne Vardas zu sehen, nördlich vom Paß Alqualonde, den schönen Schwanenhafen. Die Stadt war mit einer Mauer umgeben, und das Hafentor war ein Bogen von der See ausgewaschenen Gesteins (S 73). Eressea blieb bis zum Ende des Ersten Zeitalters verlassen, bis aus Beleriand geflohene Elben an ihrer Nordspitze die Stadt Avallóne erbauten (S 286).

Die Lage der übrigen kurz beschriebenen Landesteile wird nur sehr allgemein angegeben. Formenos, Feanors Festung während des Exils, lag in den Bergen des Nordens (S 82). Die Wohnsitze Aules und Yavannas lagen in der Mitte Valinors (S 47), während die Wiesen und Felder Yavannas vom Hyarmentir, westlich der Wälder Oromes, zu sehen waren (S 86). Niennas Hallen lagen »im westlichsten Westen« (S 35) an den Grenzen von Aman, nahe den Häusern der Toten in Mandos — dem Wohnsitz Námos und Vaires. Irmo und Este wohnten in den Gärten von Lórien, wo Este auf einer Insel im See Lórellin schlief (S 35). Dort hielten sich auch die Maiar Melian (die Königin von Doriath wurde) und Olórin auf, letzterer bekannt als Gandalf. Von der Spitze des Taniquetil konnten Manwe und Varda ganz Arda überschauen, sogar die Tore des Morgens jenseits des östlichen Meeres (S 46).

Valinor ▶

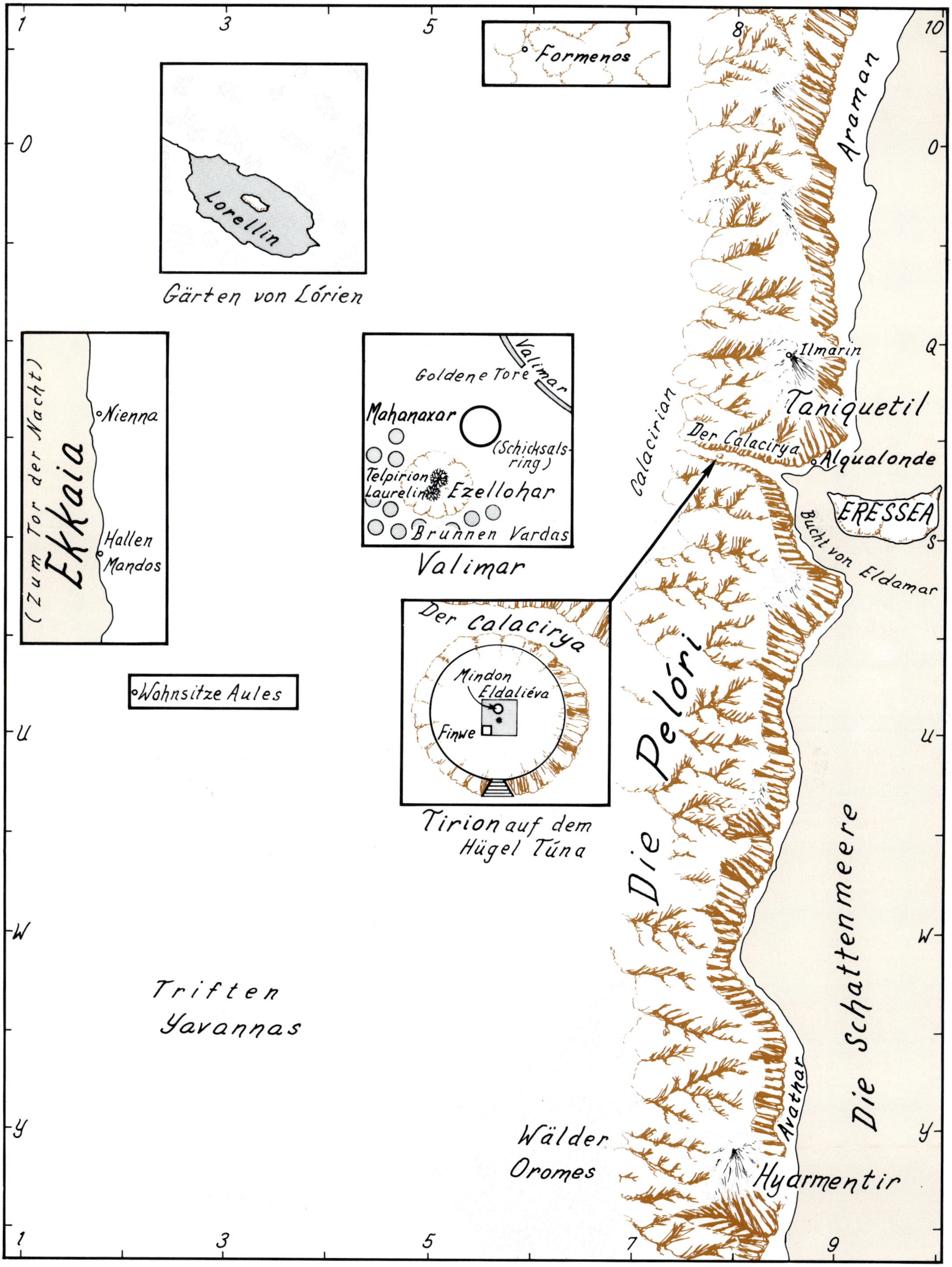
Formenos
Lorellin
Gärten von Lórien
Araman
Ilmarin
Taniquetil
Calacirian
Der Calacirya
Alqualonde
ERESSEA
Bucht von Eldamar
Valimar
Goldene Tore
Mahanaxar
(Schicksalsring)
Telpirion
Laurelin
Ezellohar
Brunnen Vardas
Valimar
(zum Tor der Nacht)
Ekkaia
Nienna
Hallen Mandos
Wohnsitze Aules
Der Calacirya
Mindon Eldaliéva
Finwe
Tirion auf dem Hügel Túna
Die Pelóri
Die Schattenmeere
Triften Yavannas
Avathar
Wälder Oromes
Hyarmentir

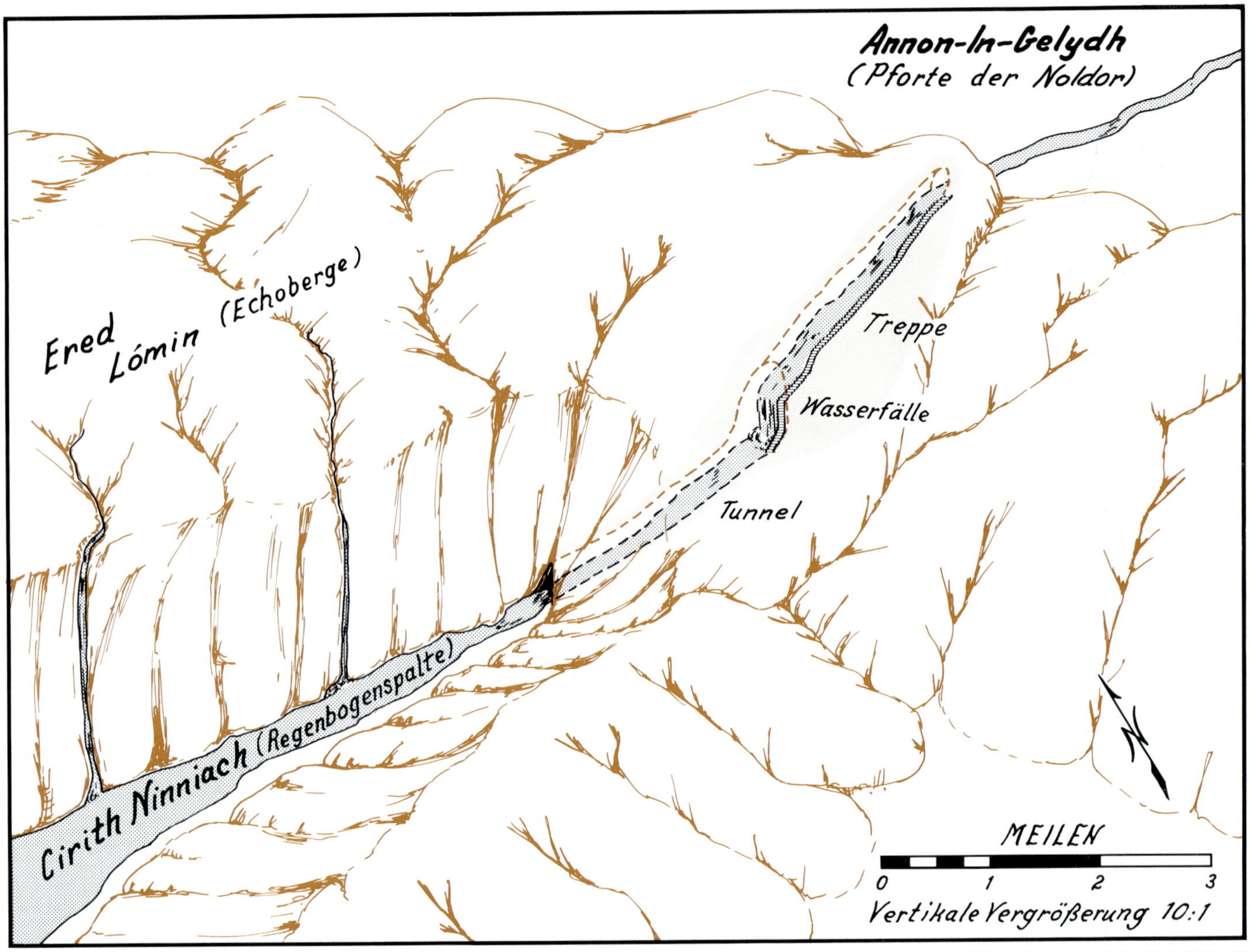
Annon-In-Gelydh
(Pforte der Noldor)
Ered Lómin (Echoberge)
Treppe
Wasserfälle
Tunnel
Cirith Ninniach (Regenbogenspalte)
MEILEN
0 1 2 3
Vertikale Vergrößerung 10:1

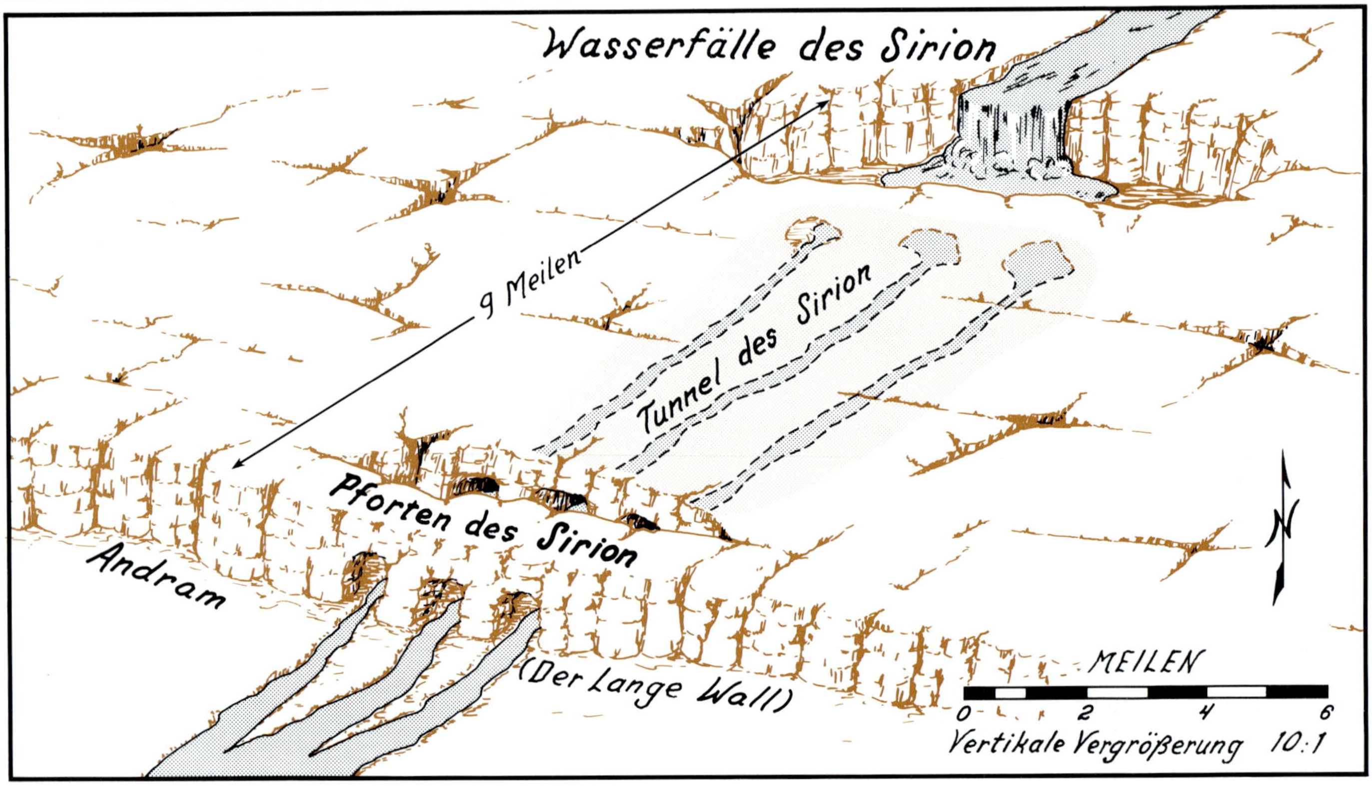
Wasserfälle des Sirion
9 Meilen
Tunnel des Sirion
Pforten des Sirion
Andram
(Der Lange Wall)
MEILEN
0 2 4 6
Vertikale Vergrößerung 10:1

Beleriand und die Länder im Norden

Der größte Teil der aufgezeichneten Geschichte des Ersten Zeitalters spielte sich in den Ländern westlich der Ered Luin ab. In späteren Zeitaltern werden zuweilen alle Länder, die im Meer versanken, als Beleriand bezeichnet, doch ursprünglich wurde dieser Name nur auf das Gebiet zwischen der Bucht von Balar und den Hochlanden von Dorthonion und Hithlum angewendet.

Lagebestimmung

Die Karte im *Silmarillion* schließt sowohl die äußersten nördlichen und südlichen Ränder des Gebietes als auch das übrige Mittelerde aus. Entscheidend für letzteres ist die Lokalisierung der Zwergenstraße und der Städte Belegost und Nogrod, wo die Ered Luin in der Großen Schlacht auseinanderbrachen und den Golf von Lhûn bildeten. Die Bestimmung der relativen Größe und der Lage ergab sich einfach aus einer genauen Vermessung der Entfernungen innerhalb des Gebietes, wie sie im Text genannt werden:

1. Menegroth — Thangorodrim (S 109) 150 Wegstunden
2. Hochlande von Dorthonion (west-östliche Ausdehnung) (S 135) 60 Wegstunden
3. Nargothrond — Weiher von Ivrin (S 240) 40 Wegstunden
4. Nargothrond — Fälle des Sirion (S 138) 25 Wegstunden
5. Ost-Beleriand, Sirion — Gelion (S 136) 100 Wegstunden
6. Sirion (S 135) 130 Wegstunden
7. Narog (S 135) 80 Wegstunden
8. Gelion
   a) Zusammenfluß des Großen und des Kleinen Gelion — Ascar (S 138) 40 Wegstunden
   b) Gesamtlänge (»doppelt so lang wie der Sirion«: S 138) 260 Wegstunden

Auf den Karten in diesem Atlas beginnt die südliche Küste an einem Punkt, der 260 Wegstunden von den Quellen des Gelion entfernt ist — unter der Annahme, daß der Fluß in südwestlicher Richtung weiterfloß. Dies rückte die Küste nahe an die der Bucht von Belfalas heran. Die südwestliche Spitze wurde verlängert, um die nischenartige Form der Bucht von Balar hervorzuheben. Das Gebiet wurde bewaldet dargestellt, wobei angenommen wurde, daß die Verhältnisse herrschten, unter denen der Taur-im-Duinath entstand.

Die Thangorodrim lagen 150 Wegstunden von Menegroth entfernt — etwa 450 Meilen — »weit und doch viel zu nah« (S 109). Es ist unsicher, ob diese Angabe als »Wie die Krähe fliegt« oder »Wie der Wolf läuft« zu verstehen ist; das letztere jedoch scheint zuzutreffen. Diese Deutung wird durch mehrere Indizien gestützt: (1) Das hochgelegene Dorthonion mußte bei jeder Reise zwischen den Thangorodrim und Menegroth umgangen werden. (2) Vom Eithel Sirion aus waren die Thangorodrim zu sehen (S 121; 212). (3) Auf Tolkiens Illustration von Tol Sirion sind die Thangorodrim deutlich sichtbar und näher, als eine Lage weiter nördlich vermuten ließe (P 36). (4) Im Westen benötigte Fingolfins Heer von der Helcaraxe bis nach Mithrim nur sieben Tage (S 113; 123). (5) Feanor zog nach der zweiten Schlacht (S 121), Fingon vor der vierten (S 214) sehr rasch über die Ebene. (6) Der wichtigste Hinweis: »Angband wurde von Westen, Süden und Osten belagert« (S 125 f.) durch Streitkräfte aus Hithlum, Dorthonion und den Bergen von Himring — läge Angband nördlicher, so wären diese Regionen sämtlich im Süden zu suchen.

Gebiete der Westlande

Ausgehend von klimatischen, topographischen und politischen Gesichtspunkten können diese Länder in vier Regionen unterteilt werden: (1) die Nordlande Morgoths; (2) die Mittleren Hochlande; (3) Beleriand; (4) die Ered Luin.

Die Nordlande Morgoths (S 124)

Dieses Gebiet besaß zwei bedeutsame Charakteristika — die Eisenberge und die Ebene von Ard-galen. Daneben wurden Lammoth und Lothlann genannt. Melkor errichtete die Ered Engrin als Schutzwehr für seine Burg Utumno (S 133), die er während des Frühlings von Arda grub (S 44). Im Westen, wo der Gebirgszug nach Norden bog, baute er seine Festung Angband (S 133).

Topographisch sind die Ered Engrin als Schollenbruch mit Steilabbruch an der Südseite dargestellt worden. Diese Auffassung beruht auf der Vorstellung, daß ein steiler Abhang nach Süden Melkors Festung ein Höchstmaß an Schutz verleihen würde. Von vulkanischer Tätigkeit zeugt der Rauch, der während des ersten Lagers der Noldor über Hithlum hinwegzog (S 124). Während der dritten Schlacht gab es Erdbeben, und die Berge »spien Flammen aus« (S 130); während der vierten Schlacht verging Ard-galen in Strömen von Flammen (S 169). Ein Großteil dieser vulkanischen Aktivitäten wurde auf Morgoths gewaltige »Schmiedeöfen« zurückgeführt, doch im mythologischen Entwurf Mittelerdes können Vulkane als Schmelzöfen gedient haben. Die Thangorodrim selbst hätten nach ihrem Aussehen vulkanischen Ursprungs sein können, denn ihren dreizackigen schwarzen Gipfeln entquoll Rauch (S 93); doch sie waren »Türme«, keine Berge — erbaut aus Schlacke und Bauschutt, aufgetürmt von Morgoths zahllosen Sklaven (S 133). Der Felsen über dem Tor erhob sich tausend Fuß hoch (S 200), doch in Tolkiens Darstellung von Tol Sirion erscheinen die Thangorodrim höher als die Ered Engrin (P 36). Solch gewaltige Berge müssen weit höher gewesen sein.

Klimatisch gesehen lagen die Gebirge jenseits der Grenzen immerwährender Kälte und waren durch Schnee und Eis unpassierbar (S 131). Eisige Winde, die von den Bergen wie auch von der Helcaraxe wehten, machten Lammoth zu einem Ödland mit so spärlicher Vegetation und geringem Niederschlag, daß seine östlichen Schluchten und unfruchtbaren Küsten in ihrer Leere jeden Laut widerhallen ließen (S 93).

Winde heulten auch über die nackten Ebenen von Ard-galen und Lothlann und brachten Winterschnee in die angrenzenden Mittleren Hochlande. Die Ebenen hatten vermutlich ein Steppenklima, denn sie waren sowohl ziem-

◀ *oben:* Pforte der Noldor
unten: Die Fälle des Sirion *(Schrägansichten)*

lich trocken als auch kalt. Die Feuchtigkeit der West- und Südwinde konnte sie nicht erreichen, denn sie fiel als Regen auf die Mittleren Hochlande. Also gab es in diesen Ebenen auch keine Flüsse (S 127), obgleich dort Gras wuchs — freilich nur bis zur Dagor Bragollach, der Schlacht des Jähen Feuers, in der Ard-galen versengt wurde. Wegen des vergifteten Qualms aus den Thangorodrim konnte sich die Grasnarbe später nie wieder erholen; die Ebene wurde Anfauglith, der Erstickende Staub, eine Wüste mit Dünen (S 220).

Die Mittleren Hochlande

Dieses Gebiet umfaßte die Berge von Hithlum, die Hochlande von Dorthonion (mit den Umzingelnden Bergen) und die Berge von Himring, die alle während der Belagerung von Utumno ausgebildet wurden (S 61). Auch Nevrast war mit den Hochlanden verbunden, doch seine tiefere Lage und sein wärmeres Klima gaben zuweilen Anlaß, es Beleriand zuzurechnen (S 134). Die Lande bildeten einen wirksamen Puffer — politisch und klimatisch — zwischen den Landen Morgoths und Beleriand. Dies war das Gebiet, das zum größten Teil von den Noldor besiedelt wurde. Von seinen Grenzen beobachteten sie aufmerksam die Nordlande Morgoths.

Die Lande lagen im Bereich warmer südlicher und westlicher Winde und waren kühl, aber angenehm, ausgenommen die höheren Lagen. Diese wurden oft von den Nordwinden Morgoths heimgesucht. Die Winter in Hithlum waren kalt (S 134). Beren floh aus Dorthonion in einer Zeit bitteren Winters und Schnees (S 183). Der Berg von Himring, auf dem Maedhros' Feste lag, war der »Ewig-Kalte«, und über den Aglon-Paß »pfiff ein kalter Wind von Norden« (S 139).

Die Hochlande dürften durch eine großräumige Schichtenfaltung des Muttergesteins entstanden sein. Dorthonion wurde zu einer Hochebene emporgehoben. Gebiete im Süden waren stark gefaltet, möglicherweise verworfen und schufen so die steilen südlichen Klippen der Ered Gorgoroth. »Bergseen« sind, im strengen Sinn, kleine tiefe Seen, Reste des Schmelzwassers von Gletschern, und bilden sich gewöhnlich hoch auf vergletscherten Bergen. Jedoch die Bergseen in Dorthonion lagen zu Füßen schroffer Felshügel. Es ist wahrscheinlicher, daß Tolkien den Ausdruck »Bergsee« *(tarn)* in jenem Sinne verwendete, wie er im Norden Englands gebräuchlich war — als allgemeine Bezeichnung für *jede* Art von See.[12] Wo Barahir, Beren und ihre elf treuen Gefährten sich westlich des Tarn Aeluin verbargen, war Heideland (S 181). Auf der Heide lagen »nackte Felsen« (S 135) — kleine Haufen abgerundeter Steinklumpen, entstanden durch Wasser und Frost, die tief in das sehr dichte Muttergestein eindrangen und es zersetzten. Derartigen eiszeitlichen Ausbildungen begegnen wir in der Regel bei Granit und weniger häufig bei Sandstein. Das Heideland könnte einen sumpfigen Charakter gehabt haben. Da wenige Bäume dem Wasser trotzen konnten, nahm an den sanften Nordhängen der Bestand an immergrünen Gewächsen ab (S 181).

Die Echoriath, die Umzingelnden Berge, scheinen das klassische Beispiel eines Vulkans zu sein, der zusammenstürzte, einen zweiten Kegel ausbildete und erlosch. Dies geschah in ferner Vergangenheit, so daß sich ein See bilden und wieder austrocknen konnte (durch den unterirdischen Abfluß), wobei seine alluvialen Ablagerungen zurückblieben, die dann das flache grüne Flußtal von Tumladen wurden. Die vulkanischen Bezirke der Eisenberge waren nahe genug, um diesen ansonsten isoliert im Süden stehenden Vulkan zu erklären — besonders weil die Ausbildung von Gebirgen den Erdmantel schwächt und den Ausstoß von Lava zuläßt. Die Berggipfel der Crissaegrim können die Reste des Kraterrandes auf der Höhe des ohnehin sehr abschüssigen Steilabbruches von Dorthonion sein. Die von Maeglin im Norden des Landes geförderten Erze könnten entweder später eingeschlossen worden oder in Gesteinsformationen enthalten gewesen sein, die aus vor-vulkanischer Zeit stammten.

Hithlum wurde als ein von Gebirgen eingeschlossenes Land beschrieben. Die Ered Wethrin im Osten waren zwar der höchste Teil, doch waren sie niedriger als die Ered Gorgoroth (S 134). Zwischen ihnen und den Echoriath hatte der Sirion sich ein steilwandiges Tal gegraben. Auch das Landinnere scheint von mittlerer Höhe gewesen zu sein. Eine mäßig hohe Hochebene würde die Stromschnellen und Wasserfälle erklären, die Tuor fand, als er das Tor der Noldor zwischen Dor-lómin und dem Fjord von Drengist passierte (ME 35). Der Fjord kann West-Hithlum und Dor-lómin als Abfluß gedient haben. Der Verlauf des Nen Lalaith (»Lachendes Wasser«) wird nicht beschrieben (ME 83). Der See Mithrim wurde so dargestellt, als werde er von einem unterirdischen Zufluß gespeist. Er floß möglicherweise in eine wasserführende Schicht ab — eine durchlässige Gesteinslage, die das Wasser vom Berginneren zu den niedrigen Berghängen transportiert haben könnte —, die Quellen wie die des Ivrin und des Sirion entstehen ließ. Es gibt keine Anhaltspunkte, wie das Muttergestein dieser Gegend beschaffen gewesen sein könnte. Höhlen, wie jene von Androth, in der Tuor hauste, kommen ebenso wie Quellen in vielen Gesteinsarten vor.

Unsere Karte, anders als die von Tolkien, zeigt auch die Gebiete im Norden, und zwar deswegen, weil alle Reisenden von Valinor zu den Thangorodrim — sogar Morgoth — Hithlum und Lammoth passierten. Bei einer weiteren Ausdehnung der Berge von Hithlum nach Norden wären diese schneebedeckt gewesen und hätten für die Ostpassage von der Helcaraxe nach Angband ein beträchtliches Hindernis bedeutet.

Im Westen von Dor-lómin liefen die Berge in das niedrigliegende Land Nevrast aus (S 134). Das gesamte Gebiet war offensichtlich eine Senke oder ein »Senkungstrog«: Das Land fiel von den Meeresklippen allmählich nach Osten gegen Linaewen mit seinen Marschen ab. Von den Gebirgen im Norden, Süden und Westen wäre das Land schroffer abgefallen. Das gesamte Wasser des Landes bewegte sich in intermittierenden Flüßchen, denn ständig wasserführende Flüsse gab es dort nicht. Linaewen mit seinen wechselnden Uferlinien, ausgedehnten Marschen und schilfigen Gründen muß ganz flach gewesen sein — vermutlich nur etwa 20 Fuß tief.

Beleriand

Diese Lande waren zum größten Teil im Besitz der Sindar, mit der bemerkenswerten Ausnahme von Finrods Reich Nargothrond (obwohl die Noldor sich später, nachdem der Norden überrannt war, nach Beleriand zurückzogen). Die hervorstechendsten Merkmale der Länder südlich der Mittleren Hochlande (außer dem Wall von Andram) waren die Flüsse, die von den südlichen Gebirgshängen herabflossen. Im Osten floß der Gelion, der in den Ered Luin entsprang. Das Gebiet wurde größtenteils durch das Flußsystem des Sirion entwässert, und sein Bett teilte West- von Ostbeleriand. Seine ursprüngliche Quelle war der Eithel Sirion, wo sich Quellen aus den Ered Wethrin sammelten, doch der Fluß wurde von zahlreichen Zuflüssen gespeist: Die westlichen Nebenflüsse entsprangen in den Ered Wethrin — die wichtigsten waren Teiglin und Narog; die östlichen wurden von vielen Zuflüssen aus Dorthonion gespeist — Rivils Quelle, der Trockene Fluß von Gondolin, Mindeb (der einen der wenigen Pässe ins Hochland gegraben hatte), Esgalduin und Aros (der im hochgelegenen südöstlichen Teil entsprang). Nur der Celon, ein Nebenfluß des Aros, hatte seinen Ursprung in den Bergen von Himring nahe der Quelle des Kleinen Gelion.

Anhaltspunkte für die Topographie des Gebietes verbergen sich zum größten Teil hinter Anmerkungen zu den Flußsystemen. Entsprechend der Neigung des vom Mittleren Hochland abfallenden Landes, flossen die Flüsse nach Süden, doch dies geschah nicht immer gleichmäßig und ruhig: Bei Dimrost, der »Regentreppe« (später Nen Girith, »Schauderwasser«, genannt), stürzte der Celebros in den Teiglin; in derselben Gegend erstieg Turambar das Steilufer der Schlucht, um Glaurung zu töten (S 245; 247); im Osten Doriaths, an den Fällen des Esgalduin, hatte Carcharoth seinen Durst gestillt (S 206). Offenbar wurden alle Flüsse in jenem Gebiet entweder in ihrem Lauf behindert oder stürzten abrupt über eine Felsschwelle. Möglicherweise überflossen sie einen Ausbiß oder eine Klippe aus relativ widerstandsfähigem Fels. Zwischen Sirion und Narog erhoben sich Heideflächen — vielleicht nordöstlich von Talath Dirnen, der Bewachten Ebene; und der Amon Rûdh stand am Rand ihrer äußersten südlichen Ausläufer (S 226). Es ist möglich, daß weiter östlich Einrisse im Gesteinsbett und Fugen in einem Ausbiß die Grundlage für den Bau Menegroths schufen (vgl. unten, S. 20).

Durch Mittel-Beleriand zog sich der »Lange Wall« von Andram (S 138). Vom Norden aus kann der Wall nicht sonderlich aufgefallen sein. Näherte man sich ihm von Süden, erschien er als eine endlose Hügelkette. Die Gesteinsschicht kann löslicher Kalkstein gewesen sein, denn bei Nargothrond im Westen gab es ausgedehnte Höhlen, und am Nordrand verschwand der Sirion unter der Erde, floß durch Tunnel und kam drei Wegstunden (neun Meilen) weiter südlich am Fuß des Walls wieder hervor (S 138). Diese Besonderheit kann für einen Fluß dieser Größe als außerordentlich selten angesehen werden, selbst in weichem Muttergestein, denn in der Regel wäre der darüberliegende Fels eingestürzt und hätte Schluchten hinterlassen — wie bei Ringwil und Narog im Westen. Ein solcher Prozeß erfordert normalerweise einen oberirdischen Fluß (mit Stromschnellen), der allmählich unterirdische Rinnsale ausbildet, die in einem »Schlundloch« verschwinden. Wenn die Strömung der Rinnsale ausreichend stark und die obere Gesteinsschicht entsprechend dick ist, wird das Loch vergrößert, und ein steiler Abfall entsteht. Wenn der unterirdische Strom mehrere Läufe ausbildet (so wie die Tunnel des Sirion), ist ein Einsturz weniger wahrscheinlich. Teilweises Einbrechen des darüberliegenden Gesteins an der Stelle des Flußaustritts kann natürliche Felsgewölbe hinterlassen (wie die Pforten des Sirion).

Ered Luin

Als Hindernis für die westliche Wanderung und als Ursprung der Nebenflüsse des Gelion waren die Ered Luin bedeutsamer denn als Siedlungsgebiet. In den Bergen selbst lebten nur die Zwerge, schufen ihre Städte Nogrod und Belegost und gruben fast während der gesamten Geschichte Mittelerdes nach Eisen, Kupfer und verwandten Erzen (S 104). Die Berge, wie sie die Karte im *Silmarillion* zeigt, scheinen stellenweise Faltungen aufzuweisen. Das Erscheinen abgetragener (erodierter) Auffaltungen (»durchbrochene Antiklinalen«) deutet auf Sedimentgestein hin, das oft Eisenadern enthält. Kupfer dagegen wird eher in kristallinem Gestein gefunden. Die geologische Situation ist also offenbar schwierig, wie bei einem so ausgedehnten Gebirgszug zu erwarten war. Das Gebiet um den Berg Rerir lag ziemlich hoch und kann in der Vergangenheit vergletschert gewesen sein. Der Helevorn-See war »dunkel und tief« (S 139) und schien in einem in die Berge vorgetriebenen Graben zu liegen, vergleichbar einem Zungenbeckensee. Der übrige Teil des Gebirgszuges muß ziemlich abgeflacht gewesen sein, seine Berggipfel waren abgetragen und heruntergewaschen und bildeten das Schwemmland der Ebenen im Westen. Die Berge waren nicht mit Schnee bedeckt, und die Elben hatten weit weniger Schwierigkeiten, die Ered Luin zu überqueren als, beispielsweise, die Nebelberge.

Die Westhänge fingen die feuchten Winde vom Belegaer und von der Bucht von Balar auf und versorgten so die sieben Flüsse mit Wasser. Nördlich des Ascar werden die Winde trockener gewesen sein (da sie ein größeres Landgebiet passiert hatten), und dort fanden sich 40 Wegstunden weit keine Nebenflüsse. Ossiriand war warm und angenehm, und die sieben Flüsse flossen rasch durch Täler wie das des Thalos, wo Finrod zum ersten Mal auf sterbliche Menschen stieß (S 157).

Beleriand *Querschnitt:* Nord-Süd

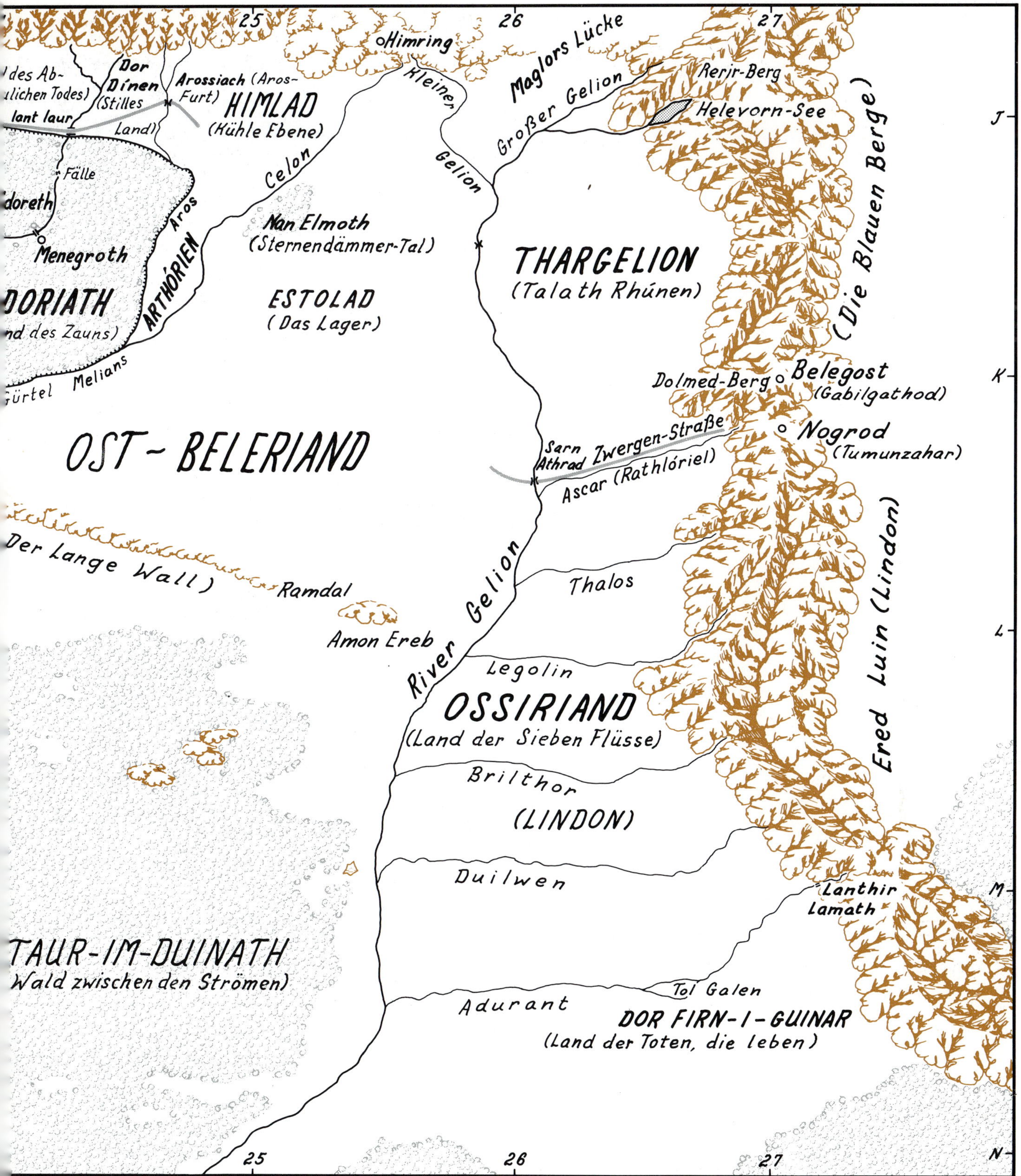

25
26
27
Himring
Maglors Lücke
Rerir-Berg
Helevorn-See
Kleiner
Großer Gelion
Gelion
des Ab-
lichen Todes)
Dor
Dínen
(Stilles
Land)
Arossiach (Aros-
Furt)
HIMLAD
(Kühle Ebene)
lant laur
Fälle
doreth
Menegroth
DORIATH
nd des Zauns)
Aros
ARTHÓRIEN
Celon
Nan Elmoth
(Sternendämmer-Tal)
ESTOLAD
(Das Lager)
THARGELION
(Talath Rhúnen)
(Die Blauen Berge)
J
K
L
M
N
Gürtel Melians
Dolmed-Berg
Belegost
(Gabilgathod)
Nogrod
(Tumunzahar)
OST-BELERIAND
Sarn
Athrad
Zwergen-Straße
Ascar (Rathlóriel)
Der Lange Wall)
Ramdal
Amon Ereb
River Gelion
Thalos
Ered Luin (Lindon)
Legolin
OSSIRIAND
(Land der Sieben Flüsse)
Brilthor
(LINDON)
Duilwen
Lanthir
Lamath
TAUR-IM-DUINATH
Wald zwischen den Strömen)
Tol Galen
Adurant
DOR FIRN-I-GUINAR
(Land der Toten, die leben)

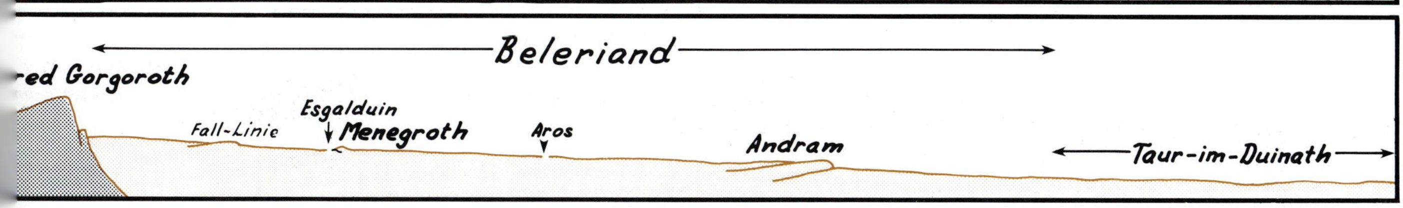

Beleriand
red Gorgoroth
Fall-Linie
Esgalduin
Menegroth
Aros
Andram
Taur-im-Duinath

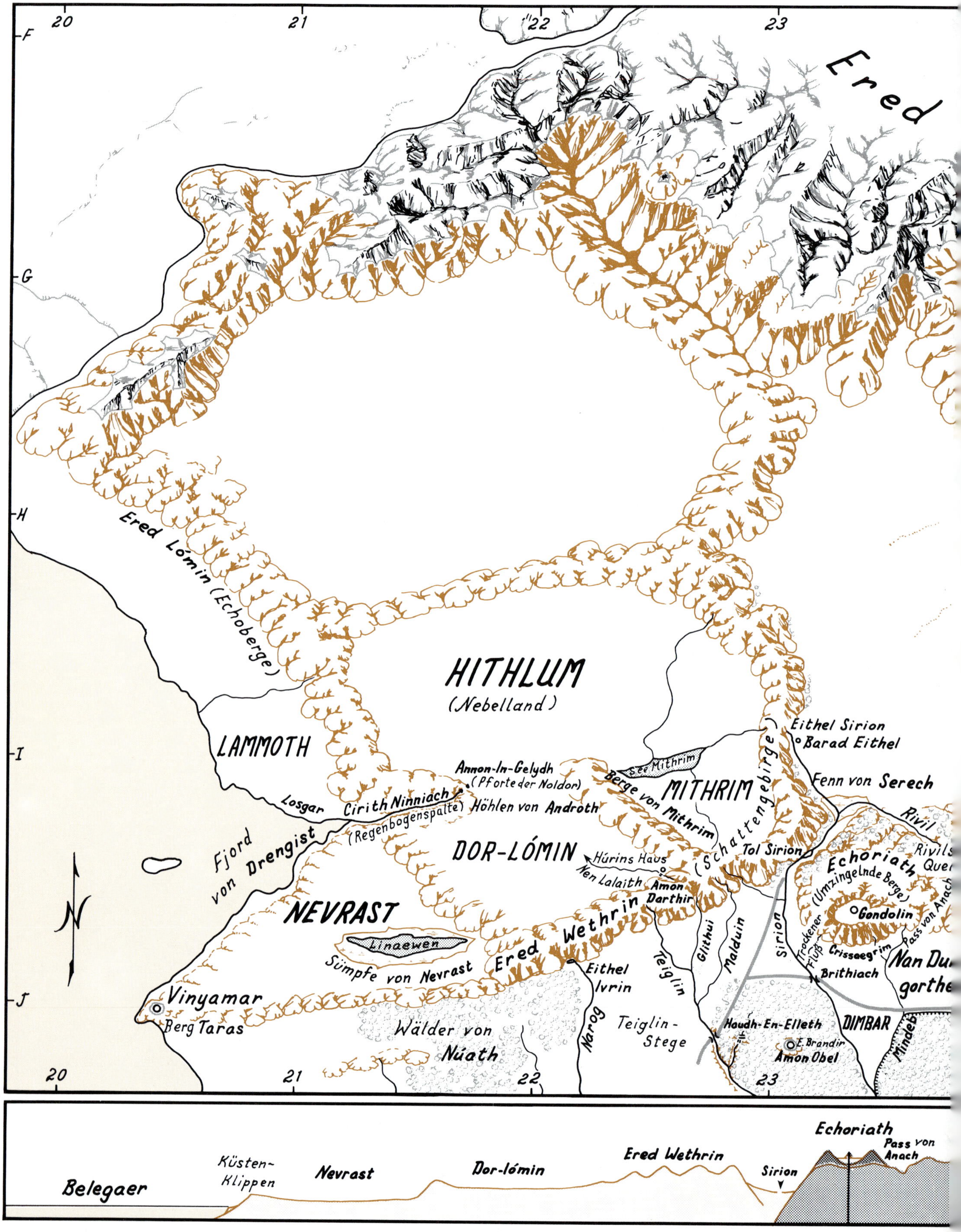

Länder im Norden *Querschnitt:* West-Ost

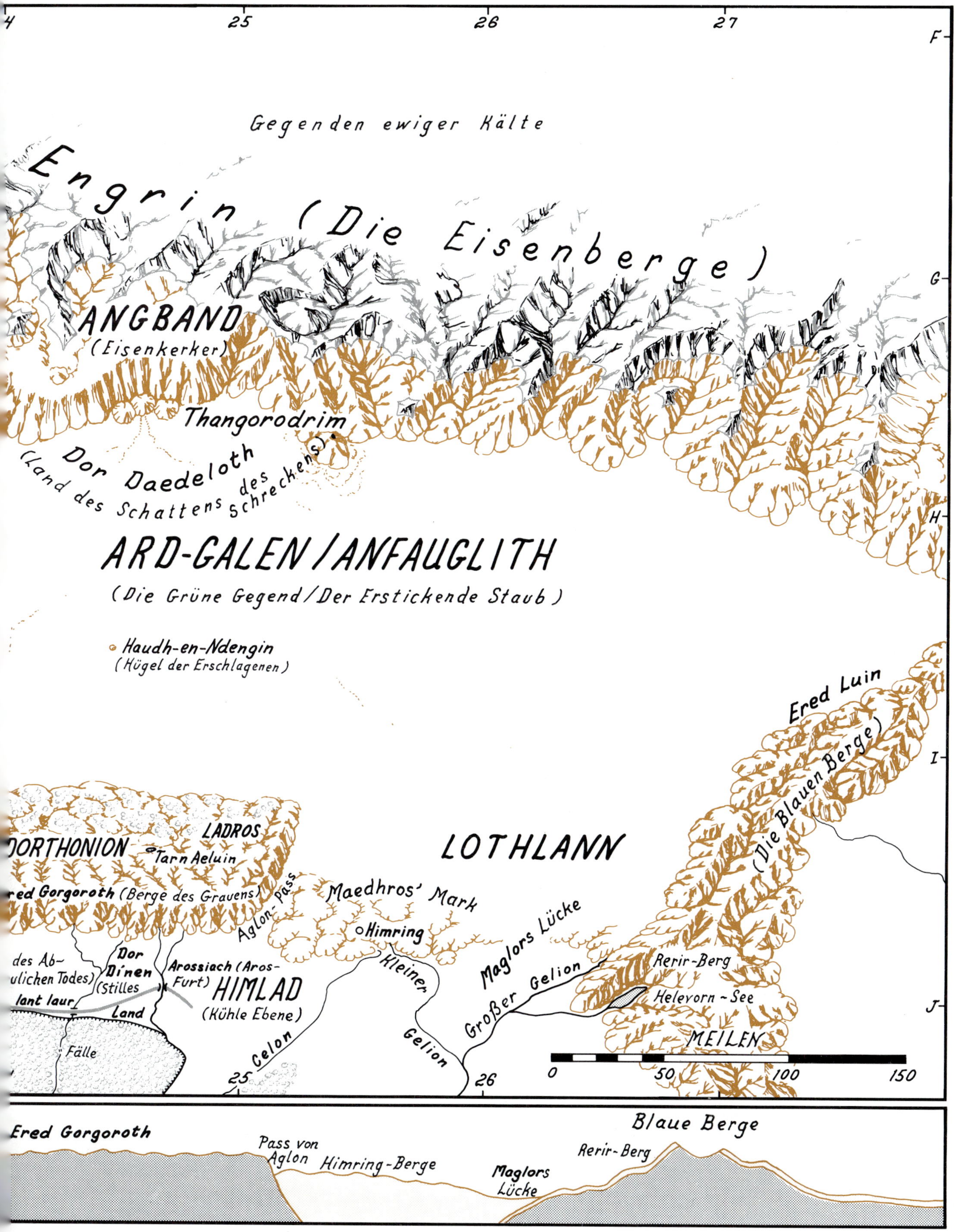
24
25
26
27
F
G
H
I
J
Gegenden ewiger Kälte
Engrin (Die Eisenberge)
ANGBAND
(Eisenkerker)
Thangorodrim
Dor Daedeloth
(Land des Schattens des Schreckens)
ARD-GALEN / ANFAUGLITH
(Die Grüne Gegend / Der Erstickende Staub)
Haudh-en-Ndengin
(Hügel der Erschlagenen)
Ered Luin
(Die Blauen Berge)
LADROS
DORTHONION
Tarn Aeluin
Ered Gorgoroth (Berge des Grauens)
Aglon-Pass
Maedhros' Mark
Himring
Maglors Lücke
LOTHLANN
Dor Dínen
(Stilles Land
Arossiach (Aros-Furt)
HIMLAD
(Kühle Ebene)
des Ab-
lichen Todes)
lant laur
Fälle
Celon
Kleiner Gelion
Großer Gelion
Rerir-Berg
Helevorn-See
MEILEN
0
50
100
150
25
26
Ered Gorgoroth
Pass von Aglon
Himring-Berge
Maglors Lücke
Blaue Berge
Rerir-Berg

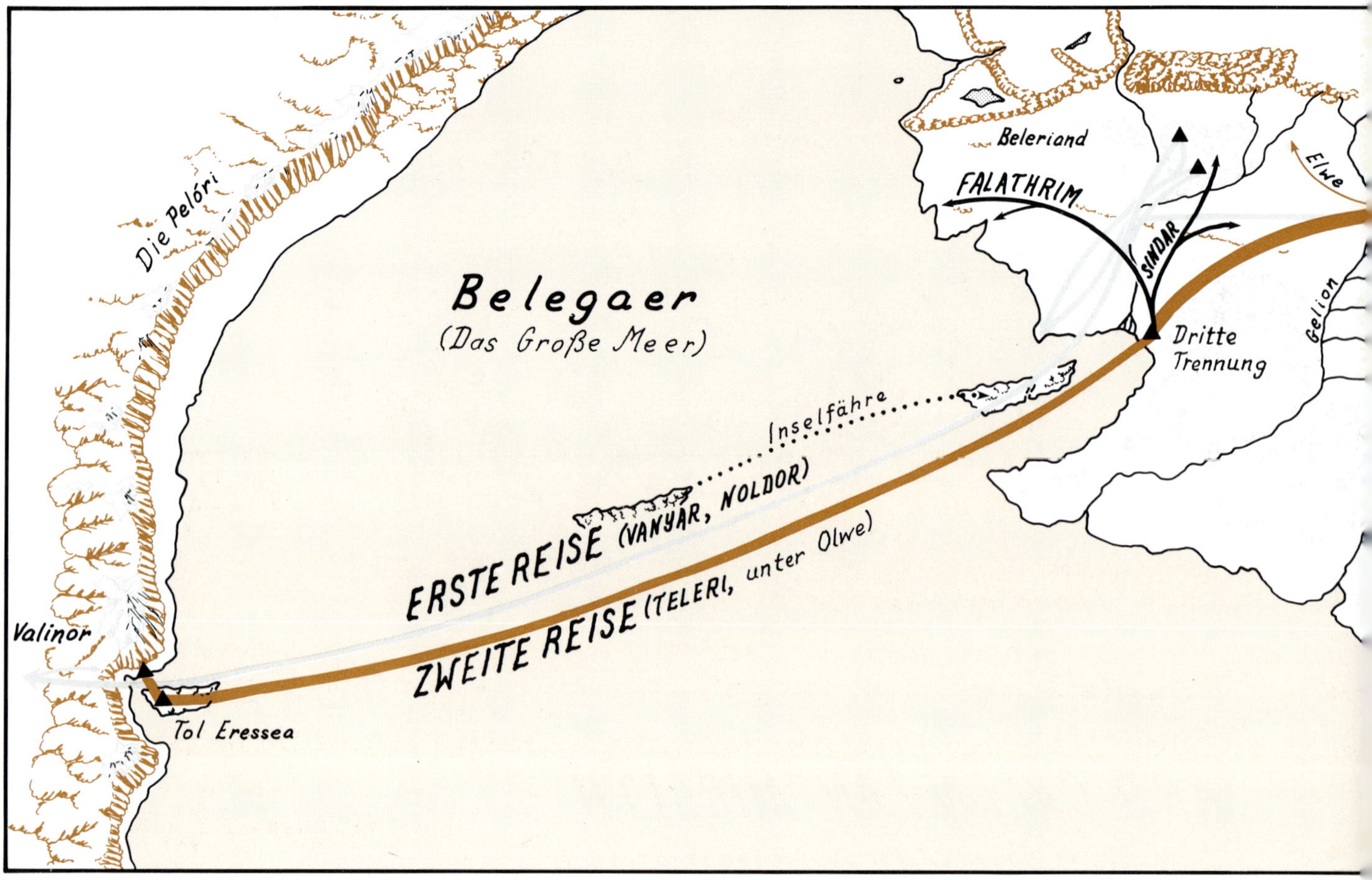

Wanderung der Elben nach Westen

Die Wanderung der Elben nach Westen

Nachdem die Valar Utumno zerstört und Melkor eingekerkert hatten, stand es den Elben frei, nach Westen in das Segensreich zu ziehen. Als Orome mit den drei Anführern, die er als Herolde ausgewählt hatte, nach Cuiviénen zurückkehrte, dem Geburtsort der Elben, entschieden sich die meisten dafür, den Weg nach Westen anzutreten. Jene, welche die Reise verweigerten und dem Licht auswichen, wurden als Avari, die Widerstrebenden, bekannt (S 63). Diejenigen, die zur Wanderung bereit waren, formierten sich zu drei Scharen:

1. Ingwes Geschlecht — sie gingen alle nach Westen. Sie bildeten die kleinste Gruppe, die jedoch zuerst aufbrach. In Valinor wohnten sie den Valar am nächsten und wurden als die Vanyar, die Blond-Elben, bekannt.

2. Finwes Geschlecht — einige blieben zurück, aber die meisten zogen immer direkt hinter den Vanyar her. Sie wurden als die Noldor, die Tief-Elben, bekannt.

3. Elwes Geschlecht — die größte Schar, die unterwegs die verstockteste war. Einige brachen niemals auf, andere kehrten sehr bald um. Gleichwohl war ihre Zahl so groß, daß zwei Anführer nötig waren: neben Elwe herrschte sein Bruder Olwe. Weil sie dauernd zögerten, wurden sie scherzhaft die Teleri genannt (S 63 f.).

Orome führte die große Masse nördlich am Binnenmeer Helcar entlang. Beim Anblick der noch immer über Utumno liegenden großen schwarzen Wolken wurde vielen bang, und sie setzten sich ab. Vielleicht kehrten sie nach Cuiviénen zurück und schlossen sich wieder den Avari an. Es wird nicht berichtet, ob später einige von ihnen oder alle den Pfad nach Westen betraten (S 64). Jene, die den Weg fortsetzten, legten langsam ungezählte Wegstunden zurück und hielten oft für lange Zeit an, bis Orome zurückkehrte. Auf diese Weise gelangten sie schließlich in jene heute wohlbekannten Lande — möglicherweise benutzten sie denselben Pfad, der später die Alte Waldstraße hieß. Sie zogen durch einen Wald (vermutlich der Große Grünwald), erreichten die östlichen Ufer des Großen Stroms, später als Anduin bekannt (S 64), und erblickten die hoch aufragenden Nebelberge. Die Teleri, immer die langsamsten und verstocktesten, lagerten lange am Ostufer. Die Vanyar und die Noldor drängten weiter über den Fluß, erklommen die Bergpfade und stiegen nach Eriador hinunter. Ihr Weg muß weit genug südlich verlaufen sein, um ein angenehm warmes Reisen zu ermöglichen, doch so weit nördlich, daß eine Überquerung der Berge erforderlich war; er mußte die südlichen Wälder gemieden und die Überquerung der größeren Ströme erlaubt haben. Kurz, es ist sehr wahrscheinlich, daß die Große Oststraße auf diesen uralten Pfad zurückgeht.

Die Noldor und die Vanyar setzten den Weg nach Westen fort, bis sie zwischen der Bucht von Balar und dem Fjord von

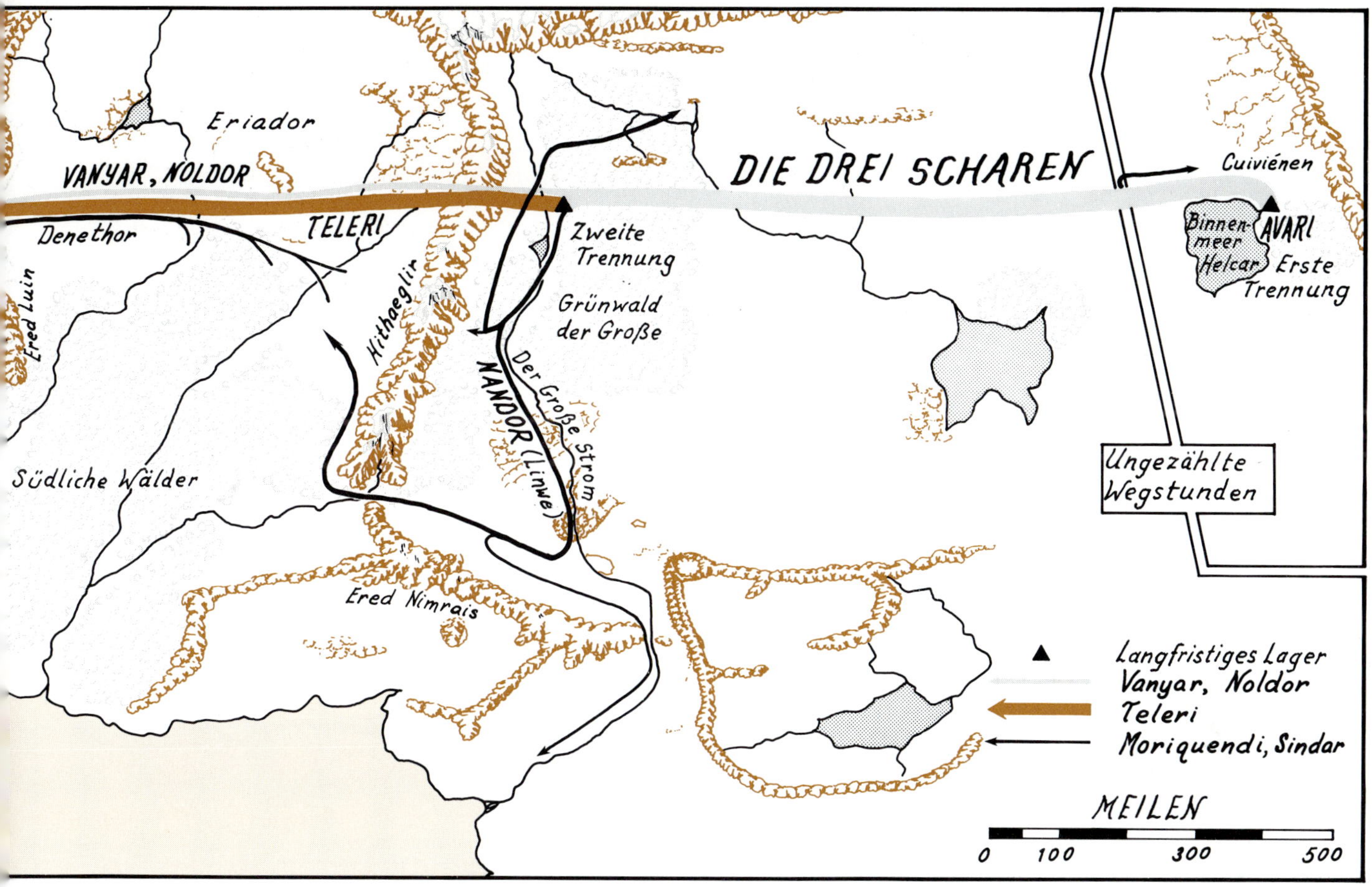

Drengist das Große Meer erreichten (S 65), offenbar nicht weit entfernt vom Sirion (S 65). Der Anblick der Wasserwüste jagte den Elben Furcht ein, und sie zogen sich in die vertrauten Hügel und Wälder zurück — besonders nach Neldoreth und Region, wo Finwe lagerte (S 65). Dort blieben sie lange Jahre.

Inzwischen hatte Lenwe einige Teleri den Anduin hinunter nach Süden geführt; und diese wurden später als die Nandor bekannt, »jene, die sich umwandten«. Einige blieben am Großen Strom, einige zogen zum Meer, und wieder andere müssen schließlich durch die Pforte von Rohan nach Eriador gekommen sein (S 107). Ausgedehnte Waldgebiete umgaben sie, und so wurden sie Waldland-Elben: möglicherweise die Vorfahren der Wald-Elben, die den Düsterwald (H 171 f.) und Lórien (I 412) bewohnten. Das Volk von Denethor, Lenwes Sohn, überquerte schließlich die Berge und gelangte nach Ossiriand (S 107), und diese Elben erhielten endlich den neuen Namen Laiquendi, Grün-Elben (S 110). Die meisten Teleri waren lange vor Denethor weiter nach Westen gewandert, während die Vanyar und die Noldor noch in Beleriand warteten; noch ein weiteres Mal hatten die Teleri angehalten — diesmal östlich des Gelion.

Auf Bitten Ulmos zog Osse eine Insel in die Bucht von Balar und transportierte die Noldor und die Vanyar nach Valinor. Die Teleri waren sehr bestürzt, als sie sich wiederum alleingelassen fanden, und viele von ihnen zogen nach Westen zu den Mündungen des Sirion. Nach langen Jahren der Trennung brachte Ulmo die Inselfähre zurück, doch viele wollten nicht mehr aufbrechen. Einige hatten diese Küste lieben gelernt und wurden die Falathrim, das Küstenvolk. Elwe war in Nan Elmoth verschwunden (S 66), und viele aus seinem Volk kehrten in die Wälder zurück und nannten sich selbst Eglath, das Verlassene Volk (S 69); doch als Elwe zurückkehrte, wurden sie die Sindar oder Grau-Elben (S 104).

Die Masse der Teleri zog zwar weiter, doch sie bedauerten den Verlust ihrer Heimat, deshalb verankerte Ulmo, ihrem Wunsch folgend, die Insel in der Bucht. Und dort erhob sie sich durch die Zeitalter: Tol Eressea, die Einsame Insel (S 70). Die Valar öffneten den Calacirya, damit die Teleri das Leuchten vom Paß des Lichts empfangen konnten. Auf der Mitte des Passes wurde die Stadt Tirion erbaut, und darin wohnten die Noldor und auch die Vanyar (bis sie es vorzogen, in die Ebene von Valinor zurückzukehren) (S 72). Schließlich wurden die Teleri vom Licht angelockt. Da lehrte sie Osse den Schiffbau, und ihre Schiffe wurden von Schwänen an die Küste gezogen, wo die Teleri in Alqualonde wohnten.

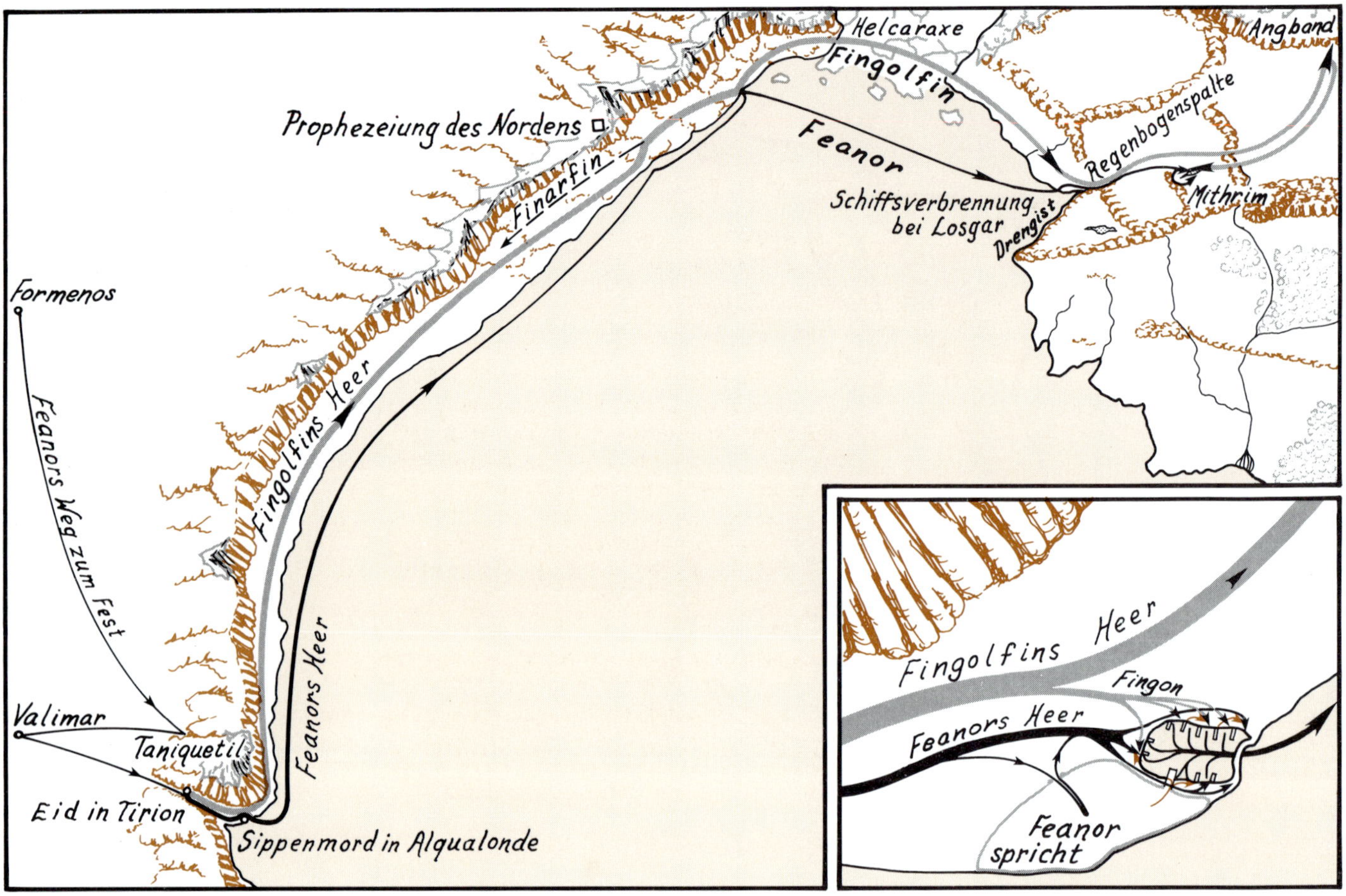

Die Flucht *Nebenkarte:* Alqualonde

Die Flucht der Noldor

Auf Befehl Manwes war Feanor auf dem Taniquetil (S 87), als Melkor und Ungolianth das Licht der Bäume auslöschten, Melkor die Befestigungen von Formenos durchbrach, die Silmaril fortnahm und Finwe erschlug. Als die Valar die Silmaril zu sehen begehrten, wuchs Feanors Zorn, und er kehrte aus seiner Verbannung nach Tirion zurück. Trotz der Einwände seiner Halbbrüder zwang er allen Noldor, den zehnten Teil des Volkes ausgenommen, seinen Willen auf; und nach hastigen Vorbereitungen marschierten die Noldor los. Feanors Heer hielt die Spitze, gefolgt von dem größeren Heer Fingolfins und der Nachhut unter Finarfin (S 96 f.). Der Weg nach Norden war lang und voll Unheil, und neben ihnen lag das große Meer; so suchte Feanor die Teleri zu überreden, sich ihnen anzuschließen oder ihnen zumindest ihre großen Schiffe zu überlassen. Als dies erfolglos war, wartete er, bis die meisten seines Gefolges eingetroffen waren, dann begann er die Schiffe zu bemannen. Die Teleri leisteten Widerstand, doch schließlich eroberten die Noldor die Schiffe und fuhren ab (S 100).

Lange waren sie unterwegs, und Land und See waren grimmige Widersacher. Im fernen Norden endlich, als sie in Araman an Land stiegen, gebot ihnen eine mächtige Stimme Halt, die das böse Schicksal der Noldor weissagte. Darauf kehrten Finarfin und sein Gefolge, die vor dem Aufbruch am wenigsten willig gewesen waren, nach Tirion zurück, doch der größte Teil des Volkes zog weiter. Die Heere näherten sich der Helcaraxe, und während sie berieten, welchen Weg sie einschlagen sollten, schlich Feanor mit seinen Ergebenen an Bord der Schiffe und ließ Fingolfin zurück. Sie fuhren nach Osten, dann nach Süden und landeten bei Losgar, wo sie die weißen Schiffe verbrannten. Als sie von Osten nach Hithlum eindrangen und an das Nordufer des Sees Mithrim kamen (S 102 f.), wurden sie von Truppen aus Angband umzingelt, und Feanor wurde erschlagen (S 120 f.). Voller Bitterkeit, daß man sie verlassen hatte, trotzten Fingolfin und seine Mannen den Eisfeldern der Helcaraxe. Es mögen Wochen verstrichen sein, bevor sie mit dem aufgehenden Mond den festen Grund Mittelerdes betraten. Nach sieben Tagen stieg die Sonne auf, gerade als Fingolfin in Mithrim einmarschierte (S 123). Er zog weiter vor die Tore von Angband, doch sein Kampfruf blieb ohne Antwort. Er kehrte nach Mithrim zurück, wo jene, die von Feanors Gefolge zurückgeblieben waren, sich an das Südufer zurückzogen, um weitere Auseinandersetzungen zu vermeiden (S 123).

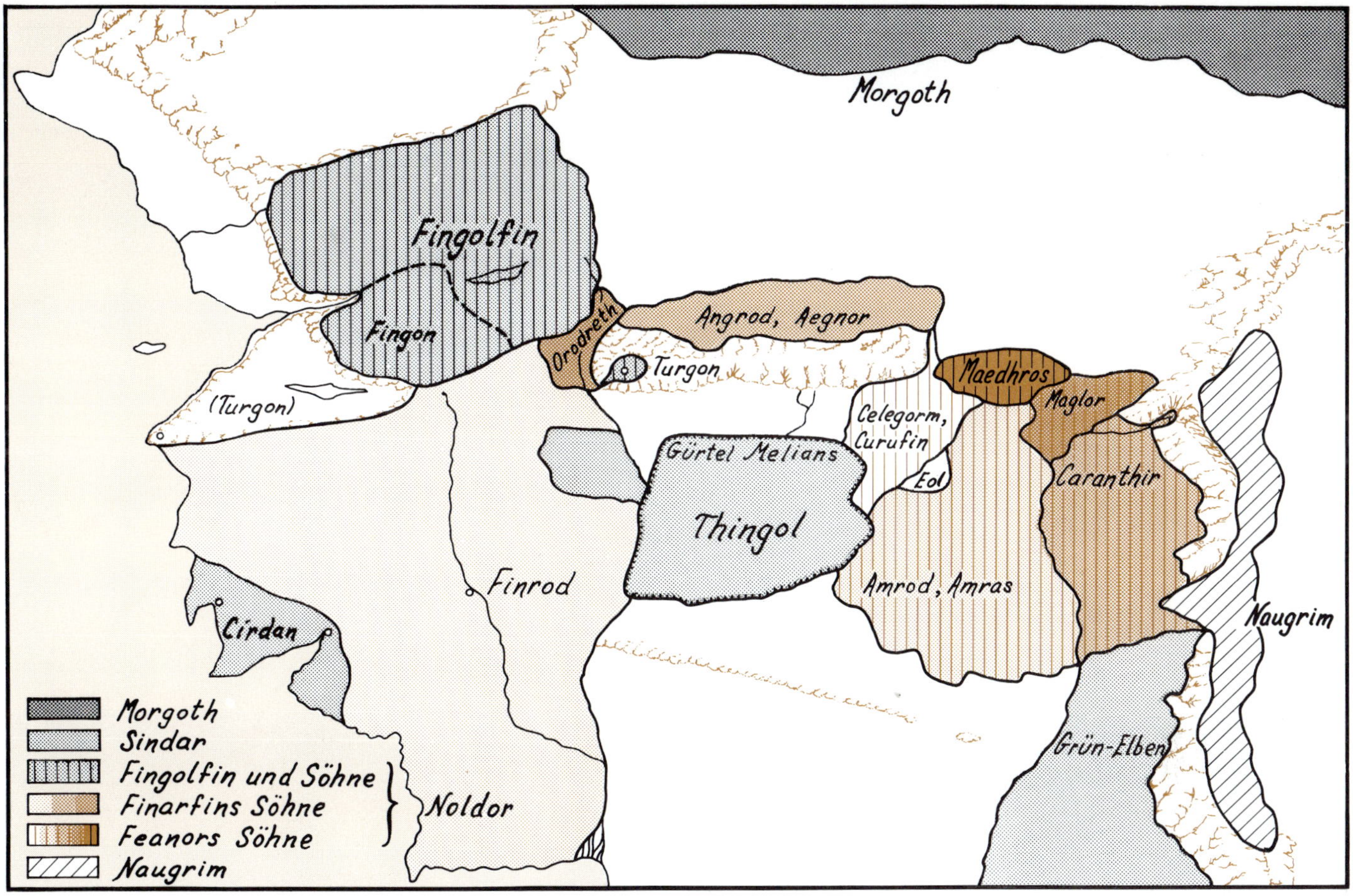

Die Reiche

Die Reiche vor der Großen Niederlage

Einige der Teleri verließen niemals die Hinnenküste: Sie waren über Beleriand verstreut, doch die meisten wohnten in drei Gebieten: die Falathrim unter Círdan an der Küste; die Grün-Elben in Ossiriand; die Sindar aus dem Geschlecht Elwe/Thingols im Bewachten Reich von Doriath. Der Großteil von Thingols Reich lag innerhalb des Gürtels von Melian (S 110): die Wälder von Neldoreth, Region, ein Teil von Nivrim und jenseits des Sirion die Westmark. Brethil, außerhalb des Gürtels, war ein weniger besiedeltes Gebiet. Alle Teleri erkannten schließlich Thingol als ihren Herrn an und wurden so locker mit den Sindar vereinigt.

Als die Noldor aus dem Westen zurückkehrten, verfügte Thingol: »In Hithlum steht es den Noldor frei zu wohnen, in den Hochlanden von Dorthonion und in den Landen östlich von Doriath, die leer und wild sind ... denn der Herr von Beleriand bin ich« (S 126). Dementsprechend besiedelten die Noldor diese Gebiete. Im Westen wohnten: in Hithlum der Hochkönig Fingolfin; sein älterer Sohn Fingon im Teilgebiet Dor-lómin; und Turgon in Nevrast (S 134). In der Mitte wohnten die Söhne Finarfins: Finrod und Orodreth auf dem Sirion-Paß und Angrod und Aegnor im nördlichen Dorthonion (S 135). Der Osten wurde von den sieben Söhnen Feanors bewacht: Celegorm und Curufin am Aglon-Paß bis nach Himlad; Maedhros auf dem Berg von Himring (S 139); Maglor bewachte die Lücke und das Land zwischen den Quellflüssen des Gelion (S 130; 139); Caranthir befestigte den Berg Rerir und wachte über Thargelion (S 139 f.). Lediglich Amrod und Amras lebten abseits in den offenen Gebieten südlich der Berge (S 140; 160).

Fünfzig Jahre nach der Besiedlung dieser Länder schickte Ulmo Turgon und Finrod einen Traum, der ihnen die Idee verborgener Königreiche eingab (S 129). Finrod grub die Hallen von Nargothrond, und schließlich wurde seine Herrschaft von allen Völkern westlich des Sirion anerkannt. Turgon schloß 104 den Bau Gondolins ab. Nachdem er sein Volk dorthin gebracht hatte, blieb Nevrast verlassen zurück.

Alle diese Reiche überdauerten den Langen Frieden bis zum Jahr 455. Im folgenden kurzen Zeitraum von fünfzig Jahren wurden sie eines nach dem anderen überrannt, bis die übriggebliebenen Elben an den Rand des Meeres getrieben wurden.

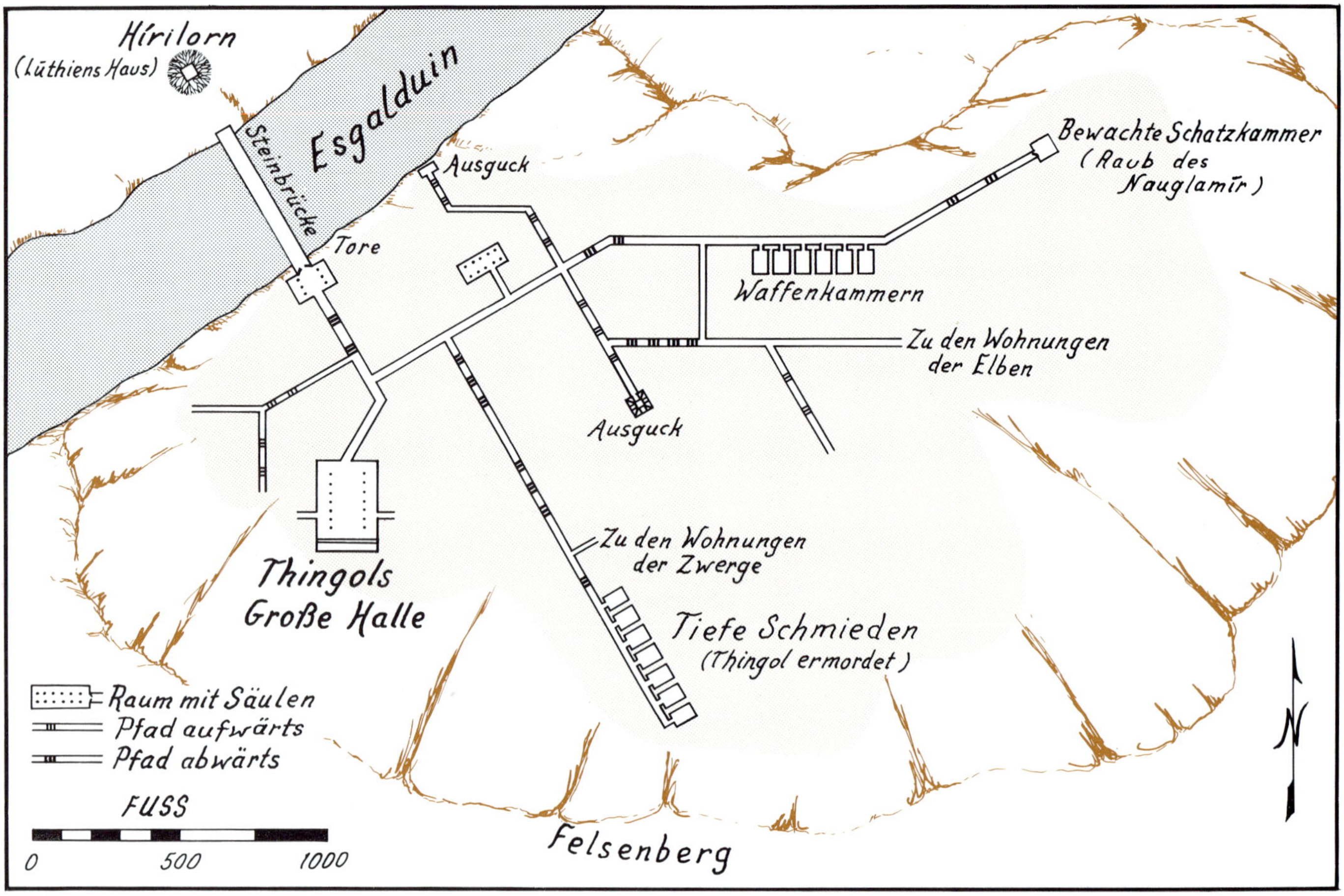

Menegroth

Menegroth, die Tausend Grotten

Menegroth wurde für Thingol und Melian von den Zwergen aus Belegost erbaut (S 106). Es ist freilich ungewiß, ob die Grotten aus dem gewachsenen Fels des Berges am Esgalduin gehauen wurden oder ob es sich um bereits vorhandene Gänge handelte, die einfach erweitert wurden. Falls letzteres der Fall war, hätte es eines geeigneten Muttergesteins (wie es sich bei Nargothrond fand) bedurft, um ein Höhlensystem auszubauen — aber Menegroth lag weit nördlich von Andram. Es wurde deshalb angenommen, daß es sich bei den Grotten um künstliche Höhlen handelte.

Der Felsenberg muß bis an den äußersten Rand des Esgalduin herangereicht haben, denn nur über eine Steinbrücke konnte man die Tore erreichen (S 106). Den Toren gegenüber stand eine große Buche: Hírilorn. Darin wurde ein Haus für Lúthien gebaut, damit sie nicht entfliehen konnte, um Beren zu retten (S 192). Buchen weisen gewöhnlich bis zur halben Höhe ihres Stammes keine Nebenäste auf und haben eine Tropflinie, die das Zwanzigfache ihres Durchmessers beträgt.[13]

Eine Fläche von einer Quadratmeile ermöglichte die Anlage zahlloser Räume und Gänge (weit mehr, als dargestellt) — besonders wenn diese auf mehreren unterirdischen Etagen angelegt wurden, was hier zweifellos der Fall war. Gleichwohl gibt es nur wenige genaue Angaben. Von den unzähligen »hohen Hallen und Kammern« (S 106) werden nur drei Örtlichkeiten besonders erwähnt: (1) die Große Halle Thingols, wo Beren vor den Thron trat (S 106; 185); (2) die tiefen Schmieden, wo die Naugrim Thingol erschlugen (S 259); (3) die bewachte Schatzkammer, wo Mablung fiel, als die Zwerge zurückkehrten, um das Nauglamír zu rauben (S 261).

Zweimal war Menegroth Schauplatz von Kämpfen. Beide Male handelte es sich um Versuche, das Nauglamír mit seinen Silmaril zu rauben. Gegen 505 kehrten die Zwerge zurück, um die Toten ihrer Sippe zu rächen, die beim Mord an Thingol gefallen waren. Es gelang ihnen, das Halsband zu stehlen, aber es wurde später zurückerobert (S 261 f). Vier Jahre später begannen die sieben Söhne Feanors, die noch immer den verfluchten Eid hielten, den Zweiten Sippenmord, als sie gegen Dior kämpften und ihn töteten. Dennoch war ihre Fahrt erfolglos, denn mit einigen Übriggebliebenen seines Volkes floh Elwing aus Menegroth, und den Silmaril führten sie mit sich (S 263).

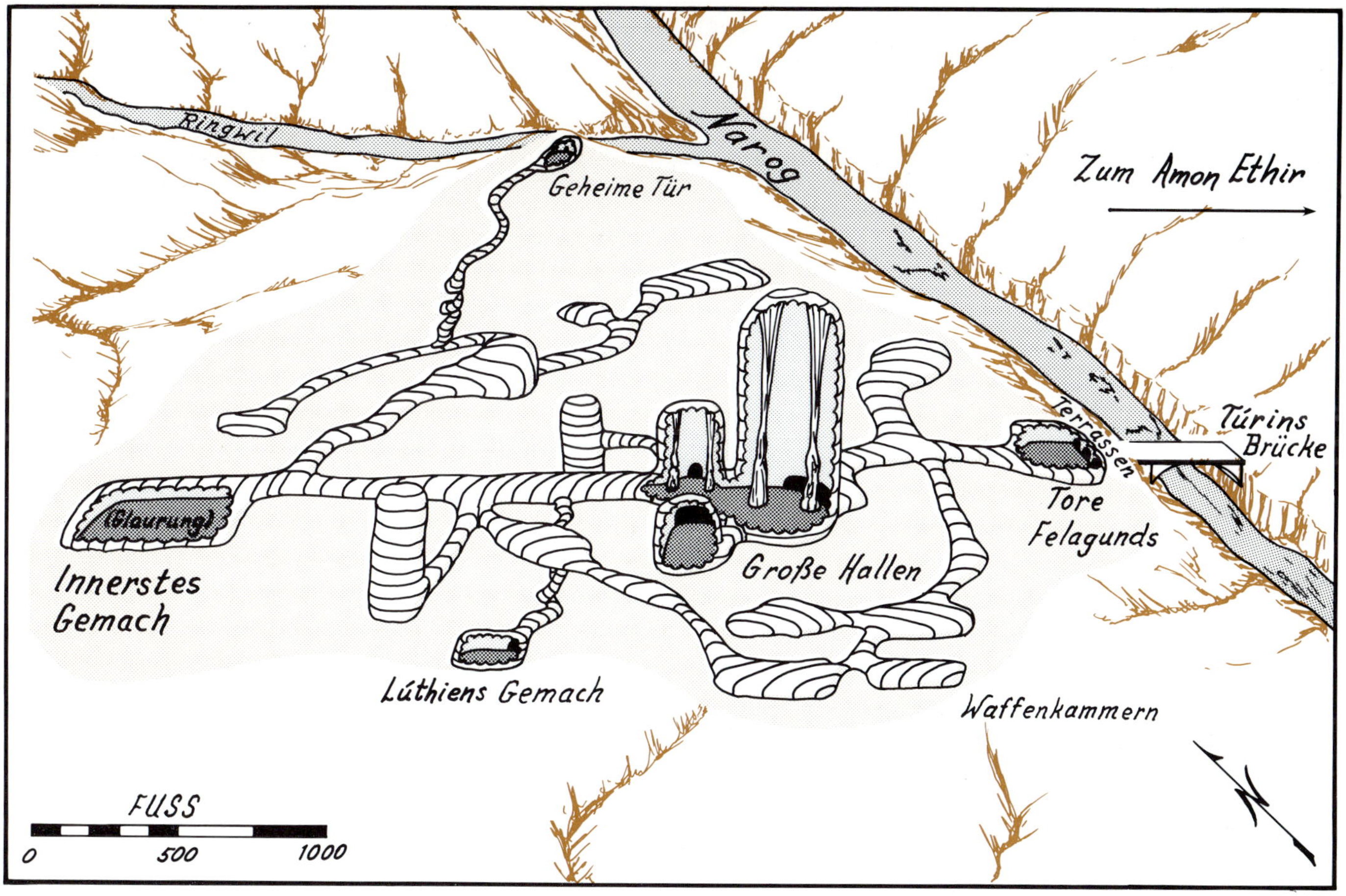

Nargothrond

Nargothrond

Ulmo flüsterte Turgon und Finrod in einem Traum ein, sie sollten sich verborgene Festungen schaffen. Bald danach besuchte Finrod Thingol und beschloß, eine Festung wie Menegroth zu bauen. Als er von den Narog-Höhlen erfuhr, begann er dort mit dem Bau (S 129). Das Gebiet lag südlich und westlich des Zusammenflusses von Ringwil und Narog, wo sie den Wall von Andram durchschneiden. Dieser bestand offenbar aus löslichem Gestein, höchstwahrscheinlich Kalkstein (vgl. oben S. 11). Diese Formation in Verbindung mit einem eingegrabenen Fluß wie dem Narog dürfte ideale Bedingungen für die Entstehung von Höhlen geboten haben. Bevor die Noldor zurückkehrten, wurden die Höhlen von Kleinzwergen gefunden und vergrößert (S 228), die sie Nulukkizdîn nannten (S 257). Finrod setzte die Zwerge aus den Blauen Bergen zur Fortführung der Arbeiten ein. Die Aufgabe war so gewaltig, daß die Zwerge ihn »Felagund« nannten, den »Höhlenschleifer« (S 129).

Ein solches weiträumiges System mit zahllosen Kammern der unterschiedlichsten Größen und Formen war ausreichend, um einer großen Bevölkerungszahl Unterkunft zu bieten und dem Drachen den Durchschlupf zu ermöglichen. In Nargothrond gab es: verschiedene, als Waffenkammern genutzte Räume (S 129); große Hallen, wo Finrod, Celegorm und Curufin zum gemeinen Volk sprachen (S 189); eine tiefgelegene Kammer, in die Lúthien gesperrt wurde; einen geheimen Ausgang, durch den sie mit Huan entfloh (S 193); und eine große innere Halle, wo Glaurung sein goldenes Lager anhäufte (S 239).

Den Eingang Nargothronds hat Tolkien auf drei Bildern dargestellt: zwei von ihnen zeigen drei Tore, das dritte eines (P 33; 34; 38). Da der Text immer nur von den »Toren Felagunds« (S 188; 235; 238; 256) spricht, sind hier drei Tore eingezeichnet worden. Vor den Toren war eine Terrasse, die so breit war, daß Glaurung darauf liegen konnte, während die Gefangenen fortgetrieben wurden (S 238 f.). Von hier aus konnte er im Osten den eine Wegstunde entfernten Amon Ethir sehen, jenen verhängnisvollen Ort, wo Nienor unter seinen Bann geriet (S 243). Unterhalb der Terrasse fiel eine steile Klippenwand zu den Fällen des Narog ab. Ursprünglich mußten die Elben einen Weg von 25 Meilen nach Norden zurücklegen, um den Fluß zu überqueren (S 188). 487 kam Túrin und veranlaßte Orodreth, eine mächtige Brücke zu bauen. Daß sie keine Zugbrücke war, wurde den Elben zum Verhängnis.

Gondolin

Gondolin, der Verborgene Felsen, war das Ergebnis von Turgons langen Bemühungen, eine geheime Stadt zu bauen (S 141). Ulmo offenbarte ihm die Lage des Versteckten Tales von Tumladen (S 130), und nach 52 Jahren mühevoller Arbeit war die Stadt vollendet (S 141). Die Echoriath scheinen ein gigantischer Krater und Amon Gwareth ein zweiter Kegel gewesen zu sein. Nach dem Erlöschen bildete sich ein See. Hier »waren die Valar selbst am Werk gewesen ... hatten die großen Berge auseinandergezwungen; und die Seitenwände der Schlucht waren so glatt wie mit der Axt behauen« (S 265; ME 68). Durch diesen Spalt entleerte sich schließlich der See, und so entstanden eine flache Ebene, eine steile Schlucht, ein Tunnel und der Trockene Fluß. Als die Stadt gegen 104 in Besitz genommen wurde, nutzte man diese geographischen Besonderheiten geschickt aus. Der Verborgene Weg verlief im ehemaligen Tunnel und in dem tief eingegrabenen Bett des Flusses und wurde durch sieben bewachte Tore versperrt: aus Holz, Stein, Bronze, Eisen, Silber, Gold und Stahl (S 153; ME 69—74). Das Dunkle (Äußere) Tor lag im Tunnel, die übrigen Tore befanden sich in der Schlucht (Orfalch Echor) (S 265). Befand man sich einmal im Tal, konnte man die Stadt nur über Treppen und durch das Haupttor erreichen (P 35), denn die Berghänge waren steil, besonders im Norden, wo am Felsvorsprung von Caragdûr Eol starb (S 155).

Es ist interessant, Gondolin mit größeren Städten anderer Zeitalter zu vergleichen. Tirion (S 70) war offensichtlich der Prototyp nicht nur für Gondolin (S 130; 142), sondern auch für Armenelos auf Númenor (S 287; 300) und Minas Anor (Minas Tirith) in Gondor (III 20 f.). Sie alle waren mauerumschlossene Bergstädte, von einem Turm gekrönt, der an einem großen Hofplatz stand, auf dem ein Baum wuchs (oder, wie im Falle Gondolins, Bilder der Zwei Bäume von Valinor enthielt). Caras Galadhon und Minas Tirith hatten überdies Springbrunnen. Gondolins ursprünglicher Name war Ondolinde, Fels der Wassermusik (S 141).

Für unsere Karte wurden eine Zeichnung von Tolkien (P 35), die ursprüngliche Karte und eine Untersuchung ähnlicher Landformen in unserer Welt herangezogen.[14] Amon Gwareth ist als ein 400 Fuß hoher Hügel dargestellt worden. Er scheint oben abgeflacht gewesen zu sein, also wurde seine Spitze vermutlich entfernt. Der Turm des Königs hatte die gleiche Höhe, und die Turmspitze lag 800 Fuß über der Talsohle. Durch den Hügel und nach Norden bis weit unter die Ebene führend, ließ Idril als Fluchtweg einen geheimen Tunnel graben (S 268), durch den sie mit Tuor und den übrigen Gondolindrim floh, als 511, nach 400 Jahren des Friedens, Gondolin fiel (S 269).

Thangorodrim und Angband

Über die Lage Angbands und die Größe der Thangorodrim gibt es widersprüchliche Angaben. Angband, die »Eisenhölle«, wurde nach der Gründung Valinors in den Ered Luin im Nordwesten Mittelerdes erbaut (S 57; 133). Es wurde als eine Festung beschrieben, die *hinter* der Schutzwehr der Ered Engrin errichtet war. Später wurde durch die Berge nach Süden ein Tunnel gegraben, durch den Morgoth mit den Silmaril zurückkehrte (S 133).

Die Thangorodrim, die »bedrückende Berggruppe«, wurde erbaut aus der Schlacke der Öfen und aus den Schuttmassen, die bei der Grabung Angbands anfielen (S 133). Die Berge waren so massiv, daß Maedhros an eine Klippe gehängt (S 123) und Húrin auf einem Felsvorsprung gefangengehalten werden konnte (S 220). Da auf der Karte des *Silmarillion* die Ered Luin fehlen, waren die einzigen Anhaltspunkte der Text und eine Zeichnung Tolkiens, die die mittlere Bergspitze aus der Entfernung zeigt (P 36). Im Text heißt es, die Thangorodrim waren »die mächtigsten Türme von Mittelerde« (S 121). Der Felsvorsprung vor dem Tor ragte 1.000 Fuß empor (S 200) — gewiß eine eindrucksvolle Höhe (zwei Drittel der Höhe unseres höchsten modernen Gebäudes). Doch der Widerspruch ergibt sich nicht aus dem Text, sondern aus der Zeichnung. Der mittlere Turm, aus etwa 200 Meilen Entfernung vom Paß des Sirion im Südwesten gesehen (vgl. oben, S. 14), erscheint außerordentlich hoch — weit höher als die Ered Engrin. Um aus einer solchen Entfernung in dieser Größe sichtbar zu sein, hätte er an seinem Fuß einen Durchmesser von mindestens fünf Meilen haben und entsprechend etwa 35.000 Fuß hoch sein müssen! Es ist unmöglich, diese zwei Extreme in Einklang zu bringen; deshalb wurde hier kein Maßstab angegeben.

oben: Das Verborgene Königreich *Querschnitt:* West-Ost *Nebenkarte:* Gondolin ▶
unten: Thangorodrim *Querschnitt:* Nord-Süd

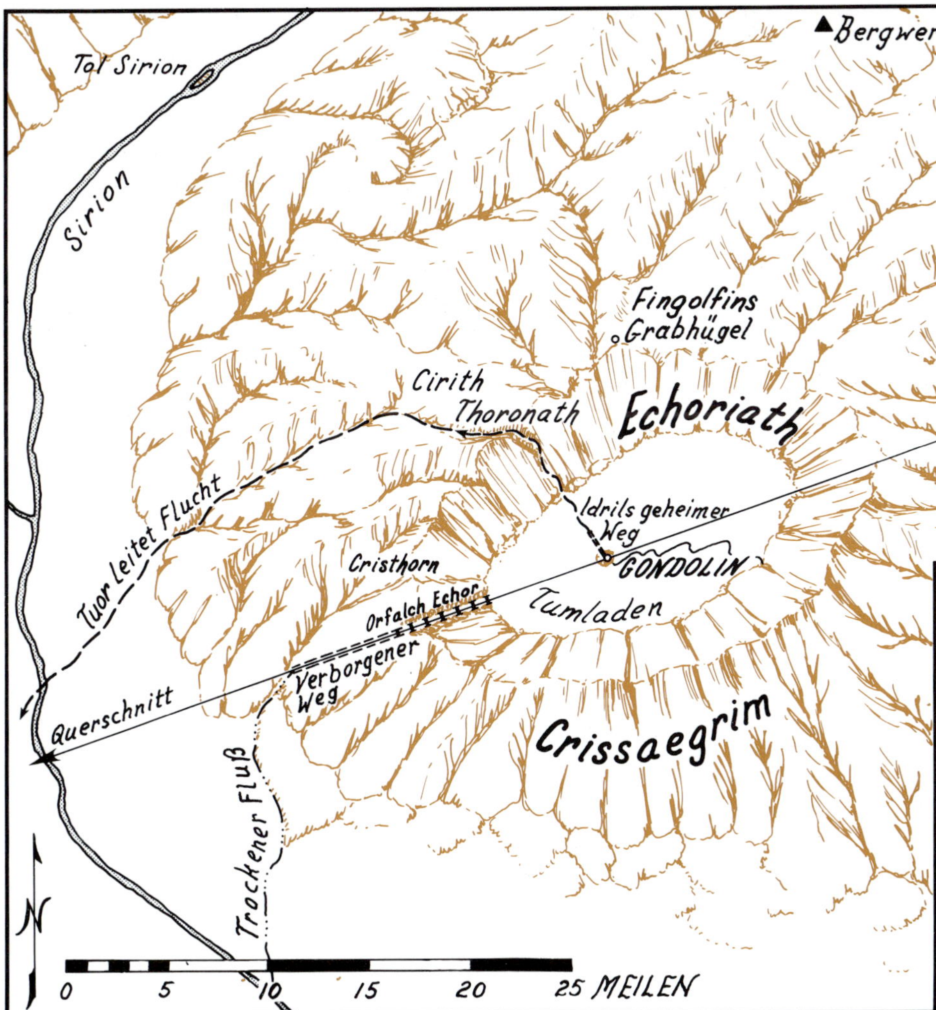

Bergwerke von Anghabar
Tol Sirion
Sirion
Fingolfins Grabhügel
Cirith Thoronath
Echoriath
Idrils geheimer Weg
GONDOLIN
Tumladen
Cristhorn
Orfalch Echor
Verborgener Weg
Tuor leitet Flucht
Querschnitt
Crissaegrim
Trockener Fluß
Anach
0 5 10 15 20 25 MEILEN

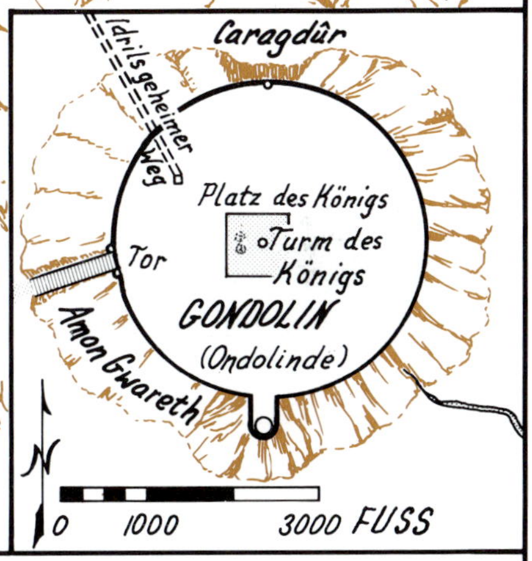

Caragdûr
Idrils geheimer Weg
Platz des Königs
Turm des Königs
Tor
GONDOLIN
(Ondolinde)
Amon Gwareth
0 1000 3000 FUSS

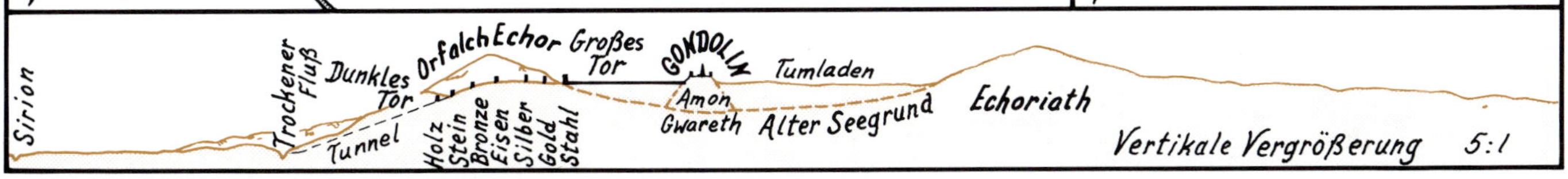

Sirion
Trockener Fluß
Dunkles Tor
Tunnel
Orfalch Echor
Großes Tor
Holz
Stein
Bronze
Eisen
Silber
Gold
Stahl
GONDOLIN
Amon Gwareth
Tumladen
Alter Seegrund
Echoriath
Vertikale Vergrößerung 5:1

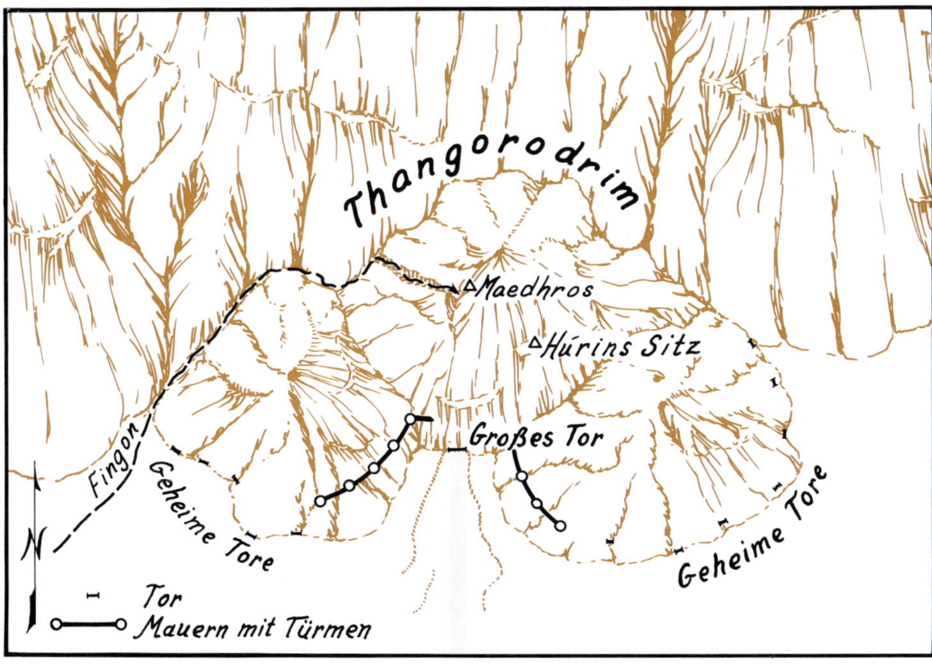

Thangorodrim
Maedhros
Húrins Sitz
Großes Tor
Fingon
Geheime Tore
Geheime Tore
Tor
Mauern mit Türmen

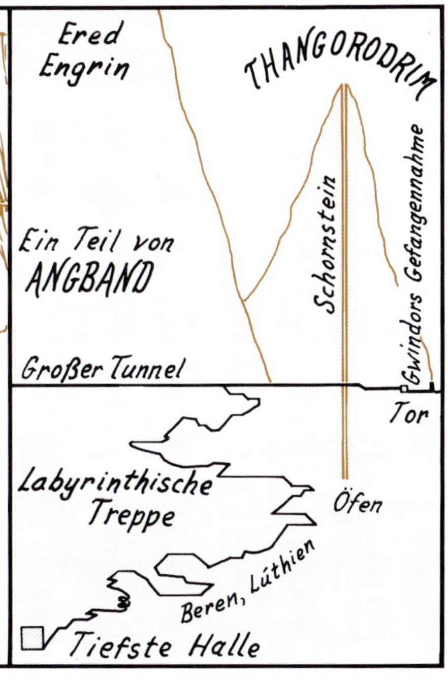

Ered Engrin
THANGORODRIM
Ein Teil von ANGBAND
Schornstein
Gwindors Gefangennahme
Großer Tunnel
Tor
Labyrinthische Treppe
Öfen
Beren, Lúthien
Tiefste Halle

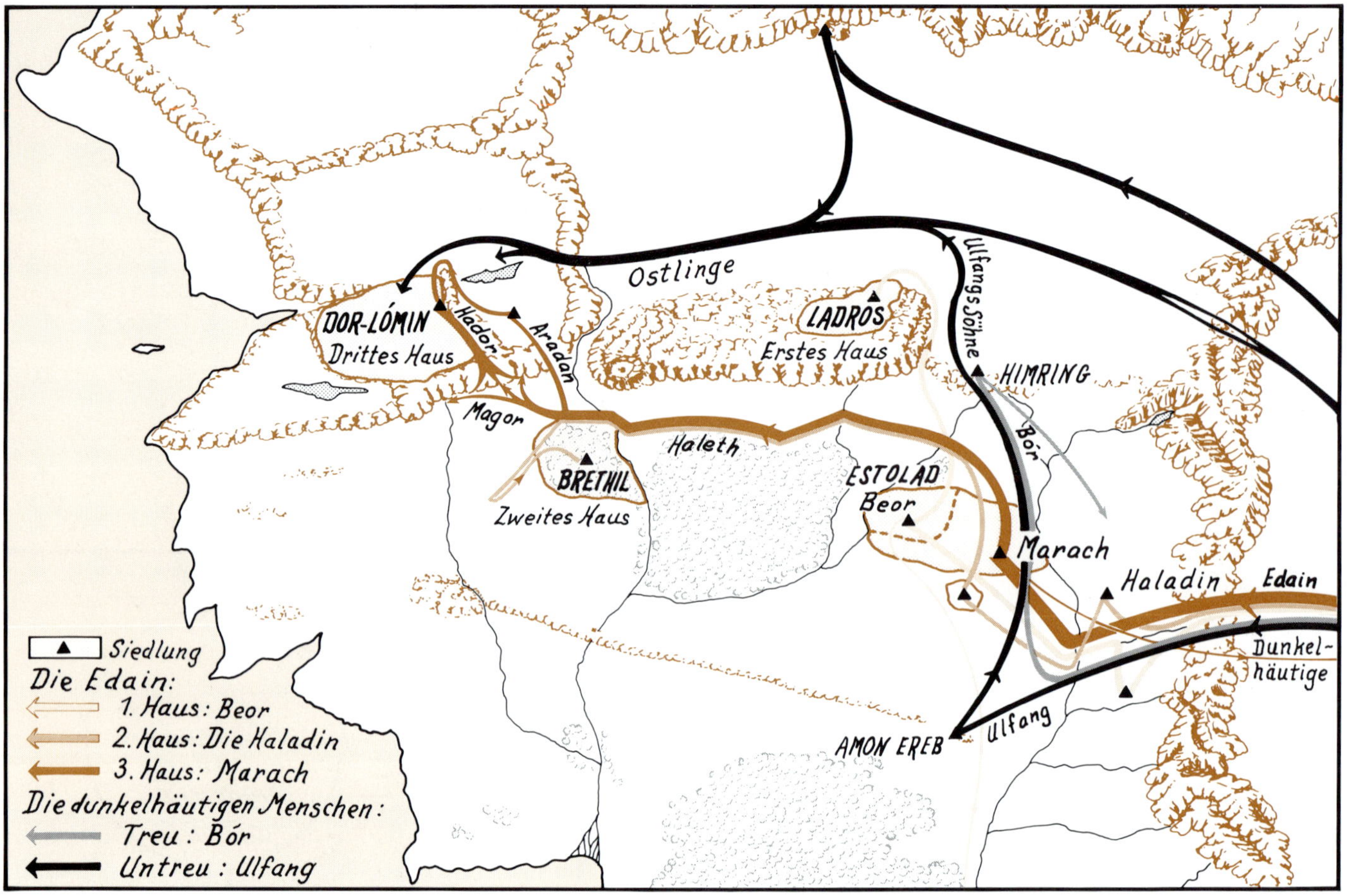

Die Ankunft der Menschen im Westen

Die Ankunft der Menschen

Mit dem Aufgang der Sonne im Westen erwachten die sterblichen Menschen (S 117) und wurden über 300 Jahre später von Finrod Felagund in der Nähe des Flusses Thalos entdeckt (S 157). Ursprünglich waren es drei Völker, die in drei aufeinanderfolgenden Jahren nach Beleriand einwanderten: die drei Häuser der Edain (S 158 f.).[15] Als erster kam Beor, der sein Volk in den Norden von Ossiriand, in das Gebiet von Amrod und Amras, führte. Das Land hieß Estolad, das Lager, und blieb etwa 150 Jahre lang bewohnt (S 160). Zwei Jahre später folgte das dritte und größte Volk — das von Marach —, das sich südlich und östlich von Beor niederließ (S 159 f.). In der Zwischenzeit hatten die Haladin, das Zweite Haus, in Sprache und Aussehen verschieden, das südliche Thargelion besiedelt (S 160).

Während der folgenden 50 Jahre entschlossen sich viele aus den Völkern von Beor und Marach, Estolad zu verlassen. Einige wurden verblendet, es verschlug sie in den Süden und in den Osten, und sie verschwanden aus dem Gedächtnis (S 161 ff.). Die Noldor, die Verbündete suchten, teilten ihre Lande mit den Menschen, aber Thingol verbot jedermann, sich im Süden niederzulassen (S 161). Beors Volk zog nach Dorthonion, und später wurde ihnen das Gebiet von Ladros als Wohnsitz zugewiesen (S 161; 166). Viele aus dem Volk Marachs verbündeten sich mit dem Haus Fingolfins. Einige zogen nach Hithlum, während andere in den Tälern südlich der Ered Wethrin blieben, bis sie unter Hador wiedervereinigt wurden, dem Herrn von Dor-lómin (S 160; 165). Das Zweite Haus, die Haladin, kamen schließlich nach Estolad. Als sie dort aber von Orks angegriffen wurden, zogen sie weiter durch Nan Dungortheb nach Talath Dirnen und dann in den Wald von Brethil (S 163—165).

Gleichwohl waren die Edain nicht die einzigen Sterblichen, die nach Beleriand einwanderten. Etwa um 457, nach der Dagor Bragollach, erschienen zum ersten Mal die dunkelhäutigen Ostlinge. Die Söhne Feanors gewannen sie als Verbündete: Jene unter Bór wohnten mit Meadhros und Maglor in Himring, die unter Ulfang lebten nahe dem Amon Ereb mit Caranthir, Amrod und Amras (S 176). Während der Fünften Schlacht, der Schlacht der Ungezählten Tränen, blieb das Volk von Bór treu und wurde vermutlich gezwungen, sich zusammen mit Meadhros wieder in Ossiriand niederzulassen. Die Söhne Ulfangs waren Verräter. Sie wurden später von Morgoth zusammen mit anderen Ostlingen als Besatzung nach Hithlum geschickt, wo sie die Familien der tapferen Männer von Dor-lómin ausplünderten, die an der Seite von Húrin und Huor gefallen waren (S 218).

Die Fahrten von Beren und Lúthien

Berens Leben nach der Dagor Bragollach bestand aus einer Folge von Reisen. Aus diesen und den mit ihnen verknüpften Suchfahrten erwuchs sein Ruhm — und der Lúthiens. Beren unternahm sechs wichtige Fahrten, drei davon gemeinsam mit Lúthien: (1) in Taur-nu-Fuin (Dorthonion) vom Tarn Aeluin zur Quelle des Rivil im Jahr 460; (2) durch die Ered Gorgoroth und das Nan Dungortheb nach Doriath in den Jahren 464—465; (3) von Doriath über Nargothrond zur Tol-in-Guarloth im Jahr 466; (4) zurück nach Doriath, weiter zu den Thangorodrim und zurück im Jahr 467; (5) die Wolfshatz im Jahr 467; (6) zu den Häusern der Toten und zurück und weiter nach Tol Galen (S 181—209).

Nachdem er seine Zuflucht am Tarn Aeluin verlassen hatte, wo sein Vater und dessen Gefährten erschlagen worden waren, verfolgte er die mörderischen Orks bis zur Quelle des Rivil, wo sie lagerten, und gewann den Ring Finrod Felagunds zurück (S 183). Während der folgenden vier Jahre zog er durch die Hochlande (460—464), bis er im Winter 464 gezwungen wurde, diese zu verlassen. Er erblickte Doriath im Süden, folgte unbekannten Wegen, um es zu erreichen, und durchquerte den Gürtel Melians, genau wie diese es vorausgesagt hatte (S 161; 184). Dort wanderte er ein Jahr lang umher und traf Lúthien. Im Sommer 465 brachte sie ihn zu ihrem Vater Thingol. Über ihre Liebe erzürnt, verlangte Thingol, daß Beren als Mitgift für Lúthien einen Silmaril vorweisen müsse (S 187).

Beren verließ Doriath und zog oberhalb der Fälle des Sirion nach Nargothrond (S 188). Dann erfüllte Finrod jenen Eid, den er Berens Vater während der Dagor Bragollach geschworen hatte (S 170). Im Herbst zogen Finrod, Beren und zehn Gefährten nach Norden zu den Fällen von Ivrin. Sie erschlugen einen Trupp Orks und verkleideten sich, so daß sie wie Orks aussahen. Doch auf dem Sirion-Paß erspähte sie Sauron, und sie wurden auf Tol-in-Guarloth gefangengesetzt (S 190 f.).

Lúthien erfuhr von ihrer mißlichen Lage, entfloh aus ihrem Haus nahe Menegroth und zog westwärts (vermutlich über die Sirion-Brücke) nach Nivrim. Dort wurde sie von Celegorm und Curufin gewaltsam entführt und in Nargothrond eingesperrt (S 193). Huan, der Jagdhund Celegorms, gewann sie lieb, verhalf ihr zur Flucht aus den dunklen Grotten, und sie gelangte auf Saurons Insel. Auf der Brücke besiegten sie gemeinsam Sauron. Dann legte Lúthien die Verliese der Festung frei — zu spät für Finrod (S 193 f.).

Huan kehrte zu Celegorm zurück und war später bei ihm und Curufin, als sie zufällig Beren und Lúthien im Wald von Brethil trafen. Als die Brüder das Paar angriffen, verließ Huan Celegorm und vertrieb ihn und Curufin aus dem Wald (S 197 f.). Lúthien heilte Berens Wunde, und sie kehrten auf eine Lichtung in Doriath zurück. Weil die Fahrt jedoch noch nicht vollendet war, brach Beren erneut auf, doch Huan und Lúthien folgten ihm. Als Beren am Saum von Taur-nu-Fuin stand, näherten sie sich ihm in den Gestalten, die sie auf Saurons Insel angenommen hatten — als Wolf und als Fledermaus (S 199 f.). Dann wurde Beren als Wolf verkleidet, und Huan kehrte in den Süden zurück. So verkleidet durchschritten Beren und Lúthien das Tor der Thangorodrim. Dort verzauberte Lúthien den großen Wolf Carcharoth und später Morgoth. Beren schnitt einen Silmaril aus der eisernen Krone, und schreckerfüllt entflohen sie. Am Tor war Carcharoth erwacht und verschlang Berens Hand und den Silmaril, der darin war. Der Silmaril flammte auf, und das räuberische Tier rannte wie wildgeworden nach Süden davon. Doch die Liebenden waren noch nicht gerettet, denn Beren war ohnmächtig, und die Kreaturen Morgoths waren erwacht. Da eilten Thorondor und zwei seiner Vasallen nach Norden und retteten das tapfere Paar. Die gewaltigen Adler brachten sie zu der Lichtung in Doriath zurück, von der sie aufgebrochen waren, und dort pflegte Lúthien Beren bis zum Frühling (467). Nach seiner Genesung kehrten sie nach Menegroth zurück. Thingol wurde milder gestimmt, und die beiden wurden miteinander verheiratet (S 200—205).

Inzwischen hatte Carcharoth seinen verschlungenen Weg durch Doriath fortgesetzt und sich schließlich Menegroth genähert. So brach Beren ein weiteres Mal auf, diesmal zur Wolfsjagd. Am Nordufer des Esgalduin hatte Carcharoth an einem Wasserfall halt gemacht. Huan griff ihn an, und beide kämpften bis zum Tode. Auch Beren wurde tödlich verwundet, als er Thingol verteidigte. Die Gefährten trugen ihn nach Menegroth, wo er starb. Über seinen Tod kam Lúthien nicht hinweg, und ihr Geist wandte sich nach Valinor. Dort wurde ihr die Sterblichkeit gewährt, und Beren wurde freigegeben. Ihnen wurde erlaubt, nach Menegroth zurückzukehren. Von dort gingen sie fort nach Tol Galen, wo sie ihr restliches Leben als Sterbliche verbrachten (S 205—209).

Die Fahrten von Túrin und Nienor

Als Húrin, Vater von Túrin und Nienor, in der Schlacht der Ungezählten Tränen im Jahr 473 gefangengenommen wurde, trotzte er Morgoth. Darauf legte dieser einen Fluch auf Húrin und alle seine Nachkommen (S 220). So kam es, daß die Lebenswege der Kinder festgelegt waren, denn Morgoth suchte immer nach Gelegenheiten, seinen Fluch zu beweisen.

Túrins Leben umfaßte fünf Abschnitte: (1) mit Morwen und Húrin in Dor-lómin, 465—473; (2) mit Thingol in Doriath, 473—483; (3) mit der Bande der Geächteten in den Wäldern am Teiglin und dann auf dem Amon Rûdh, 485—487; (4) mit Orodreth in Nargothrond, 487—496; (5) mit den Haladin im Wald von Brethil, 497—501. Die auf der Karte eingezeichneten Pfade veranschaulichen seinen Weg Lebensabschnitt für Lebensabschnitt. Die meisten Veränderungen waren direkt oder indirekt auf Morgoths Fluch zurückzuführen.

Der erste Aufbruch erfolgte, als Morwen befürchtete, Túrin könne durch die Ostlinge gefährdet sein, die Dor-lómin nach dem Fall Hithlums besetzt hatten. Sie schickte ihn nach Doriath, wo er von Thingol aufgezogen wurde. Als Jüngling half er drei Jahre lang Beleg bei der Bewachung der nördlichen Marken. Jedoch als er zwanzig Jahre alt war, floh er nach dem Unfalltod Saeros' aus Doriath (S 222 f.). In Nivrim stieß er auf eine Bande von Geächteten, der er sich anschloß. Ein Jahr lang hausten sie in den Wäldern am Teiglin, da sie aber eine sichere Zuflucht wollten, zogen sie zum Amon Rûdh. Dort schloß Beleg sich ihnen an, und ihr Land wurde eine Freistätte inmitten des Zusammenbruchs von Beleriand — Dor-Cúarthol, das Land von Bogen und Helm (S 223—229). Der von Túrin getragene Drachenhelm von Dor-lómin enthüllte Morgoth unglücklicherweise Túrins wahre Identität. Darauf wurde Túrin gefangengenommen, und alle seine Gefährten, außer Beleg, wurden getötet. Gemächlich zogen die Orks auf ihrer neuerbauten Straße über den Paß von Anach und durch Taur-nu-Fuin nach Norden. Am Rand der nördlichen Hänge fand Beleg Gwindor. Túrin wurde befreit und Beleg getötet (S 229—233).

Gwindor führte Túrin über den Sirion-Paß zum Ivrin und südlich den Narog entlang nach Nargothrond zurück (S 234). Dort wurde Túrin ein bedeutender Hauptmann, dessen Ratschlägen König Orodreth folgte, so daß er sogar eine mächtige Brücke bauen und die Knechte Morgoths offen verfolgen ließ. So wurde West-Beleriand befreit, was es Morwen und Nienor erlaubte, auf der Suche nach Túrin Menegroth zu erreichen (S 236). Der Aufschub war jedoch gering. Glaurung, der die Identität des großen Kriegers sehr wohl kannte, führte einen Angriff gegen Nargothrond. Der Drache verhöhnte Túrin und sagte ihm, daß seine Familie versklavt sei (S 238). Auf diese Weise getäuscht, eilte Túrin nach Dor-lómin. Doch Morwen und Nienor waren verschwunden. Sie bei Thingol in Sicherheit wähnend, suchte er vergeblich nach seiner Geliebten Finduilas, die aus Nargothrond verschleppt worden war. Als er auf einige Menschen aus Brethil stieß, erfuhr er, daß Finduilas von Orks erschlagen worden und ihr Leichnam in Brethil bestattet sei. Er blieb bei den Haladin, und wiederum blieben seine Taten nicht geheim, obwohl er einen anderen Namen annahm (S 241 f.).

Die Ereignisse im Gefolge des bösen Fluchs hatten ihren Lauf noch nicht vollendet, denn inzwischen waren Morwen und Nienor nach Westen, nach Nargothrond, gewandert. Morwen verirrte sich unterwegs, und Nienor wurde auf dem Amon Ethir von Glaurung verhext. Ihre Führer brachten sie zur bewachten Brücke zurück, doch während eines Ork-Angriffes entlief sie ihnen. Sie eilte über die Teiglin-Stege und wurde in Brethil von Túrin gefunden. Ohne zu wissen, wer sie wirklich war, gab er ihr den Namen Níniel. Schließlich heirateten die beiden und wurden glücklich (S 242—246). Dann kam Glaurung — wieder einmal von Túrins Ruhm angezogen. Der Drache betrat Brethil bei der Cabed-en-Aras, einer engen Schlucht des Teiglin (offenbar oberhalb des Zusammentreffens des Teiglin mit dem Dimrost und der Schluchten, die auf der Karte im *Silmarillion* zu sehen sind). Túrin erreichte Dimrost (Nen Girith) bei Sonnenuntergang und ging in der Dunkelheit zur Cabed-en-Aras. Dort überquerten er und ein Gefährte das tückische Gewässer und erkletterten die gegenüberliegende Klippe. Um Mitternacht bewegte sich Glaurung über die Schlucht und wurde von Túrin getötet. Als Túrin die Schlucht noch einmal überquerte, um sein Schwert zu holen, ließen ihn der Gestank und ein böser Blick des Drachen in Ohnmacht sinken (S 246—248).

Inzwischen war Níniel, die nicht länger auf Nachricht warten wollte, dem Pfad zur Nen Girith gefolgt und sah aus der Entfernung das Feuer des Drachen. Als Brandir versuchte, sie zu den Teiglin-Stegen zurückzugeleiten, entfloh sie und rannte nach Süden am Ufer des Teiglin entlang. Bald kam sie zum Drachen und fand Túrin neben ihm — und sie glaubte, ihr Liebster sei tot. Da führte Glaurung einen letzten Streich der Heimtücke und gab ihr das Gedächtnis zurück. Vor Verzweiflung stürzte sie sich in das Wasser (S 249). Als der Drache verendet war, erwachte Túrin und kehrte zur Dimrost zurück. Dort erzählte ihm Brandir von Nienors Tod und enthüllte ihre wahre Identität. Außer sich vor Zorn tötete er Brandir und kehrte zu den Teiglin-Stegen zurück. Dort wurde, im Laufe eines zufälligen Zusammentreffens mit Mablung, Brandirs Darstellung bestätigt; Túrin eilte zur Schlucht zurück, wo er sich selbst entleibte (ME 194—200). Das Volk von Brethil stellte einen Stein für die Unglücklichen auf: Denkmal für Túrin und Nienor — zweifach geliebt (S 252).

oben: Beren und Lúthien ▶
unten: Túrin und Nienor *Nebenkarte:* Grabstätte

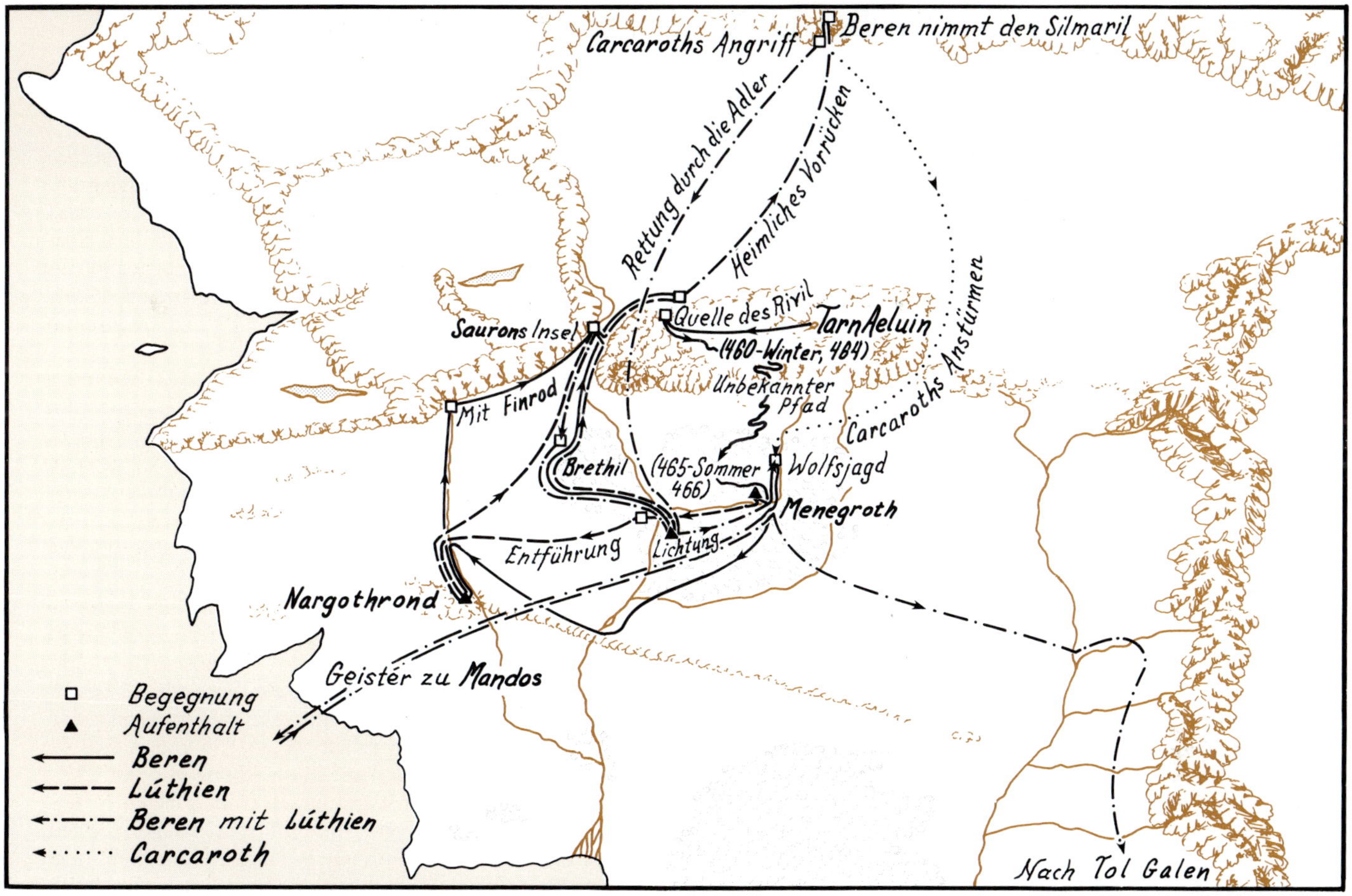

Beren nimmt den Silmaril
Carcaroths Angriff
Rettung durch die Adler
Heimliches Vorrücken
Quelle des Rivil
Tarn Aeluin
(460-Winter, 484)
Saurons Insel
Unbekannter Pfad
Carcaroths Anstürmen
Mit Finrod
Brethil
(465-Sommer 466)
Wolfsjagd
Menegroth
Entführung
Lichtung
Nargothrond
Geister zu Mandos
Nach Tol Galen
Begegnung
Aufenthalt
Beren
Lúthien
Beren mit Lúthien
Carcaroth

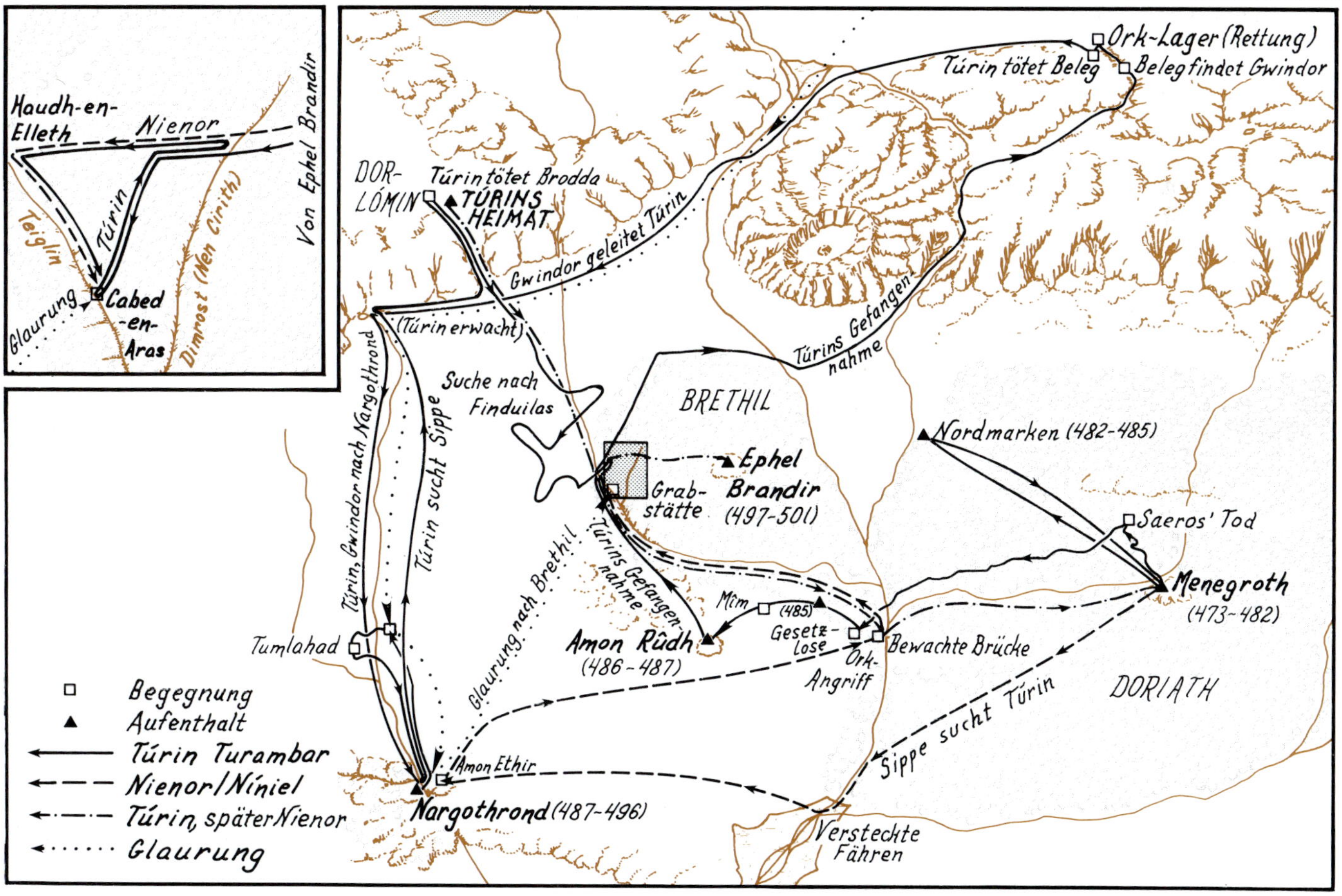

Haudh-en-Elleth
Nienor
Von Ephel Brandir
Túrin
Teiglin
Dimrost (Nen Cirith)
Glaurung
Cabed-en-Aras
Ork-Lager (Rettung)
Túrin tötet Beleg
Beleg findet Gwindor
DOR-LÓMIN
Túrin tötet Brodda
TÚRINS HEIMAT
Gwindor geleitet Túrin
(Túrin erwacht)
Túrins Gefangennahme
Suche nach Finduilas
BRETHIL
Nordmarken (482-485)
Ephel Brandir
Grabstätte
(497-501)
Saeros' Tod
Túrin, Gwindor nach Nargothrond
Túrin sucht Sippe
Glaurung nach Brethil
Túrins Gefangennahme
Mîm
(485)
Gesetzlose
Bewachte Brücke
Ork-Angriff
Menegroth
(473-482)
Amon Rûdh
(486-487)
Tumlahad
DORIATH
Sippe sucht Túrin
Amon Ethir
Nargothrond (487-496)
Verstechte Fähren
Begegnung
Aufenthalt
Túrin Turambar
Nienor/Níniel
Túrin, später Nienor
Glaurung

Die Schlachten von Beleriand

Während der mehr als sechshundert Jahre, in denen Morgoth Angband in Besitz hatte, war er fortwährend bestrebt, jene, die im Nordwesten von Mittelerde wohnten, unter seine Herrschaft zu bringen: Elben, Menschen und Zwerge. In diesem Zeitraum fanden fünf größere und eine Große Schlacht statt. Über die zahlenmäßige Größe der Truppen teilt Tolkien wenig mit, und auf die kleineren Gefechte gibt es oft nur flüchtige Hinweise. Die notwendigen Schätzungen basieren deshalb auf verstreuten Bemerkungen über die Zahl und den Wohnort der Völker und auf der Kenntnis der Topographie, der vorhandenen Straßen, Brücken und Furten. Das Ziel ist, dem Leser einen Eindruck von den beteiligten Völkern, den Truppenstärken, den Verlusten und dem Verlauf der Schlachten zu vermitteln. Dabei bedeuten Linien mit wechselnder Breite sowohl zunehmende Truppenzahlen beim Aufmarsch als auch zunehmende Verluste während der Schlacht — je nach der Richtung der Pfeile. Linien, die andere überlagern, zeigen an, daß diese Bewegung zeitlich später stattfand.

Die Erste Schlacht

Kurz bevor die Noldor nach Mittelerde zurückkehrten, griff Morgoth die Sindar an, weil er glaubte, die Herrschaft über dieses Gebiet rasch erringen zu können. Seine große Armee drang mit zwei Heersäulen vor: die eine westlich den Sirion entlang, die andere im Osten zwischen Aros und Gelion. Einige der Einheiten könnten sogar die Pässe von Anach und Aglon erstiegen haben, denn es heißt, die Orks »zogen in aller Stille in die Hochlande im Norden« (S 109).

Im Osten ging König Thingol zum Angriff über und führte sein Volk aus Menegroth und dem Wald von Region heraus. Er rief Denethor von Ossiriand zur Hilfe, der gleichzeitig von Osten her angriff. Die Orks, an zwei Fronten kämpfend, müssen sich der Angriffe Rücken an Rücken kämpfend erwehrt haben. Die östlichen Ork-Kompanien gewannen die Oberhand über Denethor und schlossen ihn auf dem Amon Ereb ein, wo er fiel, bevor er von Thingols Heer gerettet werden konnte. Als Hilfe eintraf, wurden die Sklaven Morgoths vernichtet. Von den wenigen Orks, die entkamen, fielen die meisten später unter den Äxten der Zwerge vom Berg Dolmed.

Die Hauptmasse des West-Heeres lagerte auf der Ebene zwischen Narog und Sirion und verwüstete ganz West-Beleriand. Die Streitkräfte aus Brithombar und Eglarest, geführt von Círdan, gingen zum Angriff über, wurden jedoch hinter ihre Mauern zurückgetrieben und belagert. So überflutete das West-Heer West-Beleriand und die Falas, während Morgoths Ost-Heer vernichtet wurde. Jede Seite errang nur einen Teilsieg. Doriath blieb unangetastet und wurde seitdem von dem Banngürtel Melians umschlossen.

Die Zweite Schlacht (Dagor-nuin-Giliath, Die Schlacht-unter-Sternen)

Während die Noldor mühselig durch Araman zogen, hatte Morgoth bereits die Thangorodrim errichtet, seine Truppen aufgefüllt und gegen die Sindar gekämpft, um seine Herrschaft zu begründen. Noch immer belagerten Orks die Anfurten von Brithombar und Eglarest, als Feanors Schar unerwartet am Fjord von Drengist eintraf und am Nordufer des Mithrim-Sees das Lager aufschlug.

Morgoth, der hoffte, die Noldor zu vernichten, bevor sie sich schlachtbereit machen konnten, schickte seine Armee über die Pässe der Ered Wethrin (S 120). Obgleich die Noldor in der Minderzahl waren, wurden die Orks schnell besiegt (das war oft so, wenn Sklaven Kämpfern gegenüberstanden, die von gerechtem Zorn erfüllt waren). So zogen sich die restlichen Orks über die Pässe in die Ebene von Ard-galen zurück, und die Noldor waren ihnen dicht auf den Fersen.

Die Streitkräfte, welche die Anfurten belagert hatten, zogen nach Norden, um ihnen zu Hilfe zu kommen, doch Celegorm lockte sie nahe Eithel Sirion in einen Hinterhalt. Von den Heeren Celegorms und Feanors eingeschlossen, kämpften die Orks zehn Tage lang. Schrittweise wurden sie ins Fenn von Serech getrieben, wo fast alle umkamen. Zornerfüllt drängte das Heer weiter nach Ard-galen und verfolgte sogar diesen kleinen Trupp. Feanor mit einer kleinen Vorhut war weit voraus. Er hoffte, seinen Sieg zu krönen und vielleicht sogar auf Morgoth selbst zu treffen. Bald darauf, am Rand von Dor Daedaloth, wurde der Jäger zum Gejagten. Nicht nur daß die Orks sich zur Wehr setzten, sie wurden auch noch durch Balrogs aus den Thangorodrim verstärkt. Dort kämpfte Feanor allein weiter und wurde schließlich schwer verwundet. Die Ankunft seiner Söhne rettete Feanor, und die Orks und Balrogs, die übriggeblieben waren, kehrten nach Angband zurück. Doch offenbar taten sie es freiwillig, denn sie wußten, daß Feanors Wunden tödlich waren (obgleich er unsterblich war). Der Sieg war unvollständig und seines Glanzes beraubt.

oben: Erste Schlacht ▶
unten: Zweite Schlacht

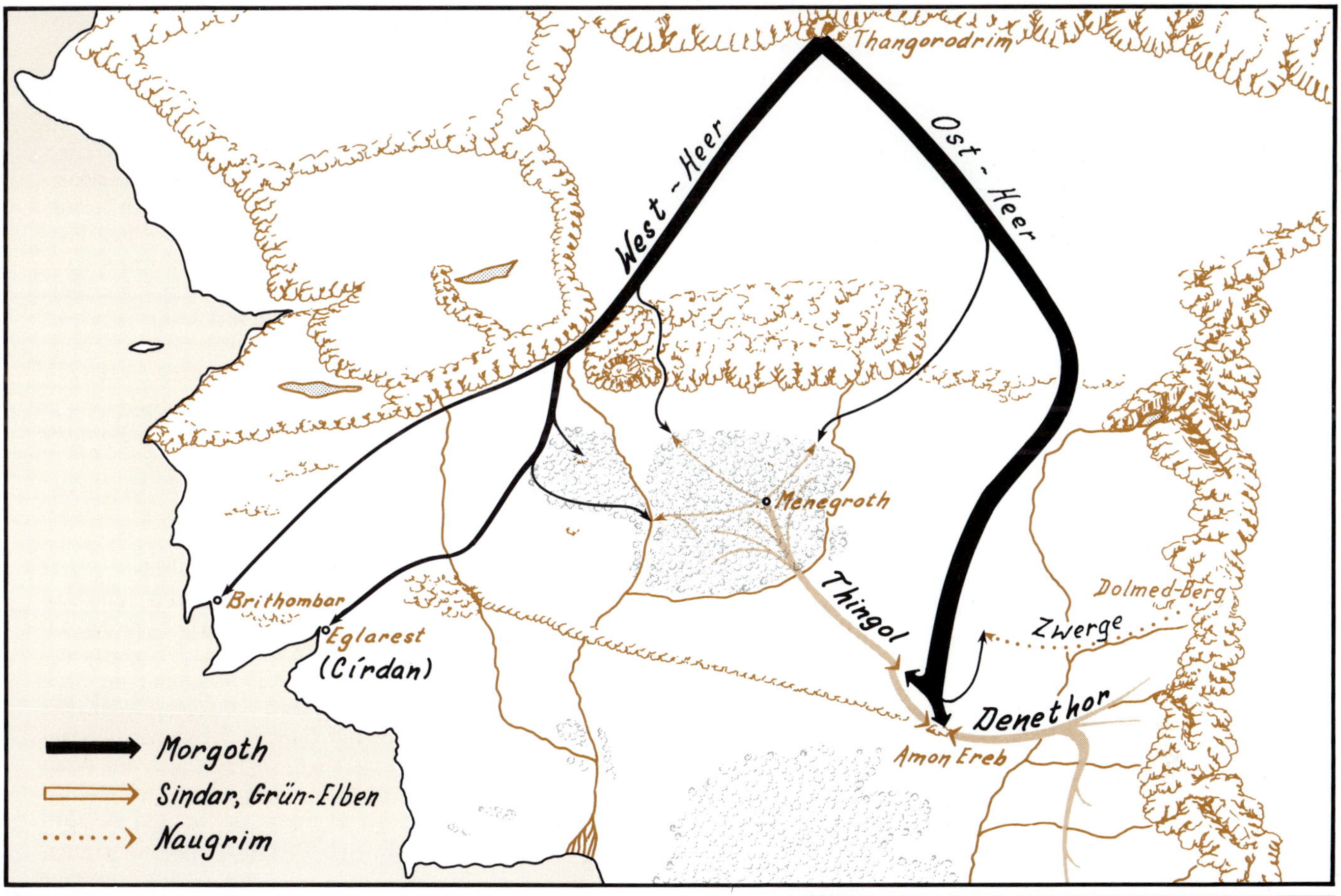
Thangorodrim
West-Heer
Ost-Heer
Menegroth
Thingol
Dolmed-Berg
Zwerge
Brithombar
Eglarest
(Círdan)
Denethor
Amon Ereb
Morgoth
Sindar, Grün-Elben
Naugrim

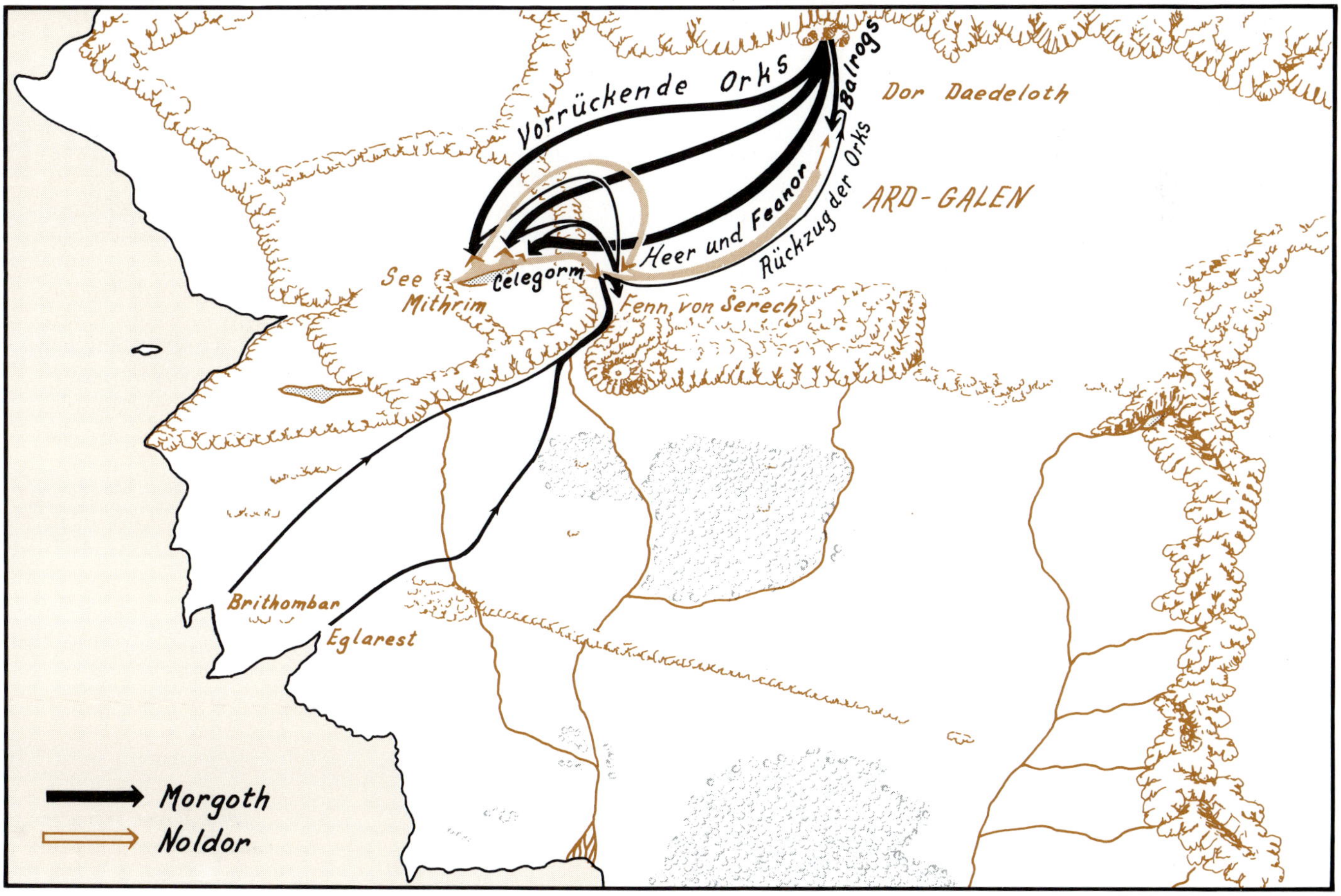
Vorrückende Orks
Balrogs
Dor Daedeloth
ARD-GALEN
Heer und Feanor
Rückzug der Orks
See Mithrim
Celegorm
Fenn von Serech
Brithombar
Eglarest
Morgoth
Noldor

Die Dritte Schlacht
(Dagor Aglareb, Die Ruhmreiche Schlacht)

Während der 60 Jahre, die auf die Dagor-nuin-Giliath folgten, begründeten die Noldor ihre sichere Stellung in Mittelerde. Morgoths Zuträger glaubten, die Elben seien eher mit inneren Angelegenheiten als mit militärischer Wachsamkeit beschäftigt. Wieder schickte er ein Orkheer hinaus, das von Flammenausbrüchen in den Eisenbergen angekündigt wurde (S 130).

Zahlreiche kleine Trupps zogen über den Sirion-Paß und durch Maglors Lücke. Nach einer Taktik, die fast der eines Guerillakrieges geähnelt haben muß, schwärmten sie durch den Osten und Westen von Beleriand. Der Reihe nach traten ihnen die Elben des Gebietes entgegen — vermutlich die Noldor, obgleich Círdan sie im Westen unterstützt haben mag. Doriath war durch den Gürtel Melians geschützt, und die Grün-Elben aus Ossiriand mieden die offene Schlacht nach ihren verhängnisvollen Verlusten in der Ersten Schlacht (S 110).

Das Hauptheer der Orks griff inzwischen Dorthonion an, wo Aegnor und Angrod die Hauptwucht des Angriffs getragen haben müssen. Als Finrod und Maedhros von Osten und Westen vorrückten, wurden die Orks in die Zange genommen und zum Rückzug gezwungen. Sie flohen in den Norden, doch sie wurden hart verfolgt. In Sichtweite der Tore von Angband wurde das Orkheer besiegt. Zum ersten Mal errangen die Elben in einer Schlacht gegen Morgoth einen vollkommenen Sieg.

Die Noldor, die an ihre immerwährende Gefährdung erinnert worden waren, verstärkten ihre Einkreisung: Dies war der Beginn der Belagerung von Angband, die beinahe 400 Jahre andauerte. Nur gelegentliche Zwischenfälle störten diese Zeit des Friedens. Nach hundert Jahren erfolgte ein unbedeutender Angriff auf Fingolfin, der rasch abgewehrt wurde. Ein Jahrhundert später zwang Glaurung, damals erst ein halberwachsener Drache, die Elben in den Hochlanden Schutz zu suchen, aber die Bogenschützen Fingons zwangen ihn zum Rückzug aus Ard-galen. Morgoth gab die offenen Angriffe auf. Während des Langen Friedens widmete er statt dessen seine ganze Kraft der heimlichen List, dem Verrat und der Verhexung von Gefangenen (S 130f.).

Die Vierte Schlacht
(Dagor Bragollach,
Die Schlacht des Jähen Feuers)

Während der Belagerung und des Langen Friedens waren die Noldor in der Lage, ihre Verteidigung zu vervollständigen: Nargothrond wurde fertiggestellt und das verborgene Gondolin erbaut. Zahlreiche Festungen umgaben ganz Ard-galen. Aus dem Osten waren Menschen gekommen, und die Noldorfürsten gewannen diese tapferen Völker zu Verbündeten. Auch Morgoth war nicht untätig. Im Jahr 455 wurde der Frieden gebrochen, und Angband setzte überwältigende Truppenmassen in Marsch (S 169).

Wiederum wurde die Schlacht durch Flammen angekündigt, doch diese waren weit tödlicher als die der Dritten Schlacht. Ströme von Feuer flossen aus den Spalten, verbrannten Ard-galen und damit auch die wachsamen Truppen, die dort lagerten. Den Flammen folgte rasch ein Meer von Orks, angeführt von Balrogs und von Glaurung — der nun seine volle Größe erreicht hatte (S 169). Dies war keine kurze Schlacht, die in wenigen Tagen ausgekämpft war. Die Angriffe begannen im Winter, setzten sich mit gleichbleibender Wucht durch den ganzen Frühling fort und hörten danach nie gänzlich auf.

Zuerst brach Dorthonion unter dem Ansturm zusammen. Angrod und Aegnor wurden getötet und ihr verbleibendes Volk versprengt (S 170). Im Osten wurden alle Verteidigungslinien, ausgenommen die von Maedhros, zerstört und aufgegeben, denn dorthin kam Glaurung, der eine riesige Zahl von Orks anführte. Maglors Reiter wurden auf der Ebene von Lothlann (S 171) ein Opfer der Flammen, und er zog sich nach Himring zurück und kämpfte an der Seite Maedhros'. Morgoth erzwang den Übergang über den Aglon-Paß, und Celegorm und Curufin flohen nach Nargothrond (S 171). Die Orks nahmen die Festungen am Westhang des Berges Rerir, überrannten Thargelion und besudelten den See Helevorn. Dann durchschwärmten sie Ost-Beleriand. Caranthir floh nach Süden, schloß sich Amrod und Amras an und errichtete auf dem Amon Ereb eine Verteidigungsstellung (S 171).

Im Westen hielt Turgon sich in seiner Fluchtburg verborgen, aber Finrod kam von Nargothrond nach Norden. Im Fenn von Serech wurde Finrod von seiner Armee abgeschnitten. Von Orks umzingelt, wäre er verloren gewesen, wäre ihm nicht Barahir rechtzeitig zu Hilfe gekommen, der vom westlichen Dorthonion herabkam. Mit knapper Not entronnen, zog sich Finrod mit seinem Volk nach Nargothrond zurück, während Barahir den Kampf in Dorthonion fortsetzte (S 170).

Nach Hithlum drangen keine feindlichen Truppen ein, wenngleich Fingolfins Streitkräfte kaum imstande waren, ihre Festungen zu verteidigen (S 170). Als der Hochkönig Fingolfin die Nachricht vom Tode so vieler Noldor erhielt, sprengte er zu den Thangorodrim und trat Morgoth im Zweikampf entgegen. Zwar wurden Leib und Stolz des Feindes schwer getroffen, doch Fingolfin fand den Tod — tapfer, aber machtlos gegen solch böse Macht (S 171f.).

oben: Dritte Schlacht ▶
unten: Vierte Schlacht

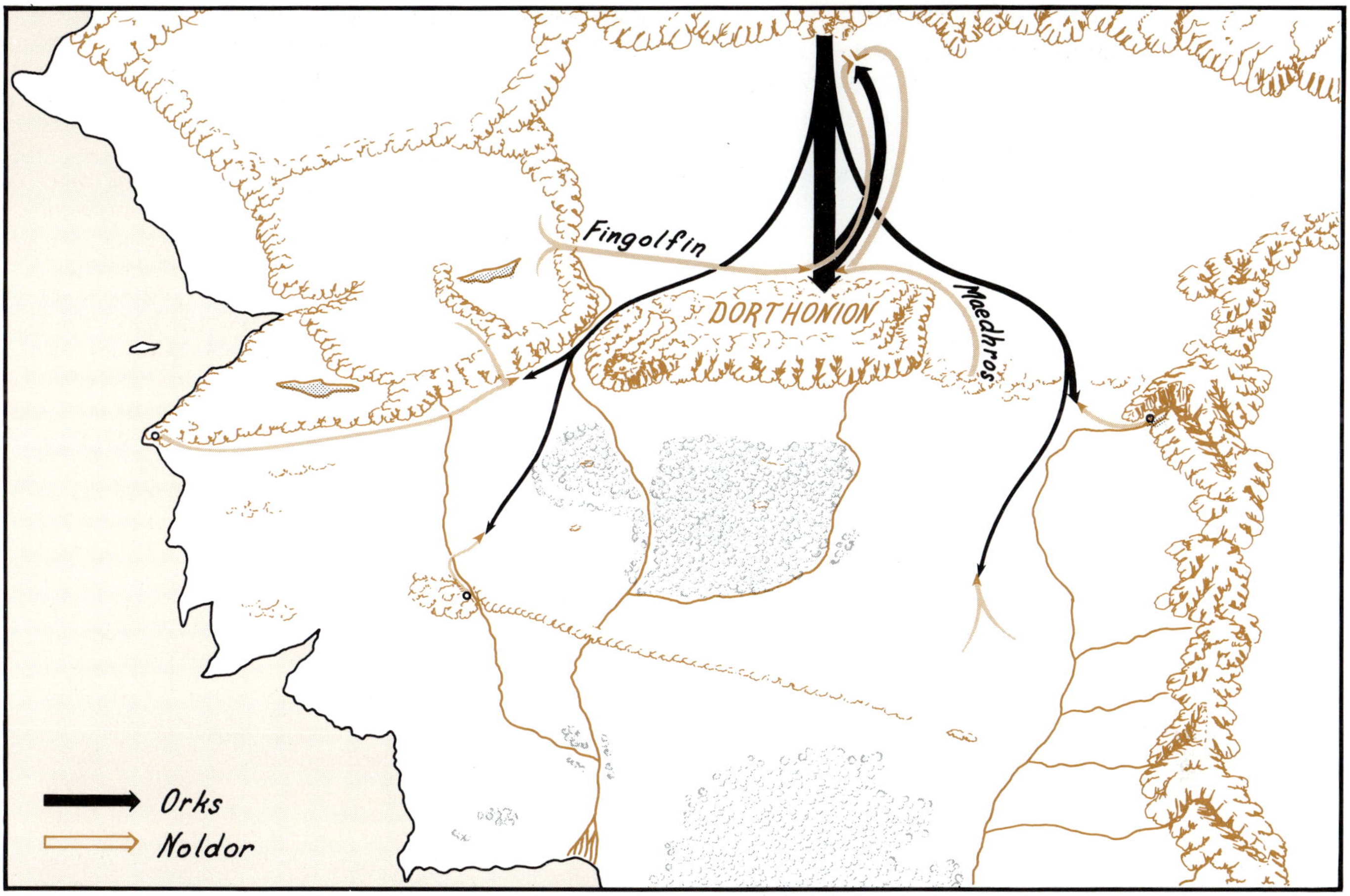
Fingolfin
Maedhros
DORTHONION
Orks
Noldor

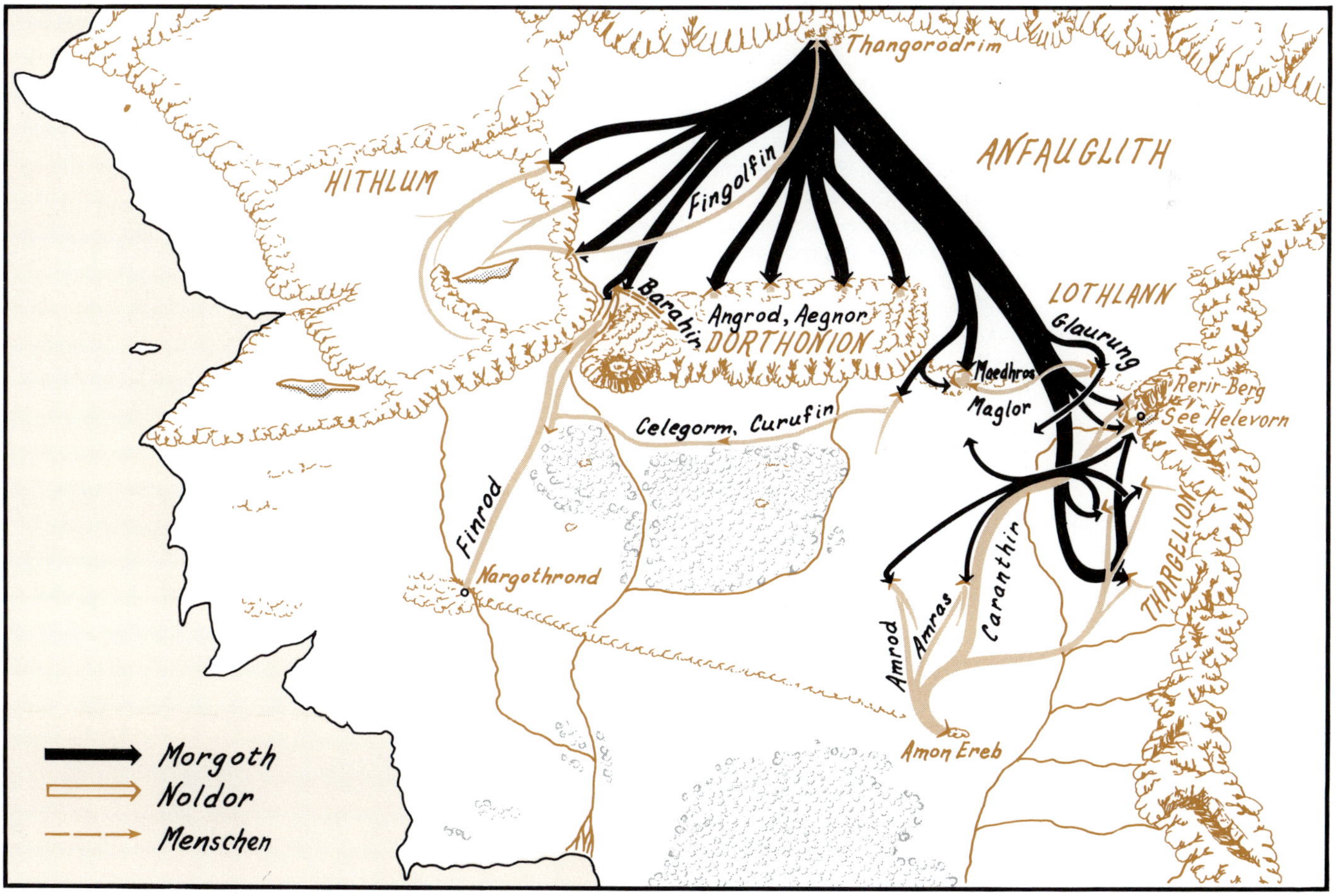
Thangorodrim
ANFAUGLITH
HITHLUM
Fingolfin
Barahir
Angrod, Aegnor
DORTHONION
LOTHLANN
Glaurung
Maedhros
Maglor
Rerir-Berg
See Helevorn
Celegorm, Curufin
Finrod
Nargothrond
Amrod
Amras
Caranthir
THARGELION
Amon Ereb
Morgoth
Noldor
Menschen

Die Fünfte Schlacht (Nirnaeth Arnoediad, Die Schlacht der Ungezählten Tränen)

Durch die Taten Berens und Lúthiens angespornt, kam Maedhros im Jahr 473 zu dem Schluß, daß ein offener Angriff gegen Angband die früheren Besitzungen zurückgewinnen könne. In den achtzehn Jahren seit der Dagor Bragollach hatten die Noldor weitere Verluste erlitten. Maedhros' Bund vertrieb zuerst die Orks aus Beleriand, und am Mittsommertag sammelte man sich zum Angriff auf die Thangorodrim (S 210f.).

Nach dem ursprünglichen Plan sollte Maedhros, der das Ostheer befehligte, die Armee aus Angband herauslocken. Dann sollte Fingons Heer, das in den Ered Wethrin versteckt lag, von Westen aus angreifen. Im Osten waren: Elben und Menschen aus Himring unter Maedhros und Bórs Söhnen; Elben und Menschen vom Amon Ereb unter Caranthir und Uldor; und die Naugrim. Im Westen standen: Elben und Menschen aus Hithlum unter Fingon, Huor und Húrin; Elben der Falas; Menschen aus Brethil; eine kleine Truppe aus Nargothrond unter Gwindor; und aus Menegroth lediglich zwei Elben (S 211). Unerwartet kam Turgon aus Gondolin mit einer Streitmacht von 10.000 Mann (S 213). Dies hat die Truppenstärke im Westen vermutlich verdoppelt, und die Verbündeten waren voll Hoffnung — doch der Sieg sollte nicht auf ihrer Seite sein...

Morgoth, der den Schlachtplan durchschaute, schickte ein Orkheer ins Gefecht, um das Westheer herauszufordern. Die meisten von Fingons — und wenige von Turgons — Streitern wurden durch die Kampfeswut Gwindors angefeuert. Ungeordnet brachen sie aus den Bergen hervor, besiegten das Orkheer und stürmten über Anfauglith. Gwindors Kampftruppe gelangte sogar durch die Tore in die Thangorodrim (S 214). Da schnappte Morgoths Falle zu. Ein ungeheures Heer brach von allen Seiten los. Die Orks trieben Fingons Heer nicht nur zurück, sondern verfolgten und umzingelten es. Die meisten der Männer von Brethil fielen bei der Nachhut. Turgon, der aus dem Süden heranmarschierte, durchbrach die Einkreisung (S 214f.).

Endlich traf Maedhros ein. Verrat hatte ihn zurückgehalten, so daß er fünf Tage zu spät auf dem Kampfplatz erschien (S 215). Indes konnte das Ostheer Fingon nicht mehr zu Hilfe kommen, denn Morgoth ließ noch eine weitere Streitmacht los — geführt vom Drachen Glaurung und dem Balrog Gothmog. Glaurung und seine Truppen griffen Maedhros an. Zur gleichen Zeit scherte der ränkevolle Uldor aus, griff Maedhros' Nachhut an, während Maedhros auf der rechten Flanke von neuen Scharen angegriffen wurde, die von den Hügeln herbeieilten. An drei Fronten kämpfend, wurde das Ostheer zersprengt. Die Entschlossenheit der Zwerge, die Glaurung standhielten, erlaubte es dem Heer, sich langsam zurückzuziehen und nach Ossiriand zu entkommen.

Inzwischen hatten Gothmogs Truppen Turgon abgedrängt und Fingon aufs neue eingeschlossen. Der umzingelte Fingon fiel, und die meisten seiner Männer kamen um. Da die Schlacht verloren war, überredete Húrin Turgon, nach Gondolin zurückzukehren und das Geheimnis der Verborgenen Stadt zu behüten. Huor und Húrin bildeten mit den Männern von Dor-lómin eine lebende Mauer über das Fenn von Serech, um den Rückzug zu sichern. Dort starben sie alle, außer Húrin, der zu Morgoth gebracht wurde, um der Folter unterworfen zu werden. So verlor Hithlum seine gesamte Bevölkerung, und Himring wurde aufgegeben. Alle Hochlande mit Ausnahme Gondolins waren in den Händen der Feinde.

Die Große Schlacht (Der Krieg des Zorns)

Über die abschließende Schlacht kann wenig gesagt werden, obgleich ihre Auswirkung gewaltig war. Über ein Jahrhundert nach der Nirnaeth Arnoediad gaben die Valar der Bitte Earendils statt und bereiteten ihren dritten und letzten Angriff gegen Morgoth vor. Mit ihnen gingen aus Valinor die Vanyar und die Noldor, die Teleri jedoch bestanden darauf, mit den weißen Schiffen zu kommen. Das Heer muß in Beleriand gelandet sein, denn das Land »glühte im Glanz ihrer Rüstungen« (S 278). Nur die Edain schlossen sich dem Heer an, sobald es Mittelerde erreichte — niemand von den Elben.

Das Heer von Valinor zog vor Angband. Wie in allen vorausgegangenen Auseinandersetzungen zwischen den Valar und Morgoth (dem gefallenen Vala) bebte die Erde. Die Valar griffen so kraftvoll an, daß Morgoths festgefügte Armee rasch vernichtet wurde. Schließlich ließ Morgoth die geflügelten Drachen los, angeführt von Ancalagon dem Schwarzen. Sogar die Valar wurden von diesen entsetzlichen Kreaturen zum Rückzug gezwungen. Dann kam Earendil, und Thorondor führte einen Schwarm von Adlern an; und während der ganzen Nacht gab es eine Schlacht in den Lüften. Kurz vor Sonnenaufgang erschlug Earendil Ancalagon, der auf die Thangorodrim herabstürzte und alle Türme zerbrach. Die Valar schleiften Angband und zerstörten das gesamte Reich Morgoths (S 279).

oben: Fünfte Schlacht ▶
unten: Die Große Schlacht

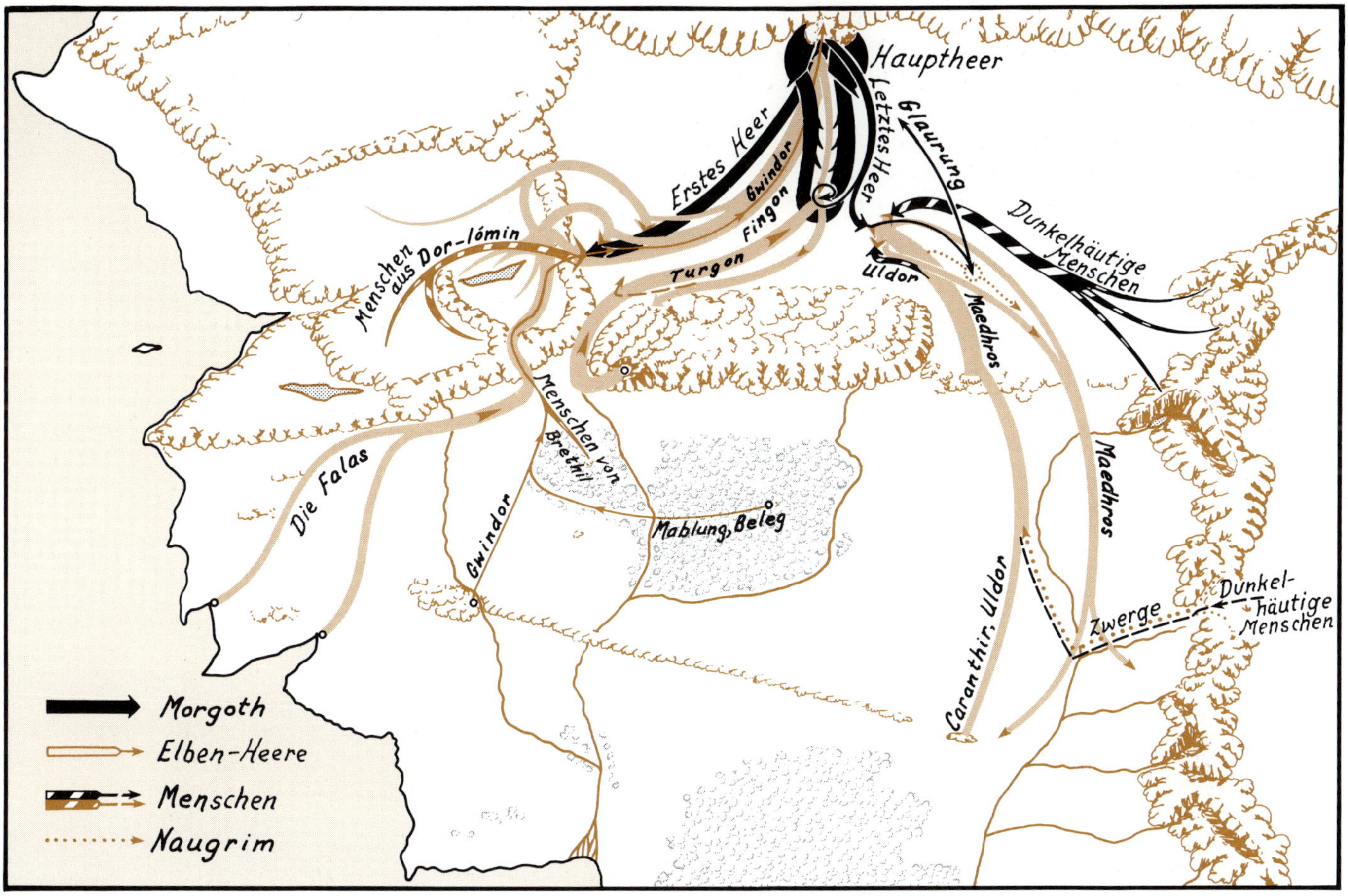
Hauptheer
Letztes Heer
Glaurung
Erstes Heer
Gwindor
Fingon
Turgon
Menschen aus Dor-lómin
Dunkelhäutige Menschen
Uldor
Maedhros
Menschen von Brethil
Die Falas
Gwindor
Mablung, Beleg
Maedhros
Caranthir, Uldor
Zwerge
Dunkel-häutige Menschen
Morgoth
Elben-Heere
Menschen
Naugrim

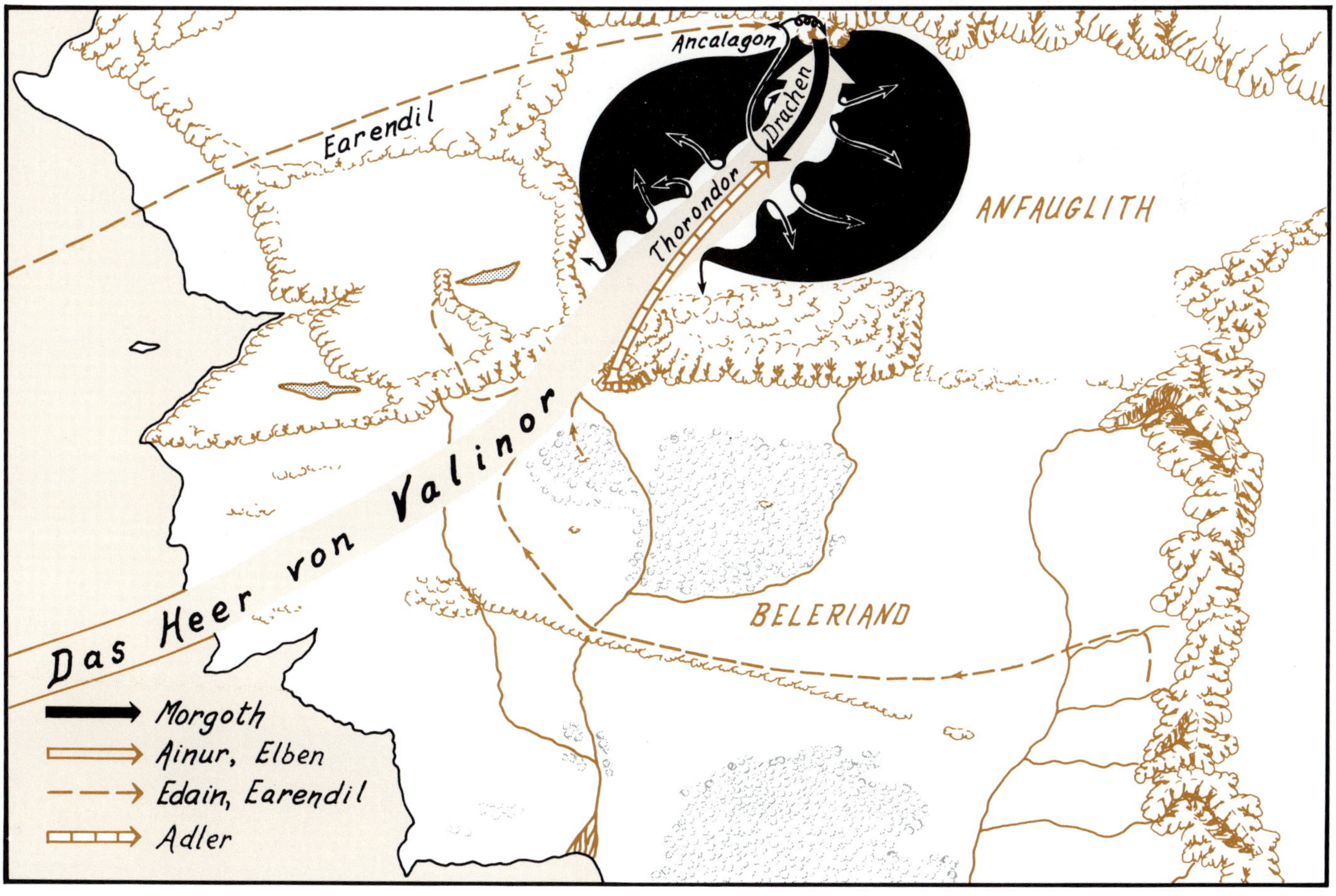
Ancalagon
Drachen
Earendil
Thorondor
ANFAUGLITH
Das Heer von Valinor
BELERIAND
Morgoth
Ainur, Elben
Edain, Earendil
Adler

Das Zweite Zeitalter

Einleitung

Die augenfälligen Veränderungen im Land von Aman wurden allesamt im Gefolge der Wiedereroberung Angbands durch Morgoth während des Ersten Zeitalters vorgenommen. Die Valar befestigten ihr Land noch umfassender, indem sie die Pelóri noch höher machten und die Verwunschenen Inseln anlegten. Die anderen wichtigen Veränderungen, wie sie die Karte des Zweiten Zeitalters zeigt, waren das Ergebnis eines einzigen Ereignisses am Ende des Ersten Zeitalters — der Zerstörung der Thangorodrim im Krieg des Zorns. Während der Schlacht wurden die Lande des Nordwestens erschüttert, und die meisten versanken im Meer (S 313). Galadriel sagte voraus, daß sie eines Tages wieder aufsteigen würden, doch niemand wußte, wann das geschehen würde (III 293).

Von allen hohen Bergspitzen westlich der Ered Luin durchstieß lediglich Tol Morwen westlich von Lindon die Oberfläche Belegaers. Der bescheidene Hügel, der die Gräber Túrins und Morwens barg, und der Stein hatten dem Aufruhr widerstanden, wie ein Seher es vorhergesagt hatte (S 256). Lindon war das einzige andere Landstück, das weiterexistierte, obgleich auch dort bestimmte Veränderungen deutlich erkennbar waren: Die Berge Dolmed und Rerir waren beide verschwunden. Am Fluß Ascar brachen die Blauen Berge auseinander, das Meer strömte hinein und bildete den Golf von Luhn (Lhûn). Der Fluß Lhûn (der offenbar im Ersten Zeitalter vorhanden war, von Tolkien jedoch nicht eingezeichnet wurde) änderte seinen Lauf und floß westlich in den Golf, dem er seinen Namen gab (S 313). Vorher war er nach Osten in den See Evendim geflossen. Nogrod und Belegost wurden zerstört, und die Zwerge flohen in andere Teile der Berge. Ein Vergleich der Ered Luin im Ersten und Dritten Zeitalter zeigt auch, daß nach dem Auseinanderbrechen des Gebirgszuges das nördliche Stück im Verhältnis zum südlichen weiter westlich lag. Das kann darauf zurückzuführen sein, daß der obere Gebirgsteil sich nach Westen geschoben hat oder der untere nach Osten zusammengepreßt worden ist oder daß beide Bewegungen zugleich stattgefunden haben. Wenn der südliche Teil nach Osten gezwungen wurde, ist es möglich, daß in dieser Zeit die Turmberge und der West-Ost-Kamm der Ered Luin herausgebildet wurden.

Das westliche Ende der Eisbucht von Forochel bildete eine Linie mit dem Punkt, an dem sich vormals Ered Luin und Ered Wethrin trafen (ME 24). Man hat angenommen, daß diese Gegend völlig zerstört wurde und nur noch stellenweise Reste übrigblieben, wie die Grauen Berge. Auch anderswo wurden Buchten und Küstenlinien verändert. Die Überflutung von fast einer Million Quadratmeilen kann den Meeresspiegel so erhöht haben, daß Flußmündungen überschwemmt, Buchten (so wie die in der Nähe des späteren Dol Amroth und der Festung von Umbar) gebildet und höher gelegene Lande zu küstenfernen Inseln (wie Tolfalas) wurden.

Die Valar konnten sowohl Gutes stiften wie Böses zerstören. So ließ Osse in der Mitte des Meers ein Land aufsteigen — Andor, das Land der Gabe. Es lag ein wenig näher an Valinor als an Mittelerde. Dort befanden sich die Edain, die Drei Getreuen Häuser der Menschen, so nahe an den Unsterblichen Landen im Westen, wie es sterblichen Menschen überhaupt möglich war. Darum nannten sie das Land Númenor — Westernis (S 287). Sie lebten dort in Frieden und Ruhm, bis sie sich durch ihre eigene Torheit selbst zerstörten.

In Mittelerde waren die Lande zunächst relativ frei vom Bösen, doch die meisten Menschen lebten dort in isolierten Waldsiedlungen oder entlang den Küsten und Flüssen — zumeist weit entfernt von Elben und Zwergen. Es waren düstere Zeiten für sie — ihre Kenntnisse waren gering, und bald fiel der Schatten des Unheils auf sie. Nach nur fünfhundert Jahren erwachte Sauron erneut; und gegen das Jahr 1000 des Zweiten Zeitalters richtete er sich in Mordor ein (III 411). Viele Menschen, so wie die Menschen aus den Bergen bei Dunharg, gerieten unter seinen Bann. Schließlich prägte sein unheilvoller Einfluß die Geschichte aller Freien Völker während des gesamten Zweiten und Dritten Zeitalters.

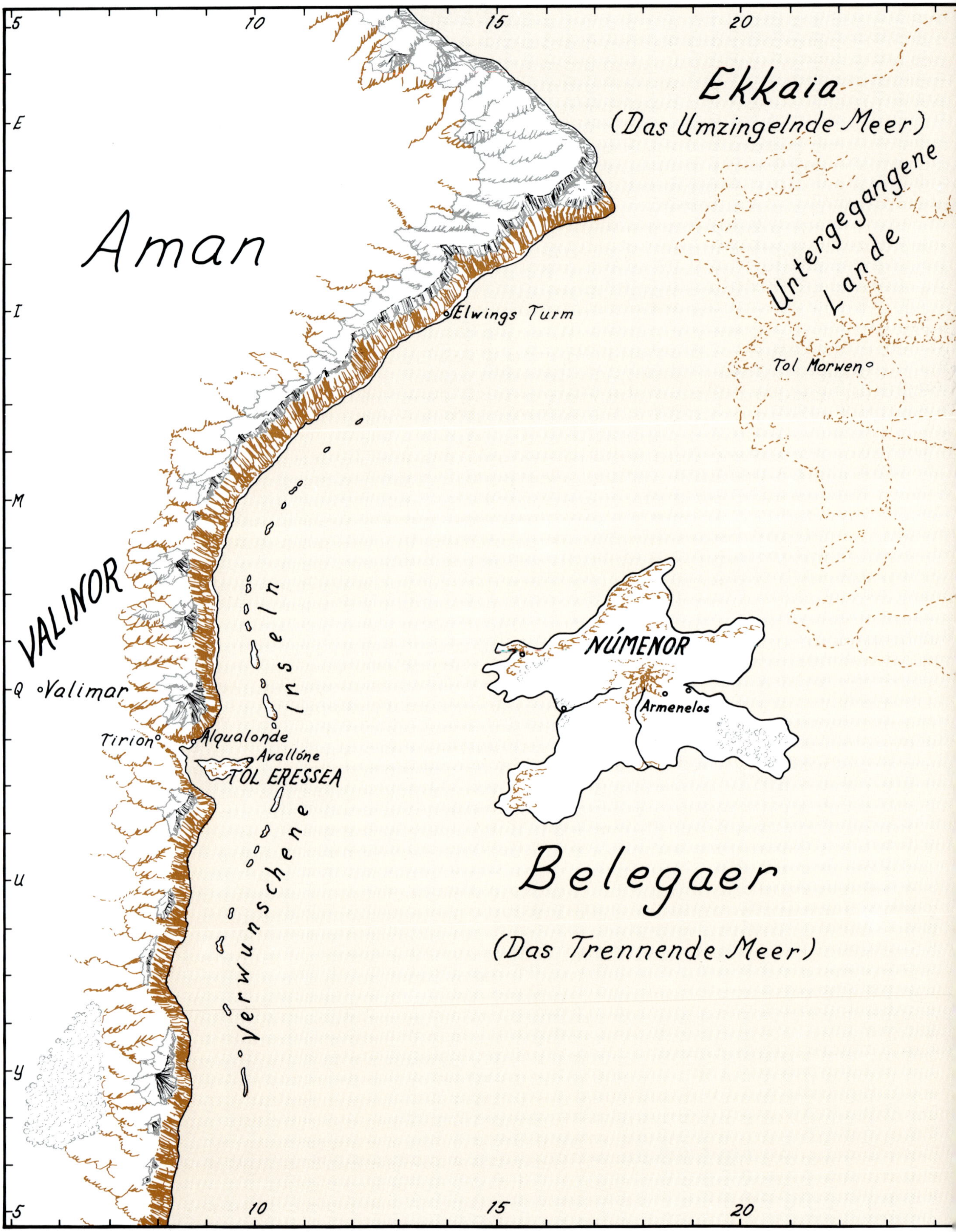

Zweites Zeitalter Ardas

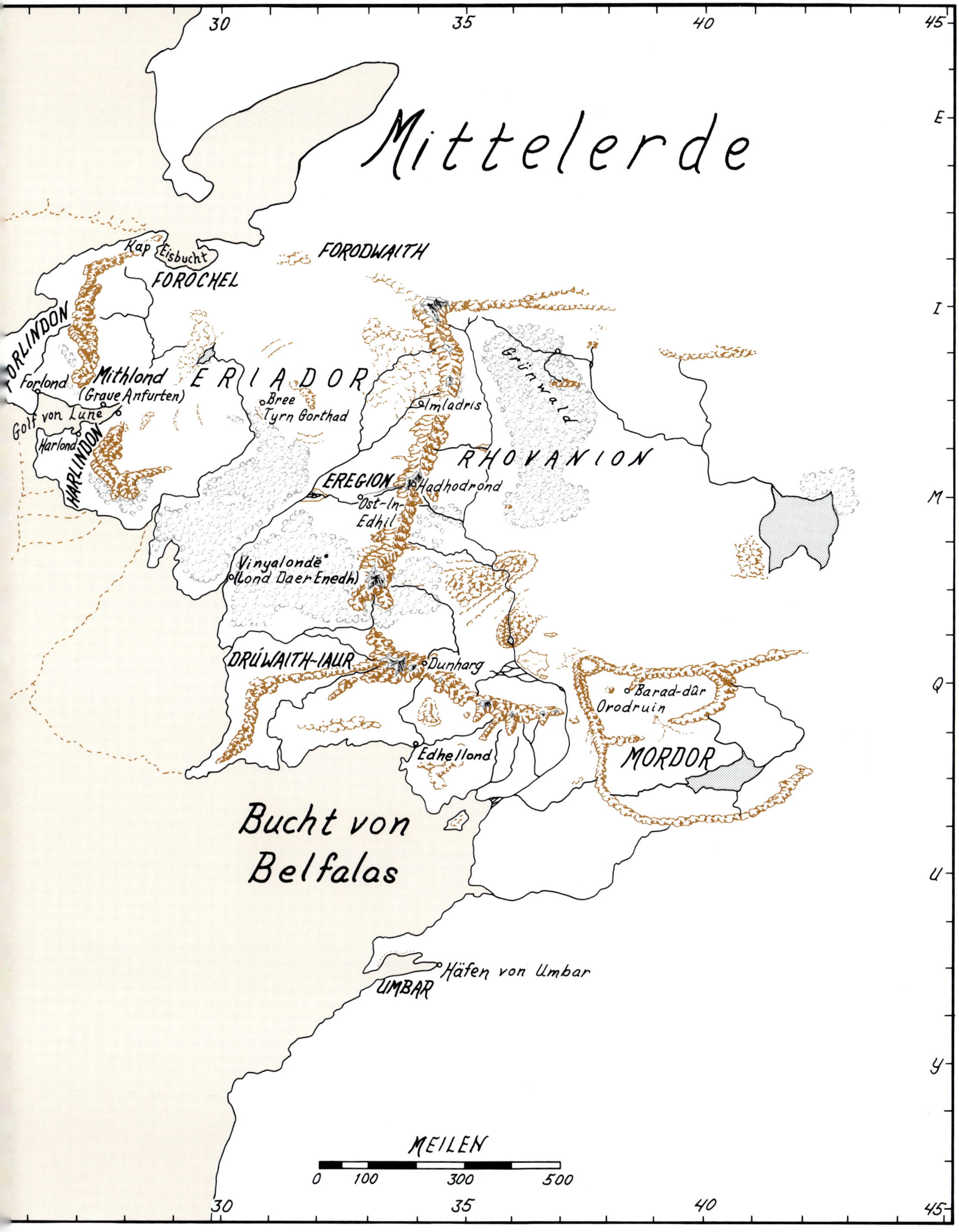
Mittelerde
FORODWAITH
Kap
Eisbucht
FOROCHEL
FORLINDON
Forlond
Mithlond
(Graue Anfurten)
Golf von Lune
Harlond
HARLINDON
ERIADOR
Bree
Tyrn Gorthad
Imladris
Grünwald
RHOVANION
EREGION
Hadhodrond
Ost-In-Edhil
Vinyalondë
(Lond Daer Enedh)
DRÚWAITH-IAUR
Dunharg
Barad-dûr
Orodruin
MORDOR
Edhellond
Bucht von Belfalas
Häfen von Umbar
UMBAR
MEILEN
0
100
300
500
30
35
40
45
E
I
M
Q
U
Y

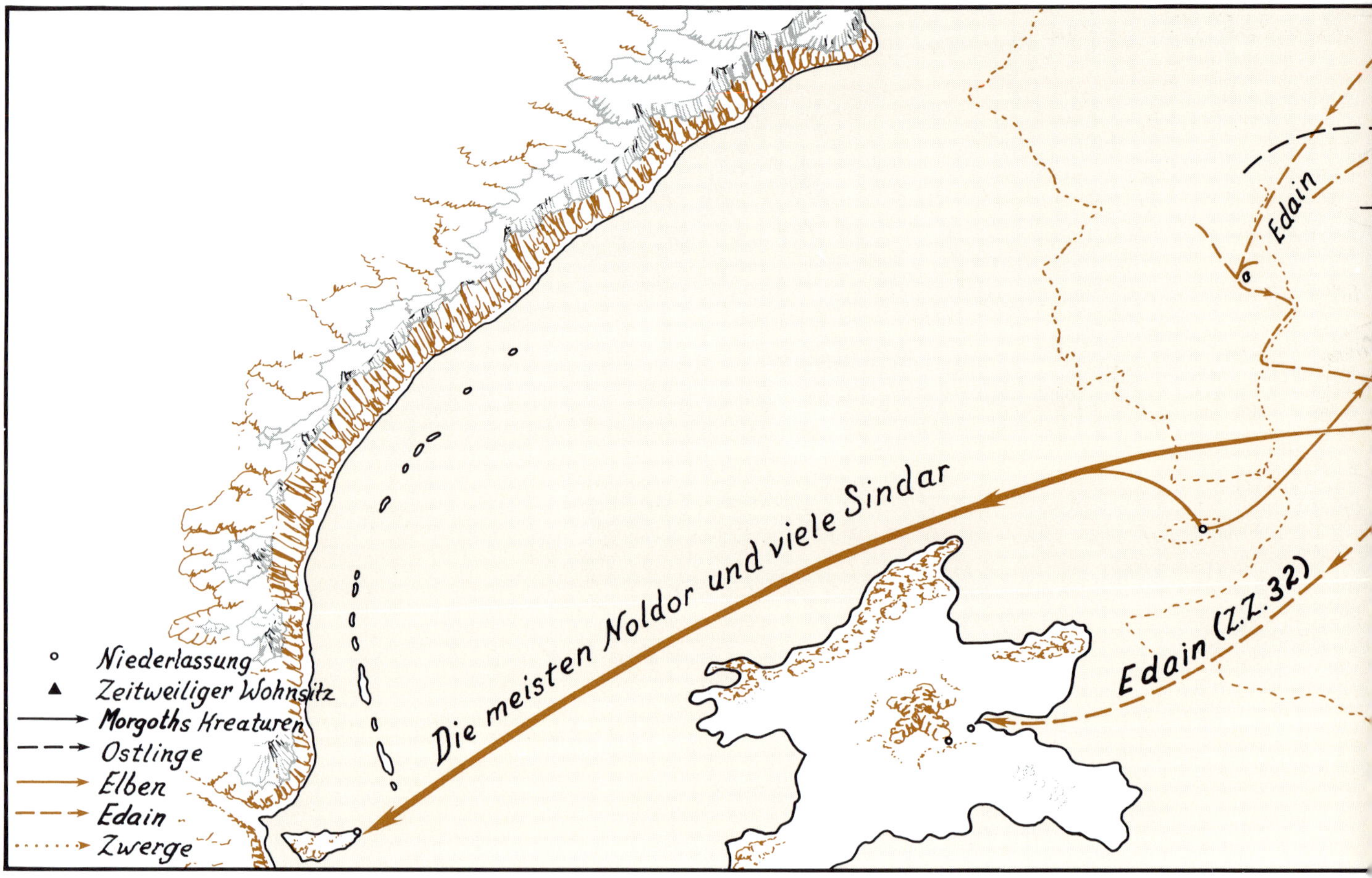

Neusiedlungen der Flüchtlinge

Neusiedlungen der Flüchtlinge

Während der Zerstörung der Länder des Nordens flohen zahlreiche Überlebende: Die Knechte von Angband flohen nach Osten, während die Völker des Südens entweder nach Westen segelten oder nach Lindon und darüber hinaus zogen. Am Ende des Zeitalters blieben zwei Siedlungen von Elben übrig: Auf der Insel Balar herrschten Gil-galad und Círdan über den größten Teil des verbliebenen Volks von Nargothrond, Gondolin, Doriath und den Falas (S 272). Einige wohnten noch in Ossiriand und vielleicht auf dem Amon Ereb: die Grün-Elben, Sindar aus Doriath und einige Noldor, die den Söhnen Feanors gefolgt waren (S 170; 215). Es ist nicht bekannt, ob jene, die Eonwes Aufruf beachteten (S 279), in aller Eile Schiffe bauten (S 281) und von Balar fortsegelten, bevor es überflutet wurde, oder ob sie bereits gezwungen worden waren, auf das höher gelegene Land von Ossiriand auszuweichen. Die meisten der Noldor und viele Sindar entschieden sich für den Weg nach Westen und brachen im Laufe des ersten Jahres des Zweiten Zeitalters auf (III 410 f.). Auf Tol Eressea errichteten sie ihre neue Stadt Avallóne, die von da an für immer der Hafen blieb für jene, die von Mittelerde nach Westen fuhren (S 286).

Viele Sindar, in erster Linie Teleri, zogen bis 1600 in den Osten (S 314; III 410; ME 331). Sie schlossen sich den verstreut in den Wäldern lebenden Wald-Elben an. Der berühmteste war Thranduil (III 410), der vermutlich in Doriath gewohnt hatte, denn seine Behausungen im Grünwald waren in der gleichen Weise angelegt (H 171). Die Noldor, die an der Hinnenküste blieben, zogen in das Land westlich der Ered Luin, das einst Lindon hieß (S 139); doch nach der Bildung des Golfs von Lhûn erhielten die beiden neuentstandenen Teile andere Namen: Gil-galad residierte in Forlindon, »Nord-Lindon«, und Círdan in Harlindon, »Süd-Lindon«. Am Ostende des Golfs wurden die Mithlond gebaut, die »Grauen Anfurten«, welche die wichtigsten Häfen waren; doch auch weiter westlich, bei Forlond und Harlond, standen gute Plätze für Häfen zur Verfügung (S 314; III 374). Bei Gil-galad (Sohn Fingons) wohnte Elrond, der Halbelb (Sohn Earendils). Bei Círdan waren Celeborn und Galadriel, bis sie in den Osten nach Lórien gingen (die Zeit ist nicht bekannt; vgl. dazu vor allem ME, Die Geschichte von Galadriel und Celeborn). Celebrimbor (Sohn Curufins) wohnte ebenfalls eine Zeitlang in Lindon. Später wechselte er nach Eriador hinüber und nahm viele Noldor mit. Im Jahr 750 erreichten sie Eregion (Hulsten) und begründeten Ost-in-Edhil (S 314; III 411).

Nur wenige Edain blieben zurück; wahrscheinlich die, die sich in den Bergen von Dor-lómin, im Wald von Brethil und vielleicht in Ossiriand verborgen hatten. Sie könnten zunächst nach Lindon gezogen sein und einige sogar nach Eriador und noch weiter (S 165). Die meisten warteten auf

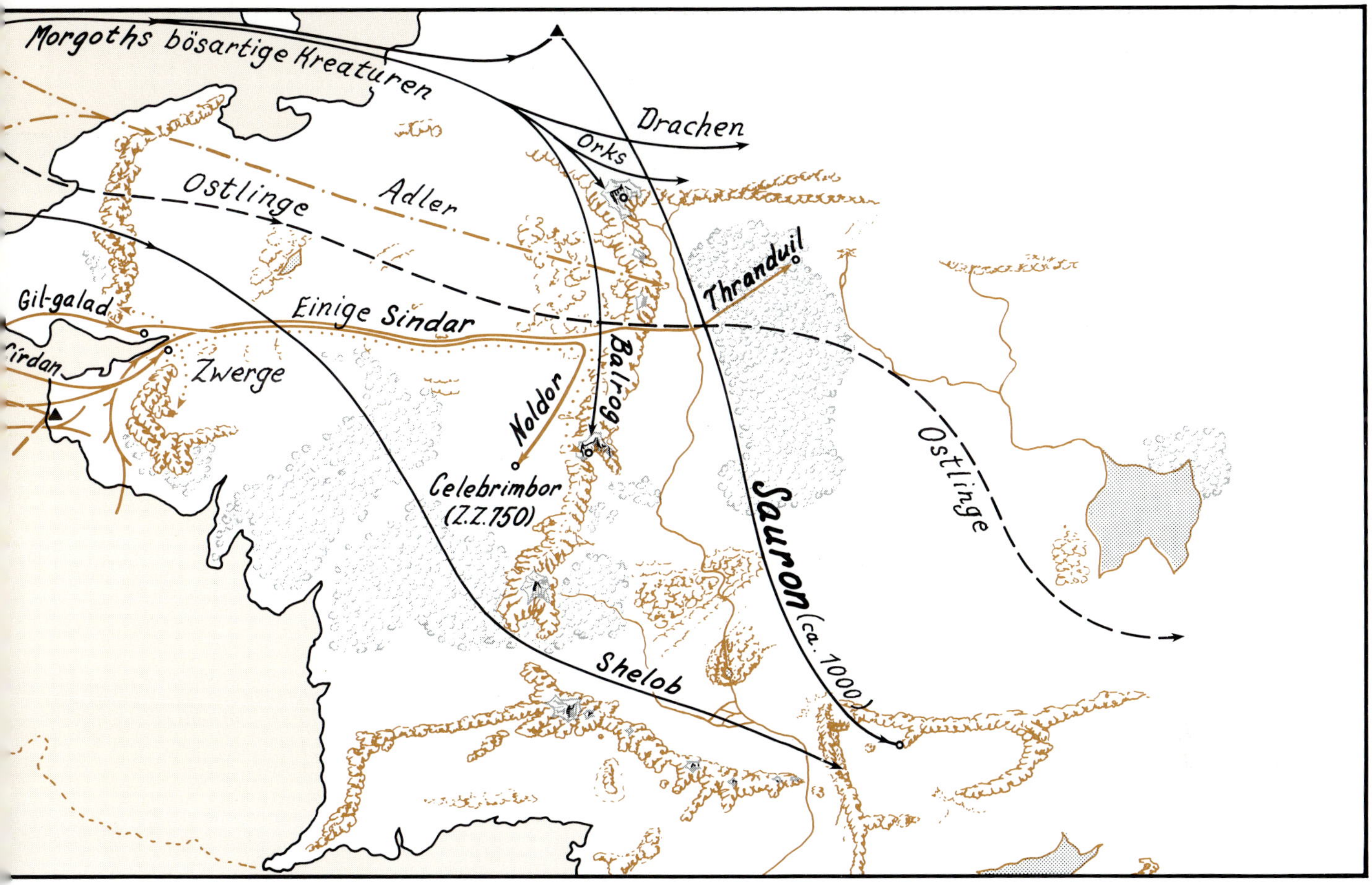

die Vollendung von Númenor, das sie schließlich im Jahr 32 des Zweiten Zeitalters erreichten (III 411).

Die Zwergenstädte Belegost und Nogrod brachen zusammen, als die Blauen Berge sich teilten (III 398; ME 338). Die entkommenen Zwerge bezogen weniger tiefe Höhlen, die erhalten geblieben waren — besonders südlich des neuen Golfs (III 360). Später begaben sich viele auf den langen Treck ostwärts nach Moria, wo sie im Jahr 40 des Zweiten Zeitalters anlangten (III 411).

Als sie ihre Länder und Wälder verloren hatten, zogen sich sogar die Onodrim, die Ents (S 262), in die östlichen Lande zurück. Ihr Herrschaftsgebiet war noch immer groß, schrumpfte jedoch mehr und mehr zusammen (II 79).

In dieser Zeit wurde Morgoth im untersten seiner Stollen ergriffen und durch die Tore der Nacht gestoßen (S 281). Von seinen gewaltigen Heerscharen überlebten nur wenige Schlacht und Zerstörung (S 279). Die dunkelhäutigen Menschen des Ostens, die zu ihrem größten Teil Morgoth gedient hatten, lebten noch in Dor-lómin (S 218). Die Überlebenden der Schlacht flohen zurück in den Osten, aus dem sie gekommen waren und wo einige Könige wurden; und in späteren Jahren war ihr Haß der Anlaß für viele Angriffe auf die Menschen von Gondor (S 285; III 366).

Die bösen Kreaturen Morgoths waren zum größten Teil vernichtet: Balrogs, Drachen, Trolle, Orks und Wölfe (S 215). Wenn wir annehmen, daß die Grauen Berge ein Überrest der Ered Engrin waren (vgl. unten, S. 78), wird sich ihre Flucht wahrscheinlich im Schutz dieser Berge vollzogen haben. Später können sie unbewohnte Höhlen gefunden oder sich Artgenossen zugesellt haben, die nie nach Westen gekommen waren (S 107).

Der einzige in späteren Zeiten erwähnte Balrog war derjenige, der nach Moria floh und im frühen Dritten Zeitalter von den Zwergen bei ihren tiefen Grabungen gefunden wurde (III 398; 415) und dort blieb, bis er von Gandalf getötet wurde (II 119). Die Drachen (vermutlich meistens geflügelt wie Smaug; H 217) brachten ihre Nachkommenschaft in der Dürren Heide hervor und lebten in den Ödlanden nördlich der Grauen Berge (III 399). Die Trolle breiteten sich vermutlich von ihren Wohnsitzen in den nördlichen Tälern des Nebelgebirges aus (I 236). Auch Orks und ihre Bundesgenossen, die Wölfe, lebten gewöhnlich im nördlichen Nebelgebirge und in den Grauen Bergen. Ihre Hauptstadt war der Gundabadberg (H 281; III 401). Sauron, Morgoths Statthalter, weigerte sich, in Aman um Vergebung nachzusuchen, wie Eonwe es verlangte. Deshalb verbarg er sich bis 500 des Zweiten Zeitalters in Mittelerde. Im Jahr 1000 erwählte er Mordor zu seinem Umzäunten Land und baute Barad-dûr, den Dunklen Turm, der 1600 vollendet war (III 411). Das Ringen begann erneut.

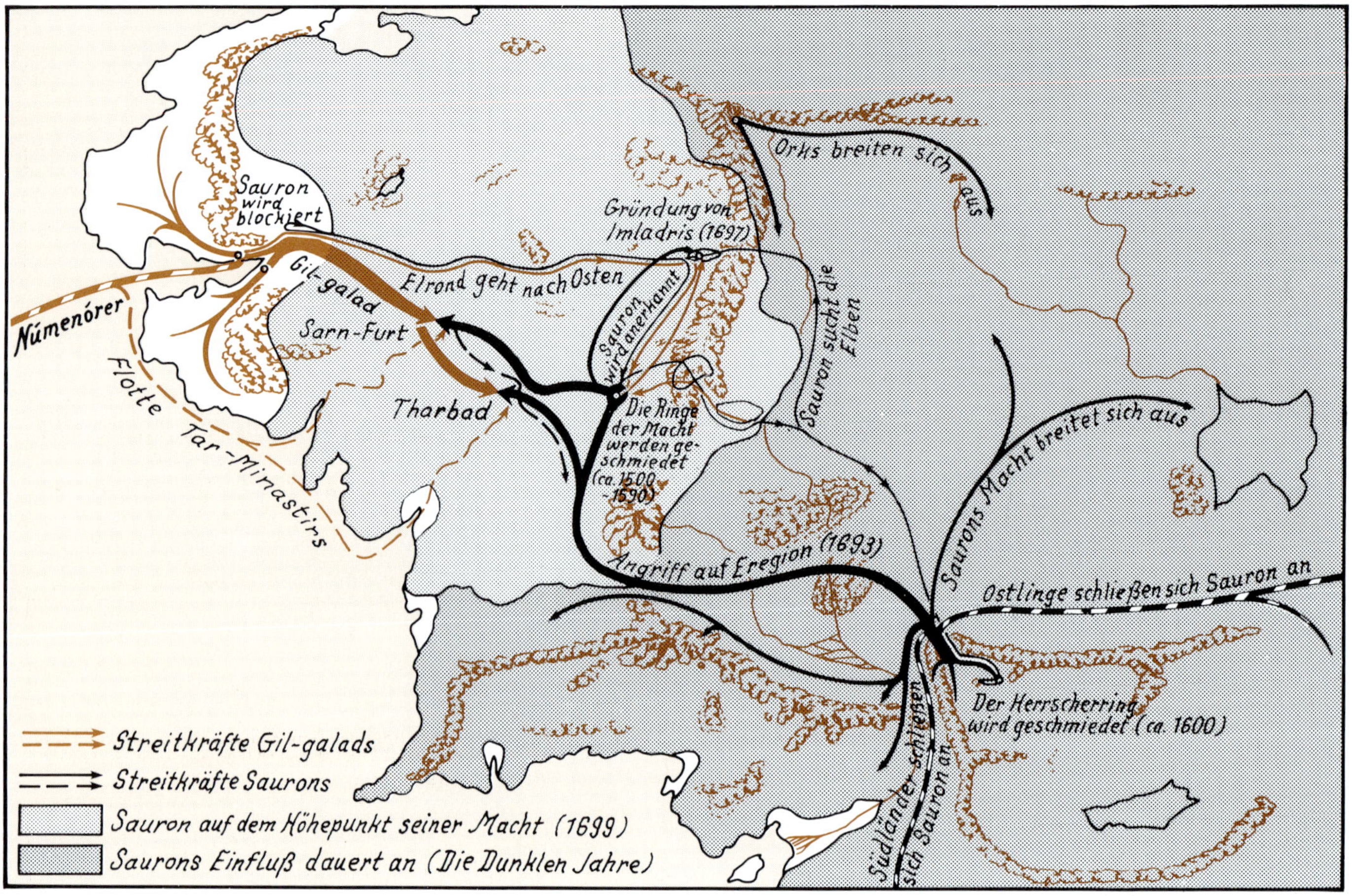

Anbruch der Dunklen Jahre

Anbruch der Dunklen Jahre

Als die Númenórer Mittelerde häufiger besuchten, fürchtete Sauron ihren zunehmenden Einfluß. Nachdem 1000 Jahre des Zweiten Zeitalters verstrichen waren, zog er nach Mordor (III 411). Dort begann er seine Streitkräfte zusammenzuziehen: Kreaturen Morgoths und Abkömmlinge der Menschen des Ostens. Diesen gesellte er viel neues Volk hinzu, zumeist Menschen, die er unter seinen Bann zwingen konnte. Sauron forschte nach den Elben — er ging nach Lindon, wo Gil-galad ihm den Zutritt verweigerte; er ging nach Eregion, wo die Elbenschmiede ihn herzlich aufnahmen (S 315). Gegen 1500 begannen Sauron und die Elben die Ringe der Macht zu schmieden. Im Lauf der nächsten 75 Jahre fertigten sie vermutlich gemeinsam mehrere geringere Ringe an. Zu dieser Zeit kann Sauron nach Mordor zurückgekehrt sein, denn bis 1590 (III 411) arbeitete Celebrimbor allein und schuf die drei größten Ringe: Narya, Nenya und Vilya (Feuer, Wasser und Luft). Bald darauf schmiedete Sauron in den Feuern von Orodruin den Einen Ring oder Herrscherring (S 316). Als er erkannte, daß seine Listen durchschaut worden waren, beschloß er, die Elben zu strafen, die Ringe zu gewinnen und seine Herrschaft aufzurichten. Im Jahr 1695, griff er Eregion an. Gil-galad entsandte Elrond mit Hilfstruppen nach Ost-in-Edhil, doch bevor er 1697 ankam, war die Stadt gefallen und Celebrimbor erschlagen (III 411). Khazad-dûm und Lórinand kamen Elronds Truppen zu Hilfe, doch sie waren zu schwach, um Saurons Umklammerung aufbrechen zu können. Elrond zog sich mit den überlebenden Noldor nach Norden zurück und baute Imladris (ME 320). Sauron hatte sein Hauptziel noch nicht erreicht, denn obwohl er die sechzehn geringeren Ringe bekam, waren die Drei Großen Ringe außerhalb seiner Reichweite (III 411). Sauron begann Eriador mit Krieg zu überziehen (ME 320). Um 1699 herrschte er im ganzen Land, Imladris wurde belagert, und Sauron nannte sich »Herr der Erde«. Die Menschen flohen in die Wälder und Berge, und die Elben fuhren nach Westen (S 316f.). Binnen eines Jahres kam Hilfe von anderer Seite: von Númenor. Tar-Minastir schickte eine ungeheure Flotte zu den Grauen Anfurten und eine weitere die Grauflut hinauf. Seine Truppen vereinigten sich mit denen von Lindon, und gemeinsam befreiten sie Eriador vom Feind (III 411). Darauf wich Sauron zurück und mied absichtlich jene Orte, die von den Númenórern aufgesucht wurden (S 294; III 357; ME 322). Doch es ist unverkennbar, daß abseits der Küsten Saurons Macht fortbestand, denn die Menschen von Dunharg huldigten ihm in diesen Dunklen Jahren (III 57).

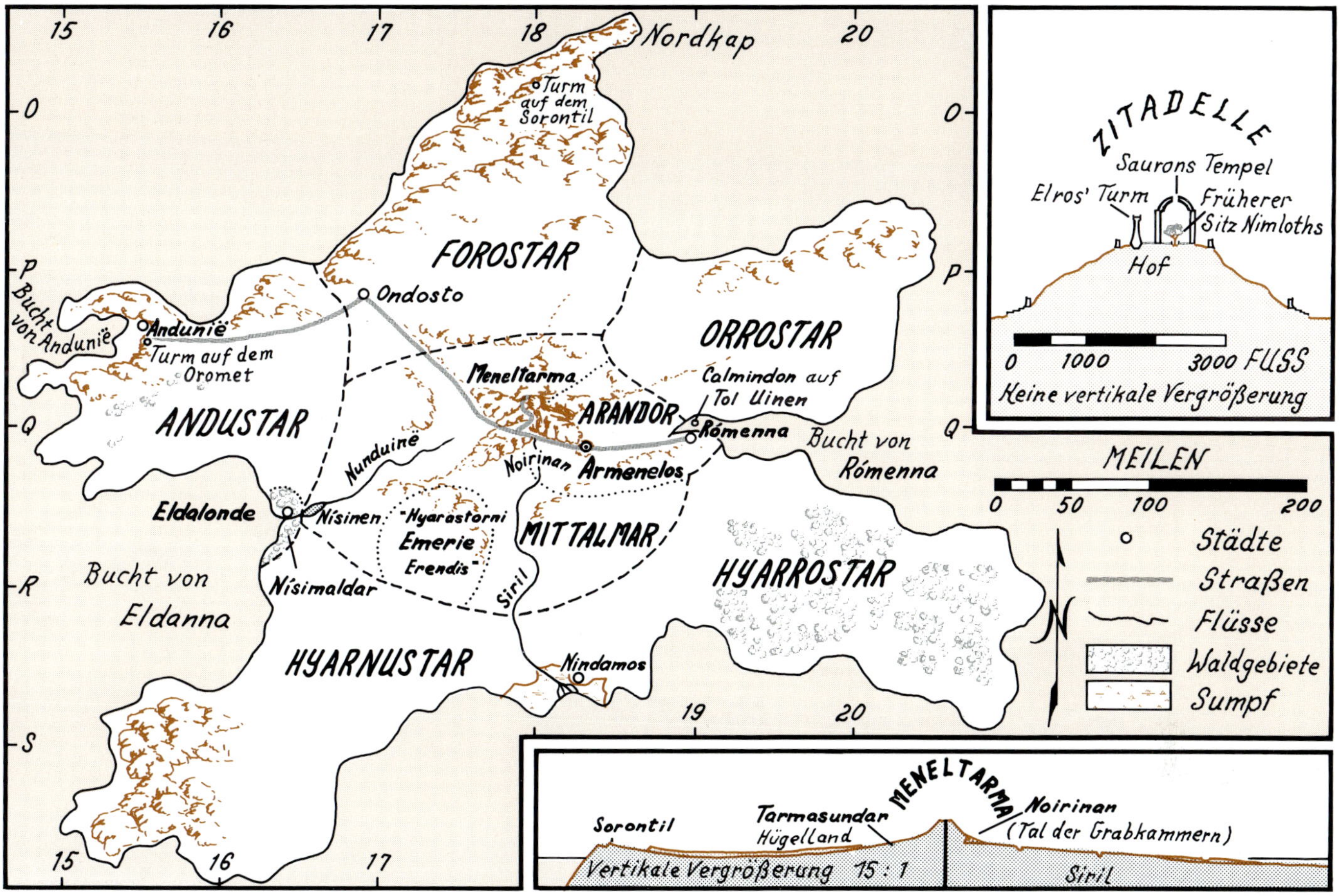

Númenor *Querschnitt:* Nord-Süd *Nebenkarte:* Armenelos

Númenor

Nach der Zerstörung der Thangorodrim schuf Osse Andor, das Land der Gabe, als Belohnung für die übriggebliebenen getreuen Edain (S 286). Die Insel wurde »aus den Tiefen des Großen Wassers emporgehoben«, und als westlichstes der sterblichen Lande wurde sie »Westernis« genannt oder »Númenóre in der Sprache der Hoch-Elben« (S 286; III 355). In der Mitte stand der Meneltarma, der Himmelspfeiler (S 287; ME 225), mit den »Tarmasundar«, den fünf Wurzeln, die in die fünf Vorgebirge der Insel ausliefen. Zweimal stieß der Berg Rauch und später Feuer aus (S 305; 307), so daß angenommen wurde, daß es eine vulkanische Insel mit einem 14.000 Fuß hohen zentralen Berggipfel war.[16] Um Meneltarma erstreckte sich nach allen Seiten eine grasbedeckte Hügellandschaft, die in ziemlich flache Gebiete auslief, doch entsprechend der Nordwest- Südost-Neigung der Insel erhoben sich Küstenklippen an den Nordküsten aller Landzungen, ausgenommen die im Südosten (ME 230). Als eine frei zwischen Aman und Mittelerde liegende vulkanische Insel (S 286) hätte ihre Größe (verglichen mit unserer Primärwelt) sehr begrenzt sein müssen, doch sie maß 167.961 Quadratmeilen (ME, Karte Númenors) — das ist vierzigmal größer als die Hauptinsel Hawaiis.

Die Bevölkerung war in Armenelos und Rómenna konzentriert, doch es gab auch bei Andúnië und Eldalonde im Westen große Siedlungen (S 287; 295; ME 227 f.). Ursprünglich war Andúnië die größte Stadt. Als freilich das Mißtrauen gegen die Elben wuchs, wechselten die selbstsüchtigen Númenórer allmählich in das goldene Armenelos über. Jene, die den Valar und den Eldar treu blieben, lebten weiterhin in und um Andúnië, bis Ar-Gimilzôr sie um 2950 zwang, nach Rómenna überzusiedeln (S 295; III 412). Danach waren die westlichen Häfen von geringerer Bedeutung, bis sie der Einschiffungsort der Großen Rüstung wurden (S 305).

In Armenelos hatte Elros einen Turm innerhalb der Zitadelle errichtet (S 287). Im Hof des Königs wuchs Nimloth, Setzling des Weißen Baumes von Valinor (S 289). Unter dem Einfluß Saurons wurde ein Tempel für Morgoth errichtet (S 300). Von dieser Zeit an befand sich Númenor in stetigem Niedergang und beschwor schließlich seine eigene Zerstörung herauf. Als die Insel 3319 unterging, erhielt sie den Namen »Akallabêth, die Versunkene, Atalante in der Hochsprache der Elben« (S 309; III 412).

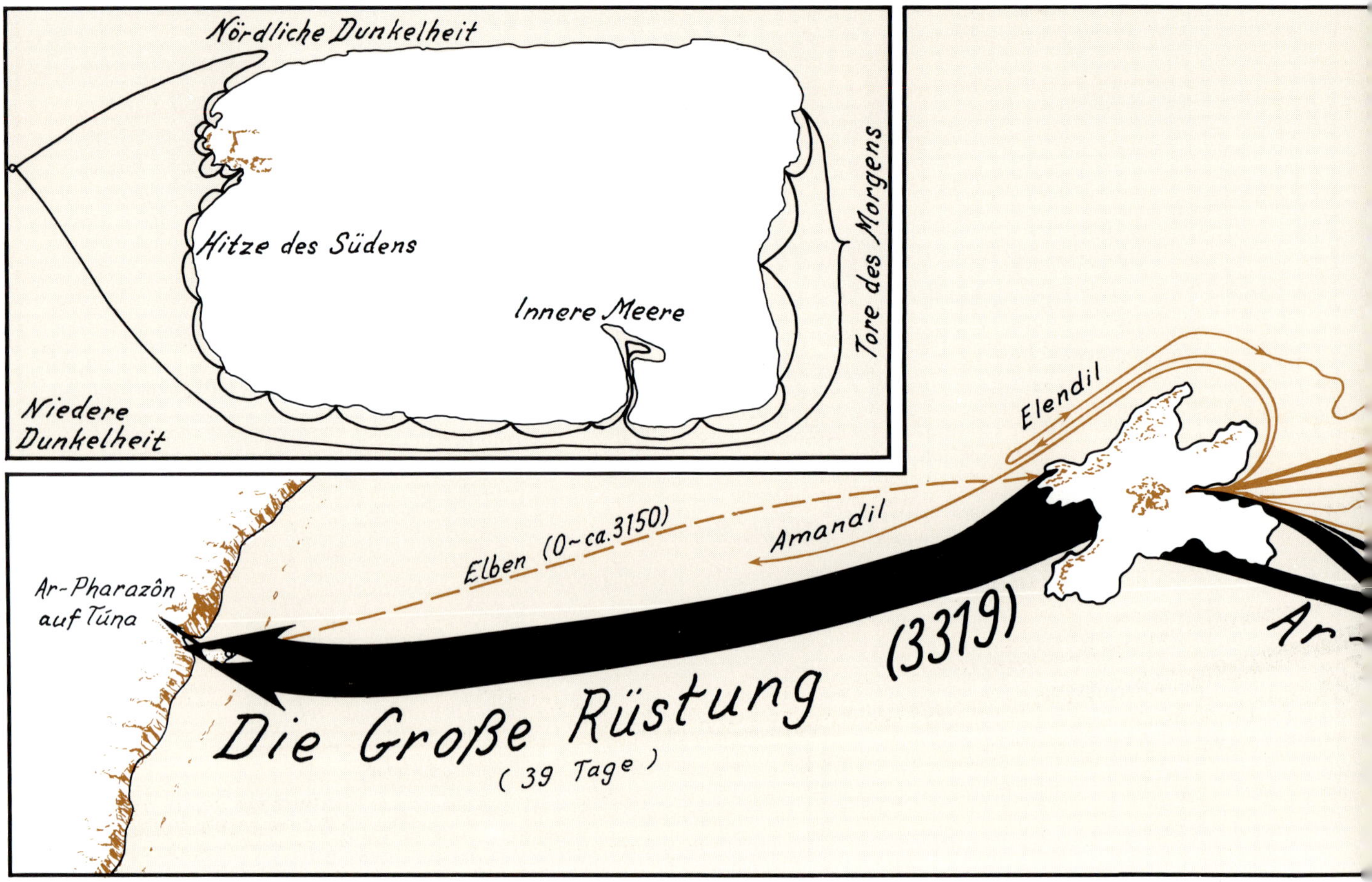

Fahrten *oben:* Weltreise *unten:* Belegaer

Fahrten der Númenórer

In der Anfangszeit Númenors kamen Elben von Eressea und brachten Geschenke. Ihre Besuche dauerten fort, konnten jedoch von den Dúnedain nicht erwidert werden, da ihnen von den Valar untersagt worden war, sich den Unsterblichen Landen zu nähern. Statt dessen segelten die Númenórer nach Mittelerde und wurden die größten aller Seefahrer — die Könige des Meeres (S 297). Die Überquerung Belegaers war nur ein Teil ihrer unzähligen Fahrten. Doch wahrscheinlich haben sie die nahegelegenen westlichen Küsten Mittelerdes am häufigsten aufgesucht, wo sie mit geringeren Menschen in Kontakt kamen. Ihre Beziehung zu diesen Menschen vollzog sich in drei Stufen: die Tage der Hilfe (600—1700); die Tage der Herrschaft (1800—3200) und die Tage des Krieges (3200—3319) (S 290; 293; 297; 305; III 411 f.; ME 294 f.). Bis 1200 legten die Schiffskapitäne keine festen Siedlungen an, obgleich Aldarion etwa um 750 den Hafen von Vinyalonde (Lond Daer Enedh) baute, um dort Holz zu verschiffen und die Schiffe zu reparieren (ME 240; 348—354). Die Númenórer erbarmten sich ihrer Brudermenschen, die unter rückständigen Bedingungen lebten, unterwiesen sie in Handwerk und Ackerbau und brachten ihnen dort nicht erhältliche Rohstoffe und Nahrungsmittel (S 289; III 357). Die Seefahrer machten auch recht häufig Besuche bei Gil-galad und Círdan an den Grauen Anfurten, denn zu dieser Zeit war die Freundschaft zwischen den Eldar und den Edain noch eng. Im Jahr 1700 entsandte Tar-Minastir eine große Flotte, um den Elben im Krieg gegen Sauron zu helfen und den Feind aus Eriador zu vertreiben (III 356; 411).

Nach Tar-Minastir waren die Könige von Númenor von Reichtum und Macht geblendet. Sie verwandelten ihre Häfen in bewaffnete Festungen, besonders im Süden, wohin sie am häufigsten fuhren (S 293). Die bedeutendste Stadt war Umbar, das im Jahr 2280 zur Festung ausgebaut wurde (III 412). In diese mauerumgebenen Siedlungen strömten in zunehmendem Maße Kolonisten, und da sie über größere Kenntnisse und bessere Bewaffnung verfügten, war es einfach für sie, vom Lehrer/Helfer zum Herrscher/Eroberer zu werden (S 293). Selbst Sauron begann sie zu fürchten und zog sich aus der Umgebung ihrer Häfen zurück. Allmählich entfremdeten sich die meisten der Edain von den Elben, und jene, die weiter insgeheim die Elben aus Eressea aufnahmen und nordwärts nach Lindon fuhren, wurden als die »Getreuen« bekannt (S 292 f.). Außerdem fuhren sie nach Süden zum

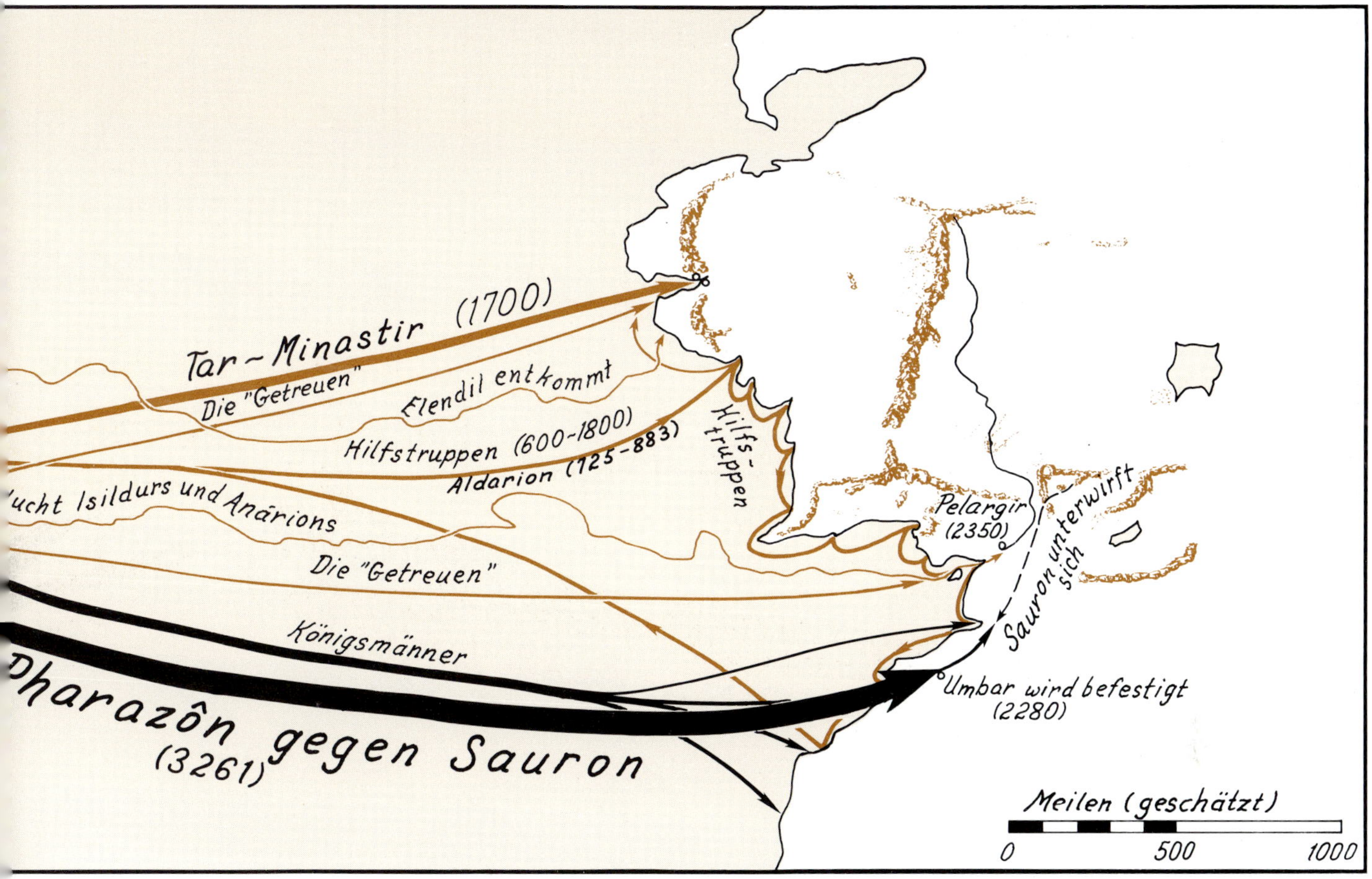

2350 erbauten Pelargir (S 293; 319; III 412). Zur Zeit Ar-Gimilzôrs (möglicherweise um 3150) wurden sie gezwungen, von Andúnië nach Rómenna im Osten umzusiedeln, und der Umgang mit den Eldar wurde ihnen verboten (S 295).

Von dieser Zeit an wurden die Númenórer immer kriegerischer. Und als Tar-Palantir (der Nachfolger König Gimilzôrs) versuchte, sein Volk mit den Elben und den Valar zu versöhnen, wurde der Sohn seines Bruders ein großer Kapitän und bekriegte die Küstenvölker. Dieser Kriegsfürst zu Wasser und zu Lande wurde schließlich unter dem Namen Ar-Pharazôn König. Sauron drohte, die Küstensiedlungen für sich zu beanspruchen, doch im Jahr 3261 setzte Ar-Pharazôn mit einem so gewaltigen Heer über, daß Sauron sich unterwarf und nach Númenor gebracht wurde (S 297 f.; 319; III 412). Damit nahm der endgültige Untergang seinen Anfang. Innerhalb von sechzig Jahren hatte Sauron den größten Teil des Volkes verdorben und die Getreuen durch Verfolgung zerstreut; und sehr bald hatte er Ar-Pharazôn überredet, den Bann der Valar zu brechen. Amandil, Anführer der Getreuen, erfuhr von dieser letzten Anmaßung und machte sich in den Westen nach Valinor auf, um Vergebung zu erflehen. Über sein weiteres Schicksal wird nichts berichtet. Sein Sohn Elendil ging nach Nordwesten, um nach seinen Segeln Ausschau zu halten, doch er sah nur die Große Rüstung (S 304).

Im Jahr 3319 stach Ar-Pharazôns gewaltige Flotte in See (III 412). Zuerst war Windstille, und die Sklaven ruderten (vermutlich mit einer Geschwindigkeit von 2 Knoten).[17] In der Dunkelheit kam Ostwind auf, und bis zum Morgen waren sie außer Sicht getrieben. Sie fuhren 39 Tage, und bei Sonnenuntergang des letzten Tages umrundeten sie Eressea und schlugen ihr Nachtlager am Túna auf. Am nächsten Vormittag brach die Welt auseinander. Die einzigen Númenórer, die überlebten, waren die Siedler in Mittelerde und einige der Getreuen (S 307 f.). Auf Anraten Amandils hatten Elendil und seine Söhne Schiffe gebaut: vier für Elendil, drei für Isildur und zwei für Anárion (S 307). Als die Katastrophe geschah, wurden die Schiffe ungestüm nach Osten geworfen. Elendil wurde an die Gestade Lindons geschleudert, und die Brüder gelangten nach Pelargir. Sie trugen die Frucht des Baumes Nimloth, die Palantíri und den Stein bei sich, der am Erech aufgestellt wurde — alle Kleinode waren wertvoll bei der Gründung der Reiche in der Verbannung (S 319 f.; III 57).

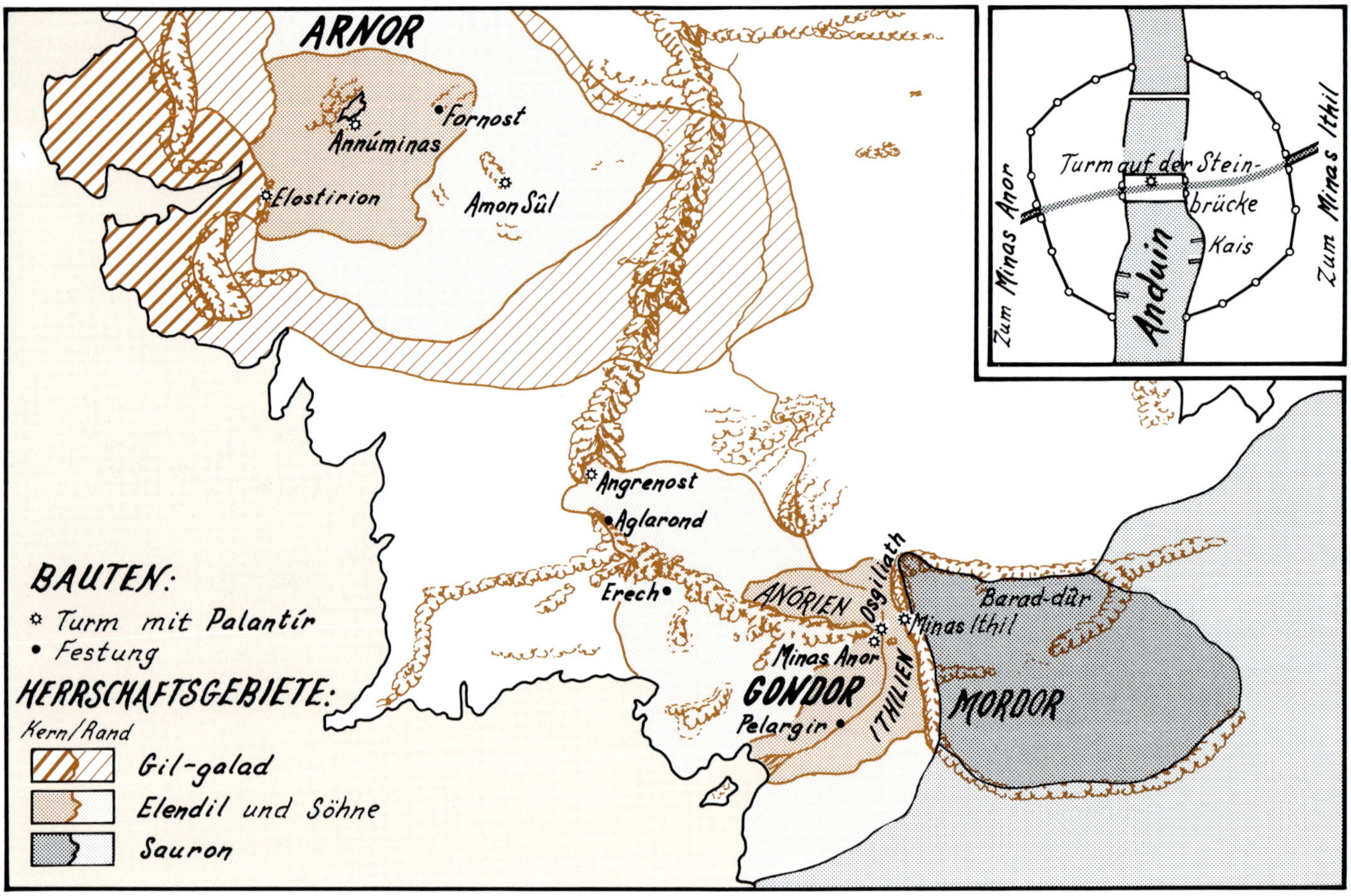

Die Reiche in der Verbannung *Nebenkarte:* Osgiliath

Die Reiche in der Verbannung

Ein Jahr nach dem Untergang Númenors, im Jahr 3320, hatten Elendil und seine Söhne die Reiche in der Verbannung begründet: Arnor und Gondor (III 412). Arnor lag in Eriador, wo der größte Teil des Volkes treu zu Gil-galad stand — doch einige Eldar wohnten außerhalb Lindons, wobei Imladris ausgenommen war (III 358; 360). Elendil regierte in Annúminas am See Nenuial (S 319 f.). Die wichtigsten anderen Wohnsitze waren: die Stadt Fornost im nördlichen Hügelland; die Behausungen von Tyrn Gorthad (die Hügelgräberhöhen: I 172; III 308; 362); und die Festungen im Norden der Großen Straße östlich der Letzten Brücke (I 248).

Die Palantíri wurden zwischen den beiden Reichen aufgeteilt (S 320 f; II 233). Die Sehenden Steine Elendils wurden in Annúminas im Turm des Westens aufbewahrt; auf der Wetterspitze im Turm von Amon Sûl; auf den Turmbergen im Elostirion, dem höchsten und westlichsten der drei weißen Türme (S 320; I 21). Vom Tal des Anduin breitete Gondor sich nach Westen aus bis zu seinen Festungsanlagen am Erech, bei Aglarond und dem unzerstörbaren Turm Orthanc, in dem ein Palantír aufbewahrt wurde. Die anderen drei Palantíri befanden sich in den Türmen von Minas Ithil, dem Wohnsitz Isildurs, in Minas Anor, wo Anárion wohnte, und in Osgiliath, der Kuppel der Sterne, der Hauptstadt des Reiches (S 320). Das äußere Bild Osgiliaths wurde am meisten vom Anduin bestimmt, der hier so breit und tief war, daß selbst große Schiffe an den Kais der Stadt anlegen konnten. Vom Minas Anor und vom Minas Ithil führten Mauerdämme zur Stadt (II 283; 359; III 18 f.). Um einen leichten Zugang zu ermöglichen, wurde eine große Brücke gebaut, die vielleicht gleichzeitig Zitadelle war, denn auf ihr standen Türme und Steinhäuser (S 319). Eines davon kann der große steinerne Turm mit der Kuppel der Sterne gewesen sein, der 1437 des Dritten Zeitalters in Flammen aufging, wobei der Palantír im Fluß verloren ging (S 319; II 233; III 369; 414).

Gegen Arnor und besonders gegen Gondor war das Land Mordor gerichtet. Obgleich Saurons Leib mit Númenor untergegangen war, entfloh sein Geist und kehrte bald in den Dunklen Turm von Barad-dûr zurück (S 308). Auch er sammelte seine Kreaturen wie die Menschen der Harad, aus Rhûn und Umbar. Unter diesen lebten verstreut die Schwarzen Númenórer, die Menschen des Königs, Abtrünnige, welche ebenso wie Sauron die Getreuen haßten (S 321; III 367). Damit war die Voraussetzung für die nächste Auseinandersetzung gegeben.

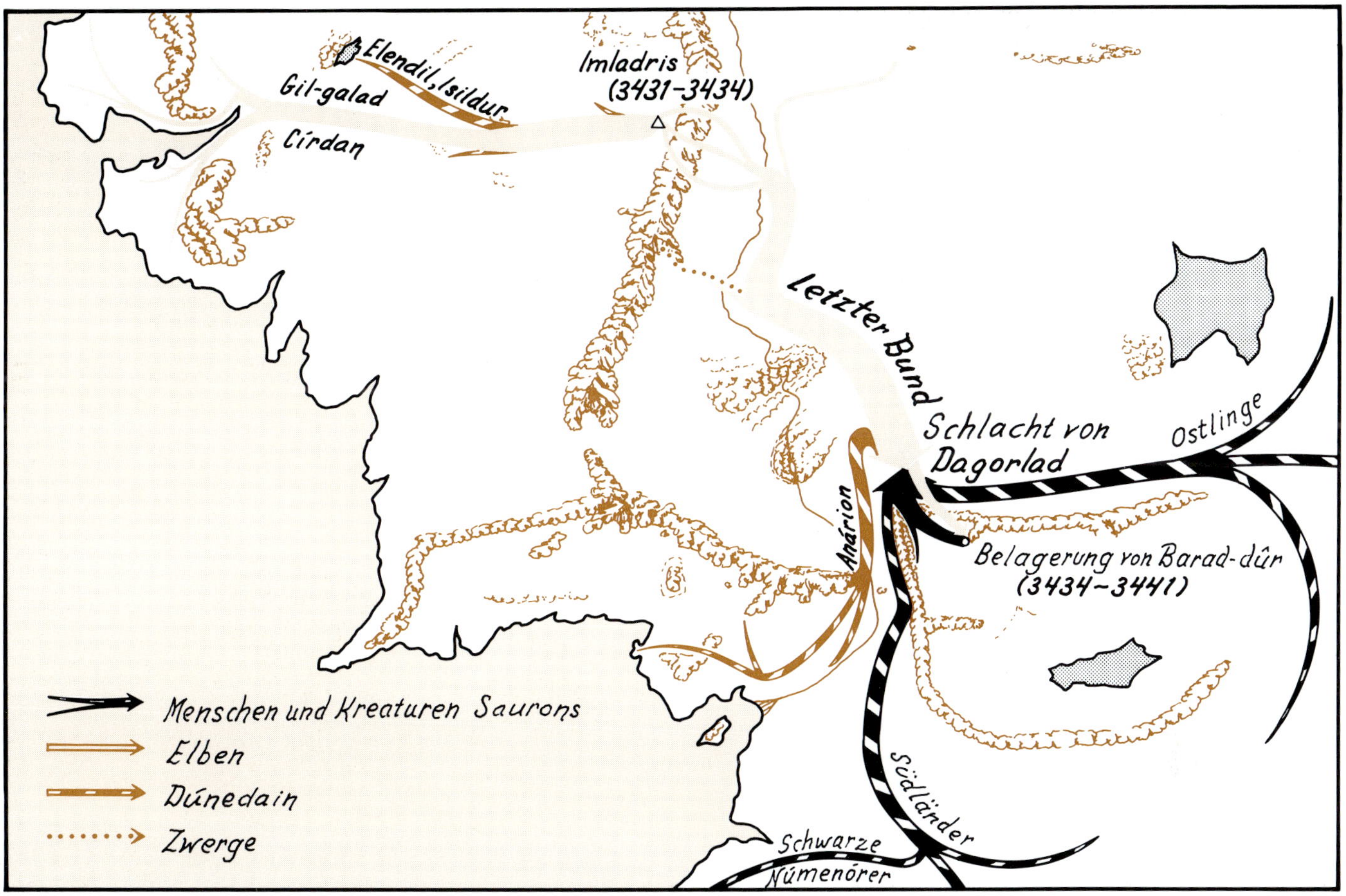

Der Letzte Bund

Der Letzte Bund

Im Jahr 3429 griff Sauron Gondor an in der Hoffnung, das noch unfertige Reich zu zerschmettern, bevor es vollständig verteidigungsbereit war (III 412). Isildur und seine Familie waren gezwungen, vom Minas Ithil nach Annúminas zu fliehen, und Saurons Truppen rückten gegen Osgiliath vor. Anárion verteidigte die Stadt erfolgreich, vertrieb den Feind sogar aus Ithilien, doch es war nur ein zeitweiliger Aufschub (S 322). In der Hoffnung, daß auch der Feind seine Kriegsvorbereitungen noch nicht abgeschlossen habe, bereiteten Gil-galad und Elendil einen vereinten Angriff auf Saurons Land vor: den Letzten Bund (S 322). Es heißt, alle Lebewesen hätten Partei genommen, und »von jeder Art, selbst von den Tieren und Vögeln, fanden sich manche auf beiden Seiten, die Elben allein ausgenommen«; doch nur wenige Zwerge kämpften (S 322) und vermutlich keine Ents (II 83). Zwei Jahre lang sammelten sie ihre Truppen, und 3431 setzte sich das Nordheer in Marsch (III 412). Auf dem Amon Sûl erwartete Elendil die Ankunft von Gil-galad und Círdan (I 230), und gemeinsam zogen sie nach Imladris, wo sie drei Jahre zubrachten — ohne Zweifel, um Pläne zu machen, Waffen zu schmieden und die Truppen auszubilden. Im Jahr 3434 überquerten sie das Nebelgebirge und zogen den Anduin hinab (III 412). Unterwegs stießen weitere Truppen zu ihnen: Elben aus Lórien und dem Grünwald, Zwerge aus Moria und Anárion mit den Streitkräften Gondors (S 322; ME 345). Und das Heer war schließlich so stark, daß es nur übertroffen wurde von dem Heer, das im Krieg des Zorns gekämpft hatte (S 322; I 295).

Die Schlacht wurde in der steinigen Ebene von Dagorlad nördlich des Schwarzen Tors von Mordor ausgetragen. Sie dauerte »Tage und Monate«, und die Toten wurden an dem Ort begraben, der später »Totensümpfe« genannt wurde (II 269). Am Ende siegte der Bund, und Saurons Streitkräfte zogen sich nach Barad-dûr zurück. Sieben Jahre lang wurde die Festung belagert, und viele Gefechte fanden statt, bis die Belagerung so bedrückend war, daß Sauron im Jahr 3446 selber hervorkam (III 412). Er trat seinen Herausforderern an den Hängen des Schicksalsberges entgegen, wo sein Ring die größte Macht hatte. Círdan und Elrond standen Gil-galad zur Seite, und Elendil kämpfte an der Seite Isildurs (I 296). Gil-galad und Elendil wurden erschlagen, doch Sauron wurde niedergeworfen und besiegt. Als Isildur den Herrscherring von Saurons Hand schnitt, verließ dessen Geist den Leib. Dann zerstreuten die Truppen des Bundes Saurons Sklaven in alle Winde und machten seine Festung dem Boden gleich; aber der Sieg war unvollkommen, denn der Ring wurde nicht zerstört (S 323; I 297).

Das Dritte Zeitalter

Einleitung

Mit dem Beginn des Zeitalters der Menschen war Arda erheblich kleiner geworden (S 306 f.). Beleriand war überflutet, Númenor versunken, und Valinor wurde den Kreisen der Welt entrückt. Im Westen wurden »Neue Lande« geschaffen, und einige sagten, der Gipfel des Meneltarma erhebe sich wieder über die Wellen, in denen Númenor versunken war (S 309). Nur die ursprünglich auf der Karte zum *Herrn der Ringe* abgebildeten Gebiete blieben für die Erzählung der Geschichte von Bedeutung.

Als Númenor versank und Valinor entrückt wurde, fanden, so heißt es, gewaltige Veränderungen statt — neue Inseln (darunter vielleicht Himling und Tol Fuin), neue Berge, versunkene Küsten (S 308; ME 24). Indessen wurden keine speziellen Aussagen gemacht, wo diese Veränderungen stattfanden; und die meisten waren bereits vor der Katastrophe erwähnt worden. Selbst die Küstenlinien können nicht in ausreichendem Maße neugestaltet worden sein, um für die Änderung einer Weltkarte von Bedeutung zu sein, denn die Häfen Mittelerdes, das die Númenórer besiedelt hatten, waren noch in späteren Zeiten vorhanden — so ist besonders auf Umbar hinzuweisen.

Es war deshalb nur notwendig, wenige physikalische Veränderungen darzustellen, ausgenommen zwei wichtige, die Vegetation betreffende: Wälder und Sümpfe. Das Abholzen der Wälder hatte im Ersten Zeitalter langsam begonnen und hatte im Zweiten Zeitalter durch den Holzeinschlag seitens der Númenórer in starkem Maße zugenommen (ME 350 f.). Mit Beginn des Dritten Zeitalters gab es nur noch den Alten Wald, Fangorn und ein paar verstreute Waldgebiete, die von den einst so ausgedehnten Urbeständen übriggeblieben waren (I 165; 322; II 78 f.). Hinzu kam, daß die Mächte der »Sekundärwelt« die Grüngebiete versengten und Wüstenländer schufen: die Verwüstungen des Drachen (H 206) und die Wüstenei des Morannon (II 273; III 423). Die Abtragung führte dazu, daß sich in der Nähe Sümpfe bildeten. Die Fenns im östlichen Düsterwald breiteten sich nach der Ankunft Smaugs aus (H 193). Während des Dritten Zeitalters vergrößerten sich die Totensümpfe, und die Leichname aus der Dagor Dagorlad wurden hochgeschwemmt (II 269).

Obgleich Sauron in diesem Zeitalter für längere Zeit verborgen blieb, fuhren die von ihm entfesselten Kräfte des Unheils fort, Zerstörungen zu verursachen. Für die Elben war es eine Zeit des Abwartens mit gelegentlichen Einmischungen in die Angelegenheiten der anderen Freien Völker (S 328). Sie verschanzten sich in Lindon, Imladris, Lórien und dem nördlichen Grünwald. In Zeiten der Unruhe verließen viele Elben das Land von den Grauen Anfurten aus oder von den Häfen Edhellonds nahe Dol Amroth (I 408; 414; 420; III 165; ME 331). Für die anderen Völker war es eine Zeit häufiger Umbrüche: Eroberung, Rückzug, Flucht und Wanderung. Orks, Drachen, Menschen, Zwerge und die bis dahin nicht erwähnten Hobbits — alle wanderten mit dem Auf und Ab der Zeiten durch die Länder; wenn notwendig räumten sie das Feld und zogen weiter in bessere Gegenden, sofern sie ihnen zugänglich wurden (III 412—419).

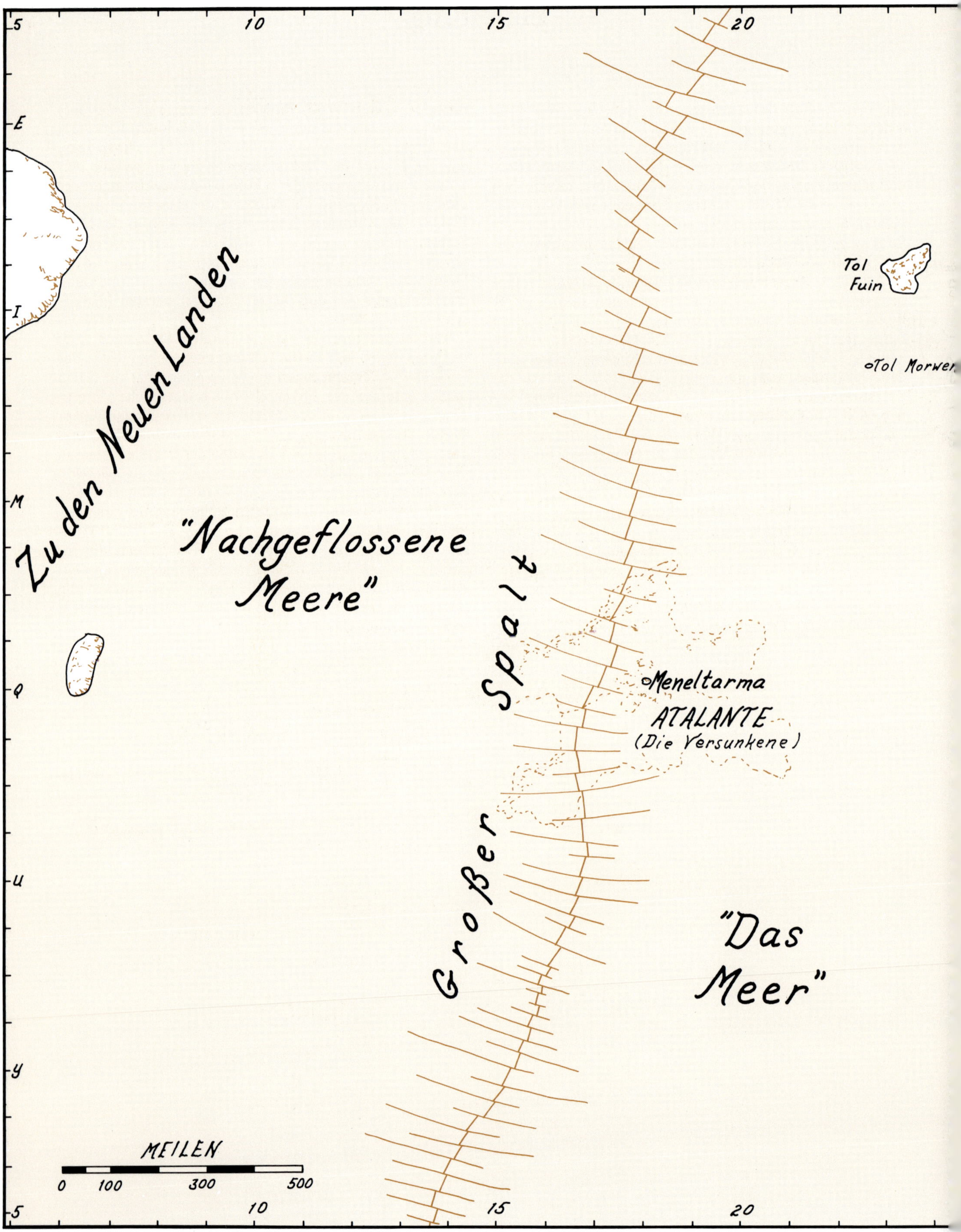

Arda am Anfang des Dritten Zeitalters

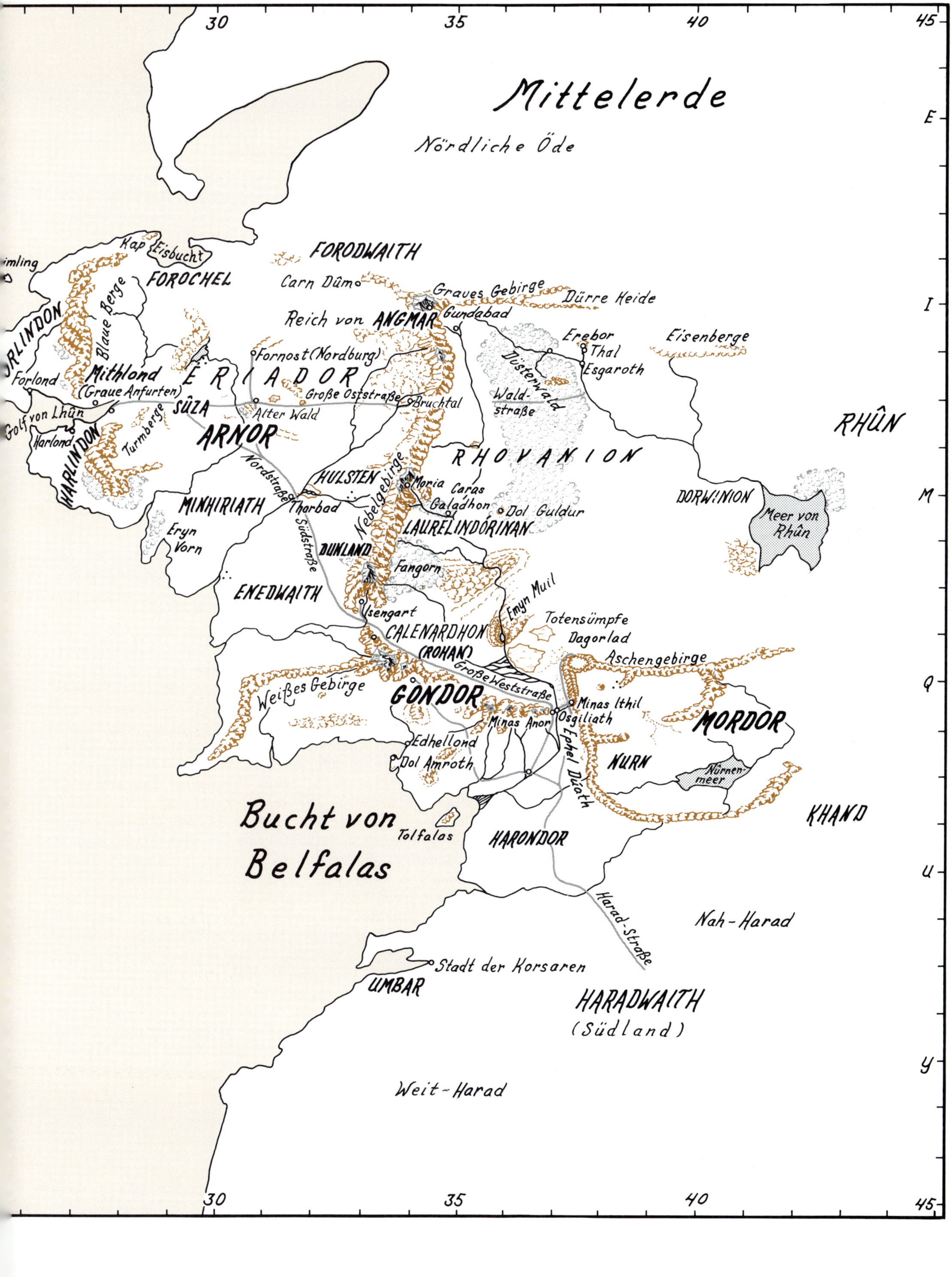
Mittelerde
Nördliche Öde
30
35
40
45
E
I
M
Q
U
Y
FORODWAITH
Kap Eisbucht
FOROCHEL
Carn Dûm
Graues Gebirge
Dürre Heide
Reich von ANGMAR
Gundabad
Blaue Berge
Mithlond
(Graue Anfurten)
Forlond
ERIADOR
Fornost (Nordburg)
Erebor
Thal
Esgaroth
Eisenberge
Düsterwald
Waldstraße
Große Oststraße
Bruchtal
Alter Wald
SÛZA
Golf von Lhûn
Harlond
HARLINDON
Turmberge
ARNOR
RHÛN
RHOVANION
Nordstraße
HULSTEN
Moria
Caras Galadhon
Dol Guldur
Nebelgebirge
DORWINION
Meer von Rhûn
MINHIRIATH
Tharbad
Eryn Vorn
Südstraße
LAURELINDÓRINAN
DUNLAND
Fangorn
ENEDWAITH
Emyn Muil
Isengart
Totensümpfe
CALENARDHON
(ROHAN)
Dagorlad
Aschengebirge
Große Weststraße
Weißes Gebirge
GONDOR
Minas Ithil
Osgiliath
Minas Anor
MORDOR
Ephel Dúath
Edhellond
Dol Amroth
NURN
Nûrnenmeer
KHAND
Bucht von Belfalas
Tolfalas
HARONDOR
Nah-Harad
Harad-Straße
Stadt der Korsaren
UMBAR
HARADWAITH
(Südland)
Weit-Harad

Königreiche der Dúnedain

(1050 des Zweiten Zeitalters)

Arnor und Gondor waren ursprünglich lediglich zwei getrennte Lehen unter der Oberherrschaft Elendils (III 372). Nach seinem und seiner Söhne Tod verstanden sich die Reiche zunehmend als zwei gesonderte Königreiche, bis sie sogar aufhörten, als Verbündete zu handeln — jedes war mit seinen eigenen Angelegenheiten beschäftigt (III 372 f.).

Arnor

Arnor erholte sich nie von jenem Gemetzel auf den Schwertelfeldern, wo zu Beginn des Dritten Zeitalters Isildur und seine Söhne erschlagen wurden (I 297; ME 359; 363). Verglichen mit der Größe, die Arnor vermutlich unter Elendil besaß, scheint sein Einflußbereich sich später niemals erheblich vergrößert zu haben (S 319 f.; III 360). Zur Zeit seiner größten Ausdehnung verliefen seine Grenzen entlang des Lhûn nach Süden, folgten der Küste bis zur Mündung der Grauflut; liefen die Grauflut und die Lautwasser hinauf bis zum Nebelgebirge; dann weiter nach Westen zur Bucht von Forochel (III 360; 455), wobei das Gebiet der Schneemenschen des Nordens vermutlich nicht dazugehörte (III 363). Seine Größe betrug insgesamt etwa 248.540 Quadratmeilen.

Im Jahr 861, nach dem Tode des Achten Königs, waren die Streitigkeiten zwischen seinen Söhnen so groß, daß das Reich in drei Teile geteilt wurde: Arthedain im Nordwesten; Rhudaur im Nordosten und Cardolan im Süden. Arnor bestand nicht mehr (III 361).

Arthedains Grenze mit Cardolan verlief von der Küste den Baranduin hinauf zur Großen Oststraße und daran entlang zur Wetterspitze. Von dort bis zum Nordrand grenzte Arthedain nun an Rhudaur und zog sich entlang der Wetterberge. Rhudaur und Cardolan lagen auf der Nord- bzw. Südseite der Großen Straße zwischen Wetterspitze und Oberlauf der Grauflut, während der Landwinkel jenseits des Flusses ein Teil von Rhudaur war. Alle Königreiche stießen an der Wetterspitze zusammen. Das Verlangen, diese Grenzfeste in die Hand zu bekommen und damit deren Palantír, verursachte weitere Feindseligkeit zwischen den Reichen Cardolan und Rhudaur, die keinen zweiten »Sehenden Stein« besaßen (III 361).

Arthedain, einst der Kern des ursprünglichen Königreichs, war das größte und volkreichste der drei (S 319), aber seine Bevölkerung war so zusammengeschrumpft, daß Annúminas aufgegeben und Fornost zur neuen Hauptstadt wurde (I 297). Die Hauptstädte der beiden anderen Teilstaaten wurden nie genannt, doch man kann zumindest ein paar Vermutungen anstellen. Tom Bombadil erzählte von den Ruinen auf den Hügelgräberhöhen (I 165), welche die Grabstätten und später die letzten Zufluchtsorte des Volks von Cardolan waren (III 362). Die Hobbits überquerten den Böschungswall, früher die Nordgrenze Cardolans, als sie den Grabunholden entkommen waren (I 184). Weiter im Osten, im Gebiet von Rhudaur, sahen Bilbo und Frodo auf den Anhöhen nördlich der Straße alte Steinwälle und verfallene Türme (I 248).

Gondor

Die Dúnedain des Südens hatten im Krieg nicht so große Verluste erlitten wie die des Nordens, und ihre eingeborene Bevölkerung scheint zahlreicher gewesen zu sein. Gondor erreichte seine größte Ausdehnung, indem es sich von seinem Kernland entlang des Anduin ausbreitete und schließlich alle Lande westlich bis zur Grauflut/Sirannon umfaßte: im Norden am Anduin entlang bis zur Ebene von Celebrant; im Osten bis zum Meer von Rhûn; und (ohne Mordor) im Süden bis zum Fluß Harnen und die Küste entlang bis Umbar. Haradwaith war ein erobertes, tributpflichtiges Land. Die eigentlichen Kronlande hatten vermutlich eine Größe von 716.425 Quadratmeilen; möglicherweise kamen für die Harad weitere 486.775 Quadratmeilen hinzu. Außerdem erkannten die Menschen in den Tälern des Anduin Gondors Herrschaft an, und man pflegte Freundschaft mit den Nordmenschen in Rhovanion (III 57; 367; 389; ME 347 f.; 484).[18]

Westlich des Anduin scheint Gondors Vergrößerung die Folge natürlichen Wachstums gewesen zu sein, obgleich die entfernten Lande eine gewisse Eigenständigkeit bewahrten — die Dunländer wurden sicherlich niemals assimiliert. Sie lebten im Land von Enedwaith, und das Land »war in den Tagen der Könige ein Teil des Reiches, doch von geringer Bedeutung für Gondor« (ME 484). Östlich des Anduin war die Lage völlig anders. Ithilien war zwischen Länder eingeklemmt, die entweder unbewohnt oder feindlich waren. Hier führte Gondor Vergeltungsschläge, teils zur Selbstverteidigung, teils zur Eroberung von Land. Nach dem Sieg des Letzten Bundes waren die Lande Mordors verwüstet und seine Pässe befestigt — Morannon, Durthang, Cirith Ungol —, aber dennoch hörte der Krieg an Gondors Grenzen nie auf (III 366). Erstmals im Jahr 490 des Dritten Zeitalters kam es zu einem feindlichen Einmarsch, als Ostlinge aus Rhûn über die Dagorlad zogen. Sie wurden nicht vor 550 endgültig besiegt (III 366; 414). In diesen Kriegen wurde Gondor von einem Fürsten von Rhovanion unterstützt (das zu dieser Zeit lediglich aus einem Gebiet östlich des Grünwaldes bestanden zu haben scheint) (III 368; 389; ME 381). 830 verlagerte Gondor das Schwergewicht seiner Unternehmungen von der Verteidigung zu Lande auf Eroberungszüge zur See. Das erste Unternehmen war die Ausdehnung des Reiches entlang der Küsten östlich von Ethir Anduin nach Süden (III 366) — Ergebnis war offenbar die Besitznahme Süd-Gondors. 933 wurde der große Hafen von Umbar belagert und eingenommen. Doch das rief ein Meer von Feinden auf den Plan, die den befestigten Hafen 117 Jahre lang bekriegten. Schließlich führte der König eine große Streitmacht auf dem Landweg herbei und vernichtete die Haradrim (III 367).

Königreiche der Dúnedain ▶

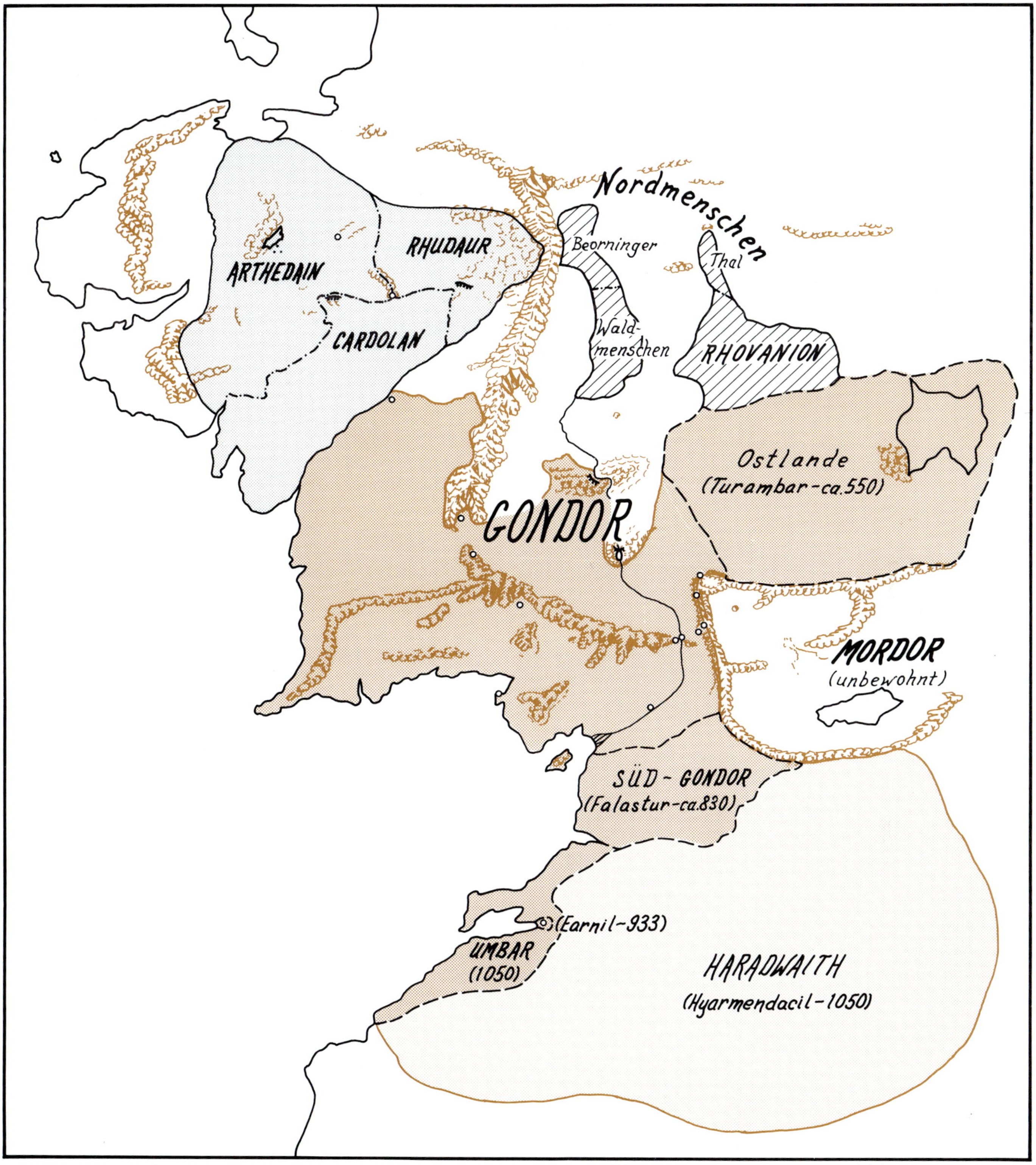

ERLÄUTERUNG

○	Bekannte Stadt oder Festung		Nördliches Königreich - Reiche von Arnor
┬┬┬┬	Befestigte Mauer		Südliches Königreich - Reich von Gondor
– – – –	Landgewinn durch Schlachten		Gondor tributpflichtige Länder
–·–·–	Unter - Königreiche		Verbündete Gondors

Schlachten

(1200—1634 des Dritten Zeitalters)

Im Jahr 1050 erschien Sauron aufs neue und legte in Dol Guldur einen Wohnsitz an. Da Gondor auf dem Gipfel seiner Macht war, beschloß er, den ersten Streich im Norden zu führen. Er sandte den Herrn der Nazgûl in das Land Angmar nördlich der Ettenöden, wo dieser ein Gebiet zu beiden Seiten der Berge befehligte. Um 1350 waren die königlichen Linien in Rhudaur und Cardolan erloschen, und in Rhudaur rissen bösartige Bergmenschen die Macht an sich. Als der König von Arthedain versuchte, das Reich von Arnor unter seiner Krone wiederzuvereinigen, leistete Rhudaur Widerstand. Längs ihrer gemeinsamen Grenzen an den Wetterbergen wurde Krieg geführt. Im Jahr 1356 befestigte Arthedain die Hochlande und legte Wachtruppen an die Grenzen Cardolans. Fünfzig Jahre lang wehrten sie das Böse ab, und auch Bruchtal wurde belagert.

Im Jahr 1409 zog der Hexenkönig von Angmar ein großes Heer zusammen. Die Wetterspitze wurde eingeschlossen und fiel, und der Turm von Amon Sûl wurde zerstört. Die Dúnedain nahmen den Palantír mit, traten den Rückzug an, und Rhudaur wurde von Angmar überrannt. Von dort aus wurde Cardolan angegriffen, dessen Volk in die Gräberfelder der Tyrn Gorthad, die Hügelgräberhöhen, zurückgedrängt wurde. Die Angriffe ließen nach, als Truppen aus Lórien und Bruchtal zu Hilfe kamen und den Feind von hinten angriffen (III 362; 414).

Während das Nord-Königreich ums Überleben kämpfte, wurde Gondor in innere und äußere Streitigkeiten verwikkelt. Bald nachdem Gondor seine größte Ausdehnung erreicht hatte, überließ es die Lande südlich des Düsterwaldes dem Volk von Rhovanion als eine Pufferzone gegen die Ostlinge. Als die Ostlinge 1248 die Gefechtstätigkeit erneut aufnahmen, zerstörte ein großes Heer aus Gondor nicht nur die feindlichen Armeen, sondern auch alle Lager und Siedlungen östlich des Meers von Rhûn. Danach wurde das Westufer des Anduin befestigt, und als Warnung vor dem Betreten Gondors wurden die Säulen von Argonath geschaffen (III 368); doch die Freundschaft mit den Nordmenschen wurde gestärkt, und der Zwanzigste König nahm sogar eine Prinzessin aus Rhovanion zur Frau.

Als einige aus dem Volk sich weigerten, den Halb-Dúnedain Eldacar als König anzuerkennen, begann der Sippenstreit. Eldacar wurde in Osgiliath belagert und entkam aus der brennenden Stadt nach Norden. Nach nur zehn Jahren hatte sich der Thronräuber Castamir verhaßt gemacht, und die Dúnedain scharten sich um den rechtmäßigen König. Eldacar zog nach Süden und siegte in der Schlacht am Erui. Castamir wurde getötet, doch seine Sippe zog sich nach Pelargir zurück und entkam. Diese Männer wurden die Korsaren von Umbar (III 359; 370).

Verbündet mit den Menschen der Harad führten die Korsaren zu Wasser und zu Lande unablässig Krieg: 1551 besiegte Hyarmendacil II. die Menschen der Harad; 1634 verwüsteten die Korsaren Pelargir und töteten den König; 1810 eroberte Gondor Umbar zurück, und die letzten Nachkommen Castamirs wurden getötet (III 370 f.; 414).

Die Große Pest

(1636—1637 des Dritten Zeitalters)

1636, nur ein Jahr nach der Ermordung des Königs beim Überfall der Korsaren auf Pelargir, trug ein bösartiger Westwind die Keime weiteren Unheils nach Gondor. Der neue König und alle seine Kinder fielen einer verheerenden Seuche zum Opfer (III 371). Sie waren sicherlich nicht die einzigen. Die Seuche hatte zuerst die Ostlinge und das Land von Rhovanion ergriffen, und es hieß, »daß, nachdem die Pest vorüber war, ihr mehr als die Hälfte der Einwohner Rhovanions zum Opfer gefallen war, und dies galt auch für ihre Pferde« (ME 382). Von Osgiliath aus verbreitete sich die Pest rasch in Gondor und in großen Teilen der westlichen Länder (III 415). Minhiriath, der südliche Teil Cardolans, wurde schwer betroffen. Auch die in den Hügelgräberhöhen versteckt lebenden restlichen Dúnedain starben, und böse Geister aus Angmar und Rhudaur konnten dort eindringen. Weiter nördlich wurde Arthedain von der Pest nur am Rand gestreift, so daß das Volk Fornost weiterhin verteidigen konnte (III 362). Auch das Volk des Auenlandes erlitt schwere Verluste (III 415).

Außerhalb von Rhovanion hatte Osgiliath die meisten Opfer zu beklagen. Viele flohen aus der Stadt aufs Land und kehrten nie zurück, und der Sitz der Hauptstadt wurde nach Minas Anor verlegt. Es starben so viele Menschen, daß die Truppen aus entfernten Lagern zurückgerufen werden mußten. Die Festungen, die Mordor überwachten, waren unbemannt. Eine solche Schwächung hätte Gondor für jeden Angriff verwundbar gemacht, aber seine Feinde (möglicherweise die Ostlinge und die Südländer) hatten ebenso unter der Pest gelitten (III 371; ME 382). Fast zwei Jahrhunderte lang versuchte Gondor kaum etwas anderes, als allmählich seine Stärke zurückzugewinnen.

oben: Schlachten *unten:* Die Große Pest ▶

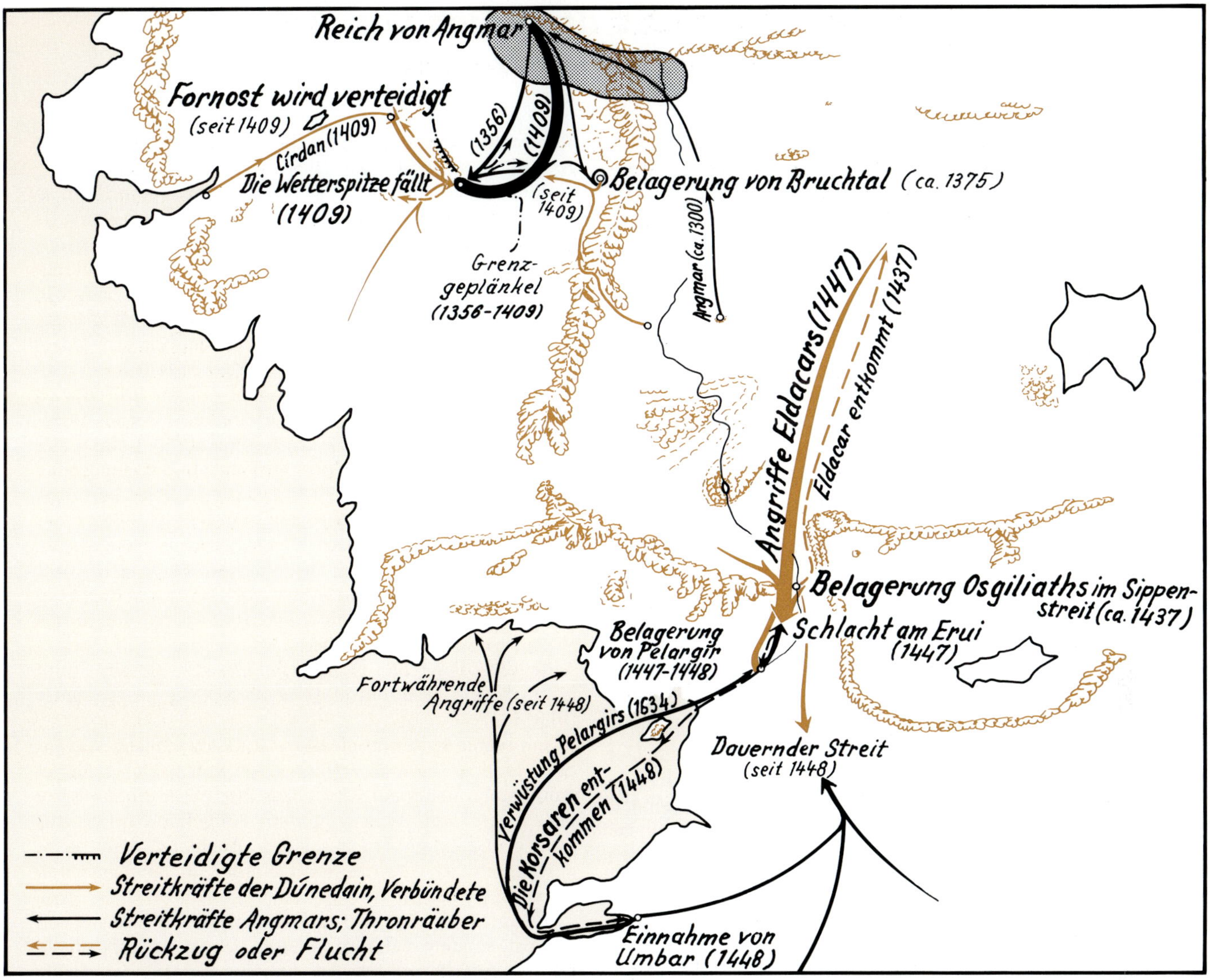

Reich von Angmar
Fornost wird verteidigt
(seit 1409)
Círdan (1409)
Die Wetterspitze fällt
(1409)
(1356)
(1409)
(seit 1409)
Belagerung von Bruchtal (ca. 1375)
Grenzgeplänkel
(1356-1409)
Angmar (ca. 1300)
Angriffe Eldacars (1447)
Eldacar entkommt (1437)
Belagerung Osgiliaths im Sippenstreit (ca. 1437)
Schlacht am Erui
(1447)
Belagerung von Pelargir
(1447-1448)
Fortwährende Angriffe (seit 1448)
Verwüstung Pelargirs (1634)
Die Korsaren entkommen (1448)
Dauernder Streit
(seit 1448)
Einnahme von Umbar (1448)
Verteidigte Grenze
Streitkräfte der Dúnedain, Verbündete
Streitkräfte Angmars; Thronräuber
Rückzug oder Flucht

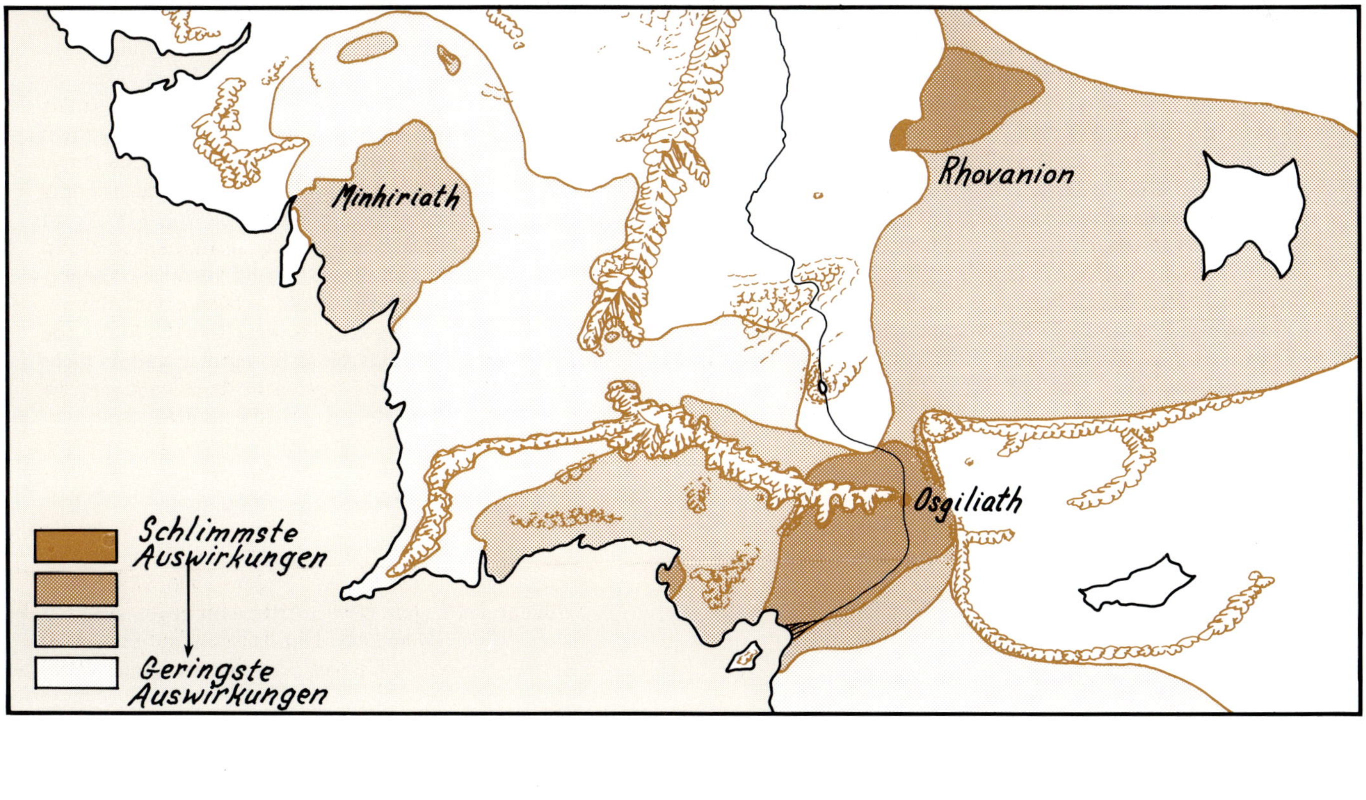

Minhiriath
Rhovanion
Osgiliath
Schlimmste Auswirkungen
Geringste Auswirkungen

Die Wagenfahrer und das Reich von Angmar

(1851—1975 des Dritten Zeitalters)

Während der zwei Jahrhunderte, die auf die Pest folgten, wird nur über wenige historische Ereignisse berichtet. Während Gondor sich allmählich erholte, führte Arthedain (von der Pest weniger stark betroffen) seinen Kampf gegen Angmar weiter. Dann setzten neue heftige Angriffe ein.

Das Süd-Königreich

Im Jahr 1851 tauchte eine neue Gruppe von Ostlingen im Westen auf — groß an Zahl und gut bewaffnet —, die als die Wagenfahrer bekannt wurde. 1856 griffen sie an. Das südliche und das östliche Rhovanion wurde besiegt, und die Völker wurden versklavt; Gondor verlor seine Ostgebiete und nahm seine Grenzen bis zum Anduin zurück. Die folgenden 43 Jahre beherrschten die Wagenfahrer den Osten, doch 1899 erhob sich in Rhovanion ein Aufstand, während Gondor von Westen her angriff. Dieses Mal wurden die Wagenfahrer auf der Dagorlad besiegt und zum Rückzug gezwungen. Für 45 Jahre kehrte der Frieden zurück (III 371 f.; 415).

1944 führten die Ostvölker, verbündet mit Khand und Nah-Harad, einen heftigen Zwei-Fronten-Angriff. Die nördliche Schlacht wurde am Morannon geschlagen, und der Feind war siegreich. Als der Feind nach Nord-Ithilien vorrückte, befanden sich die Dúnedain in vollem Rückzug. Der südliche Angriff der Verbündeten jedoch schlug fehl. Die Südarmee Gondors war siegreich, marschierte anschließend nach Norden und überraschte die siegestrunkenen Ostlinge. Die Schlacht des Lagers endete mit einer vernichtenden Niederlage der Wagenfahrer, die die Flucht ergriffen (III 372; ME 382—390).

Das Nord-Königreich

Während der gesamten Zeit, als die Eindringlinge im Süden aufgehalten wurden, führte Arnor seinen Kampf gegen Angmar weiter. Rhudaur war durch Nachlässigkeit, Cardolan durch die Pest verlorengegangen (III 361 f.; 414). Nur Arthedain bestand weiter, doch seine Bevölkerungszahl nahm ab, und sein Lebenswille begann vermutlich zu wanken. 1940 hatte Arthedain dem Süd-Königreich aufs neue Bündnistreue geschworen, weil man schließlich eingesehen hatte, daß man durch einen gemeinsamen Feind verbunden war. Doch die Verluste in den Kämpfen mit den Wagenfahrern hinderten Gondor noch Jahre später, Arnor auf irgendeine Weise Beistand zu leisten. Im Jahr 1973 erlangte Arthedain Kenntnis, daß Angmar einen letzten großen Schlag vorbereitete. Man schickte Botschaften, die um Beistand baten. Gondor rüstete eine große Flotte aus, geführt vom Königssohn Earnur, doch als diese Mitte 1975 eintraf, war Arthedain bereits erobert (III 374).

Im Lauf des Winters von 1974 war Angmar gegen Fornost vorgerückt, als die Vorräte der Dúnedain erschöpft waren. Es gab nur wenig Verstärkung, von einigen Bogenschützen aus dem Auenland abgesehen (III 362; 364). Nur wenigen Verteidigern gelang die Flucht aus der Stadt. Die meisten von diesen, darunter die Söhne des Königs, gingen nach Westen, überquerten den Lhûn und kamen schließlich zu Círdan. Arvedui, der »Letzte König«, hielt lange auf den Nordhöhen stand, bis er schließlich den Kampf aufgab (III 363). Zu Pferde entkam er seinen Verfolgern und eilte nach Norden, bis er eine verlassene Zwergenmine am Nordrand der Blauen Berge erreichte. Nahrungsmangel und ungenügende Bekleidung zwangen ihn, Hilfe zu suchen. Nahe der Berge, an den Westufern der Eisbucht, fand er ein Lager der Lossoth, der Schneemenschen von Forochel. Sie zögerten zunächst, stimmten dann aber zu, ihm bis zum Frühjahr Zuflucht zu gewähren. Im März erschien in der Bucht ein großes Schiff, das Círdan ausgesandt hatte. Gegen die Warnungen der Lossoth bestieg Arvedui das Schiff, doch es hatte die offene See noch nicht erreicht, als ein Sturm losbrach. Das Schiff und seine Besatzung gingen unter (III 363 f.).

Ein wenig später im gleichen Jahr kam schließlich Gondors Flotte an. Zusammen mit zahlreichen südlichen Dúnedain kamen Reiter aus Rhovanion. Vermehrt um die Reste des Volkes von Arthedain, dem Aufgebot Círdans aus Lindon und einem Trupp aus dem Auenland, marschierte eine ansehnliche Armee nach Norden in die Berge von Evendim (III 363 f.).

Der Hexenkönig blieb nicht innerhalb der Mauern von Fornost, sondern nahm im Westen der Ebene Aufstellung, um den Angriff zu erwarten. Angesichts dessen wurde die Reiterei nach Norden in die Berge geschickt, um im Hinterhalt zu warten. Das Hauptheer hatte den Kampf aufgenommen und begann bereits, den Feind vom Schlachtfeld zu treiben, als die Reiterei von Norden her angriff. Angmars Truppen, solcherart in eine Zwickmühle geraten, wurden vernichtet. Der Hexenkönig ritt aus dem Handgemenge heraus, und Earnur verfolgte ihn; aber als der Hexenkönig sich umwandte, scheute Earnurs Pferd und floh. Dann griff Glorfindel an — jener Mann, der zusammen mit den Hobbits Jahrhunderte später den Nazgûl an der Furt begegnete. Der Hexenkönig entkam in den Schatten der Dämmerung und verschwand aus dem Norden (III 415). So wurde Arthedain befreit; doch das Nord-Königreich gab es nicht mehr, denn sein Volk war ausgelöscht. Jene wenigen, die übrigblieben, wurden Waldläufer (I 269; III 365).

Gondor gegen Wagenfahrer
oben: 1856, 1899, 1944
rechts: Schlacht des Lagers (1944) Arthedain gegen Angmar ▶
Mitte links: Der Fall von Fornost (1974)
unten: Sieg über Angmar (1975)

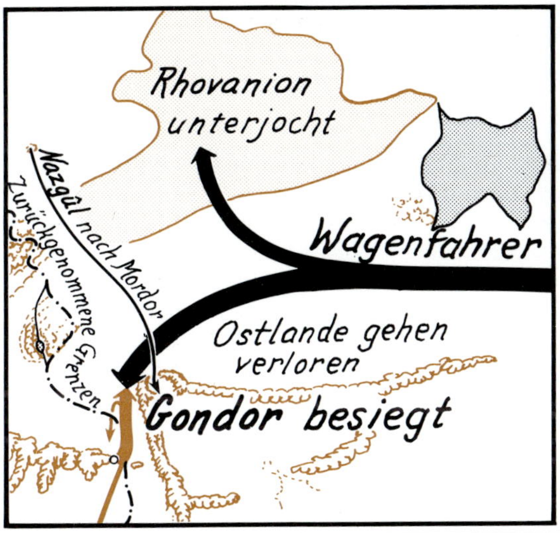
Rhovanion unterjocht
Wagenfahrer
Nazgûl nach Mordor
Zurückgenommene Grenzen
Ostlande gehen verloren
Gondor besiegt

Aufstände in Rhovanion
Wagenfahrer ziehen sich zurück
Gondor siegt

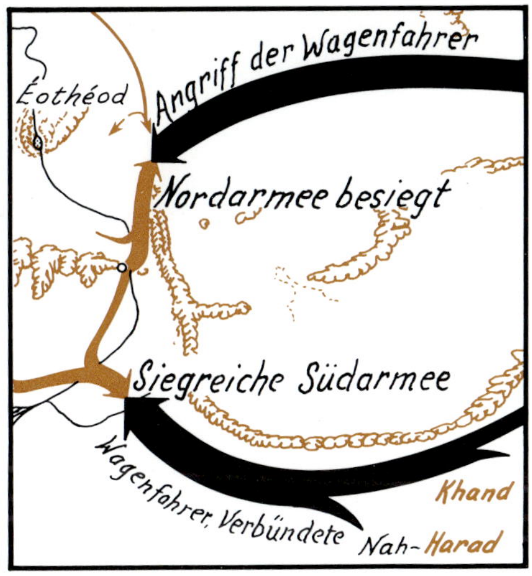
Éothéod
Angriff der Wagenfahrer
Nordarmee besiegt
Siegreiche Südarmee
Wagenfahrer, Verbündete
Khand
Nah-Harad

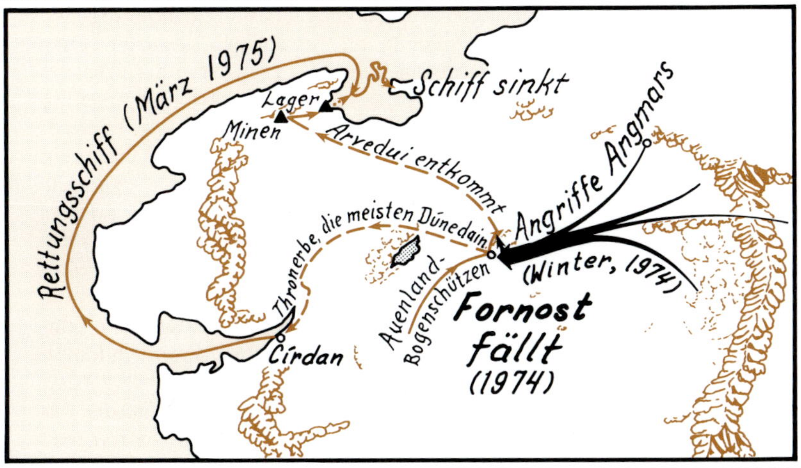
Rettungsschiff (März 1975)
Schiff sinkt
Lager
Minen
Arvedui entkommt
Angriffe Angmars
Thronerbe, die meisten Dúnedain
Auenland-Bogenschützen
(Winter, 1974)
Fornost fällt
(1974)
Círdan

Dúnedain
Feinde
Rückzug
Rückzug

Schlacht des Lagers
Fliehende gruppieren sich neu
Earnil zur Unterstützung der Nordarmee
Gondor siegt

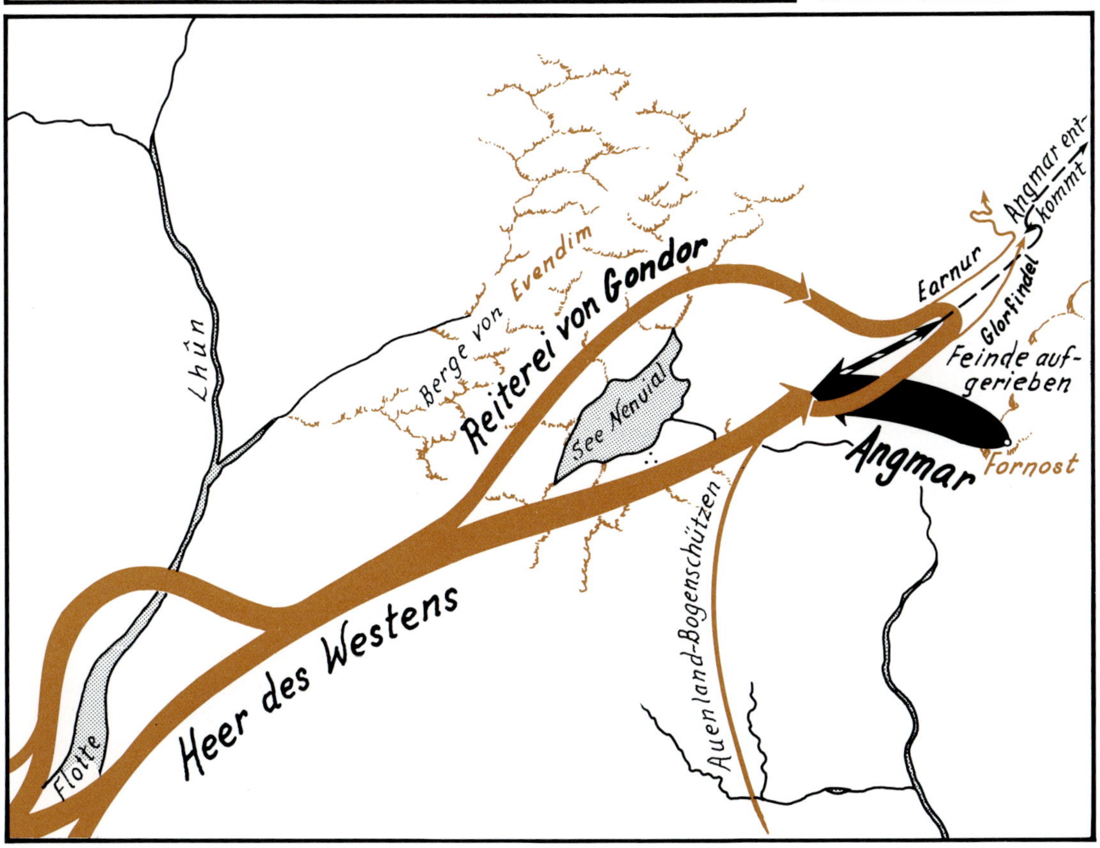
Berge von Evendim
Reiterei von Gondor
Earnur
Angmar entkommt
Glorfindel
Feinde aufgerieben
See Nenuial
Angmar
Fornost
Lhûn
Auenland-Bogenschützen
Heer des Westens
Flotte

Wachsende Schwierigkeiten

(2000—2940 des Dritten Zeitalters)

In dem Jahrtausend, das auf das Ende des Nord-Königreiches folgte, wuchsen die Schwierigkeiten, bis eigentlich alle bekannten Länder in irgendeiner Weise davon betroffen waren. Ein großer Teil des Unheils war direkt oder indirekt auf Sauron zurückzuführen. Trotz des Verlustes des Einen Rings nahmen seine Stärke und sein Einfluß zu, bis sogar das Wetter davon beeinträchtigt wurde. Manchmal waren die Streitkräfte des Guten imstande, Saurons Vorstöße abzuwehren, aber stets wurden die vernichteten Truppen rasch durch neue ersetzt. Gondor wurde immer wieder angegriffen: 2060 und erneut 2475 von Mordor; 2510 von den Braunen Landen; 2758 von Umbar; 2885 von der Harad. Diese Angriffe auf Gondor waren durchsetzt mit Ork-Überfällen in Eriador, Rohan und Wilderland, Plünderungen durch Drachen und zwei entsetzlich langen, kalten Wintern (III 416—418). Alle Lande glichen einem Schachbrett, auf dem Schwarz über eine grenzenlose Zahl von Bauern und eine unendliche Zahl von Zugmöglichkeiten verfügte.

Die letzten Könige von Gondor (2000—2050)

Nachdem der Hexenkönig aus der Schlacht auf der Ebene von Evendim entkommen war, begab er sich zurück nach Mordor und rüstete erneut eine Streitmacht aus. Im Jahr 2000, fünfundzwanzig Jahre nach dem Fall von Arnor, rückte er über den Paß von Cirith Ungol vor und belagerte Minas Ithil, das zwei Jahre später fiel (III 375). Die Stadt wurde von den Nazgûl besetzt und umbenannt in Minas Morgul, Feste der Magie (S 325). Von hier aus begann der Hexenkönig seinen Feldzug im Süden. Er schickte keine Kriegsheere aus. Statt dessen forderte er 2043 und erneut 2050 Earnur zum Einzelkampf heraus; und der König zog nach Osten, um im Zweikampf anzutreten. Als er nicht zurückkehrte, hinterließ er keinen Erben, und die Truchsesse regierten (III 376).

Der Wachsame Friede und sein Ende (2060—2480)

Gandalf, den die Elben Mithrandir nannten, war der erste, der erkannte, daß es Sauron selbst war, der sich hinter der wachsenden bösen Macht in Dol Guldur verbarg (S 329). Im Jahr 2063 ging Mithrandir nach Dol Guldur, und Sauron zog sich in den Osten zurück — doch es kann auch nur eine Finte gewesen sein. Die folgenden vier Jahrhunderte wurden der Wachsame Friede genannt, weil das Böse geringer war, doch es war gewiß nicht völlig verschwunden. Die Orks breiteten sich weiter aus. Die Zwerge wurden aus Moria vertrieben. Am wichtigsten war, daß Sauron die Gelegenheit nutzte, um von den Menschen des Ostens zusätzliche Unterstützung zu bekommen (III 416).

2460 kehrte Sauron mit seinen neuen Bundesgenossen nach Dol Guldur zurück, und seine Knechte waren noch einmal unter strenger Aufsicht. Sein erster Angriff erfolgte fünfzehn Jahre später, im Jahr 2475. Uruks aus Minas Morgul zogen durch Ithilien und griffen Osgiliath an. Verstärkungen müssen von Minas Anor und aus anderen nahegelegenen Gebieten herbeigeeilt sein, denn die zum Teil verlassene Stadt hätte dem Angriff aus eigener Kraft nicht widerstehen können. Boromir I. besiegte den Feind und trieb ihn in die Berge zurück, doch Osgiliath war endgültig zerstört. Während des Kampfes war seine große Steinbrücke geborsten, und die meisten Bewohner flohen — wie auch viele Einwohner Ithiliens. Doch der Sieg hatte den Streitkräften der Nazgûl noch einmal Einhalt geboten. Die Uruks setzten ihren Guerillakrieg in Ithilien fort, aber bei Osgiliath gab es mehr als ein halbes Jahrhundert lang keine größeren Gefechte mehr (III 376; 416; 420). Die zunehmende Belastung durch die verheerenden Angriffe von vielen Seiten — im Osten durch Mordor und im Süden durch Umbar — verminderten Gondors Schlagkraft derart, daß es schließlich wenig mehr tun konnte, als seine eigenen Grenzen verteidigen. Manchmal gab es sogar dabei Schwierigkeiten (III 377). Um die Nachschublinien zu zerschlagen, streiften Orks durch weite Teile des Nebelgebirges, sperrten die Zugänge und verfolgten jene wenigen Völker, die es wagten, in der Nähe der Berge zu bleiben.

Die Balchoth und die Rohirrim (2510)

Der nächste größere Angriff erfolgte im Norden. Nach dem Sieg der Wagenfahrer, als viele der Nordmenschen Rhovanion verlassen und sich in Gondor angesiedelt hatten, hatte eine neue Gruppe von Ostlingen die Lande östlich des Düsterwaldes in Besitz genommen. Sie wurden die Balchoth genannt und waren Untertanen Saurons. Zuerst zogen sie durch den Düsterwald und fielen plündernd in das Tal des Anduin ein, bis die Lande südlich des Schwertel verwüstet waren. Dann bereiteten sie sich auf einen Angriff gegen Gondor selbst vor (III 377).

Auf zahlreichen Flößen setzten die Balchoth über den Anduin und stießen aus den Braunen Landen in das Ödland vor. Anfangs muß es in den dünn besiedelten Ebenen von Calenardhon geringen Widerstand gegeben haben, bis die Hauptmasse des Heeres eintraf. Die Nordarmee, die zu früh angriff und in ihrem Kampfeseifer bereits bis in das Ödland vorgeprescht war, wurde von den nachrückenden Truppen abgeschnitten. Die Balchoth beschleunigten die weitere Abtrennung vom Hauptheer, indem sie die Nordarmee über den Limklar nach Norden trieben. Durch Zufall oder auf Befehl kam eine Orkhorde vom Gebirge herab, sperrte den Rückzugsweg, und die Dúnedain wurden zum Anduin abgedrängt. In dieser Stunde der Not kamen die Éothéod auf den Kampfplatz. Obwohl vor der Schlacht ein Hilferuf an Gondors Verbündete ergangen war, hatte es lange gedauert, bis man das Reitervolk im fernen Norden erreichte. In aller Eile war das Heer Eorls das Ostufer des Anduin entlanggeritten, hatte den Fluß bei den Biegungen überquert und fiel nun den angreifenden Balchoth in den Rücken — für Freund und Feind unerwartet (III 377; ME 392—396). Eorl fegte nicht nur die Angreifer weg, sondern kehrte ins nördliche Gondor zurück und zersprengte auch die Balchoth in Calenardhon.

Als Lohn übergab Gondor den Éothéod das ganze verwüstete Land von Calenardhon zwischen Isen und Anduin. Diese betrachteten das Gebiet als eigenständiges Reich unter ihren eigenen Königen. Einmal mehr waren die Lande Gondors geschrumpft (III 390).

Die Jahre der Not (2758—2760)

Während der 250 Jahre, die auf die Ankunft der Rohirrim folgten, gab es erneut eine Atempause. Im Jahr 2545 drangen weitere Ostlinge ins Ödland ein, wurden jedoch von den Rohirrim zurückgeschlagen (III 394). Außer der Tatsache, daß Drachen in zunehmendem Maße die Zwergenminen im Norden plünderten, werden bis 2740 keine weiteren Schwierigkeiten verzeichnet. Um diese Zeit fielen die Orks erneut in Eriador ein und drangen sogar bis ins Auenland vor, aus dem sie 2747 in der Schlacht bei Grünfeld von Bullenraßler Tuk vertrieben wurden (H 24; I 19; III 416).

Das Jahr 2758 erwies sich beinahe als verhängnisvoll. Krieg und Witterung wirkten zusammen und setzten dem Leben der Bewohner der Westlande um ein Haar ein Ende. Die Korsaren von Umbar, verbündet mit den Menschen der Harad, entsandten drei große Flotten, um die Küste von Gondor auf ihrer ganzen Länge vom Anduin bis zum Isen anzugreifen. Viele der Eindringlinge bildeten am Strand Brückenköpfe und bahnten sich den Weg ins Binnenland. Ganz Gondor war von Krieg überzogen.

Rohan konnte Gondor nicht zu Hilfe kommen, da es sich selber Schwierigkeiten gegenübersah. Seit seiner Gründung war Rohan von den Dunländern bekämpft worden, welche die Nordmenschen als Störenfriede betrachteten. Fast unmittelbar nach der Landnahme begannen Gefechte entlang dem Isen — der Grenze zwischen Rohan und Dunland. Im Jahr 2710 war es einigen Dunländern gelungen, Isengart zu erobern und zu halten. Ein Streit zwischen König Helm und einem mächtigen dunländischen Landbesitzer verstärkte die Schwierigkeiten (III 391). Als die Ostlinge den Anduin überschritten und zur gleichen Zeit die Flotten Gondor angriffen, nutzten die Dunländer die Gunst der Stunde. Vereinigt mit einigen Südländern, die am Isen und am Lefnui gelandet waren, griffen sie Rohan von Westen an. Helms Armee wurde an den Furten des Isen besiegt. Die Reiter der Mark, die dem Kampf entkamen, mußten sich in die Gebirgstäler zurückziehen. Der Unterschlupf bei Aglarond und die alte Festung von Dunharg waren vermutlich überfüllt, während der Anführer der Dunländer in Edoras auf dem Thron saß (III 392).

Zu den militärischen Verlusten kam ein langer, harter Winter. Von November bis März bedeckte Schnee alle Lande von der Eisbucht von Forochel bis zu den Ered Nimrais. Nahrungsmittel und Brennmaterial wurden knapp und beschworen gegen Mitte des Winters eine Hungersnot herauf. Die Verluste an Vorräten und eine späte Aussaat verschlimmerten die Lage, und viele Tausende starben im ganzen Nordwesten.

Die in den Bergen von Rohan versteckten Flüchtlinge unternahmen verzweifelte Überfälle auf feindliche Lager, und von solchen Taten rührt der Ruhm von Helm Hammerhand (III 392 f.; 394). Das Wetter setzte auch dem Feind grausam zu; doch im Frühjahr wendete es sich zugunsten der Rohirrim, denn brausende Schmelzwasser überfluteten die Ebenen. Als ein tollkühner Trupp, geführt von Helms Neffen, die Dunländer aus Edoras vertrieb, wußten die Thronräuber im überschwemmten Land nicht, wohin sie sich wenden sollten. Da das Wetter südlich des Gebirges freundlicher gewesen war, hatte Gondor seine Angreifer bekämpfen können und war im Frühling imstande, Rohan zu helfen. Nach der Ankunft der Dúnedain wurden die letzten Feinde vertrieben. Sogar Isengart wurde zurückerobert und Saruman erlaubt, den Orthanc in Besitz zu nehmen, in der Hoffnung, er könne seine Wiedereroberung verhindern (III 393).

Sonstige Ereignisse vor der Schlacht der Fünf Heere (2770—2940)

Nach den Jahren der Not setzten sich die Schwierigkeiten fort: 2800—2864: Orks in Rohan; 2885: Harad gegen Gondor; 2901: Uruks in Ithilien; 2911: der Grausame Winter (III 417 f.). Diese Vorfälle waren Einzelerscheinungen und von begrenzter Bedeutung. Weit bemerkenswerter waren die Unternehmungen der Zwerge — nicht nur als Vorspiel zum *Kleinen Hobbit,* sondern auch als ein Teil der größeren Geschichte. Ihre Siege über die Orks in Moria (2799) und später am Einsamen Berg (2941) trugen dazu bei, die Nordtruppen der Orks zu verringern, die dann im Krieg um den Ring zur Verfügung standen. Als Smaug schließlich erschlagen war, war eine der Kreaturen vernichtet, die von Sauron mit verheerender Wirkung hätte eingesetzt werden können (III 406). Da diese Ereignisse anderswo behandelt werden, sind sie hier nicht wiederholt worden (vgl. unten, S. 65; 110).

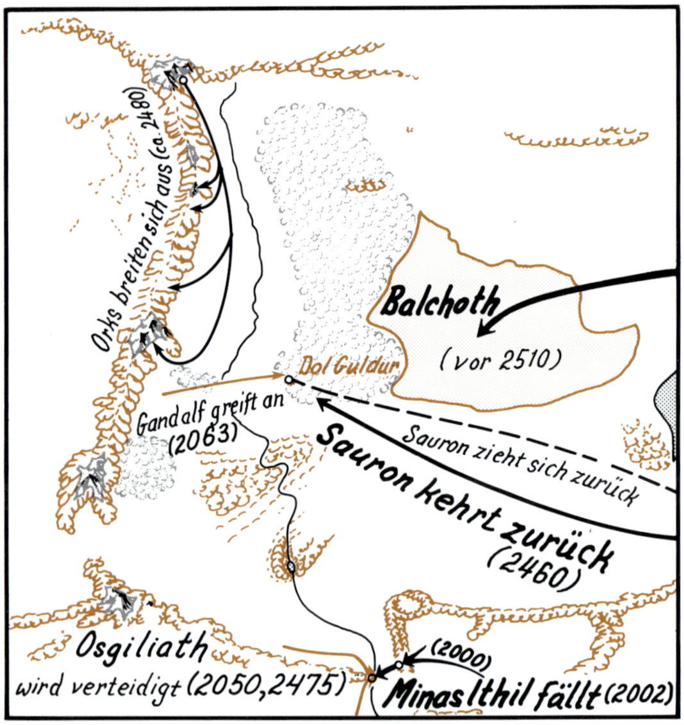

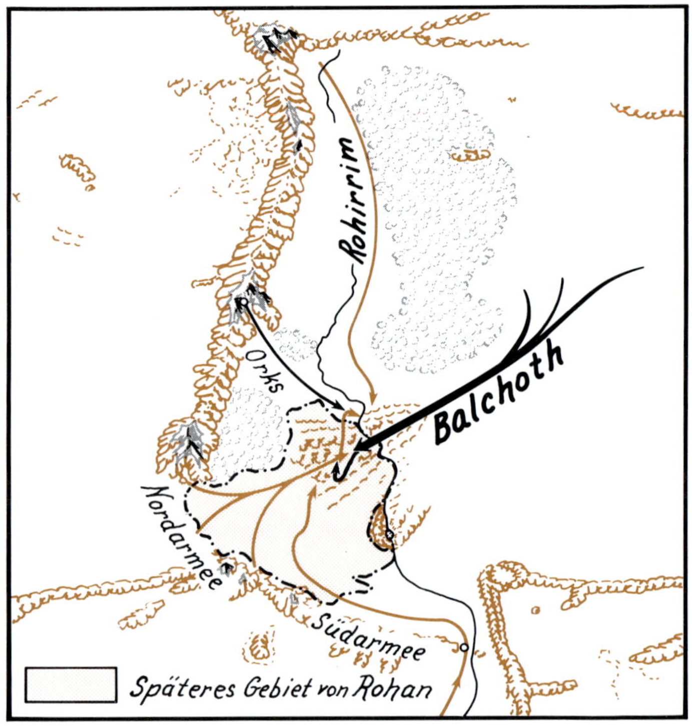

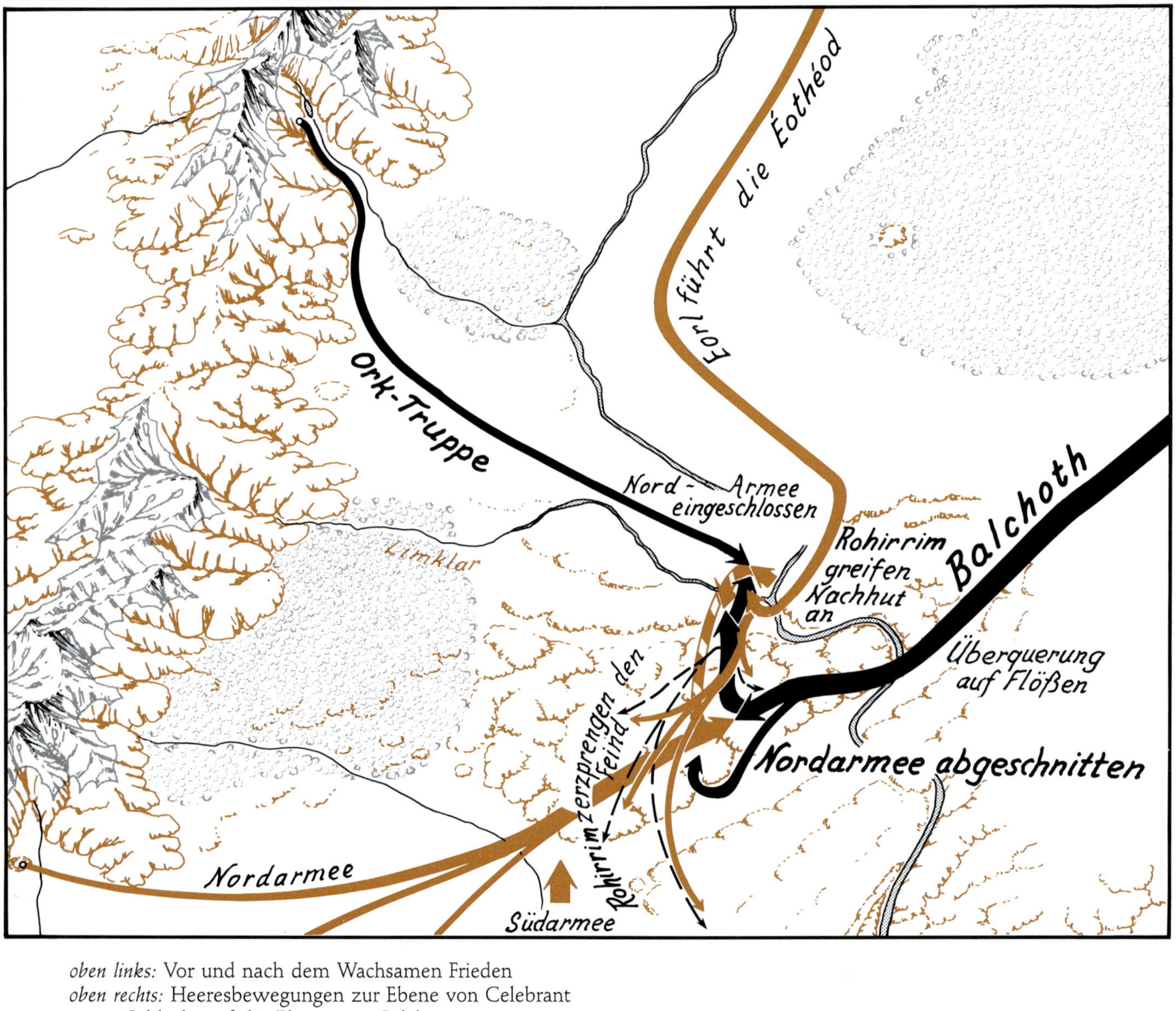

oben links: Vor und nach dem Wachsamen Frieden
oben rechts: Heeresbewegungen zur Ebene von Celebrant
unten: Schlacht auf der Ebene von Celebrant

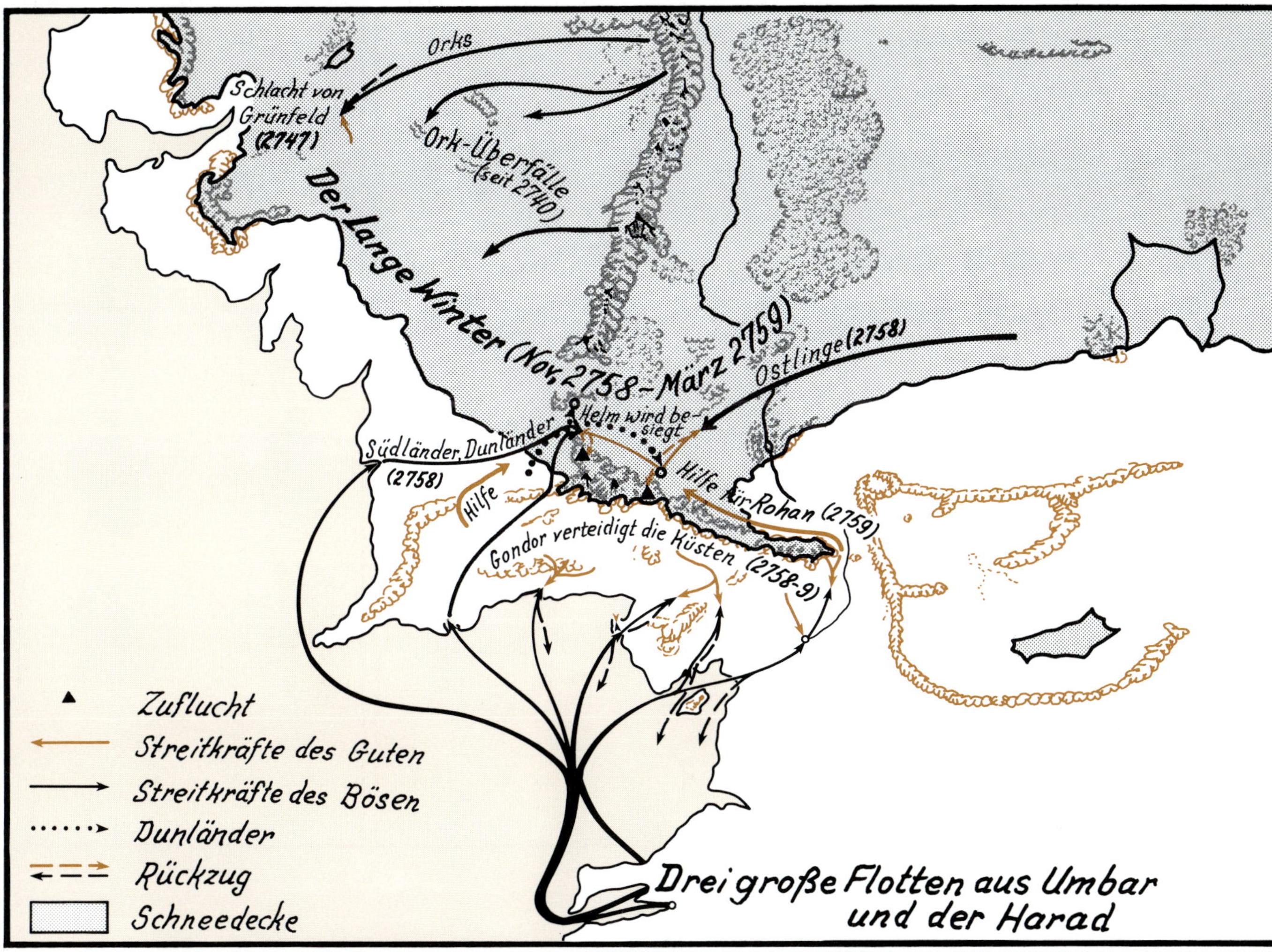

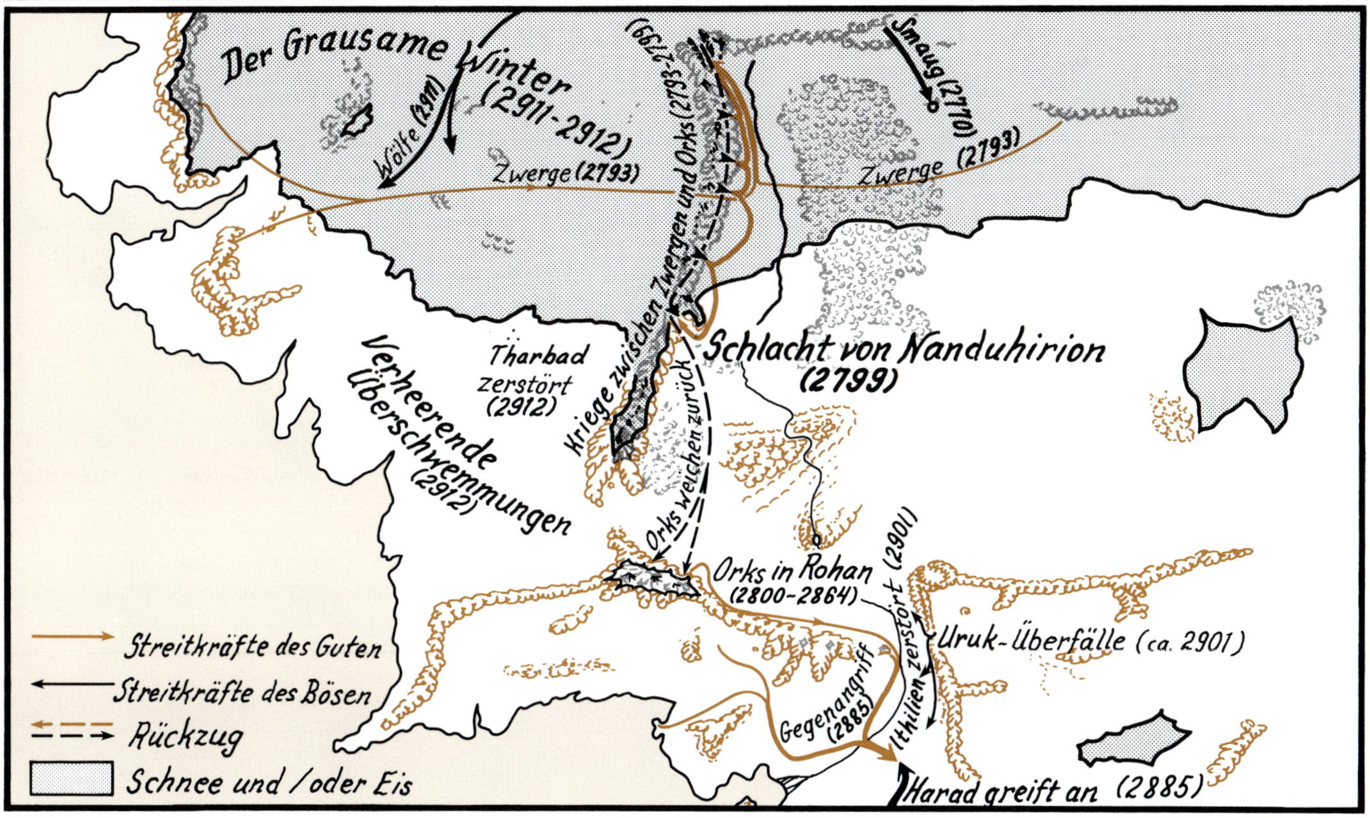

oben: Jahre der Not
unten: Sonstige Ereignisse vor *Der kleine Hobbit*

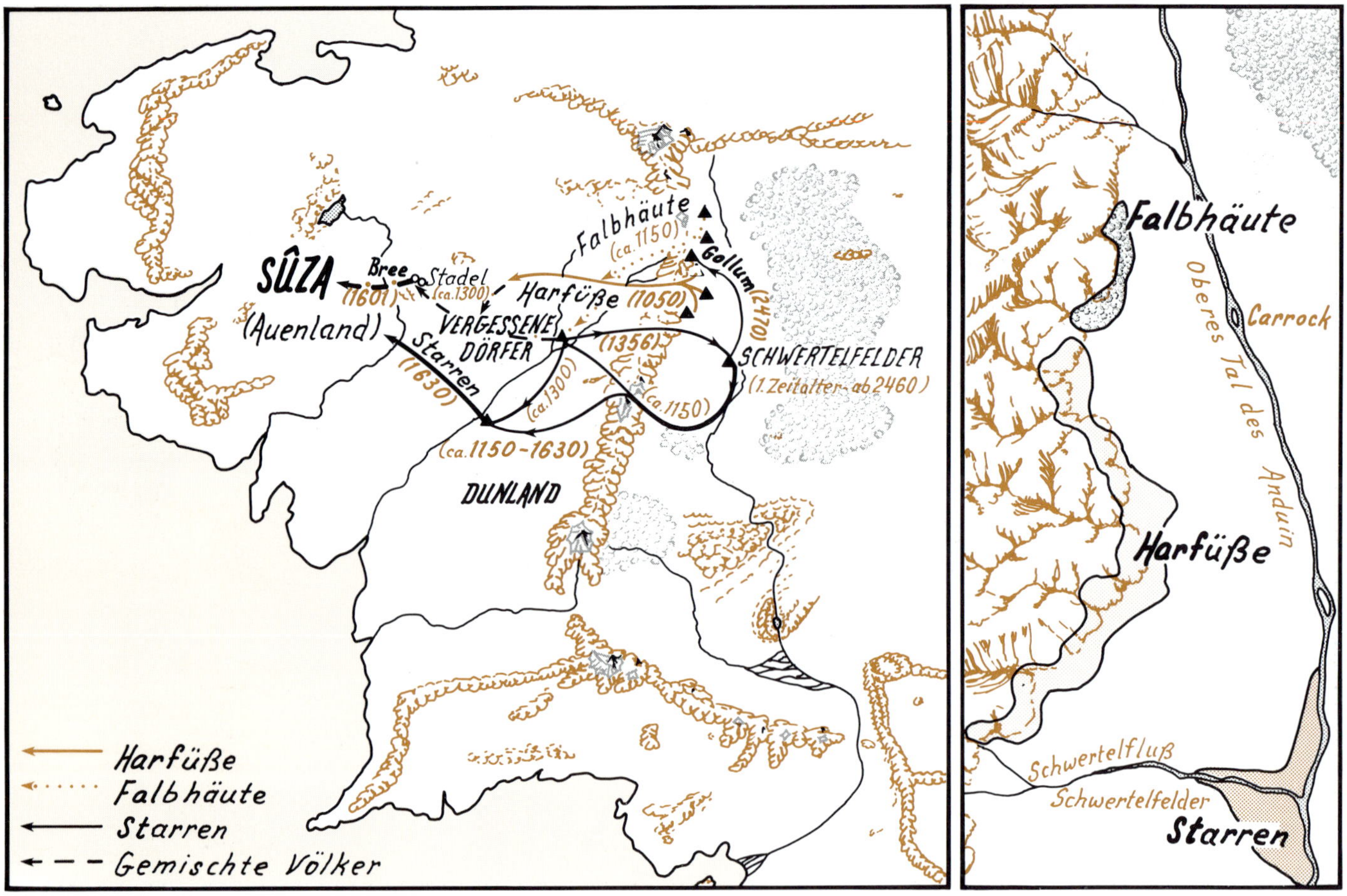

links: Wanderungen *rechts:* Stammlande

Wanderungen von Hobbits

Die Zeitalter hindurch lebten die Hobbits friedlich in ihren angestammten Landen in den oberen Tälern des Anduin (I 16). In dieser Zeit hatten sich drei recht eigenständige Gruppen entwickelt: Falbhäute, Harfüße und Starren. In der Wahl ihrer Wohnsitze waren sie völlig verschieden, obwohl sie nicht so deutlich voneinander getrennt gelebt haben mögen, wie es hier dargestellt wird. Die Falbhäute, die nördlichsten, waren Waldbewohner. Die Harfüße bevorzugten Hochebenen und gruben sich Wohnungen in den Bergflanken. Die Starren lebten offenbar am weitesten südlich und zogen flaches Land und Flußufer vor (I 16). Die ursprünglichen Hobbit-Lande sind als das Gebiet dargestellt worden, das sich im Westen am Großen Strom entlang zwischen Schwertel und Carrock erstreckte — das Gebiet, das einst von den Rohirrim bewohnt wurde (II 185; III 459). Diese Lage wurde präzisiert mit Hilfe von Angaben über die Richtungen, die die Wanderungen nahmen: Die Falbhäute überquerten nördlich von Bruchtal das Nebelgebirge (I 17), während die Starren den Rothornpaß hinaufstiegen (III 414). Die Hobbits wären dort, wo sie waren, vermutlich weiterhin vollkommen glücklich gewesen, doch die Zahl der Menschen nahm zu, und der nahegelegene Große Grünwald geriet unter den Einfluß des Bösen. So begannen sie ihre Wanderzeit (I 17). Im Jahr 1050 des Dritten Zeitalters gingen einige Harfüße nach Westen und zogen durch Eriador bis zur Wetterspitze. Ihnen schlossen sich etwa ein Jahrhundert später die Falbhäute und die Starren an. Die Falbhäute, an Zahl gering, vermischten sich mit den Harfüßen und den Starren aus dem Winkel, doch viele Starren siedelten sich nahe Tharbad in Dunland an (I 17; III 414).

Die im Norden lebenden Hobbits mußten 1300 wiederum vor Angmar fliehen. Einige der Starren gingen nach Süden und schlossen sich ihrem Stamm in Dunland an; andere kehrten nach Wilderland zurück, wo sie entlang des Schwertel wohnten (III 362; 414) — Vorfahren des berüchtigten Sméagol/Gollum (I 74); doch die meisten Hobbits gingen nach Westen. Die frühesten und bedeutendsten Niederlassungen waren in Bree und besonders in Stadel (I 17; 189). Außerdem wurden viele andere hübsche Dörfer gegründet, doch sie scheinen später aufgegeben worden und in Vergessenheit geraten zu sein. Im Jahr 1601 zog eine große Gruppe von Hobbits von Bree nach Westen und überschritt den Baranduin (I 18), wo 30 Jahre später die Starren aus Dunland zu ihnen stießen (III 414); schließlich ließ sich der größte Teil des Volkes (aber gewiß nicht alle Hobbits) (I 188) in Sûza nieder — im Auenland (I 18; III 464).

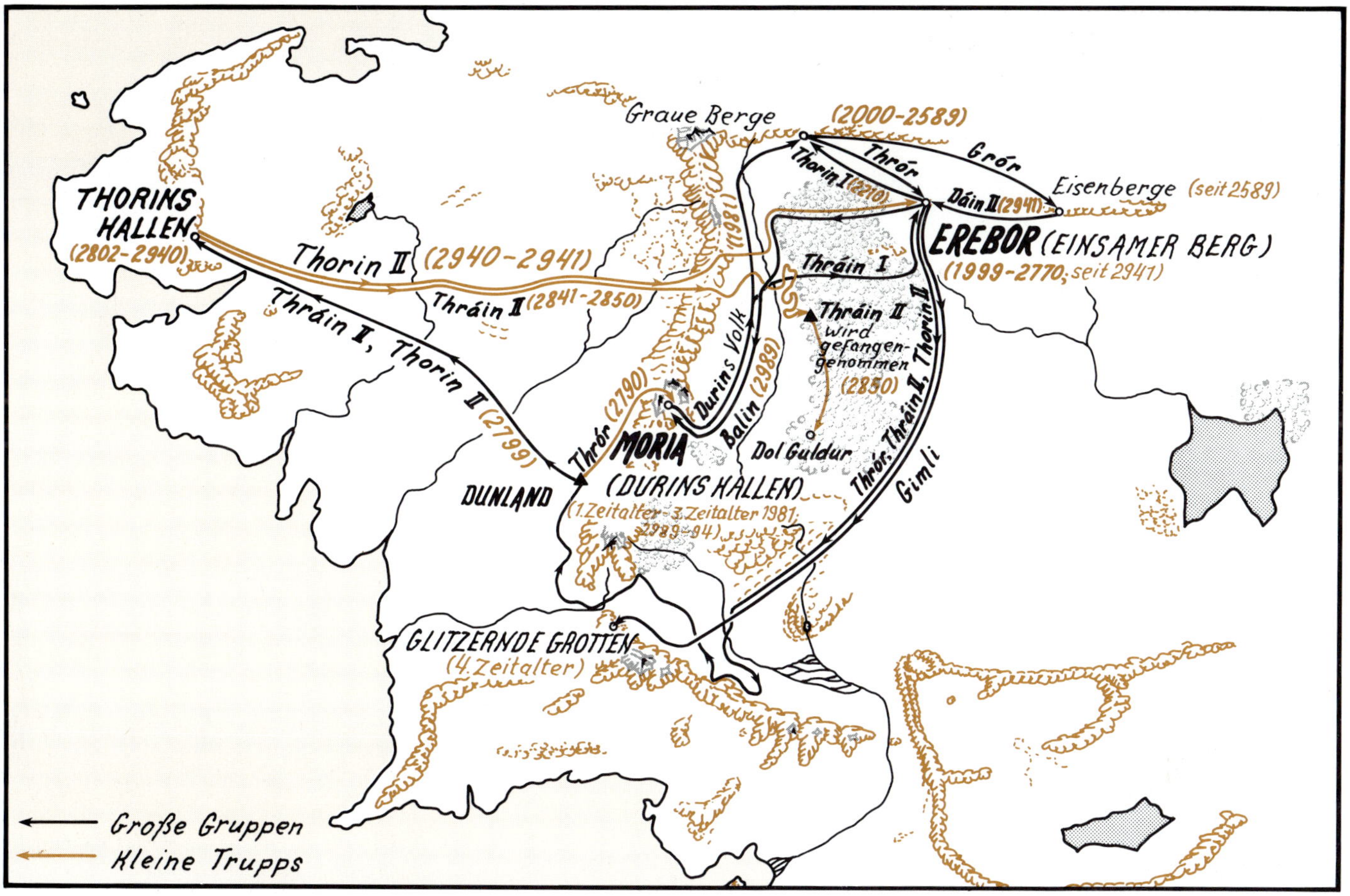

Wanderungen von Durins Volk

Wanderungen von Zwergen

Durin war der erste der Sieben Väter der Zwerge, der zum Leben erwachte (S 52—54; III 397 f.), die anderen Familien wurden kaum erwähnt (S 314; III 389; 399). Einige aus Durins Volk zogen im Ersten Zeitalter nach Westen zu den Ered Luin (S 104), doch die meisten blieben in Khazad-dûm bis 1980 des Dritten Zeitalters, als sie zu tief gruben und den Balrog befreiten, der dort seit fast 5500 Jahren versteckt gelegen hatte. Die meisten zogen nach Norden in die Grauen Berge; aber Thráin I., der Erbe des Throns, wanderte zum Einsamen Berg, wo er 1999 das Königreich unter dem Berg begründete (III 398 f.; 415). Im Jahr 2210, unter seinem Sohn Thorin I., schlossen sich viele aus ihrer Sippe in den erzreichen Grauen Bergen an, wo ihr Reich bis 2570 blühte (III 398; 416). Als der König von einem Kaltdrachen getötet wurde, verließen die Zwerge erneut ihre Heimat. Einige kehrten mit Thrór, dem ältesten Sohn des Königs, zum Erebor zurück, während andere dem jüngeren Bruder Thrórs, Grór, in die Eisenberge folgten. Beide Reiche blühten, und zwischen ihnen herrschte lebhafter Handelsverkehr. Thrór erhielt von Sauron den ersten der Zwergenringe, und er wurde der Grundstock für einen großen Schatz (S 314; III 399; 403 f.). So wurde ihr Erfolg auch ihr Untergang, denn 2770 kam Smaug über Erebor und verwüstete die Hallen. Viele entkamen und zerstreuten sich. Einige begleiteten Thrór, Thráin und Thorin, die nach Süden wanderten, und hielten an, wo immer sie Arbeit finden konnten (H 31; III 399; 417).

Zwanzig Jahre später, als sie sich in Dunland kümmerlich durchschlugen, kehrte Thrór nach Moria zurück und wurde dort von Orks enthauptet. Die Zwerge kamen von allen Seiten zusammen — nicht nur Durins Volk, sondern auch »Häuser anderer Väter« —, um die Orks zu vernichten. Dies geschah 2799 in einer großen Schlacht (III 401; 417). Danach führte Thráin sein Volk nach Westen in die Blauen Berge, und die Zwergenvölker begannen sich wieder zu sammeln. Doch die unheilvolle Macht des Ringes wurde noch einmal wirksam. Thráin führte eine kleine Truppe nach Osten zum Erebor. Sie wurden verfolgt. Thráin wurde gefangengenommen, in Dol Guldur eingekerkert, und der Ring wurde ihm abgenommen (III 403; 404 f.). Vor seinem Tod fand ihn dann Gandalf (H 32 f.), und das führte zu allen weiteren Ereignissen. Es gab nur noch zwei weitere große Wanderungen: Balins verhängnisvoller Versuch im Jahr 2989, Moria zurückzuerobern (I 293; 388—390; III 419), und Gimlis Besitznahme der Glitzernden Grotten (III 407).

Regionalkarten

Einleitung

Die folgenden Regionalkarten enthalten alle Ortsnamen des nordwestlichen Mittelerde zu der Zeit, als Bilbo und Frodo ihre Fahrten unternahmen. Einige der Namen waren Lagebezeichnungen wie *Weit-Harad,* »weit im Süden«; andere hatten beschreibenden Charakter wie *Lithlad,* »Aschenebene«; wieder andere gingen auf nahegelegene markante Bauwerke zurück wie *Ithilien,* »Mondland«, das nach *Minas Ithil,* der »Feste des aufgehenden Mondes«, benannt wurde (I 297; II 279). Das Auenland und Rohan scheinen die einzigen politischen Gebilde mit besonderen Grenzen gewesen zu sein, die durch Erlaß festgelegt wurden (I 19; III 390; ME 404 f.), also sind nur ihre Grenzen eingezeichnet worden.

Geschichtliche Vorgänge, mit Ausnahme solcher im Auenland, sind hier nicht wiedergegeben worden. Statt dessen erläutern die Begleittexte die notwendigen Entscheidungen, die sich beim Zeichnen der Grundkarten ergaben.[19]

Das Auenland

Im Jahr 1601 erhielten die Hobbits von Bree vom Hochkönig in Fornost die Erlaubnis, die Lande zwischen dem Brandywein und den Weiten Höhen zu besiedeln. Da Tolkiens Karten keine äußeren Grenzen anzeigen, wurden die hier eingezeichneten anhand von Entfernungsangaben ermittelt: von den Weiten Höhen bis zur Brandyweinbrücke betrug die Entfernung 40 Wegstunden (120 Meilen) und von den *westlichen* Mooren bis zu den Marschen im Süden 50 Wegstunden (150 Meilen) (I 19). Letztere wurde von Nordwesten nach Südosten gemessen, denn wenn die Linie in Nord-Süd-Richtung verlaufen wäre, hätte sie in Hügeln und nicht in Marschen geendet. Das gesamte Gebiet war etwa 21.400 Quadratmeilen groß und in vier Viertel unterteilt. Diese schienen keine amtliche Bedeutung gehabt zu haben, doch sie entsprachen den Teilgebieten des Auenlandes: Felder im kühlen, trockenen Norden; Hügelland im Westen; geschütztes, fruchtbares Ackerland im Süden und gemischte Landformen im Osten — Wälder, Marschen, Ackerland und Steinbrüche. Zwei angrenzende Gebiete wurden dem Auenland später hinzugefügt: die Ostmark (Bockland) und die Westmark. Bockland wurde 2340 (Drittes Zeitalter), fast 700 Jahre vor dem Ringkrieg, in Besitz genommen, während die Westmark als Geschenk von König Elessar (Aragorn) 1452 (Auenland-Zeitrechnung) zum Auenland kam (I 24; III 416; 427).

Tolkien zeichnete nur jenen Teil des Auenlandes, der für die Geschichte am wichtigsten war. Da häufig Orte erwähnt wurden, die auf seiner Karte fehlen, lag es nahe, daß sie sich außerhalb des Kartenrandes befanden.[20] Es gab Hinweise auf die Lage mehrerer Städte; überdies gibt es einige topographische Anhaltspunkte: Michelbinge lag auf den Weißen Höhen (also ist Lützelbinge vermutlich ebenfalls dort zu suchen); Grünholm lag auf den Weiten Höhen, Untertürmen am Ostrand der Turmberge (III 427). Jeder dieser Orte wurde an der Großen Oststraße plaziert. Die Namen selbst geben ebenfalls topographische Hinweise. Langcleeve (ein von Nord-Tuks bewohntes Dorf: III 431) deutet auf ein enges Tal hin, das die Hochlande durchschnitt, während Langgrund vermutlich in einer Flußsenke lag (obgleich in dieser Gegend außer dem Brandywein kein weiterer Fluß eingezeichnet ist). Auch die Geschichte vermittelte weitere Einblicke. Langgrund befand sich so nahe an der Südgrenze, daß man über die Sarnfurt bequem Tabak zu Saruman transportieren konnte; und Bullenraßler Tuk besiegte die Orks in der Schlacht von Grünfeld im Nordviertel — vermutlich nicht weit entfernt von den nördlichen Grenzen (I 19; II 205; III 329; 333).

Lobelia Sackheim-Beutlin war ursprünglich eine Straffgürtel aus Steinbüttel. Der Name bedeutet »Fels-Wohnung« (III 464), das Dorf lag also vermutlich in einer felsigen Gegend, wie die Höhen es waren; aber wo lag es — im Norden oder im Süden, in den Weißen oder in den Weiten Höhen? Die Straffgürtel besaßen viele Tabakpflanzungen und die Sackheim-Beutlins Land im Südviertel, folglich wurde Steinbüttel am Südrand der Weißen Höhen plaziert (III 329; ME 455; 464). Ein anderes mit den Sackheim-Beutlins verbundenes Dorf wurde von Tolkien nie erwähnt: Sackheim. Der Autor verwendete dieses Wort nur als Familiennamen, doch man darf annehmen, daß es sich um ein Dorf gehandelt hat, das von einigen Mitgliedern der Familie der Sackheim-Beutlins bewohnt wurde. Für seine Plazierung wurden zwei Hinweise herangezogen: die Tabakpflanzungen der Sackheim-Beutlins im Südviertel und die familiären Beziehungen zwischen den Beutlins und den Straffgürtels.

Die Gamdschies können ursprünglich aus dem Westviertel gekommen sein. Ihr Heimatort Gamweiler lag vermutlich in der Nähe von Reepfeld, denn zwischen beiden Orten gab es lebhaften Verkehr. Zwei Punkte legen die Plazierung Reepfelds im Westviertel nahe: ein Vetter »zog ins Nordviertel«, und Sam sagte, sein Onkel habe »eine Seilerbahn drüben in Reepfeld« betrieben (II 249; III 433).

Nachdem die Dörfer plaziert worden waren, wurden die Zufahrtsstraßen verlängert und einige neue Verbindungsstraßen eingezeichnet. Die fertige Karte, wenn auch nicht authentisch, ist hilfreich bei der Veranschaulichung des Auenlandes, wie es sich darstellte — dichtbesiedelt, doch nicht überbevölkert, bewohnt von zahlreichen Hobbits, doch mit genügend Bewegungsfreiheit für alle.

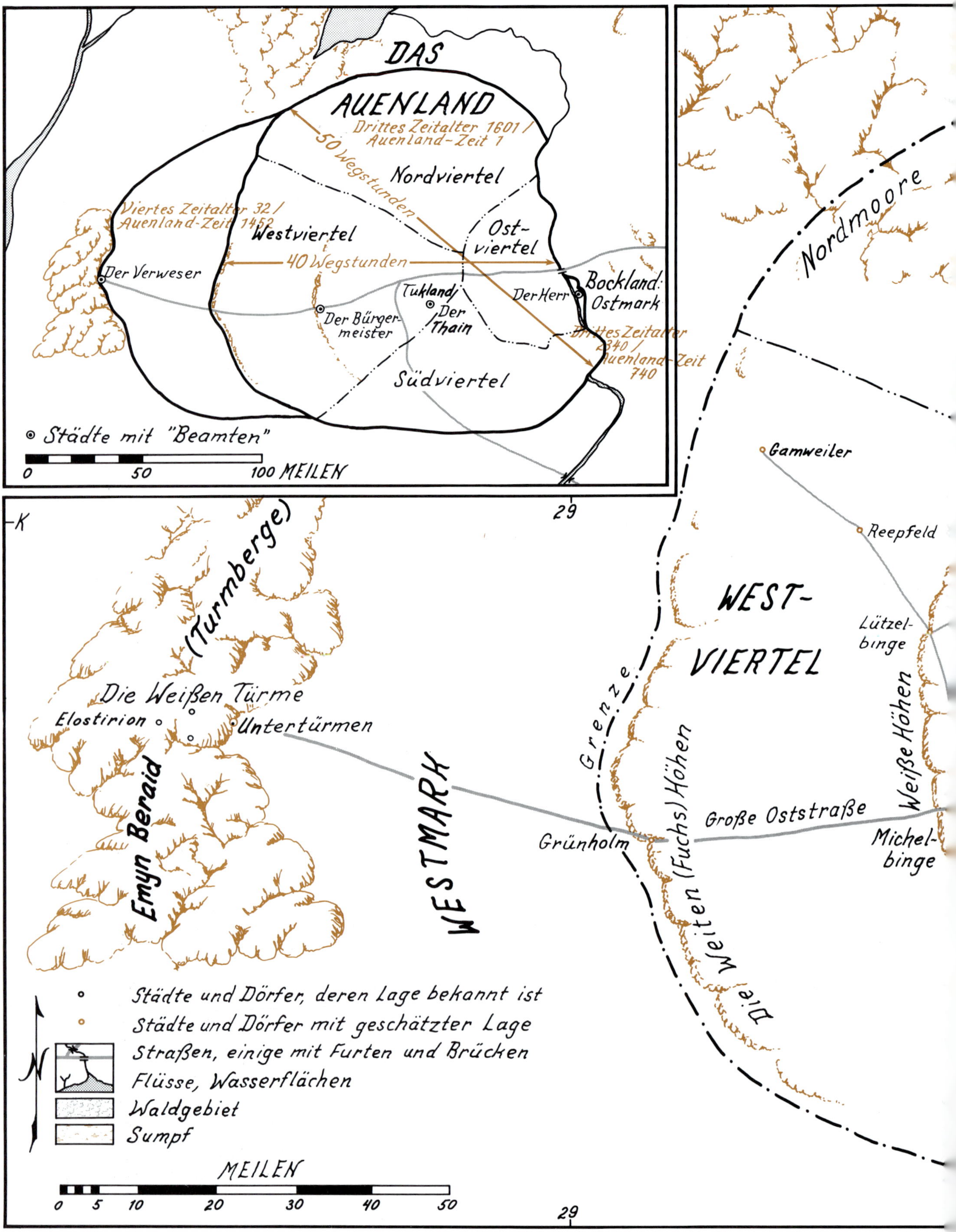

Das Auenland *Nebenkarte:* Politische Gliederung

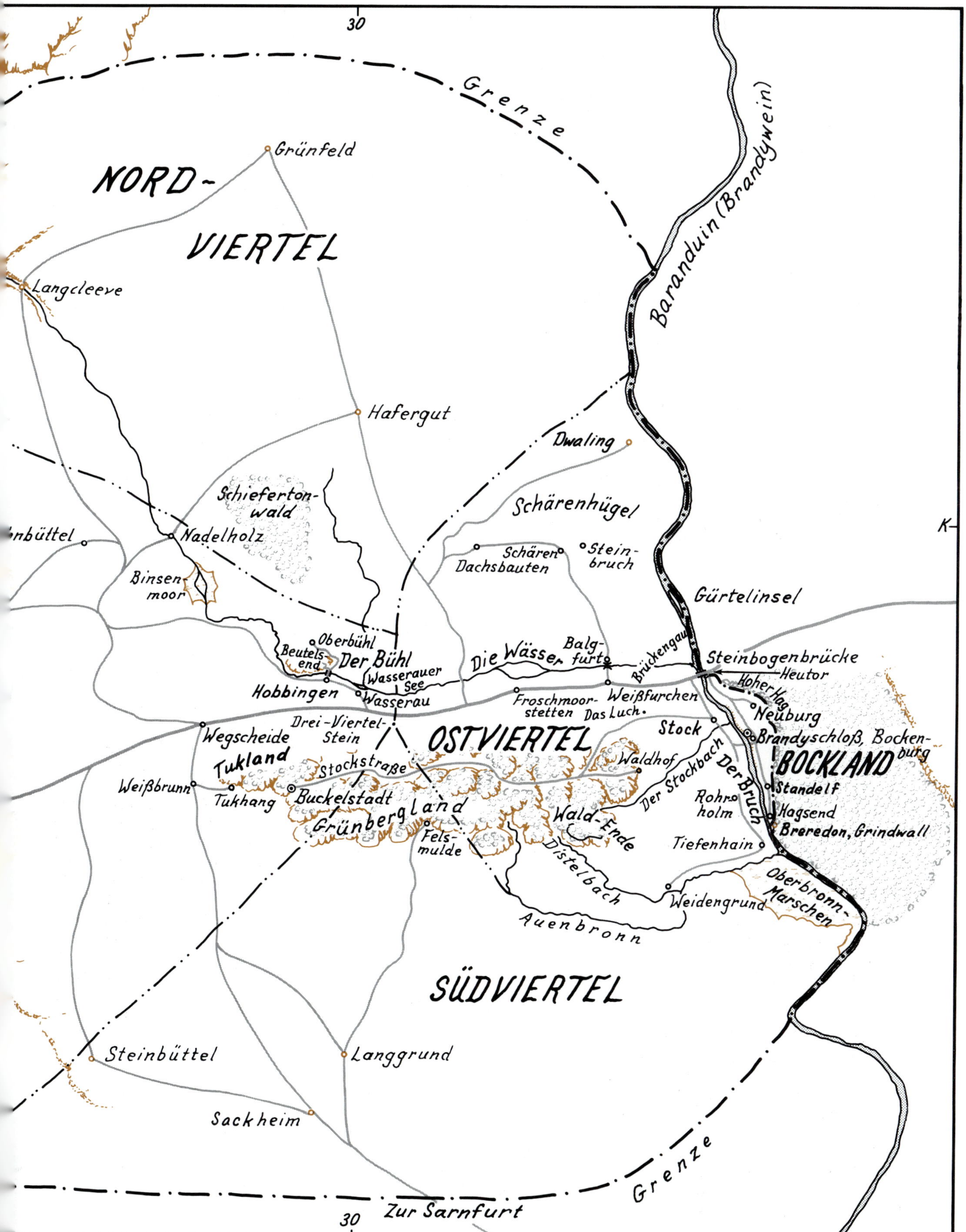
30
Grenze
Brandyweins
Grünfeld
NORD-
VIERTEL
Baranduin (Brandywein)
Langcleeve
Hafergut
Dwaling
Schieferton-
wald
Schärenhügel
Nadelholz
Schären
Dachsbauten
Stein-
bruch
K-
Binsen-
moor
Gürtelinsel
Oberbühl
Beutels-
end
Der Bühl
Wasserauer
See
Die Wässer
Balg-
furt
Brückengau
Steinbogenbrücke
Heutor
Hobbingen
Wasserau
Froschmoor-
stetten
Weißfurchen
Hoher Hag
Das Luch.
Neuburg
Drei-Viertel-
Stein
Wegscheide
OSTVIERTEL
Stock
Brandyschloß, Bocken-
burg
Tukland
Stockstraße
Waldhof
Der Stockbach
BOCKLAND
Weißbrunn
Tukhang
Buckelstadt
Der Bruch
Standelf
Grünbergland
Rohr
holm
Hagsend
Fels-
mulde
Wald-Ende
Breredon, Grindwall
Tiefenhain
Distelbach
Oberbronn-
Marschen
Weidengrund
Auenbronn
SÜDVIERTEL
Steinbüttel
Langgrund
Sackheim
Grenze
30
Zur Sarnfurt

Eriador

Eriador war der Name aller Lande zwischen dem Nebelgebirge und den Blauen Bergen (III 360). Auf Tolkiens Karte erscheint das gesamte Gebiet als ein geschlossenes Ganzes mit einer Reihe von Hochländern, die von ringförmigen Gebirgsketten begrenzt wurden (I: Karte). Viele dieser Hochlande waren »Höhen« — die Weiten (Fuchs-) Höhen, die Weißen Höhen, die Nordhöhen, die Südhöhen und die Hügelgräberhöhen. Dazwischen eingestreut waren die Berge von Evendim und die Turmberge, die ebenfalls in die ringförmige Struktur paßten, und das Grünbergland und die Schärenhügel. Die letzteren entsprachen dem Muster nicht, sondern schienen vielmehr quer zu den Höhen zu verlaufen (I: Karte, S. 8).

Manche Leser haben möglicherweise von »Höhen« gehört, ohne sich vorstellen zu können, was darunter zu verstehen ist und wodurch sie sich von anderen Hügelländern unterscheiden. Derartige Höhen treten auf, wenn sich Lagen von Sedimentgestein von Hügeln oder Bergen lösen und abgetragen werden, wobei der Fels Schicht für Schicht »abgeschält« wird. Die widerstandsfähigen Gesteinslagen bleiben als Bergketten (Kämme) stehen, zuweilen Hunderte von Meilen lang, während die weicheren Sedimentgesteine schneller abgetragen werden und Tieflande bilden. Die Bergketten haben einen zerklüfteten Steilhang, *Abtragungshang* genannt, und auf der anderen Seite einen langen, sanft abfallenden *Senkungshang*.

Kreisförmige Höhenkämme entwickeln sich meistens rund um einen *Dom* (hoher Berggipfel) wie die Höhen des Ödlandes und bei Fangorn. Seltener kommt es vor, daß die konzentrischen Bergketten durch Abtragung der Berge entstehen, die ein breites rundes Becken umschließen. Die Wetterberge bildeten das Zentrum von Eriador, welches seinerseits fast gänzlich von den Blauen Bergen im Westen und Nordwesten und von den Nebelbergen im Osten, Nordosten und Norden umschlossen wurde. Die Höhen können also entweder durch Abtragung der Zentralgebirge oder der Randgebirge entstanden sein, oder gar durch beide zusammen. Die einzigen vorhandenen Anhaltspunkte beziehen sich auf die Hügelgräberhöhen und den Breeberg und werden in dem entsprechenden Abschnitt ausführlich behandelt. Als Ergebnis der Untersuchung dieser beiden Gebirge stellt sich Eriador auf der Karte als ein gigantisches rundes Becken dar. Da im Laufe ungezählter Zeitalter immer neues Sedimentgestein abgetragen wurde, blieb die annähernd runde Form des Gebietes unverändert — kreisförmige Bergketten und die dazu gehörenden Tieflande.

Die Wetterberge und die Mückenwassermoore

Die Schicht von Sedimentgestein, welche ursprünglich an der Oberfläche lag, war dem Erosionsprozeß am längsten ausgesetzt. Allmählich wurden die äußeren Ränder der Schicht ausgewaschen, bis schließlich als unversehrter Teil nur noch ein Rest übrig war, der fast tausend Fuß über der umgebenden Landschaft aufragte — die Wetterberge (I 229). Die Bergrücken waren kahl und felsig, was darauf hindeutet, daß es sich beim Muttergestein möglicherweise um einen kieselhaltigen Kalkstein handelte. Dieses durchlässige Gestein ließ das Wasser so rasch versickern, daß wegen der außerordentlichen Trockenheit des Bodens kein Pflanzenwuchs möglich war. Sickerwasser, das sich in einer Spalte gesammelt hatte, könnte jene Quelle gespeist haben, die Sam und Pippin am Fuß der Wetterspitze fanden (I 234).

Die darunterliegende Gesteinsschicht war weniger widerstandsfähig, und ihre Abtragung führte zur Bildung eines Tieflandes. Das dortige schwache Gefälle und die kontinentale Vergletscherung, die Flußläufe unterbrochen haben dürfte, führte zur Entstehung zahlreicher Sümpfe und Moore — von denen die Mückenwassermoore am bekanntesten sind.

Die Hügelgräberhöhen und der Breeberg

Die dritte Gruppe der Sedimentgesteine war relativ hart. Aus diesen Gesteinen bestanden die Nördlichen Höhen, die Hügelgräberhöhen und die Südlichen Höhen. Ihre Abtragungshänge sind als nach Nordwesten, Südwesten bzw. Süden blickend dargestellt worden — jeweils dem Zentrum der Beckenformation abgekehrt. Östlich der Wetterberge fanden sich keine Höhenlande. Ihr Fehlen könnte auf verschiedene Ursachen zurückzuführen sein wie Veränderungen des Gefälles, Senkungen oder andere Gesteinsart.

Nur die Hügelgräberhöhen sind von Tolkien eingehend beschrieben worden. Sie waren wasserlos, ziemlich kahl und nur mit Gras bewachsen. Deshalb müssen sie aus einem durchlässigen Gestein wie Kalk oder Kreide bestanden haben (I 165). Um sich die Pfade der Hobbits zu veranschaulichen, war die Ausrichtung der Höhenrücken von größter Bedeutung. Tolkien hat verschiedene Anhaltspunkte gegeben, die auf einen Nenner gebracht werden mußten: (1) Als die Hobbits ihre Ponys von Tom Bombadils Haus nach Norden führten, war der »Hang« so steil, daß sie absitzen mußten, um ihn zu ersteigen; doch sie konnten bequem den sanften Abhang auf der anderen Seite des Berges hinabreiten. (2) Nach *Norden* zur Straße weiterziehend erklommen sie einen steilen Berg, stiegen an seinen langen Ausläufern hinunter und weiter »zu neuen Berggipfeln und hinunter in neue Täler«. (3) Als sie auf dem Gipfel eines Berges stehend nach *Osten* blickten, sahen sie, daß »die Berge auf dieser Seite höher waren«. (4) Nachdem sie den Berg, auf dem der Nebel sie eingeschlossen hatte, verlassen hatten, ritten die Hobbits durch ein Tal nach *Norden*. (5) Als Frodo Hilferufe hörte, wandte er sich nach *Osten* und stieg steil bergauf (I 171—175). Beinahe alle dieser Hinweise deuten darauf hin, daß die Steilhänge der Höhen nach Süden zeigten und die Bergrücken selbst von Osten nach Westen verliefen. Die Durchlässe zwischen den Bergrücken bildeten ein Tal, das in Nord-Süd-Richtung verlief (I 173). Diese Ausrichtung steht freilich in Widerspruch zu der kreisförmigen Anordnung der Höhen, wie die Karte sie zeigt, jedoch auch zu entsprechenden Vorgängen in der Primärwelt — beides verlangt nach einer mehr westlichen Ausrichtung der Höhen. Als Kompromiß ist die Längsachse als eine von Nordwesten nach Südosten verlaufende Linie wiedergegeben worden — im Hinblick auf den eindeutigen Verlauf der Weidenwinde nach Südwesten eine vernünftige Lösung.

Sowohl der alleinstehende runde Berg im Alten Wald wie auch der Breeberg können, geologisch gesehen, mit den Hügelgräberhöhen in Verbindung gestanden haben. Der Berg stand nicht weit vom Ostrand des Waldes; und als Tom Bombadil die vier Hobbits zum Nordwestrand der Höhen führte, sagte er ihnen, daß sie bis zum »Tänzelnden Pony« lediglich vier Meilen zu gehen hätten (I 186).[21]

Das Auenland

Westlich des inneren Ringes von Höhenzügen lag das Tiefland des Brandywein in einem Gebiet mit schwach ausgeprägten Gesteinsformationen. Westlich der Nördlichen Höhen bog der Flußlauf ab und verlief fast genau nach Süden zur Sarnfurt. Innerhalb des Tieflandes traten zwei hügelige Gelände hervor: das Grünbergland und die Schärenhügel. Bei diesen handelte es sich vermutlich nicht um Höhenlande, und Tolkien nennt sie bemerkenswerterweise auch nicht »Höhen«. Sie können Überreste älterer Gebirge aus hochgradig hartem Gestein gewesen sein, bedeckt von einer Schicht weicheren Sedimentgesteins, das später abgetragen wurde. Im Nordviertel fand sich noch eine weitere Formation — die Nordmoore (I 64). Moore sind Hochlande mit unzureichendem Abfluß, die auf einem Untergrund von Granit auftreten können.[22] Wenn das im Auenland der Fall war, handelte es sich bei den grauen Steinen des Grünberglandes (I 96), dem Fels der Steinbrüche nahe Schären (I: Karte, S. 8) und bei den Moorlanden möglicherweise um Granit.

Westlich des Grünberglandes lagen die Weißen Höhen und die Weiten Höhen. Über die Weiten Höhen wird nichts mitgeteilt, doch die Weißen Höhen bestanden mit Sicherheit aus Kalk. Nicht nur der Name, der auf die Farbe des Muttergesteins zurückgeht, deutet darauf hin, sondern auch die Tatsache, daß der arme Bürgermeister Weißfuß unter Kalk begraben wurde, als das Dach der Stadthöhle einstürzte (I 196).

Die Turmberge und die Berge von Evendim

Es ist bemerkenswert, daß Tolkien den Ausdruck »Berge« verwendete und diese Erhebungen nicht »Höhen« nannte, obgleich sie gleichfalls nach dem Muster konzentrischer Ringe angeordnet waren. Die Berge von Evendim waren sehr viel weiträumiger als alle Höhenländer; und die Turmberge, wenn auch nicht ausgedehnter, müssen sehr steil gewesen sein. In seinem Traum mußte Frodo sich abmühen, um sie zu erklimmen (I 139 f.). Da diese Berge in der Nähe der Blauen Berge lagen, dürften sie eher das Ergebnis einer Faltung als das einer Erosion von abgelagerten Gesteinsschichten gewesen sein.

Die Blauen Berge

Die Ered Luin wurden kaum beschrieben, weil sie in Tolkiens Geschichte nur am Rande vorkommen. Sie müssen niedriger gewesen sein als das Nebelgebirge, denn sie stellten für die frühen westlichen Wanderungen kein ausgeprägtes Hindernis dar. Der Gebirgszug scheint stellenweise zwei nebeneinander verlaufende Kämme aufgewiesen zu haben (wie auf der Karte zum *Silmarillion* erkennbar). Im Atlas sind diese Kämme aufgefaltet wiedergegeben worden, wobei ihre Gipfel durch Flüsse abgetragen sind — eine *gebrochene Antiklinale* (Sattellinie), eine Art der Erosion, die am häufigsten bei Sedimentgestein auftritt. Die äußeren Schichten scheinen auf metamorphem Felsen gelegen zu haben, der in Verbindung mit zahlreichen eisenhaltigen Einschlüssen gebildet wurde. Eine solche Umgebung ist oft notwendig, um Erzadern zu erzeugen wie jene, die seit den frühesten Tagen von den Zwergen abgebaut wurden (III 360).

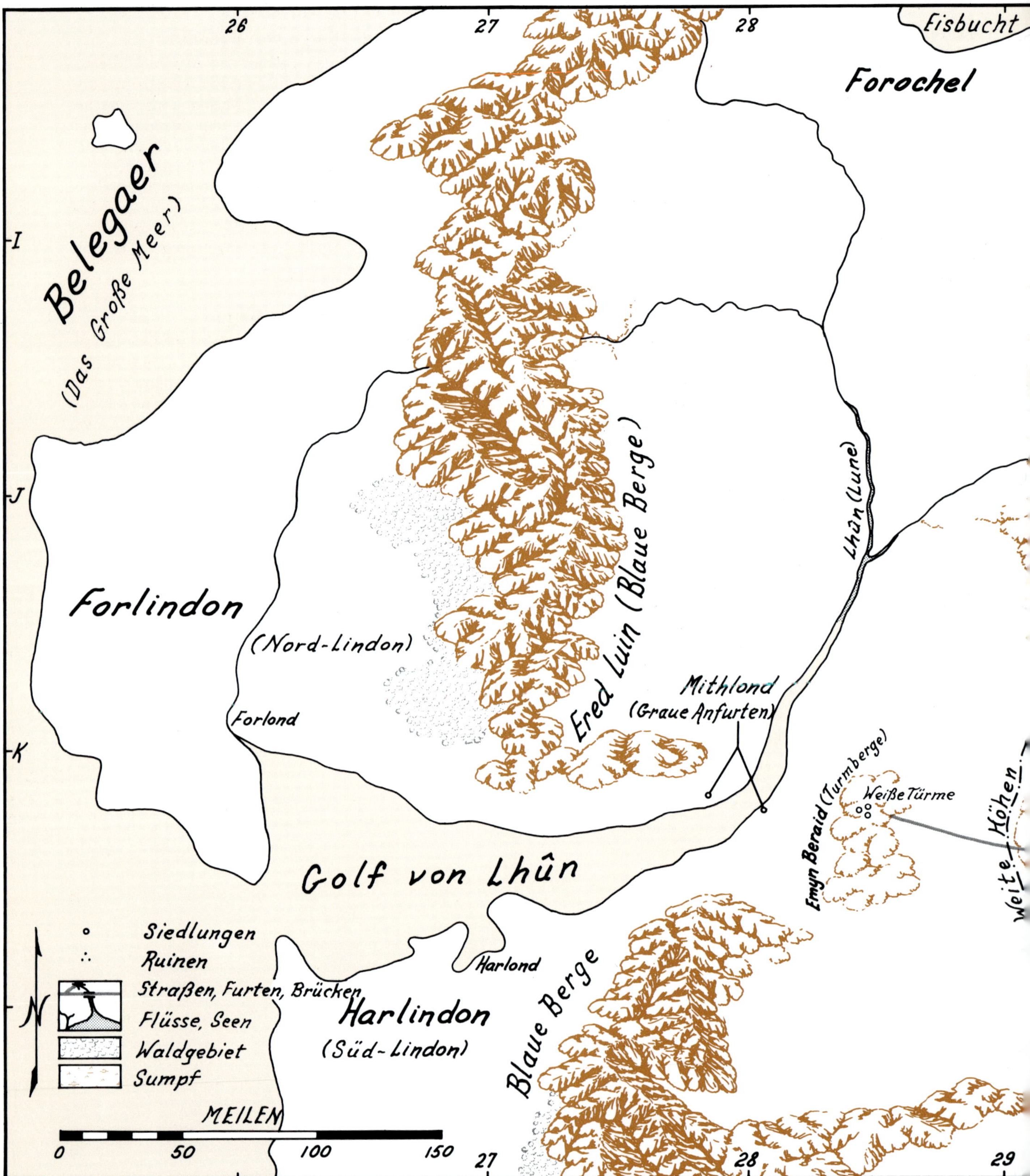

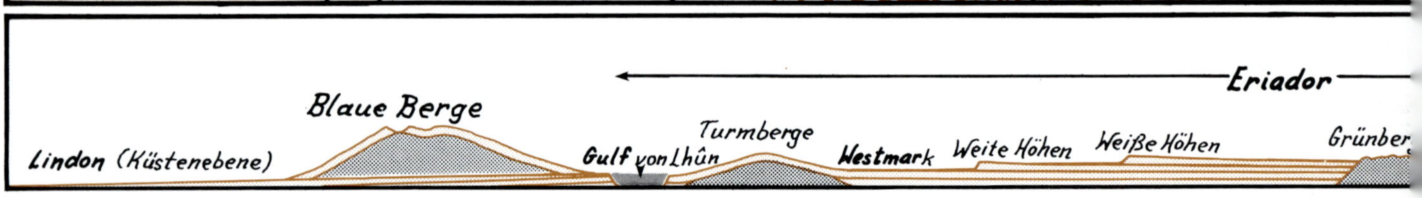

Eriador
Querschnitt: West-Ost (Ordinale: Westen)

30
31
32
33
Carn Dûm
ERIADOR
Emyn Uial
(Evendim-Berge)
(Dämmerberge)
Nenuial-See
Annúminas
Brandywein
Nördliche Höhen
Totendeich
(Fornost)
Gramberg
Ettenöden
I
J
K
L
Wetterberge
Das
Auenland
Schärenhügel
Hobbingen
Breeland
Chetwald
Mückenwasser-
moore
Große Oststraße
Verlorene
Lande
Die Letzte
Brücke
Bree
Die
verlassene
Herberge
Wetterspitze
(Amon Sûl)
Bockland
Hügelgräber-
höhen
Weiden-
winde
Tukland
Michel-
binge
Grünbergland
Weiße
Höhen
Alter
Wald
Andrath
Südhöhen
Der
Winkel
Mitheithel (Weißquell)
Bruinen
(Lautwasser)
Sarnfurt
Grünweg
Baranduin

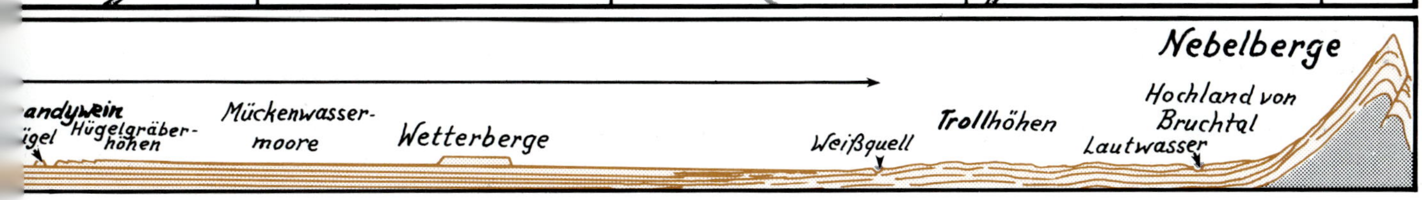

Nebelberge
andywein
ügel
Hügelgräber-
höhen
Mückenwasser-
moore
Wetterberge
Weißquell
Trollhöhen
Hochland von
Bruchtal
Lautwasser

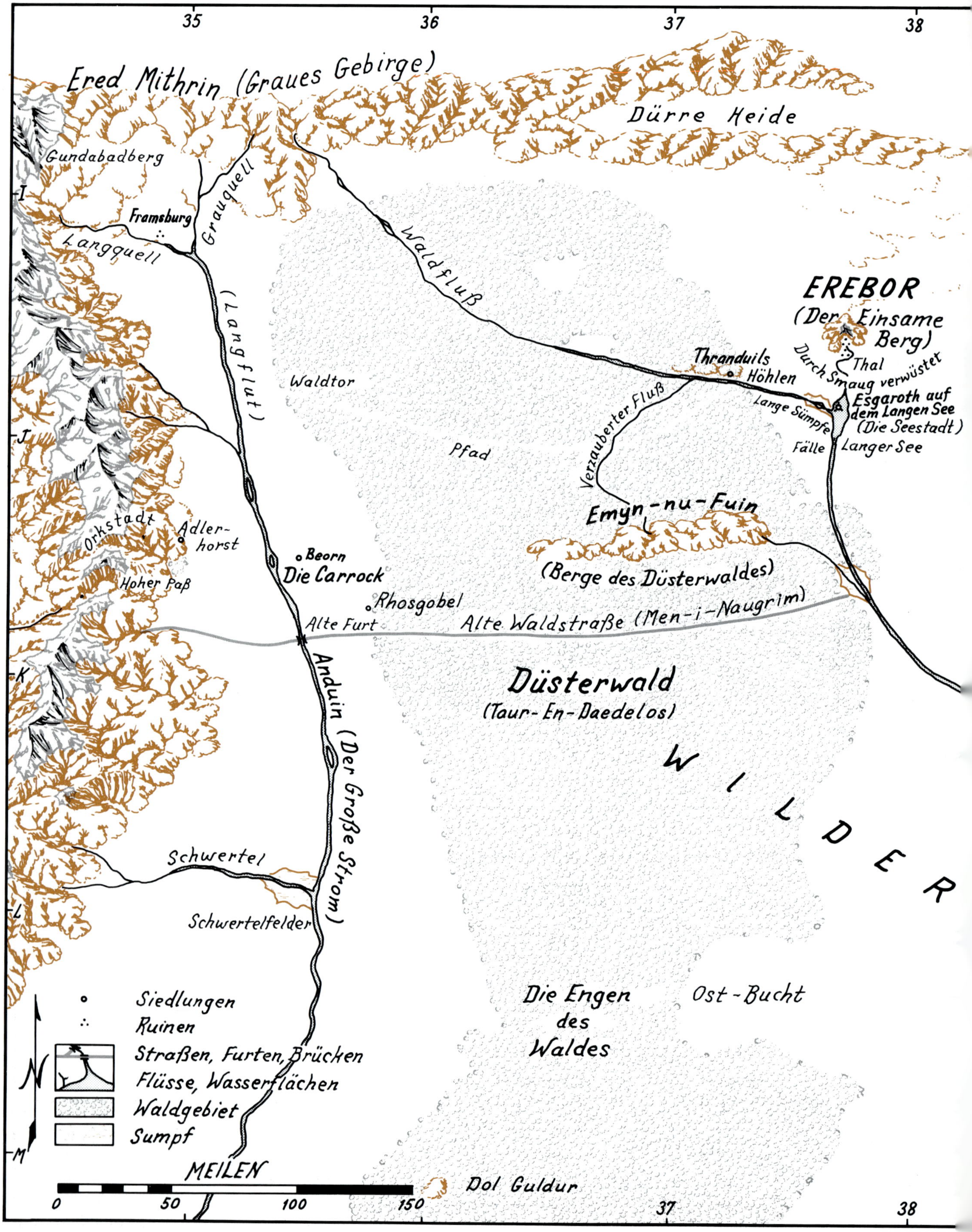
35
36
37
38
Ered Mithrin (Graues Gebirge)
Dürre Heide
Gundabadberg
Framsburg
Grauquell
Langquell
Waldfluß
(Langflut)
EREBOR
(Der Einsame Berg)
Thal
Durch Smaug verwüstet
Thranduils Höhlen
Esgaroth auf dem Langen See (Die Seestadt)
Lange Sümpfe
Fälle
Langer See
Waldtor
Verzauberter Fluß
Pfad
Emyn-nu-Fuin
(Berge des Düsterwaldes)
Orkstadt
Adlerhorst
Beorn
Die Carrock
Hoher Paß
Rhosgobel
Alte Furt
Alte Waldstraße (Men-i-Naugrim)
Düsterwald
(Taur-En-Daedelos)
WILDER
Anduin (Der Große Strom)
Schwertel
Schwertelfelder
Die Engen des Waldes
Ost-Bucht
Siedlungen
Ruinen
Straßen, Furten, Brücken
Flüsse, Wasserflächen
Waldgebiet
Sumpf
MEILEN
0
50
100
150
Dol Guldur
I
J
K
L
M

Wilderland

39
40
41
42
I
J
K
L
M
Eisenberge
Carnen
(Rotwasser)
Celduin (Eilend)
AND
RHÛN
DORWINION
(Weinland)
Meer von
Rhûn
(Östliches Meer)

Wilderland

Auf Tolkiens Karte (im 1. Band des *Herrn der Ringe*) wird Wilderland mit Rhovanion gleichgesetzt; bei einer weiter gefaßten Auslegung würden jedoch alle Lande östlich der Bruinenfurt und nördlich von Lórien dazugehören — das als »Einödland« bekannte Gebiet (H 53). Über diese Gegend ist wenig mitgeteilt worden, weil es vielleicht wenig darüber zu sagen gab, und so finden sich kaum Anhaltspunkte. Nur drei Dinge waren offensichtlich: (1) bei Thranduils Höhlen gab es löslichen Kalkstein; (2) wahrscheinlich hatte eine kontinentale Vergletscherung stattgefunden; (3) der Kern zumindest einiger Berge bestand aus kristallinem Gestein.

Der Pfad durch den Düsterwald, den Thorin und seine Gefährten benutzten, war offenbar ziemlich eben. Doch er war immerhin wellig genug, um Bilbo in seinem Ausguck auf der hohen Eiche daran zu hindern, zu erkennen, daß er sich am Grund eines breiten Tales befand (H 151 f.). Dieses wie eine Schüssel geformte Tal könnte eine Senke gewesen sein, das heißt, ein Tal, in dem das Wasser durch den Kalkstein sickerte und in unterirdische Flüsse strömte. Aufgrund der Nähe zu König Thranduils Reich kann es in einem Muttergestein aus löslichem Kalkstein gelegen haben. Thranduils unterirdischer Palast mit den zugehörigen »aus Fels gehauenen« Säulen und einem unterirdischen Fluß (H 172; 176; 180) bestand vermutlich aus Kalksteinhöhlen, die, wie berichtet wird, durch die Zwerge vergrößert wurden (II 172).

Die ausgedehnten Sümpfe und Marschen am Ende der Waldstraßen, die Langen Sümpfe längs des Waldflusses, das zerklüftete Land zwischen dem Einsamen Berg und seinen nächsten Nachbarn im Nordosten (H 192 f.), besonders aber die Beschreibung des Langen Sees — alles dies deutet auf eine kontinentale Vergletscherung hin. Die in der Nähe von Seestadt am Fuß des Uferabfalls angehäuften Kiesbänke (H 194) könnten leicht von eiszeitlichem Moränenschutt herrühren, einem Geröllgemisch aus großen und kleinen Steinen, die der Gletscher aufgenommen und weiterbefördert hatte. Am wichtigsten ist der Hinweis, daß der Lange See einen Raum füllte, »der einmal ein gewaltiges Felsental gewesen sein mußte« (H 194). Südlich des Langen Sees hörte die Zerklüftung auf, denn zwischen den Säumen des Düsterwaldes und dem Fluß Eilend ging Rhovanion in »weite Ebenen« (ME 381) über.

Das Graue Gebirge, die Eisenberge und der Einsame Berg waren alle reich mit Mineralien durchsetzt. Der Erebor barg Gold und Edelsteine, von denen der Arkenstein der berühmteste war (H 30; 234). Welches Erz die Eisenberge in der Hauptsache enthielten, ist klar. Über die Erzvorkommen im Grauen Gebirge wird lediglich mitgeteilt, daß sie reich waren (III 399).

Das Graue Gebirge kann ursprünglich ein Teil der ausgedehnten Eisenberge gewesen sein. Diese Annahme beruht auf drei Anhaltspunkten: (1) Hat man die Lage der Thangorodrim einmal festgesetzt, bilden die Eisenberge und dieser spätere Gebirgszug eine gerade Linie (vgl. oben, S. 22). Die große ursprüngliche Gebirgskette könnte von den Valar nur zum Teil zerstört und ihre Überreste über Mittelerde verstreut worden sein. (2) Nördlich der Ered Engrin lagen die »Gebiete ewiger Kälte« (vgl. Karte im *Silmarillion*). Nördlich der Ered Mithrin war die »Nördliche Öde« (vgl. Karte im 1. Band des *Herrn der Ringe*). Beide Gebiete können identisch gewesen sein. (3) Bereits bevor Thorin I. im Dritten Zeitalter dorthin kam, lebten Drachen in der Dürren Heide (III 399). Lange Zeit hielten Orks das Gebiet um den Gundabadberg besetzt (H 281 f.; III 401). Drachen und Orks waren Kreaturen Morgoths, und nach der Zerstörung der Thangorodrim dürften sie mit großer Wahrscheinlichkeit in die verbliebenen Teile der Eisenberge übergesiedelt sein.

Alles in allem bot Wilderland viele Möglichkeiten, aber es wurde im Lauf der Geschichte von bösen Menschen und Kreaturen heimgesucht — von Ostlingen, Orks, Trollen, Drachen, Wölfen. Trotz langer Jahre der Besiedlung blieb es gleichwohl das »Einödland«.

Das Nebelgebirge

Das hochaufragende Nebelgebirge stellte zweifellos eines der bedeutendsten Kennzeichen Mittelerdes dar. Es ist sehr wahrscheinlich, daß Tolkien durch die europäischen Alpen dazu inspiriert wurde, die er 1911 erwanderte.[23] Die Hithaeglir, von Melkor im frühen Ersten Zeitalter »aufgetürmt, um Oromes Jagdritte zu hindern«, bildeten ein Hindernis sowohl für die frühen westlichen Wanderungen (S 65) als auch für Bilbos und Frodos Fahrten. Da sich das Gebirge über 900 Meilen in Nord-Süd-Richtung hinzog, versperrte es auch den vorherrschenden feuchten Westwinden den Weg. Seine gewaltige Höhe, die möglicherweise etwa 12.000 Fuß betrug[24], erzeugte jene Wolkenverhältnisse, die der Gebirgskette ihren Namen gaben. Diese waren jedoch auch für die örtliche Namengebung von Bedeutung (Fanuidhol = Wolkenkopf), und sie sorgten für jene fürchterliche »Schlacht von Gewittern«, vor der Thorin und seine Gefährten Schutz suchten (H 64).

Landschaftsmorphologie

Tolkien liefert wenig Anhaltspunkte, um eine Analyse der Kräfte zu erlauben, die bei der Erschaffung des Nebelgebirges mitgewirkt haben. Wäre es mit den Alpen vergleichbar, hätte es sich durch ein komplexes Zusammenwirken von Verwerfung, Faltung, Dombildung und Vulkantätigkeit gebildet. Diese Zerklüftung setzte sich in das Gebiet westlich des Gebirges fort und schuf überall uneinheitliche Lande: von den Ettenöden im Norden (I 246; 321), über die extrem zergliederte Hochebene von Bruchtal mit ihren zahlreichen Wasserrinnen, Schluchten und tiefen Tälern (H 53 f.), die wüsten Hügellande Eregions, die die Gefährten durchquerten (I 342 f.), bis zu den hügeligen Ödlanden Dunlands (III 294). Östlich des Gebirgszuges floß der Anduin relativ gerade durch ein breites grünes Tal, bis er die Ödländer südlich von Lórien erreichte.

Es ist deutlich, daß zu einer bestimmten Zeit eine alpine Vergletscherung stattgefunden hat. Zwei Schlüsselbegriffe Tolkiens beschreiben Landschaftsmerkmale, die durch abschleifendes Eis verursacht wurden: *Horn*, ein scharf zugespitzter, auf drei oder mehr Seiten vom Eis abgeschliffener Gipfel, und *Mulde*, ein Tal, das von einem Gletscher erodiert wird, bis es U-förmig ist — breit und mit steilen Seitenwänden. Einige andere von Tolkien beschriebene Landschaftsformen scheinen ebenfalls eiszeitlichen Ursprungs zu sein. So kann zum Beispiel ein vorrückender Gletscher *Felsstufen* bilden, während ein zurückweichender *Endmoränen* zurücklassen kann. Bei jedem dieser Vorgänge konnte es zur Bildung großer und kleiner Bergseen kommen, die sich in Form von Wasserfällen oder Stromschnellen entleeren konnten. Viele dieser Merkmale fanden sich in dem Gebiet von Moria: Caradhras bedeutete Rothorn (I 347); nachdem er den Balrog besiegt hatte, lag Gandalf auf der »rauhen Zinne« (II 119) des Bergs Silberzinne; unmittelbar hinter dem Punkt, an dem die neun Wanderer den Rothornpaß verließen, führte der Pfad in »eine breite flache Mulde« (I 351); und der Silberlauf »sprang zur Sohle des Tals hinunter« (I 404). Über den Schattenbachsteg strömten Wildbäche in den Spiegelsee. Dieser selbst war ein klassisches Beispiel für einen von Moränen gebildeten See — »lang und oval, geformt wie eine Lanzenspitze, die tief in die nördliche Schlucht hineinstieß«. Indessen entleerte sich der Silberlauf nicht direkt aus dem See, sondern sickerte durch das lose Geröll der Moräne und tauchte als eisige Quelle etwa eine Meile unterhalb des Sees wieder auf. Zusammen mit einem Zufluß stürzte er flußabwärts über einen Wasserfall, bei dem es sich um eine weitere Moräne handeln könnte (I 402—405). Das Tal am Westtor Morias war möglicherweise ebenfalls eiszeitlichen Ursprungs, denn es war ziemlich flach, mit hochragenden Wänden, und der durch Einflüsse der Sekundärwelt gebildete See hatte die typische lange und schmale Form (I 365).

Da im mittleren Teil des Gebirges eine alpine Vergletscherung stattfand, hat sie vermutlich auch die höheren Lagen des gesamten Gebirges erfaßt — besonders den kalten Norden. Tolkiens Zeichnung des Ork-Tores, vom Adlerhorst aus gesehen [1937 in der Originalausgabe des *Kleinen Hobbit*; vgl. auch P 8], und seine Beschreibung der Berggipfel als »Felszacken« (H 114) verstärkten den Eindruck von zerklüfteten Bergspitzen. Sogar der hohe Methedras im Süden war schneebedeckt (II 32).

Gesteinsarten

Beim Nebelgebirge gab es nur dreierlei Anhaltspunkte zur Unterscheidung des Muttergesteins: Farbe, Mineralienvorkommen und Landformen.

Die meisten der genannten Farben bezogen sich nicht auf das Hauptgebirge, sondern auf die Hügelländer westlich davon. In der Nähe von Bruchtal und Moria wird roter Stein erwähnt. In den Trollhöhen verschwand die Straße »in einem tiefen Durchstich mit feuchten Wänden aus rotem Stein« (I 261). Im westlichen Teil der Trollhöhen überquerten Thorin und seine Gefährten einen »rauschenden roten« Fluß, was darauf hindeutet, daß dieser Sedimente des roten Untergrundes mit sich führte. Nahe Moria kletterten die Gefährten »durch eine kahle Landschaft aus rotem Stein« nördlich des Sirannon, in dessen Bett sich ebenfalls »braune und rotgefleckte Steine« (I 364 f.) befanden. Der Fels westlich von Moria kann der gleiche gewesen sein wie der westlich von Bruchtal. Es könnte sich entweder um Sandstein oder um Quarzit gehandelt haben, denn beide Gesteinsarten können rot sein.

Im Gebirge selbst wird nur Caradhras als »*Rot*horn« bezeichnet, während das übrige Gestein als grau beschrieben wird (I 343). Es erscheint unwahrscheinlich, daß Caradhras, der höchste der Berge Morias, aus demselben roten Gestein bestanden haben soll wie die Vorgebirge — insbesondere da die anderen Berggipfel offenbar aus anderem Material bestanden haben. Einer der folgenden Gründe mag für die Farbe des Rothorn verantwortlich gewesen sein: (1) Sein Muttergestein bestand aus einer dritten Gesteinsart, die weder in den Vorgebirgen noch in den umliegenden Bergen auftrat; (2) sein Muttergestein war überhaupt nicht rot, sondern seine Oberfläche reflektierte lediglich die Strahlen der untergehenden Sonne (I 343).

Ein zusätzlicher Faktor kann vielleicht zur Erklärung beitragen — die Mineralbildung. Die Adern, die Mithril führten, ein Erz, das sich sonst nirgends fand, »erstreckten sich weit nach Norden zum Caradhras hin und hinab in die

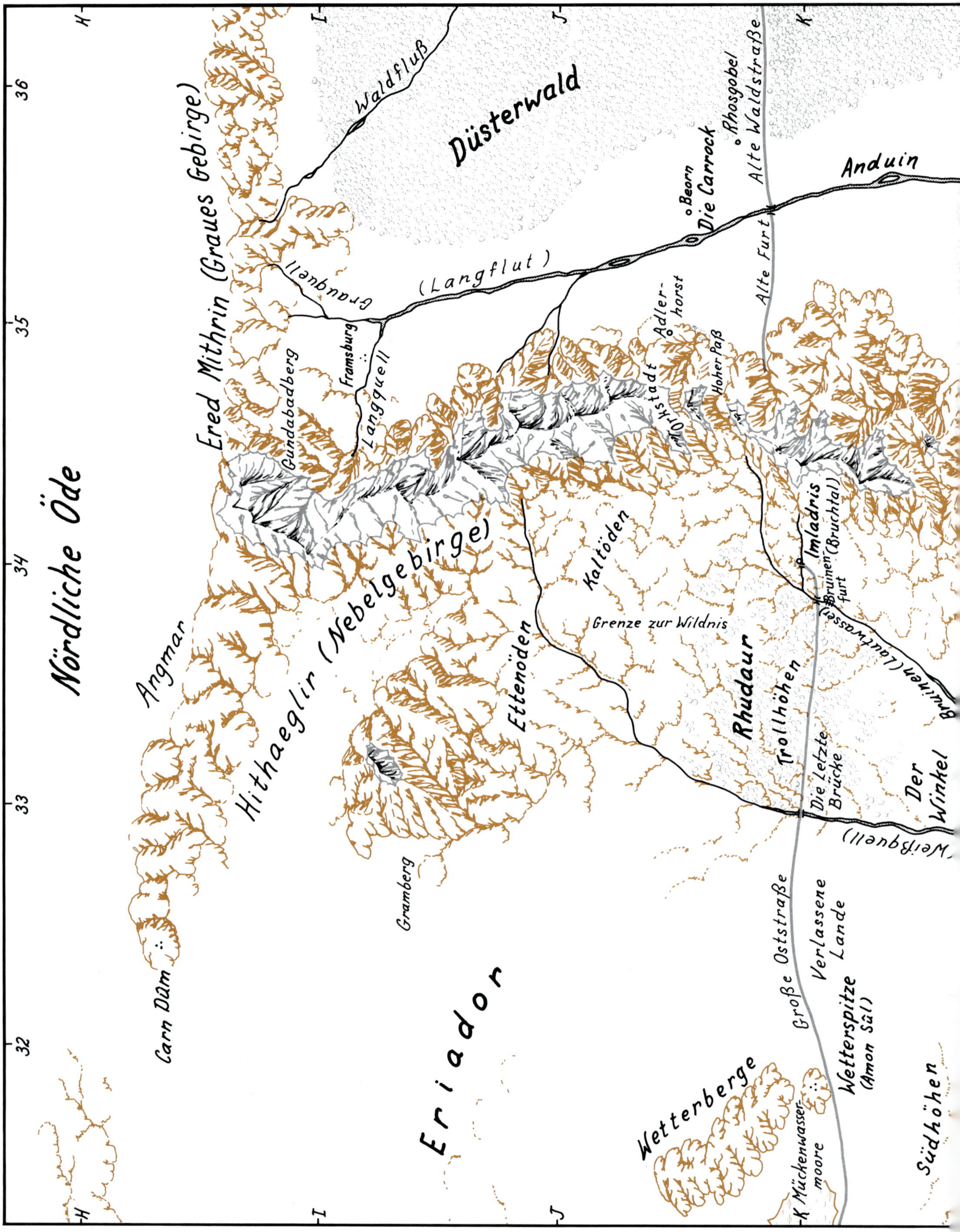

Das Nebelgebirge

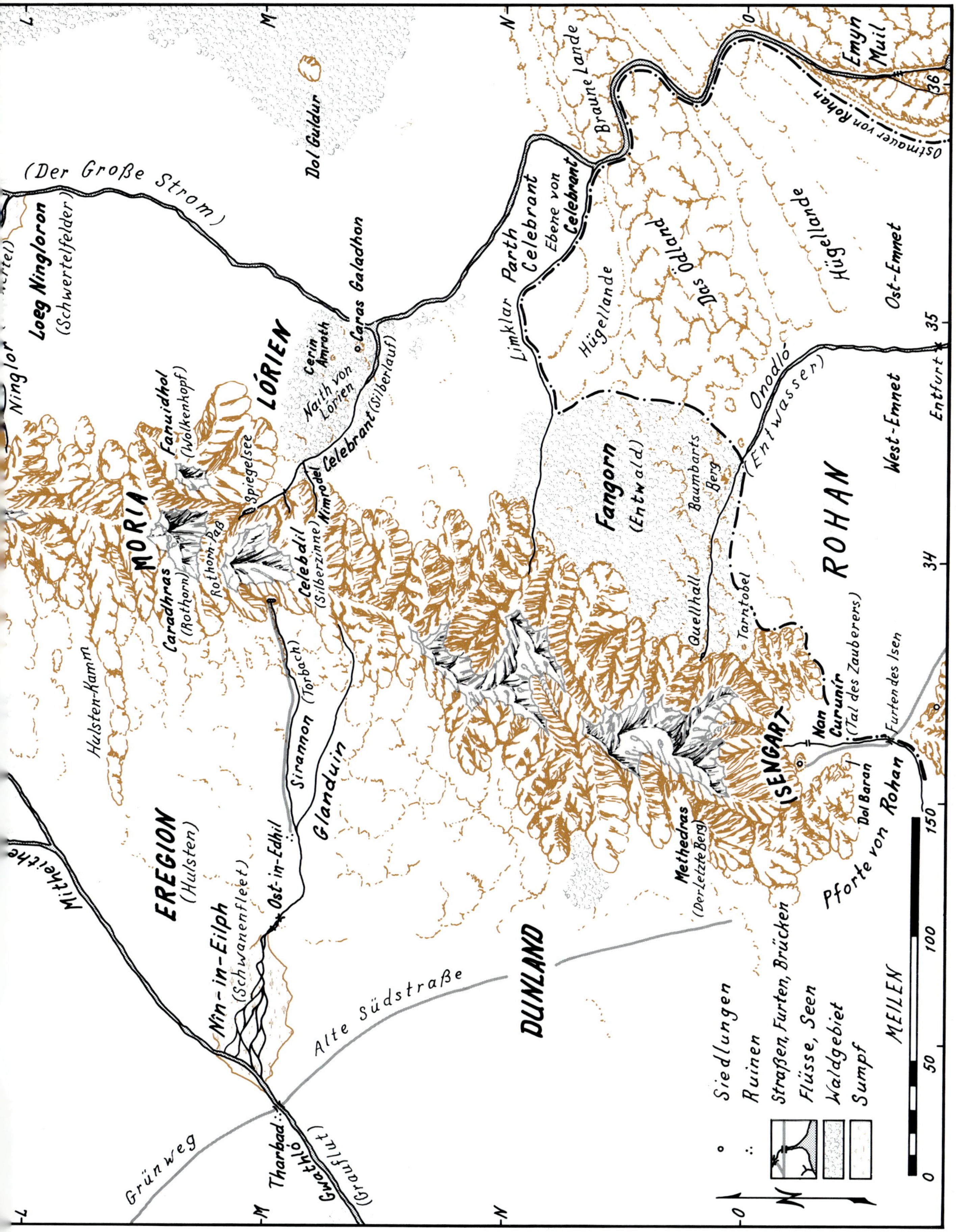
(Der Große Strom)
Dol Guldur
Loeg Ningloron
(Schwertelfelder)
Ninglor
LÓRIEN
Caras Galadhon
Cerin Amroth
Naith von Lórien
Celebrant (Silberlauf)
Nimrodel
Spiegelsee
Fanuidhol
(Wolkenkopf)
MORIA
Caradhras
(Rothorn)
Rothorn-Paß
Celebdil
(Silberzinne)
Hulsten-Kamm
Sirannon (Torbach)
Glanduin
EREGION
(Hulsten)
Ost-in-Edhil
Nîn-in-Eilph
(Schwanenfleet)
Mitheithel
Tharbad
Gwathló
(Grauflut)
Grünweg
Alte Südstraße
DUNLAND
Limklar
Parth Celebrant
Ebene von Celebrant
Braune Lande
Emyn Muil
Ostmauer von Rohan
Hügellande
Das Ödland
Hügellande
Ost-Emnet
Onodló
(Entwasser)
Fangorn
(Entwald)
Baumbarts Berg
West-Emnet
Entfurt
ROHAN
Quellhall
Tarntobel
Nan Curunír
(Tal des Zauberers)
Furten des Isen
ISENGART
Dol Baran
Pforte von Rohan
Methedras
(Der Letzte Berg)
Siedlungen
Ruinen
Straßen, Furten, Brücken
Flüsse, Seen
Waldgebiet
Sumpf
MEILEN
0
50
100
150
34
35
36
L
M
N
O

Dunkelheit« (I 384). Normalerweise gehen Adern mit wertvollen Erzen auf Einschlüsse zurück, die sich durch wiederholte Eruptionen in Verwerfungen gebildet haben. Falls Einschlüsse auftraten, müßte es auch Extrusionen gegeben haben; das Rothorn könnte ein isolierter Gipfel aus Eruptivgestein wie zum Beispiel Andesit gewesen sein, das mattrosa oder rot ist.[25]

Die anderen Berge der Gegend waren, wie erwähnt, grau. Es gibt so viele graue Gesteinsarten, daß es zwecklos wäre, sich ohne weitere Informationen auf eine Diskussion einzulassen. In seinem Kern war der Stein indes vermutlich kristallin. Moria war ein außerordentlich mineralienreiches Land mit Silber-, Gold- und Eisenadern. Die Edelsteine Morias, »Amethyst, Beryll, Opal« (I 383), bilden eine so unwahrscheinliche Mischung, daß einige davon dort überhaupt nicht vorgekommen sein dürften. Statt dessen erhielt man sie vielleicht auf dem Handelsweg — besonders natürlich die Perlen.

Ob Formationen, die anderswo im Gebirge vorkamen, die gleichen waren wie jene in Moria, ist schwer zu entscheiden. Doch ähnliche Prozesse können sich auch im Süden abgespielt haben: Isengart war vulkanischen Ursprungs (vgl. unten, S. 134), und das Erz für die Säulen aus Kupfer und Eisen wurde vermutlich in seiner näheren Umgebung gewonnen (II 181).

Im nördlichen Teil der Gebirgskette, wo Thorin und seine Gefährten die Ork-Tunnel »durchreisten«, war eine ganz andere Erscheinung zu beobachten — Bildung von Höhlen. Gollums Höhle mit ihrer glitschigen Insel und einem unterirdischen See, der in einen dunklen Strom floß (H 78; I 75), wird sich wahrscheinlich in löslichem Kalkstein befunden haben. Härtere Kalksteinbrocken haben möglicherweise den »breiten, steilen Hang aus losem Geröll« gebildet, der die Zwerge bei ihrer Flucht vor den Orks so durcheinanderbrachte (H 103). Aus dem gleichen Stein kann die »große Felsplatte« bestanden haben, wo die Adler ihre Horste bauten (H 116). Einer Illustration Tolkiens zufolge scheint der Berggipfel mit Schichten von Kalkstein bedeckt gewesen zu sein (P 9).

Die Braunen Lande, das Ödland, die Hügellande und der Emyn Muil

In bezug auf ihre Morphologie und die Gesteinsart waren alle genannten Gebiete miteinander verwandt. Sie sind als Schichten von Sedimentgesteinen aufgefaßt worden, die längs einer Südwest-Nordost-Achse schwach gefaltet wurden. Das Ergebnis war eine breite Aufwölbung oder *Antiklinale*, die sich nach Nordosten verengte. Diese wurde durch eine Muldenfaltung ergänzt *(Synklinale)*, die sich nach Südwesten verengte. Die Braunen Lande, das Ödland und die Hügellande waren allesamt Aufwölbungen, während der Emyn Muil eine Mulde bildete. Am östlichen Rand der Faltung war die Formation nicht nur gewölbt, sondern gebrochen und bildete die Klippenwand, die Sam und Frodo beim Abstieg solche Schwierigkeiten bereitete.

Die Braunen Lande, das Ödland und die Hügellande

Das mittelenglische Wort »wold« (für Ödland), vergleichbar dem westsächsischen »weald«, bezeichnet ein bewaldetes Gebiet. Im südöstlichen England gibt es ein »The Weald« genanntes Hügelgebiet, das Tolkiens Ödland strukturell sehr ähnlich ist, wenn dieses auch keine Bewaldung aufweist. Er stellt ebenfalls einen durch Aufwölbung entstandenen Bergrücken (Antiklinale) dar, bestehend aus Sedimentschichten mit verschiedenen Härtegraden, die abgetragen wurden und konzentrische Ringe von Hügeln bildeten — die Hügellande.

Hügellande gab es sowohl nördlich wie südlich vom Ödland. Die Gefährten zogen am nördlichen Hügelland vorbei, nachdem sie den Limklar überquert hatten. Einige Tage später führte die große Verfolgungsjagd nach Isengart einige der Gefährten an den Westrand der südlichen Hügellande. Zehn Meilen westlich lag die Entwasser (II 32). Die Hügel waren trockener als die Talsohle, so daß die Orks den Gefährten wegen des festeren Untergrundes dicht auf den Fersen bleiben konnten.

Diese Hügel waren flach, weil die Formationen relativ dünn waren. Vom Zentrum des Ödlandes fielen sie allmählich ab, stiegen dann jedoch wieder steiler an — »grüne Hänge stiegen auf zu kahlen Kämmen« (II 31). Bei den Sedimenten kann es sich um Kreide gehandelt haben, eine Art von Kalkstein. Die Hügellande Englands bestehen aus Kreide und sind so wasserdurchlässig, daß sie für ihren Wassermangel bekannt sind und als Weideland für Schafe genutzt werden. Die Hügellande nördlich des Ödlandes waren »wellige Hügel mit verdorrtem Gras« (I 460), und die südlichen Hügellande hatten »lange, baumlose Abhänge« (II 29), zu deren Füßen »der Boden trocken und das Gras kurz war« (II 31).

Der Beschreibung nach war das Ödland karg, baumlos und höher als die Hügellande. Das Ödland und die Braunen Lande bildeten eigentlich eine Einheit, die lediglich durch den Anduin zerteilt wurde. Der harte Fels war stark zerklüftet. Das Ödland dürfte für eine Kultivierung geeignet gewesen sein, wie ja auch die Braunen Lande unter der Fürsorge der Entfrauen einst geblüht hatten, bevor »der Feind dieses ganze Gebiet verheerte« (I 458).

Wie in der englischen »Weald« lag vermutlich ein Tal zwischen dem Ödland und den nach innen gerichteten Steilabbrüchen der Hügellande — sowohl im Norden wie im Süden. Die Schnittpunkte dieser Täler mit den Westschleifen des Anduin schufen die Nördliche und die Südliche Biegung, die in der Schlacht auf der Ebene von Celebrant von den Balchoth und von den Éothéod benutzt wurden, um den Fluß leichter zu überqueren (ME 348; 395).

Der Emyn Muil

Ebenso wie unterschiedliche Dicke und Härtegrad bei den Formationen des Ödlandes und der Hügellande eine Rolle spielten, war es auch beim Emyn Muil. Dessen Formationen waren viel dicker als die der Hügelländer. Das steinige Land setzte sich aus drei Hauptschichten durch Muldenfaltung entstandenen Sedimentgesteins zusammen. Diese waren im westlichen Teil des Emyn Muil besonders deutlich zu erkennen, wo sich »die Ausläufer ... in zwei langen, zerklüfteten Höhenzügen ... erstreckten« (II 22), die von Norden nach Süden verliefen. Die drei Schichten traten in Erscheinung als (1) der innere östliche Kamm, der am höchsten war und folglich die dickste Schicht darstellte; (2) der äußere westliche Kamm, der etwa 120 Fuß dick war, denn er erhob sich »zwanzig Klafter« über der dritten Schicht (II 24); (3) der »breite und zerklüftete Felsenvorsprung, der plötzlich in den Rand einer steilen Felswand auslief: der Ostwall von Rohan« (II 24).

Die innere Gesteinslage war von allen Seiten her abgetragen worden, und von ihr war nur noch ein schüsselförmiger Rest übriggeblieben, ein *synklinales Tal.* Es hatte relativ lange Innenhänge und steile äußere Klippenwände. Die Stromschnellen von Sarn Gebir bahnten sich ihren Weg durch die nördliche Klippenwand dieser Schicht. Der Fels, der an diesem Ort dem Fluß am nächsten war, war stark ausgewaschen und hatte »Kamine« zurückgelassen. Der Kalkstein muß teilweise chemisch zersetzt worden sein, denn es gab dort einige typische Merkmale von Karstbildung, wie man sie zum Beispiel in Dalmatien findet. Wo der Felsen unter der Oberfläche zersetzt worden und die daraufliegende Schicht eingestürzt war, traten *Dolinen* (Schlundlöcher) in verschiedenen Größen auf. Folglich stießen die Gefährten, als sie ihre Boote über eine Meile an den Stromschnellen vorbeitragen mußten, auf eine Vielzahl »verborgener Löcher« und »steiler Schluchten« (I 471).

Zwischen Sarn Gebir und Argonath hatte der Fluß sich tief eingegraben, so daß sich auf beiden Seiten die »Klippen zu unermeßlicher Höhe erhoben« (I 473). Auch Nen Hithoel, der See hinter dem natürlichen Damm des südlichen Kamms, lag am Fuß hoher Klippen. Diese waren ein wenig abgetragen worden, und zu ihren Füßen waren alluviale Terrassen zurückgeblieben wie die Wiese von Parth Galen oder das abschüssige Ufer, wo Sam und Frodo ihr Boot verbargen (I 476).

Südlich des Sees muß der Fluß sich in einem tief eingeschnittenen Bett seinen Weg durch den Kamm gebahnt und

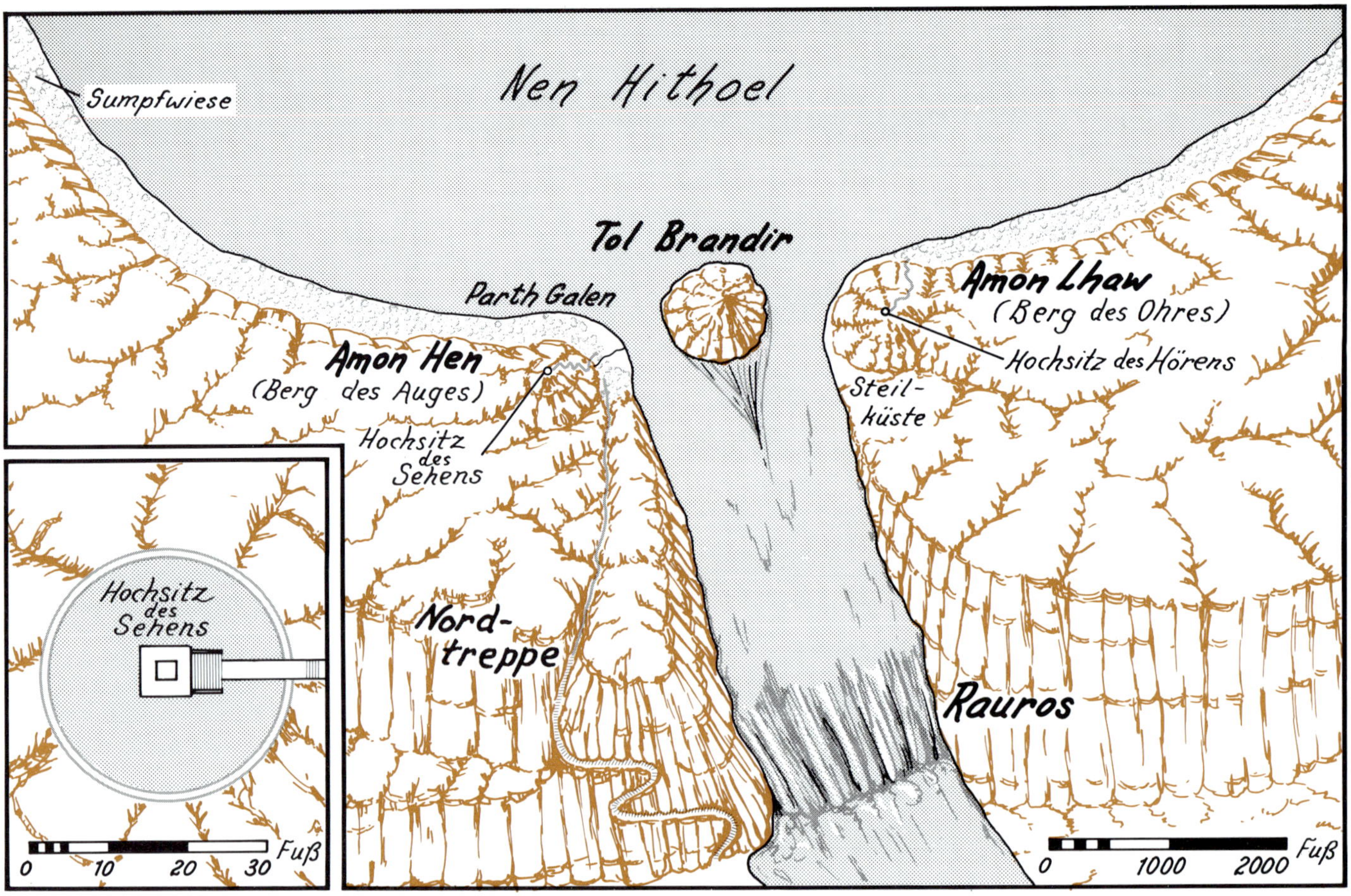

Rauros *Nebenkarte:* Amon Hen

drei Berge zurückgelassen haben. Dies waren im Westen und Osten Amon Hen und Aman Lhaw, die Berge des Auges und des Ohres mit ihren bewehrten steinernen Hochsitzen. In der Mitte, umgeben vom fließenden Strom, stand Tol Brandir (I 474). Hinter der Insel liefen die drei Schichten zusammen und bildeten die Klippe, über die der Rauros hinabstürzte. Die Fallhöhe war so enorm, daß das Tragen der Boote nur möglich war, wenn man die alte Nordtreppe hinabstieg (I 470).

Als Aragorn, Gimli und Legolas die Orks verfolgten, erklommen sie von Westen kommend den sanfteren Osthang und stiegen dann in ein steiles westliches Tal hinab. Am Fuß der Klippe lag »das Tal wie ein steinerner Trog zwischen den Berggraten« (II 22). Dieses Tal markierte die Trennlinie zwischen den beiden Hauptformationen. Die Form des äußeren Kammes stimmte mit der des inneren überein: ein vom Bachbett sanft ansteigender Hang und zur Ebene von Rohan hin ein Steilabhang.

Östlich von Nen Hithoel müssen Sam und Frodo die gleichen Gesteinsschichten überquert haben, doch es waren nicht mehr die zwei voneinander getrennten Kämme und der Sockel der westlichen Emyn Muil; Unterschiede im Gefälle, Verwerfungen und andere Faktoren hatten zur Bildung eines »seltsam verflochtenen Knäuels von Bergen« geführt (II 239). Am Ostrand, der höchsten Stelle im Süden, gab es offenbar eine Bruchlinie. Nach Norden »näherte sich die Oberkante der Felswand ... der Ebene des Tieflandes« (II 242).

Starke Abtragung und Auswaschung sind wahrscheinlich die Ursache für die Entstehung des wüsten Landes, wo die Klippe »sich verlagert und verschoben hatte ... und große Spalten und lange schräge Vorsprünge zurückgeblieben waren, die stellenweise die Breite von Treppenstufen hatten« (II 243). Die Felswand war etwa 108 Fuß hoch (18 Klafter) (II 246), und der größte Teil von Sams Seil (»dreißig Ellen, mehr oder weniger«, II 246) war erforderlich, um schließlich aus dem Emyn Muil zu entkommen.

Die Hügellande ▶
Querschnitt: Nord-Nordwest nach Süd-Südost

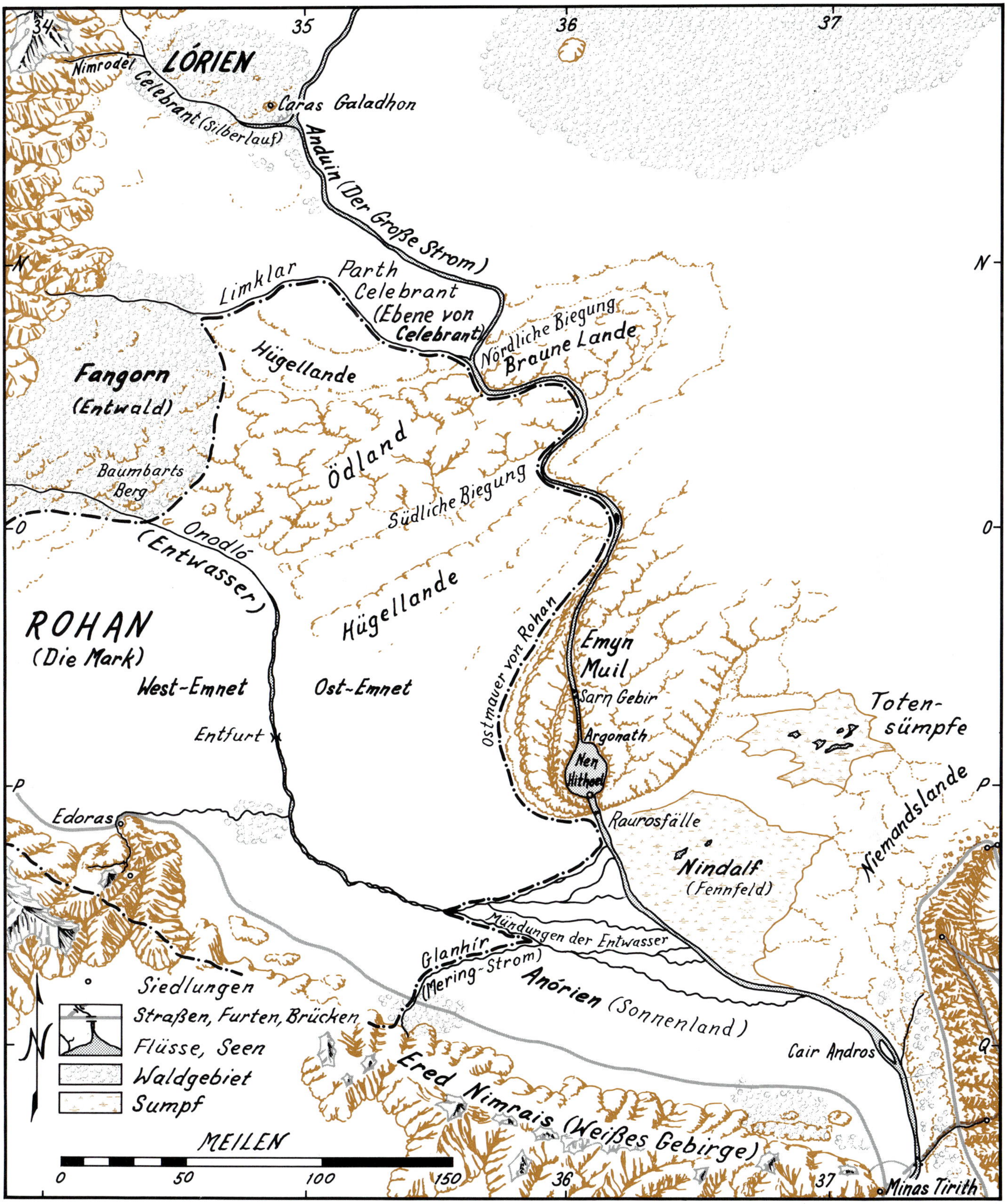

LÓRIEN
Nimrodel
Celebrant (Silberlauf)
Caras Galadhon
Anduin (Der Große Strom)
Limklar
Parth Celebrant (Ebene von Celebrant)
Nördliche Biegung
Braune Lande
Fangorn (Entwald)
Hügellande
Ödland
Baumbarts Berg
Südliche Biegung
Onodló (Entwasser)
Hügellande
ROHAN (Die Mark)
West-Emnet
Ost-Emnet
Ostmauer von Rohan
Emyn Muil
Sarn Gebir
Argonath
Nen Hithoel
Toten-sümpfe
Entfurt
Edoras
Raurosfälle
Niemandslande
Nindalf (Fennfeld)
Mündungen der Entwasser
Glanhír (Mering-Strom)
Anórien (Sonnenland)
Siedlungen
Straßen, Furten, Brücken
Flüsse, Seen
Waldgebiet
Sumpf
Cair Andros
Ered Nimrais (Weißes Gebirge)
MEILEN
0 50 100 150
Minas Tirith

Nebelgebirge
Nördliches Hügelland
Limklar
Ödland
Südliches Hügelland
Mauern von Rohan
Emyn Muil
Nen Hithoel
Fennfeld

Das Weiße Gebirge

Die zweite größere Gebirgskette erstreckte sich von Westen nach Osten über mehr als 600 Meilen. Das Weiße Gebirge war schon im Ersten Zeitalter vorhanden (S 107) und entstand sehr wahrscheinlich zur gleichen Zeit wie das Nebelgebirge. Sein nördlicher Arm schien sogar eine Verlängerung des in Nord-Süd-Richtung verlaufenden Nebelgebirges zu sein, die nur an der Pforte von Rohan unterbrochen war. Westlich von Dunharg und südlich von Helms Klamm, wo die Kräfte aufeinandertrafen, welche den Ost-West- und den Nord-Süd-Gebirgszug schufen, wurde das Land hochgeschoben und zu einem wirren Knäuel zusammengepreßt. Dort befanden sich wahrscheinlich einige der höchsten Berggipfel in den bekannten Ländern Mittelerdes — möglicherweise noch höher als die unserer Alpen. Viele andere Teile des Weißen Gebirges müssen ebenfalls so hoch gewesen sein wie die meisten der Nebelberge oder noch höher, so daß sie auch in südlicheren Breiten schneebedeckt waren. Dazu ist eine Mindesthöhe von ca. 3.000 Metern erforderlich.

Landschaftsmorphologie

Bei Tolkien findet sich wieder ein Hinweis darauf, daß zumindest in der Gegend um Dunharg eine alpine Vergletscherung stattgefunden hat. Stark*horn* hatte einen zerklüfteten Gipfel mit ewigem Schnee (III 68). Irensaga hatte »Sägezähne« (III 72) — eine passende Beschreibung für eine Reihe zerklüfteter Spitzen, die ein Gletscher geformt hat. Sogar in diesen südlichen Breiten hatten die Gletscher offenbar bis in das Haupttal des Schneeborn hineingereicht. Wie jedes große Gebirgstal war es tief und hatte steile Seitenwände. Die Anhaltspunkte, die auf eine Vergletscherung schließen lassen, waren seine Breite (»wenig mehr als eine halbe Meile« (III 71), wo Theodens Reiter es durchquerten) und die beiden Seitentäler, die hoch über dem Grund des Haupttales lagen. Der Fluß im westlichen Tal floß durch eine »schmale Schlucht« und ergoß sich als Wasserfall über den Klippenrand (III 68), so daß dieses Tal im Gegensatz zum Haupttal vermutlich nicht vergletschert war. Auf der Ostseite des Flusses wand sich die Straße der Puckelmänner allmählich den »jähen Felsenhang« empor, »einige hundert Fuß über dem Tal«, bis zu dem »weiten Hochland ... dem Firienfeld« (III 72). Die Schlucht zog sich tief ins Gebirge hinein, bis sie an der »jähen Felswand« des Geisterberges endete (III 62). Dieses enge Hochtal war ein typisch eiszeitliches Hängetal, breit und langgezogen, an dessen Seiten der Gletscher steile Wände ausgeschliffen hatte, die wie bei einem Amphitheater emporstiegen.

Eiszeitliche Geländeformen an anderen Stellen der Gebirgskette werden nicht erwähnt, obgleich sie vorhanden gewesen sein können — besonders im »Knäuel«. Es ist untypisch, daß das Steinkarrental als eine »Mulde« beschrieben wird, doch seine geringe Höhe ließe darauf schließen, daß es nicht eiszeitlich war. Das Tal könnte ein eingeschnittener Flußlauf gewesen sein, obwohl sich im Dritten Zeitalter an dieser Stelle kein Fluß befand; es könnte eine Verwerfung oder eine Muldenfaltung gewesen sein; oder es hatte überhaupt keinen natürlichen Ursprung, sondern war ein gewaltiger Steinbruch, wie von Ghân-buri-Ghân angedeutet wurde (III 117).

Gesteinsarten

Mit einiger Sicherheit lassen sich im Weißen Gebirge nur zwei Gesteinsarten identifizieren: Kalkstein (der in bestimmten Gebieten zu Marmor geworden war) und eingedrungenes Eruptivgestein. Im Gebiet von Helms Klamm gab es unzweifelhaft Kalkstein, und aufgrund der Nachbarschaft zu Kalksteinformationen im Emyn Muil, den Hügellanden und in Nord-Ithilien, darf er auch in der Nähe des Mindolluin vermutet werden. Die weißen Mauern von Minas Tirith bestanden wahrscheinlich aus einer harten Kalksteinart, die dort in der Nähe gebrochen wurde. Der Turm von Ecthelion, der schimmerte »wie eine Ähre aus Perlen und Silber« (III 20), kann aus weißem Marmor bestanden haben.

Die Glitzernden Höhlen von Aglarond lagen zum größten Teil in einer Kalksteinschicht. Diese Formationen sind Voraussetzung für ein ausgedehntes Höhlensystem — Säulen, Flügel, Stränge, Vorhänge und unterirdische Teiche. Ungewöhnlich waren die »Edelsteine und Kristalle und Adern von edlen Erzen« (II 172), bei denen es sich um eruptive Einschlüsse gehandelt haben kann. (Einige der schönsten Rubine und Saphire unserer Welt werden z. B. als Sekundärablagerungen in Wasserhöhlen [Sekundärhöhlen] im nördlichen Burma gefunden.) Hinweise auf Erzlager an anderen Stellen der Gebirgskette fehlen, doch heißt das sicherlich nicht, daß es keine gab.

Im Gegensatz zu Aglarond waren die Pfade der Toten »trocken wie Staub« (III 63). Trockene Höhlen können als obere Stollen auftreten. Da jedoch keine für Höhlen typische Formation erwähnt wird, handelte es sich vermutlich nicht um Sekundärhöhlen. Statt dessen können sie durch Wasser, Frost oder sogar Lava entstanden sein, welche vorhandene Spalten und Klüfte vergrößerte und dann den Gang aushöhlte. Die Pfade können das Ergebnis eines dieser Prozesse gewesen oder sogar ganz oder teilweise künstlich angelegt worden sein. Die aus der Farbe in dieser Gegend gewonnenen Anhaltspunkte erhärten die Annahme, daß es hier Eruptivgestein gegeben hat, das oft schwarz ist. Bei Sonnenaufgang zeigten sich Bergspitzen, die »weißgekrönt und schwarzgestreift« (II 124) waren, und der Dwimorberg wurde »schwarzer Dwimorberg« (III 62) genannt.

Die Tieflande

Ausläufer des Weißen Gebirges erstreckten sich weit in den Süden, einige fast bis zur Bucht von Belfalas. Zwischen den Bergrücken lagen tief eingeschnittene Flußtäler, wie das des Morthond, wo die Graue Schar von den Pfaden der Toten herabstieg — »eine große Mulde, die sich bis an die nach Süden jäh abfallenden Gebirgskämme hinzog« (III 65). Diese alluvialen Täler vereinigten sich, je mehr sie sich der Bucht näherten, und so entstanden die lieblichen grünen Küstenlande von Anfalas und Belfalas.

Die weite Ebene nördlich des Weißen Gebirges und südöstlich des Nebelgebirges wurde durch ein ungeheures Flußsystem entwässert, das der Entwasser. Obgleich sie ihren Ursprung in den Quellen hatte, die am Berg Methedras oberhalb von Baumbarts Behausung entsprangen (II 80), flossen die meisten ihrer Nebenflüsse vom Weißen Gebirge herab. Die Entwasser dürfte durch Grundwasserentzug auch einen Teil der südlichen Hügellande und des Ödlandes entwässert haben. Durch ihr großes Inland-Delta bot die Entwasser ein ungewöhnliches Bild. Eine solche Deltabildung könnte den Eindruck vermitteln, daß der Fluß recht schlammig war, doch ein Inland-Delta bedeutet nicht, daß ein Fluß große Mengen von Sedimenten mit sich führt. Statt dessen entwickelt sich diese Deltaform dort, wo eine plötzliche Abnahme des Gefälles von außerordentlich hohen Bergen auf einen flachen Talgrund eintritt. Der abrupte Wechsel verringert die Fähigkeit des Flusses erheblich, Schwebstoffe mitzuführen, und die daraus folgende Anhäufung von Sedimenten staut den Hauptkanal des Flusses auf. Dieser Vorgang ist bei der Entwasser am Beispiel des verflochtenen Flusses oberhalb des Deltas deutlich zu erkennen (vgl. Karte des 3. Bandes von *Der Herr der Ringe*). Eine fehlende merkliche Strömung vermindert zudem die Fähigkeit des Flusses, Sedimente zu transportieren, und führt zu weiterer Ablagerung. Die Nebenarme fließen weiter, und der Kreis schließt sich, wenn der Ausgleich hergestellt ist, der Fluß sich wieder vereinigt oder, wie im Fall der Entwasser, in einen anderen Fluß mündet.

Präriegräser kommen gewöhnlich in relativ trockenen Gebieten vor; doch die Ebene muß häufig überflutet gewesen sein. Nach dem Langen Winter wurde sie ein »riesiges Fenn« (III 393), und sogar in trockenen Jahren suchte Schattenfell sich seinen Weg zwischen Fangorn und Edoras vorbei an »verborgenen Teichen und ... heimtückischen Sümpfen« (II 123). Offenbar gab es gerade genug Wasser, um die wundervoll üppigen Graslande von Rohan hervorzubringen.

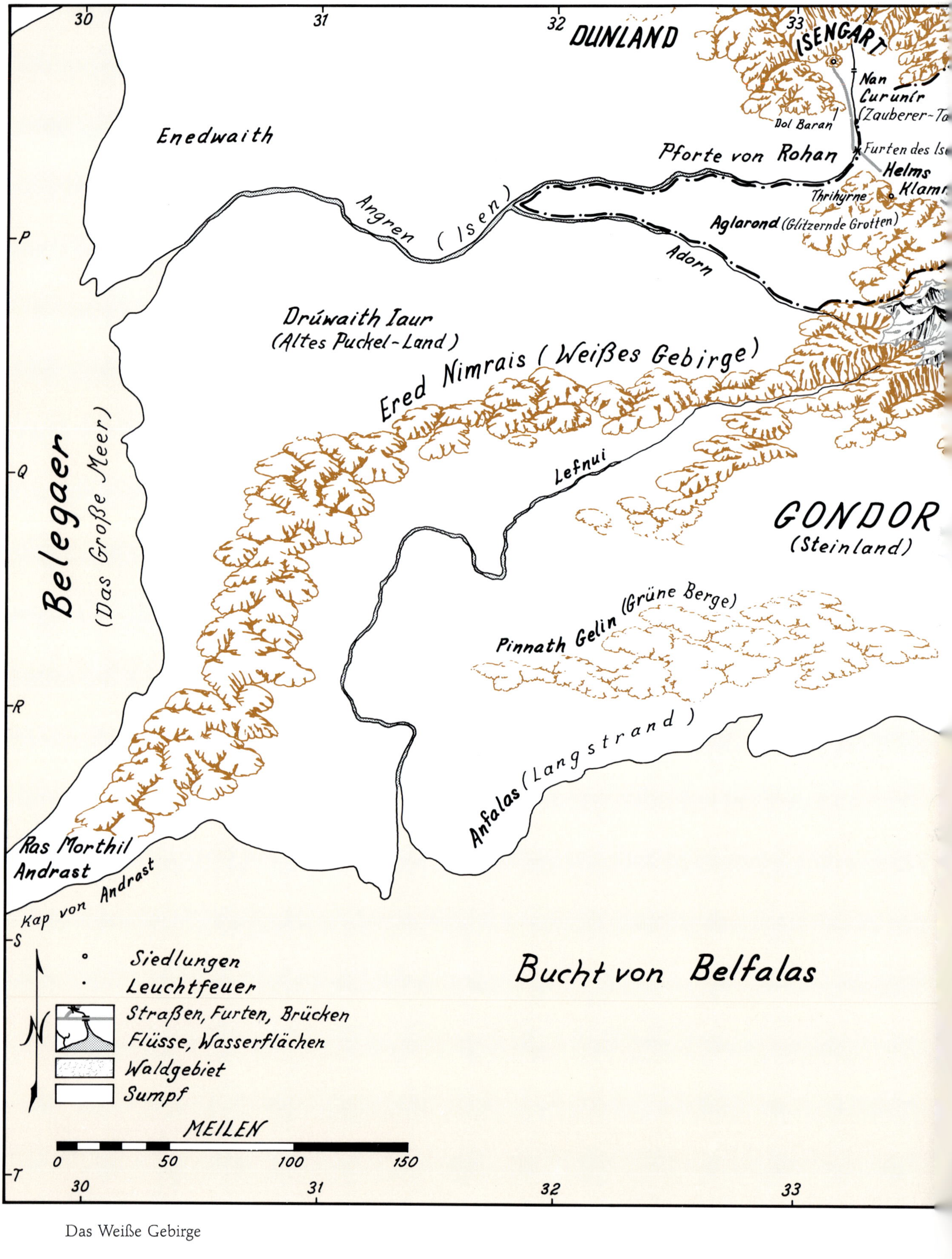

Das Weiße Gebirge

34
35
36
37
ROHAN
(Die Mark)
Onodló
(Entwasser)
Hügellande
Emyn
Muil
Sarn Gebir
Ostmauer von Rohan
West-Emnet
Ost-Emnet
Westfold
Entfurt
Toten-
sümpfe
Nordmarken
Raurosfälle
Schneeborn
Edoras
Irensaga
Starkhorn
Dunharg
Folde
Geisterberg
Große Weststraße
Ostfold
Nindalf
(Fennfeld)
Niemandslande
Mündungen der Entwasser
Fennmark
Mering-Strom
Anórien (Sonnenland)
Firien-
wald
Nord-Ithilien
Henneth
Annûn
Erech
Morthond (Schwarzgrund)
Halifirien
Calenhad
Cormallen
Cair Andros
Tarlangs Hals
Minrimmon
Drúadan-Wald
Erelas
Lamedon
Nardol
Eilenach
Steinkarrental
Amon Dîn
Grau-
wald
Ciril
Mindolluin
Osgiliath
Minas
Tirith
Calembel
Lossarnach
Emyn Arnen
Ethring
Celos
Tumladen
Erui
Ringló
Sirith
Edhellond
(Elbenhafen)
Lebennin
Gilrain
Südstraße
(Der Große Strom)
Dol Amroth
Serni
Süd-
Ithilien
(Mondland)
Dor-en-Ernil
(Land des Prinzen)
Pelargir
Linhir
Anduin
Haudh in Gwanûr
Ethir Anduin
Belfalas
(Mündungen des Anduin)
Poros
Harad-Straße
HARONDOR (Süd-Gondor)
Tolfalas
P
Q
R
S
T

Mordor (und angrenzende Gebiete)

Tolkien hat einmal angemerkt, daß Mordor mehr oder weniger dem vulkanischen Becken des Mittelmeerraumes und der Schicksalsberg dem Stromboli entspreche.[26] Bei jeder Gelegenheit wird der vulkanische Charakter hervorgehoben: Mordor, das Schwarze Land; Ephel Dúath, Berge aus schwarzem Fels; Ered Lithui, Aschengebirge; Lithlad, Aschenebene; Gorgoroth, eine vulkanische Hochebene, und natürlich der Schicksalsberg — ein tätiger Vulkan. Es war eine unheilvolle Landschaft und ähnelte so ihrem Meister. Es ist bemerkenswert, daß die Lande außerhalb des Ephel Dúath (des »Äußeren Zauns«) nicht vulkanischen Ursprungs waren. Nord-Ithilien, ein rasch abfallendes Land voll von Strömen und Grotten; die Marschen; die Moore der Niemandslande und sogar die Dagorlad, das harte Schlachtfeld. Sie machten das Geheimnis noch undurchdringlicher. Die Lande im Nordwesten nahe Morannon, wo Saurons Macht am größten war, verfielen seinem Einfluß und wurden zerstört; aber Ithilien war erst seit kurzem unter unheilvollen Einfluß geraten und »besaß noch immer eine zerzauste, feenhafte Lieblichkeit« (II 296).

Die angrenzenden Lande

Die nördlichen Lande wurden von schneidenden Ostwinden gepeitscht, die Dämpfe von den Schlackenhügeln und dem im wachsenden Maße aktiven Schicksalsberg mit sich trugen (I 451; II 247; 274). Das Land wurde unfruchtbar und allmählich seiner Vegetation beraubt. Da das Land kahler wurde, floß der spärlich fallende Regen ungehindert von den nahen Hochlanden herab in die verkrauteten Sümpfe. Die Totensümpfe wuchsen, und die Gräber, die man dort nach der Schlacht des Letzten Bundes gegraben hatte, wurden verschluckt (S 323; II 268).

Als Frodo und die anderen die Totensümpfe verließen, stiegen sie an »langen, flachen Hängen« hinauf zu den »unfruchtbaren Mooren des Niemandslandes« (I 451; II 273). Bei diesen handelte es sich wahrscheinlich um das äußere Ende einer Sedimentschicht, die sich, vom Ephel Dúath abfallend, in südlicher Richtung durch ganz Ithilien zog. Dabei war »ein langes, grabenartiges Tal, das zwischen diesem Berg und den Ausläufern des Gebirges lag«, zurückgeblieben, durch welches die Hobbits zum Morannon hinüberblickten (II 283).

Wo der Gebirgszug sich nach Osten wandte, fiel der Grat ab, und das Tal weitete sich zu einer Ebene — Dagorlad, Schauplatz vieler Schlachten —, über welche die Hobbits die Südländer zum Schwarzen Tor marschieren sahen. Die Ebene war »steinig«, wahrscheinlich handelte es sich um Geröll, um unzählige aus dem Gebirge ausgewaschene Steinbrocken, die jedoch wegen des trockenen Klimas nie verwitterten (II 266).

Die Hobbits wandten sich nach Süden und folgten dem Lauf der Straße, die zwischen den Graten der westlichen Abhänge und den östlichen Bergen angelegt war. Sie gelangten in ein zunehmend lieblicheres Land mit reichlichen Regenfällen, denn hier bliesen die feuchten südwestlichen Winde aus der Bucht von Belfals (II 294), und das Wasser sammelte sich in zahlreichen Strömen, die rasch zum Anduin hinabflossen und steile Schluchten gruben. Zuweilen suchten sich die Ströme ihren Weg durch eine Felskluft, folgten den schmalen Spalten unter der Oberfläche und tauchten weiter unten als Quellen wieder auf. Eine dieser »Grotten« wurde gegen das Eindringen von Wasser gesichert — Henneth Annûn (II 324). Auch weiter südlich muß es steilabfallende Sedimentschichten gegeben haben, denn nachdem die Hobbits Faramirs Zuflucht verlassen hatten, hielten sie sich westlich der Straße, bis sie die Schlucht des Morgulduin erreichten. Sich nach Osten wendend, kletterten sie stetig bergan, und »wenn sie je ein wenig bergab gingen, dann war der nächste Hang immer länger und steiler«. Schließlich erklommen sie mühsam »einen großen Bergrücken« (II 353) — einen scharfgratigen Rücken festen Sedimentgesteins mit einem über 45° steilen Abhang und einer noch steileren Klippe auf der anderen Seite. Jenseits der Wegscheide lag das erste der »wüsten Lande« Mordors (II 354).

Mordor

Das Land Saurons wies drei Hauptmerkmale auf: das Gebirge, das »Teil eines einzigen großen Walles« war; die Hochebene von Gorgoroth und die Ebenen von Lithlad (II 279). Das gesamte Land war unfruchtbar und vulkanisch. Beim Aufstieg ins Gebirge waren die Hobbits fortwährend von verschiedenen vulkanischen Felsen umgeben, die dem Gebirgszug seine überwiegend schwarze Farbe verliehen: Schillerfels (Serpentin) kann aufgetreten sein; Basalt kam in geringeren Höhen vor und trat in Gangstöcken und Stielgängen zu Tage. Auf der gewundenen Treppe kamen die Hobbits an »hohen Pfeilern und gezackten Felszinnen ... großen Spalten und Rissen« vorbei (II 367). Diese können das Ergebnis der säulenförmigen Verwitterung des Basalts gewesen sein.

Die Hobbits waren von hohen Berggipfeln umgeben, doch diese waren offenbar niedriger als die des Weißen Gebirges und der Nebelberge. Es gibt keinen Hinweis auf Schnee, obwohl »vergessene Winter genagt und den sonnenlosen Stein geformt hatten« (II 367). Dennoch waren die Gipfel wahrscheinlich von beträchtlicher Höhe, denn der höchste Punkt des Passes von Cirith Ungol lag mehr als 3.000 Fuß über der Wegscheide (III 246). Es ist möglich, daß die Bergketten ebenfalls durch Faltung und Verwerfung entstanden sind. Eine Faltung hat vermutlich die Mulde zwischen dem Ephel Dúath und dem Morgai verursacht, durch welche die Hobbits von Cirith Ungol nach Norden krochen. »Die östlichen Hänge des Ephel Dúath waren steil«, und die Hänge des Morgai waren »eingekerbt und gezackt von spitzen Felsen« (III 195 f.; 216). Auch transversale Verwerfungen kamen vor, denn Sam und Frodo tranken Wasser aus einer Spalte, die aussah, »als sei der schwarze Felsen mit irgendeiner riesigen Axt gespalten worden« (III 221).

Am nördlichen Ende des Ephel Dúath, wo es mit dem Ered Lithui zusammenstieß, lag ein tiefes rundes Tal, eingefaßt von jähen, schwarzen, nackten Klippen — Udûn. Tolkien beschreibt dieses Tal als ein Gebiet, das von Ausläufern der beiden Gebirgsketten umschlossen wurde (II 279). Die Symmetrie des Tales deutet entweder auf den Krater eines erloschenen Vulkans oder auf einen Ring-Damm hin;

ersteres ist der Überrest eines Vulkans, der ausgebrochen und/oder erloschen ist; letzteres ein kreisförmiger Kranz erkalteten Eruptivgesteins, der ein tiefes Tal umgibt. Dies tritt auf, wenn ein Block in eine darunterliegende Magma-Kammer eintaucht und das flüssige Magma rund um den Block nach oben gedrückt wird. Oftmals wird dieses Aufwellen unterbrochen, und es bleiben Zwischenräume frei wie Isenmünde und Cirith Gorgor. Einer der beiden Vorgänge kann sich in der von Tolkien beschriebenen Landschaft abgespielt haben, er müßte jedoch, verglichen mit unserer Welt, gigantische Ausmaße gehabt haben. Man stelle sich die ursprüngliche Höhe eines Vulkans vor, der an seinem Fuß 45 Meilen mißt. Dieser Koloß hätte fast 29.000 Fuß hoch sein müssen! Dagegen war der Schicksalsberg nur 4.500 Fuß hoch bei einem Durchmesser von sieben Meilen (III 246).

Als die Hobbits sich von Udûn nach Osten und dann nach Süden wandten, sahen sie sich ihrem letzten Pfad über die Gorgoroth gegenüber, einer Lava-Hochebene. Sie dürfte höher gelegen haben als Udûn (ein »tiefes Tal«) und die Lithlad (II 279; III 230). Außerordentlich dicke Schichten von flüssigem Basalt wurden im Lauf der Jahre abgelagert, der langsam durch die zahlreichen Risse emporquoll, welche das Land durchzogen. Dazu kamen Vulkanausflüsse von einst aktiven Vulkanen, von denen jedoch nur noch die Gerippe übrig waren — Röhren und Stiele und im Südosten, wo die Erosion weiter fortgeschritten war, Bergebenen und Restberge. Zur Zeit der Fahrten der Hobbits war die Zahl der Risse sehr groß, und die Zeugen einstiger Vulkantätigkeit verliehen der Hochebene ihr wildes unheilvolles Aussehen (III 236); doch nichts war eindrucksvoller als der genau in der Mitte liegende rauchende Berggipfel — der Schicksalsberg.

Die Hochebene war unfruchtbar, und wenn ganz Mordor aus diesem Gestein bestanden hätte, wäre es Sauron schwer gefallen, seine zahllosen Truppen mit Nahrung zu versorgen; doch in der Ebene von Lithlad waren die Bedingungen ein wenig besser. Dort auf der Aschenebene hatte sich offenbar weniger hartes Material abgelagert oder war zum größten Teil abgetragen worden. War der Fels stark verwittert, dürfte die dadurch entstandene Erde recht fruchtbar gewesen sein. In dem halb-trockenen Klima war Wasser knapp, denn das Binnenmeer Nûrnen (mit seinem unterirdischen Abfluß) enthielt Salzwasser (II 279). Jedoch könnte eine frische Ablagerung von Asche zur Erhaltung des Bodens beigetragen haben (denn Asche ist eine hochwirksame Mulche, welche die Verdunstung verringert) und Trockenland-Ackerbau auf »den großen Feldern ... die von Hörigen bestellt wurden« (III 225) möglich gemacht haben.

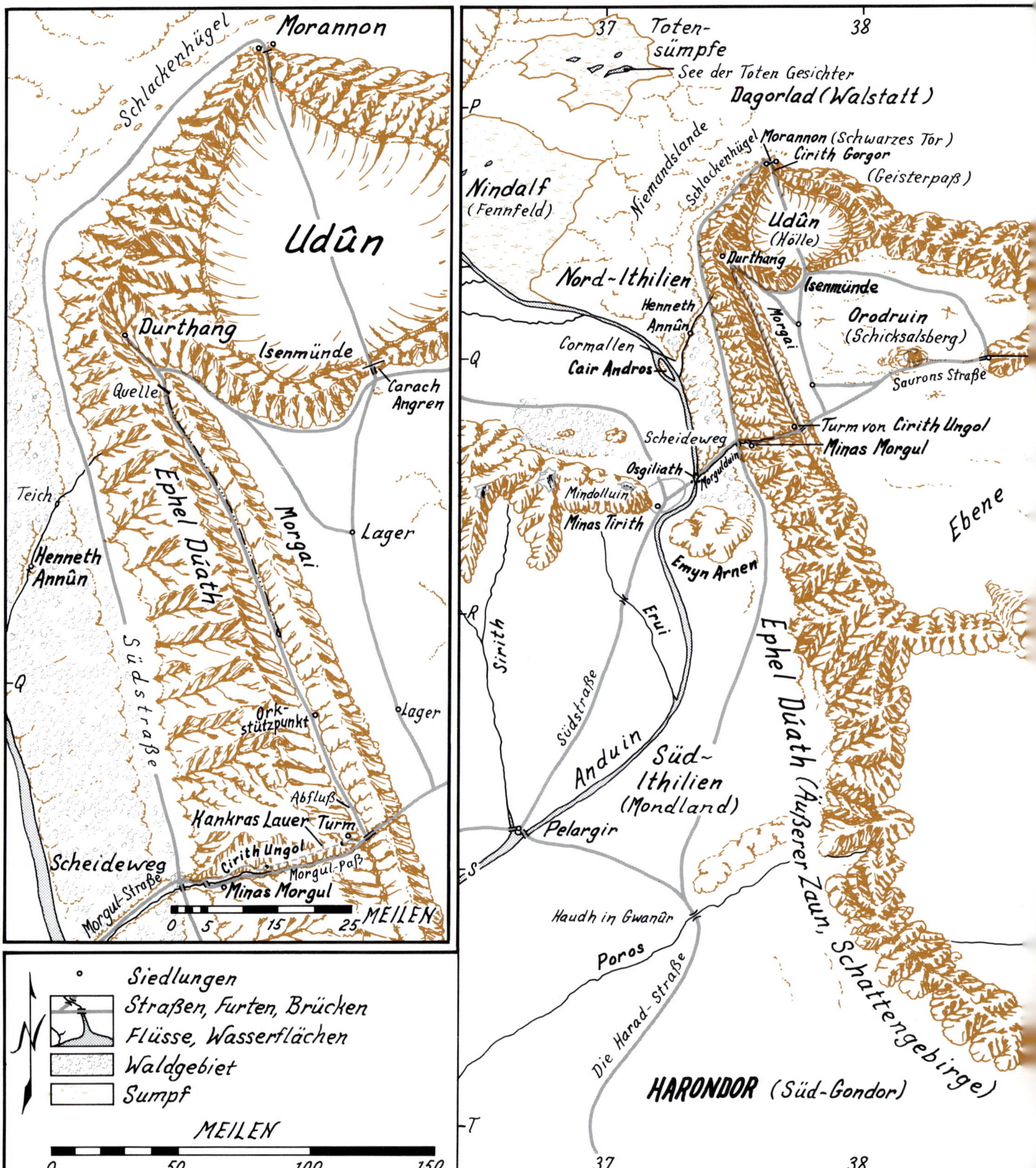

Mordor
Querschnitt links: West-Ost
Querschnitt rechts: Nordwest-Südost

39
40
41
42
P
Q
R
S
T
Ered Lithui (Aschengebirge)
Barad-dûr
(Der Dunkle Turm)
von Gorgoroth
MORDOR
(Das Schwarze Land)
Nurn
Lithlad (Aschenebene)
Nûrnenmeer
KHAND
Harnen
NAH-HARAD
Ebene von Gorgoroth
Lithlad (Aschenebene)
Südliches
Ephel Dúath
Nûrnenmeer

Der kleine Hobbit

Einleitung

In *Der kleine Hobbit* lieferte Tolkien viele lebendige Schilderungen, nannte jedoch wenige Daten, keine Entfernungen und gab auf der ursprünglichen Karte von Wilderland keinen Maßstab an. Die Karten mit den Pfaden der Hobbits konnten folglich nur unter Benutzung des Karten-Maßstabes und der anderen Angaben im *Herrn der Ringe* gezeichnet werden. Der Auenland-Kalender erläuterte das Tag/Datum-System, das eine Untersuchung der wenigen im *Kleinen Hobbit* genannten Daten ermöglichte (III 434). War die Anzahl der Reisetage erst einmal festgelegt, war es möglich, die Zahl der täglich zurückgelegten Meilen durch bloßes Abmessen zu berechnen; dazu kamen gelegentliche Hinweise (früher Aufbruch, langer Marsch) und andere Faktoren, welche die Reisegeschwindigkeit der Gesellschaft verändert haben könnten.

Bei allen angegebenen Daten für die Zeit des Ringkrieges, so heißt es, sei der Auenland-Kalender verwendet worden (III 436f.), folglich wurde er auch hier als Grundlage für die Daten des *Kleinen Hobbit* benutzt. Es ist möglich, daß Tolkien den Auenland-Kalender noch nicht erdacht hatte, als *Der kleine Hobbit* geschrieben wurde, doch sogar dann hätte sich bei unserem Kalender höchstens eine Abweichung von wenigen Tagen ergeben. Für die Reise nach Osten ließen sich nur drei Daten exakt festlegen: der 27. April — Abreise von Hobbingen am Donnerstag, »Kurz vor dem 1. Mai« (H 37; ME 440); Mittjahrstag — Abreise von Bruchtal am Morgen des Mittsommertages (gleichgesetzt mit dem Mittjahrstag, der Sommersonnenwende) (H 62; III 434); und der 22. September — Ankunft in Seestadt (I 46).

Von Beutelsend nach Bruchtal

Die Zahl der auf der Straße zwischen Beutelsend und Bruchtal zugebrachten Tage konnte nur durch Zurückrechnen geschätzt werden. Die Gesellschaft verließ Beutelsend am 27. April und Bruchtal am Mittjahrstag (wo sie »vierzehn Tage verbrachten«) (H 58), sie konnte also insgesamt 51 Tage unterwegs gewesen sein. Von den 408 Meilen zwischen Beutelsend und Bruchtal lagen 100 östlich der Letzten Brücke über den Weißquell. Thorin und seine Schar legten diese Entfernung in gut fünf Tagen zurück. Unter diesen Umständen hätten sie imstande sein sollen, die Strecke zwischen Beutelsend und der Brücke in etwa 15 Tagen zurückzulegen — insgesamt also eine Reisedauer von 22 und nicht von 51 Tagen. Vielleicht haben sie sich unterwegs nicht beeilt. Bis zu diesem Zeitpunkt war das Wetter prächtig und die Zahl der Gasthäuser groß gewesen; dagegen hätte es sie zur Eile getrieben, wenn sie im Regen hätten kampieren oder hungrig hätten marschieren müssen. Vielleicht haben sie mehr als zwei Wochen in Bruchtal zugebracht — Sterbliche schienen große Schwierigkeiten zu haben, in Elbenstädten das Zeitgefühl zu bewahren. Als ein Kompromiß mag die endgültige Schätzung gelten, nach der sie 38 Tage unterwegs waren und sich 27 Tage lang in Bruchtal aufhielten.

Als Frodo und seine Freunde später die gleiche Strecke zurücklegten, listet die Karte westlich von Bruchtal zum Vergleich sowohl die im *Kleinen Hobbit* als auch die im *Herrn der Ringe* zurückgelegten Entfernungen auf. Sogar auf Ponys scheinen die Zwerge sich im Schneckentempo bewegt zu haben, während Frodo ein strenges Marschtempo durchhielt. Nur einmal schienen die Zwerge schneller gewesen zu sein als die Hobbits: in den Trollhöhen. Der Widerspruch ergab sich aus der Entfernung zwischen dem brausenden Fluß und der Lichtung, wo Bilbo die Trolle traf. Der Fluß wurde im *Kleinen Hobbit* nicht namentlich genannt, jedoch die revidierte [nicht auf Deutsch erschienene] Fassung der Geschichte erwähnte ausdrücklich, daß er von einer steinernen Brücke überspannt wurde. Falls es sich um den Weißquell handelte, stimmen die Entfernungen nicht überein: das Feuer der Trolle war so nahe am Fluß, daß sie es »gar nicht weit vor ihnen« (H 40) sehen konnten und die Zwerge vermutlich nicht mehr als eine Stunde brauchten, um es zu erreichen. Dagegen führte Streicher die Hobbits von der Straße nach Norden, wo sie den Weg verloren und fast sieben Tage brauchten, um die Lichtung zu erreichen, wo sie die Trolle fanden. Verirrt oder nicht verirrt, es scheint nahezu unmöglich, daß der von Zeitnot bedrängte Waldläufer sechs Tage gebraucht haben soll, um einen Ort zu finden, den die Zwerge innerhalb einer Stunde erreichten. Vielleicht lag der Fluß, an dem die Zwerge lagerten, östlich des Weißquell; doch Frodo und seine Schar überquerten zwischen Weißquell und Lautwasser weder einen Fluß, noch können sie nördlich an seiner Quelle vorbeigezogen sein, denn der Fluß kam aus den Bergen herab (H 38). Da diese beiden Geschichten anscheinend nicht zu vereinbaren sind, war ein erneuter Kompromiß notwendig: Es wurde angenommen, daß der Fluß im *Kleinen Hobbit* der Weißquell ist, so daß Streicher also in den sechs Tagen abseits der Straße nur wenige Meilen zurückgelegt hat; und weiter, daß das Lager der Trolle viel weiter östlich vom Fluß liegt, als es nach dem Reiseweg der Zwerge vertretbar scheint.

Der daraus folgende Eindruck von der Reisegeschwindigkeit in den Trollhöhen weicht folglich von der Norm ab. Durchweg bewegten sich die Zwerge auf allen ihren Fahrten langsamer als die Hobbits in der späteren Geschichte. Über die Gründe für diese Unstimmigkeit können wir nur Vermutungen anstellen. Es ist möglich, daß Tolkien bei den Reisen im *Kleinen Hobbit* größere Entfernungen im Sinn hatte und daß er entweder die Auswirkung des Maßstabes (der der Karte im späteren Buch beigegeben wurde) nicht nachprüfte — oder sie zu ignorieren beschloß. Wäre der Maßstab der Wilderland-Karte doppelt so groß gewesen wie der für das übrige Mittelerde, dann wäre die Reisegeschwindigkeit der Zwerge eher normal zu nennen gewesen. Es ist freilich auch denkbar, daß er die Entfernungen überhaupt nicht berechnete, sondern nur einen allgemeinen Eindruck von der anscheinend endlosen Mühsal geben wollte, die notwendig war, um den Einsamen Berg zu erreichen.

Von Bruchtal zum Einsamen Berg

Vierundachtzig Tage vergingen zwischen der Abreise von Bruchtal am Mittjahrstag und der Ankunft in Seestadt am 22. September. Während der gesamten Zeit war man unterwegs, mit Ausnahme eines Rasttages in Beorns Hallen und den Tagen der Gefangenschaft in den Grotten des Elbenkönigs. Die Gesamtzeit läßt sich in vier Abschnitte unterteilen: die Zeit im Nebelgebirge, im Tal des Anduin, im

Düsterwald und in Thranduils Höhlen. Auf der ersten Etappe der Reise galt es, die Berge zu ersteigen. Bruchtal lag westlich des Gebirgszuges; die Gesellschaft mußte also zunächst die Vorgebirge und die flacheren Ausläufer erreichen und überqueren, bevor sie den langen und mühseligen Aufstieg zum Hohen Paß begann. Die Zwerge gingen so langsam, daß Bilbo dachte: »Sie werden ernten und sogar in die Blaubeeren gehen, ehe wir den Abstieg auf der anderen Seite beginnen können« (H 63). Während ihrer zweitägigen Abkürzung durch die Ork-Tunnel an einem Dienstag und Mittwoch stellte er fest, daß »die Heidelbeeren gerade erst in der Blüte standen ... und er aß drei wilde Stachelbeeren« (H 103). In diesen Breiten läge die Reifezeit bzw. Blütezeit der Stachel- und Heidelbeeren vermutlich zwischen dem 15. Juni und dem 15. Juli,[27] und spätere Bemerkungen (»herbstlich weißer Nebel« trotz Hochsommer: H 139) deuten auf das späteste mögliche Datum hin: Mitte Juli. Dies würde bedeuten, daß der Aufstieg zwischen Bruchtal und dem Haupttor der Orks 25 Tage gedauert hat — mit Sicherheit länger als jene »zwei Märsche«, die die Gefährten nach Gandalfs Schätzung benötigen würden, um die Spitze des Rothorn-Passes zu erreichen (I 349).

Nachdem sie durch die Hintertür der Orks entwichen waren, stieg die Gesellschaft eilig zu den östlichen Ausläufern des Gebirges hinab und erreichte am nächsten Tag mit Hilfe der Adler Beorns Hallen. Auf seinen Ponys kamen sie gut voran und galoppierten durch das grasige Tal des Anduin — achtbare zwanzig Meilen am Tag. Obgleich sie Beorn kurz nach Mittag verließen, legten sie bis zum Abend »viele Meilen« zurück. Dann ritten sie drei Tage lang in nördlicher Richtung weiter. Da sie am zweiten Tag besonders lange unterwegs waren und am letzten Tag in der Morgendämmerung aufbrachen, könnten sie das Waldtor am frühen Nachmittag erreicht haben.

Im Düsterwald kamen sie zu Fuß nur langsam voran, und »Tage folgten auf Tage« — sogar bevor Bombur in den Verwunschenen Fluß fiel und getragen werden mußte, wodurch sie noch langsamer wurden (H 150). Die Länge des Waldpfades betrug 188 Meilen, von denen sie bereits 143 zurückgelegt hatten, als sie den Strom erreichten. Ihre Märsche nach Osten erforderten etwa eine Woche, so daß sie für die Durchquerung des Waldes etwa vier Wochen benötigt haben könnten, wobei sie täglich etwas mehr als sechs und eine halbe Meile zurücklegten.

Die Zeit, die sie in Thranduils Höhlen zubrachten, war eine »lange, mühselige Zeit« (H 177). Bilbo brauchte »eine Woche oder zwei«, um Thorin zu finden, und dann mußte er noch Fluchtpläne schmieden und die Vorbereitungen treffen, was möglicherweise zwei weitere Wochen in Anspruch genommen hat (H 178). Als er schließlich seinen Plan in die Tat umsetzte, geschah es am 21. September nachmittags. Diesen Nachmittag und den gesamten folgenden Tag verbrachten sie in den schwimmenden Fässern und trieben nach Seestadt, wo sie rechtzeitig zu Bilbos Geburtstag ankamen.

Die Gesellschaft traf ihre Vorbereitungen für die letzte Etappe der Reise, und nach nur »zwei Wochen« baten sie den Meister von Seestadt um Beistand (H 203). Nimmt man an, daß sie mindestens zwei Tage brauchten, um sich mit Vorräten zu versehen, können sie um den 9. Oktober aufgebrochen sein. Drei Tage lang ruderten sie über den Langen See und den Fluß Eilend hinauf, und dann ritten sie zum Berg. Sie lagerten eine kurze Zeit westlich des Rabenbergs, dann verlegten sie das Lager in das Tal zwischen den westlichen Bergausläufern und anschließend in die verborgene Mulde am Berghang. Dort blieben sie, bis Durins Tag es ihnen erlaubte, die Geheimtür zu öffnen und einzutreten. Rechnet man zurück, muß man folgendes berücksichtigen: die Zeit für den Anmarsch von fünf Heeren, die Belagerung, die Schlacht und Bilbos Rückkehr zu Beorn vor Jul (Mittwinter) (H 294). Durins Tag kann daher nicht später gewesen sein als am 30. Oktober. Soweit die Schätzung; doch wenn die präzise Festlegung von Durins Tag bereits die Fähigkeiten der Zwerge überstieg, so geht sie über die meinigen gewiß hinaus.

Das Dritte Zeitalter: 2941—2942

In der folgenden Chronologie erscheinen die wichtigen Daten aus *Der kleine Hobbit.* Man sollte sich daran erinnern, daß lediglich der 27. April, der Mittjahrstag, und der 22. September 2941 sowie der 1. Mai 2942 (H 295) entweder festgelegt oder eindeutig auf Tolkien zurückzuführen sind. Alle anderen Daten wurden errechnet und sind in hohem Maße spekulativ.

25. April	Gandalf besucht Bilbo in Beutelsend.
26. April	Mittwoch. Die unvorhergesehene Gesellschaft.
27. April	Thorin und die Gefährten reiten um 11 Uhr von Hobbingen los.
29. Mai	Die Gesellschaft überquert den Weißquell und wird von den Trollen gefangengenommen.
4. Juni	Sie überqueren den Bruinen und erreichen Bruchtal in der Abenddämmerung.
1. Lithe	Mittsommervorabend. Elrond entdeckt die Mondbuchstaben auf Thrors Karte.
Mittjahrstag	Die Gesellschaft verläßt Bruchtal.
16. Juli	Montag. Während der Nacht werden sie von Orks gefangengenommen.
19. Juli	Donnerstag. Gandalf und die Zwerge entkommen. Bilbo findet den Ring, trifft Gollum und entkommt. Die Gesellschaft gerät in einen Hinterhalt von Wölfen und wird von Adlern gerettet.
20. Juli	Sie fliehen zur Carrock und erreichen Beorns Hallen am frühen Nachmittag.
22. Juli	Am frühen Nachmittag reiten sie von Beorn los.
25. Juli	Am Westrand des Düsterwaldes verschwindet Gandalf mit den Ponys.
16. August	Die Gesellschaft überquert den Verwunschenen Fluß. Bombur wird bewußtlos.
22. August	In der Nacht verlassen sie den Pfad.
23. August	Vor der Morgendämmerung wird Thorin von den Wald-Elben gefangengenommen, die anderen Zwerge von riesigen Spinnen. Bilbo rettet die Zwerge.
24. August	In der Abenddämmerung werden die Zwerge von Wald-Elben gefangengenommen und in die Hallen des Elbenkönigs gebracht.
21. September	Am Nachmittag entflieht die Gesellschaft und erreicht am Abend die Hütten der Flößer.

22. September	Unmittelbar nach Sonnenuntergang erreichen sie Seestadt.
9. Oktober	Die Gesellschaft verläßt Seestadt mit dem Boot.
12. Oktober	Sie verlassen den Fluß und reiten zum Einsamen Berg.
14. Oktober	Das Lager wird in das westliche Tal verlegt.
19. Oktober	Bilbo entdeckt den geheimen Pfad. Das Lager wird in die verborgene Mulde verlegt.
30. Oktober	Durins Tag. In der Abenddämmerung wird die Geheimtür geöffnet. Bilbo macht Smaug einen Besuch und kehrt um Mitternacht zu den Zwergen zurück.
1. November	Am Nachmittag kehrt Bilbo in Smaugs Kammer zurück. Am Abend zerschmettert Smaug das Tor, greift Seestadt an und wird getötet.
2. November	Orks, Beorn und Gandalf erfahren von Smaugs Tod.
3. November	Das Heer des Elbenkönigs verläßt den Düsterwald. Thorin erhält Nachricht.
4. November	Die Elben wenden sich gegen Seestadt.
6. November	Die Elben erreichen Seestadt. Dáin wird zu Hilfe aufgerufen.
12. November	Elben und Seestädter passieren das Nordufer des Langen Sees.
15. November	Die vereinigten Streitkräfte erreichen Thal in der Abenddämmerung.
16. November	Der Einsame Berg wird belagert.
22. November	Bilbo übergibt Bard und dem Elbenkönig den Arkenstein.
23. November	Am frühen Morgen kommt Dáin an. Die Schlacht der Fünf Heere. Thorin und Bolg werden getötet.
27. November	Gandalf, Bilbo und Beorn verlassen den Einsamen Berg.
30. Dezember	Sie kommen in Beorns Hallen an und bleiben bis zum Frühling dort.
1. Mai	Gandalf und Bilbo erreichen Bruchtal.
8. Mai	Sie brechen nach Hobbingen auf, das sie im Juni erreichen.

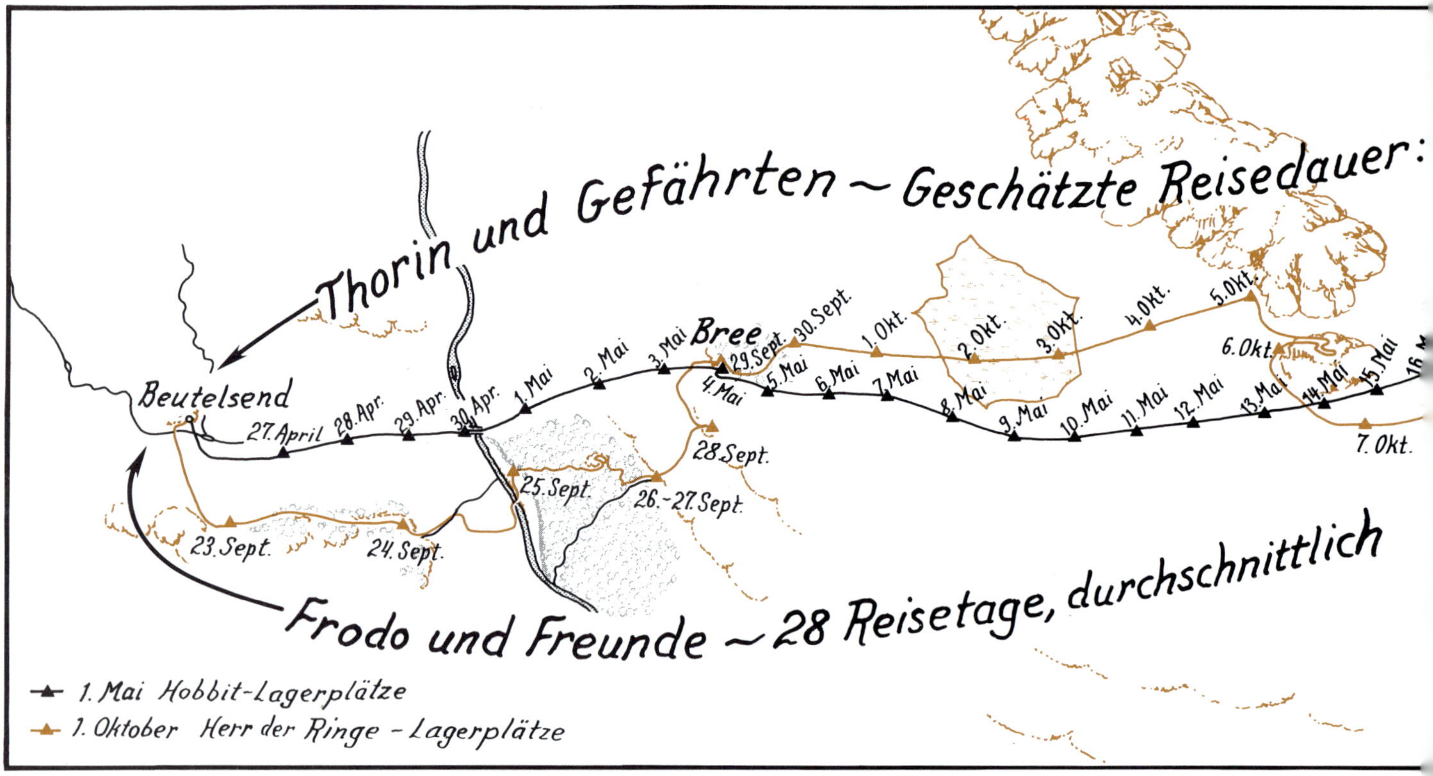

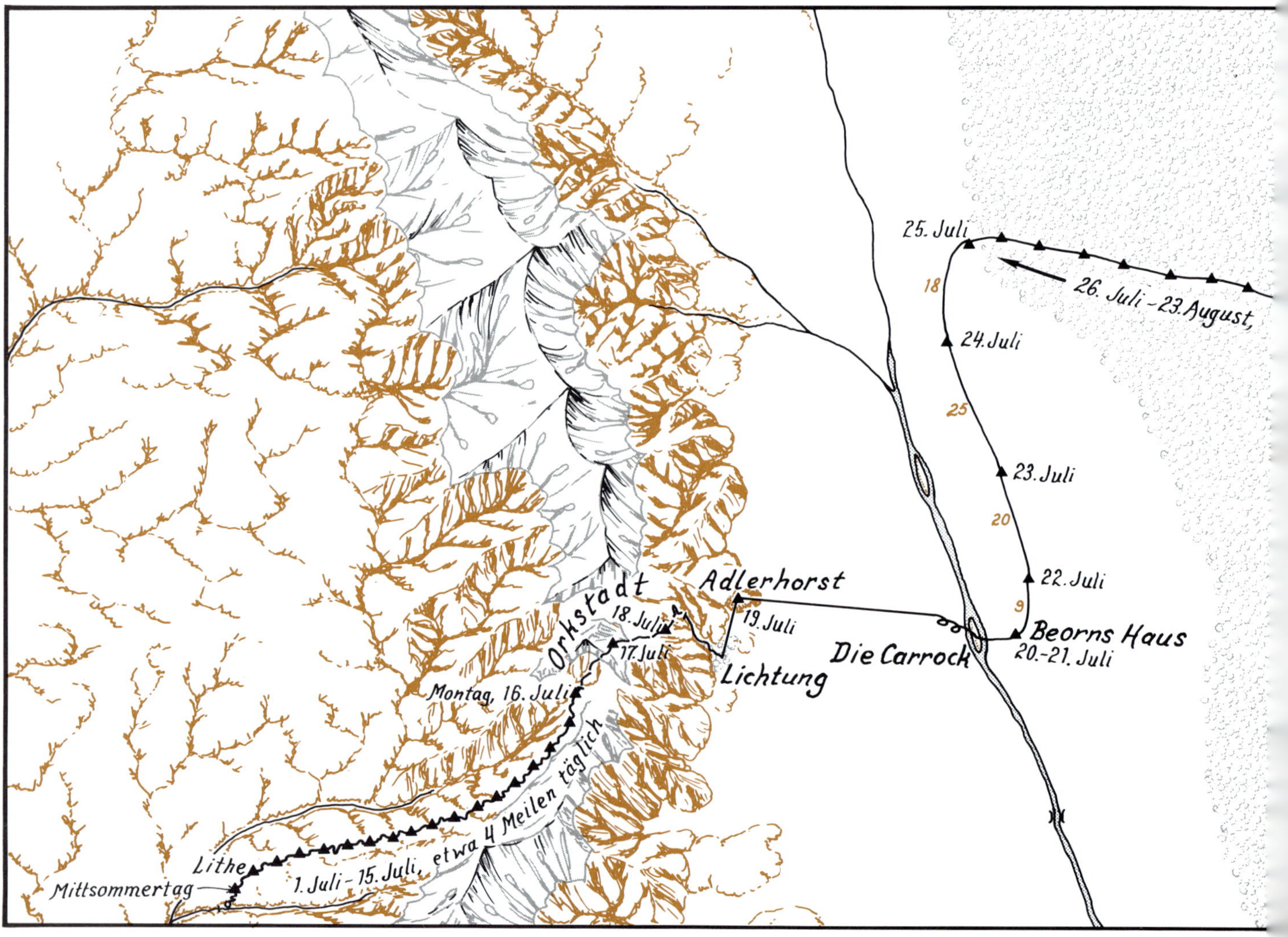

Wege der Hobbits
oben: Von Beutelsend nach Bruchtal (und zurück)
unten: Von Bruchtal zum Einsamen Berg

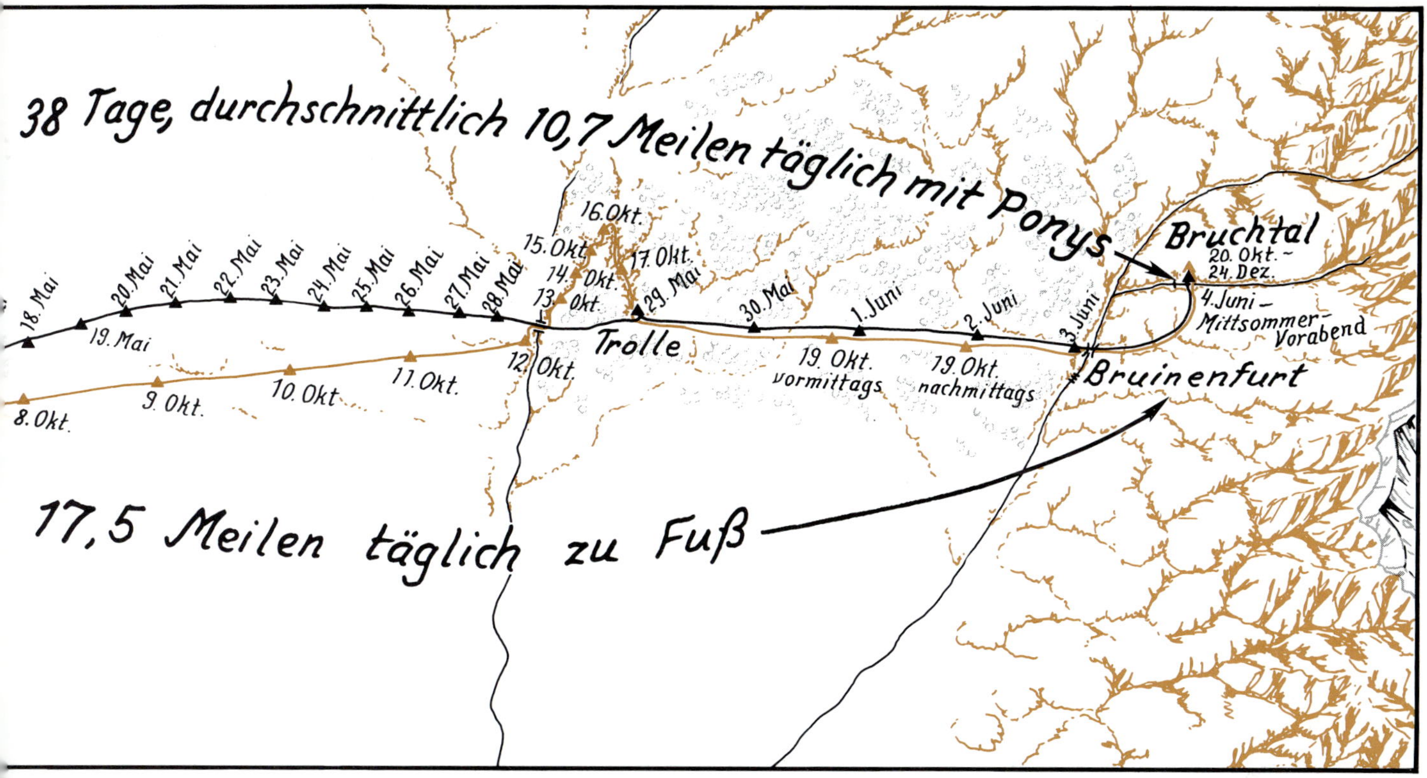
38 Tage, durchschnittlich 10,7 Meilen täglich mit Ponys
18. Mai
19. Mai
20. Mai
21. Mai
22. Mai
23. Mai
24. Mai
25. Mai
26. Mai
27. Mai
28. Mai
29. Mai
30. Mai
1. Juni
2. Juni
3. Juni
4. Juni – Mittsommer-Vorabend
16. Okt.
15. Okt.
14. Okt.
13. Okt.
17. Okt.
12. Okt.
11. Okt.
10. Okt.
9. Okt.
8. Okt.
19. Okt. vormittags
19. Okt. nachmittags
Trolle
Bruchtal
20. Okt. – 24. Dez.
Bruinenfurt
17,5 Meilen täglich zu Fuß

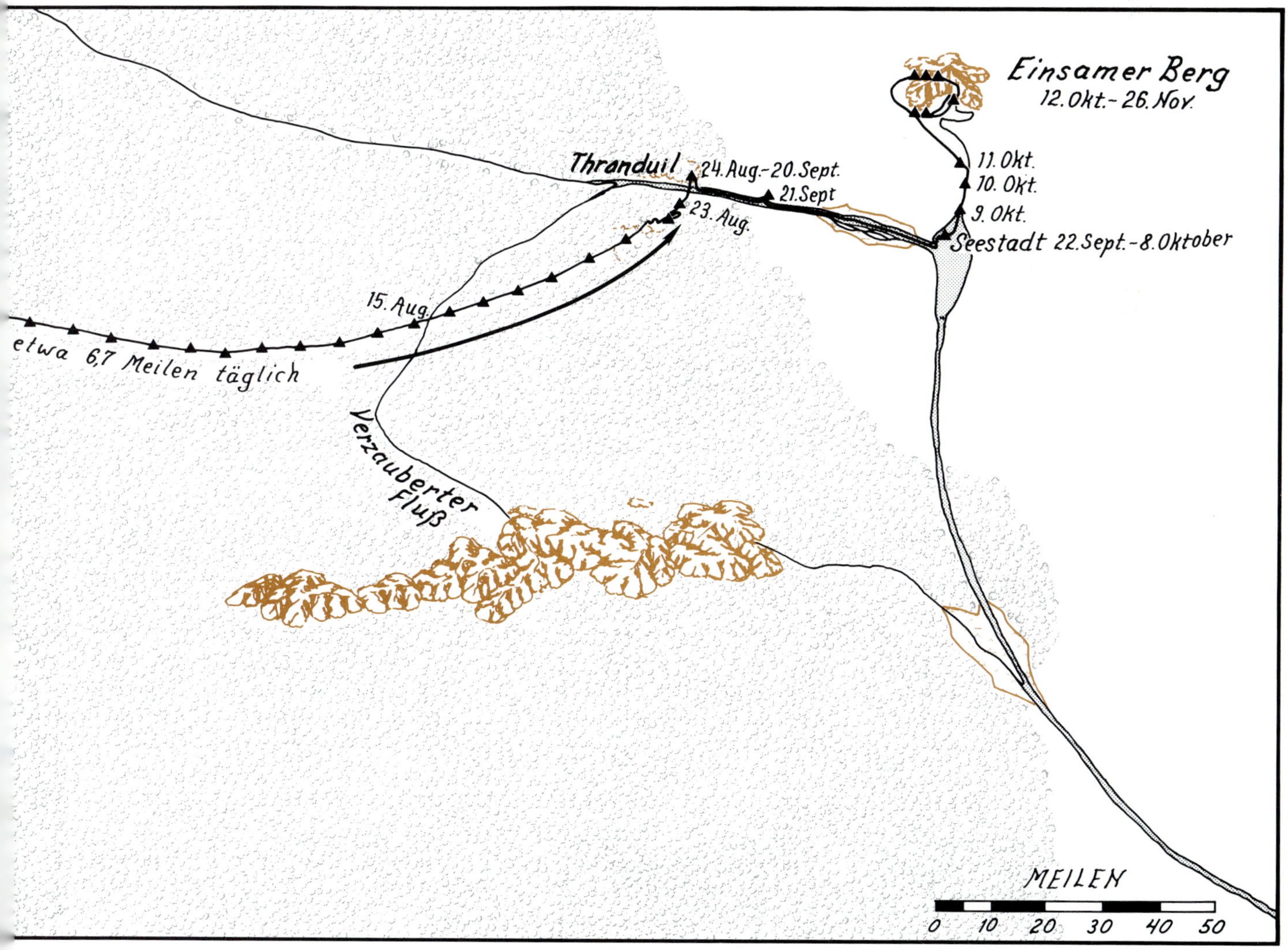
Einsamer Berg
12. Okt. – 26. Nov.
Thranduil
24. Aug. – 20. Sept.
21. Sept
23. Aug.
11. Okt.
10. Okt.
9. Okt.
Seestadt 22. Sept. – 8. Oktober
15. Aug.
etwa 6,7 Meilen täglich
Verzauberter Fluß
MEILEN
0 10 20 30 40 50

Über und unter dem Berg: Orkstadt

Als die Gesellschaft vor einem Gebirgsgewitter Schutz suchte, fand sie nahe am Scheitelpunkt des Hohen Passes eine Höhle, die sich als der neueste Eingang zu einem ausgedehnten und verwickelten Netz von Gängen und Höhlen erwies, das von Orks bewohnt wurde (H 65; 67). Der Haupteingang befand »sich früher an einem ganz anderen Paß, über den zu reisen viel leichter war...« (H 101), und der sich möglicherweise weiter südlich und näher an der Oststraße befand. Die Länge der Tunnel vom Haupttor bis zur Hintertür wurde auf 35 Meilen geschätzt, denn die Zwerge waren etwa zweieinhalb Tage unterwegs, waren »viele Meilen gelaufen und mitten durch das Herz des Gebirges gekommen« (H 102), um einen Punkt westlich der Carrock zu erreichen.

Die Gefangennahme

Die Eingangshöhle war »brauchbar ... und nicht zu groß« (H 66). In der Rückwand befand sich eine listig verborgene Tür, der »schwarze Spalt« (H 66). Sie führte zu einem breiten Gang, der fast immer abwärts führte und auf den bald andere Gänge stießen (»Kreuzungen und Gabelungen liefen nach allen Richtungen«: H 67). Die Gesellschaft wurde gezwungen, so schnell sie konnte, die Pfade hinabzulaufen; doch blieb den Orks genügend Zeit, die Ponys in einer Ecke zusammenzutreiben und die Gepäckstücke aufzubrechen, ehe die Zwerge ankamen (H 68). Ohne über weitere Anhaltspunkte zu verfügen, ist die Entfernung bis zur Großen Orkhöhle auf fünf Meilen geschätzt worden. Da diese nicht übermäßig groß gewesen zu sein schien, ist sie mit einer Länge von etwa dreihundert und einer Höhe von einhundert Fuß abgebildet worden.

Nach ihrer Flucht aus der Höhle müssen die Zwerge einen bedeutenden Vorsprung gehabt haben. Zuerst konnten sie hören, wie die Schreie der Orks »leiser und leiser wurden«; und dann rannten sie, und »es dauerte eine Weile, dann erst hielten sie an. Sie mußten tief im Herzen des Gebirges sein« (H 72). Als die Orks sie einholten, befanden sich die Zwerge an einem Punkt, wo der Gang nach einer leichten Kurve eine Weile geradeaus führte und dann scharf um eine Ecke bog. Hinter dieser Ecke stellten sich Gandalf und Thorin den Orks zum Kampf und erzielten einen durchschlagenden Erfolg, indem sie die Verfolger überraschten und in die Flucht schlugen. Das Scharmützel kostete einige Zeit, und die Zwerge waren »ein langes Stück weitergelaufen« (H 74), bevor sie erneut angegriffen wurden. In der Verwirrung kam Bilbo zu Fall und blieb zurück.

Bilbos Flucht

Bilbo schlug vermutlich denselben Pfad ein wie Gandalf, denn er hielt sich an die Hauptrichtung und scheint lediglich versäumt zu haben, in den schmalen Seitengang einzubiegen, der nach draußen führte. Statt dessen folgte er dem Gang bis zu Gollums Höhle, wo er endete (H 76f.). Die Strecke, die er allein zurücklegte, war vermutlich nicht lang, denn auf seinem Rückweg kam er rasch an jenen Seitentunneln vorbei, die er bereits auf dem Hinweg bemerkt hatte und die nur etwa eine halbe Meile von der Höhle entfernt gewesen zu sein scheinen (H 92).

Gollums Behausung war eine natürliche Höhle: Sickerwasser hatte den darüberliegenden Fels zum Teil zersetzt, die Rückstände in den See und weiter in den kleinen Bach hinabgespült, dem Gollum zuerst ins Erdinnere gefolgt war (I 75). In der Mitte des Sees lag die »glitschige Insel«, auf der Gollum wohnte. Der See war »breit und tief« und von »tödlicher Kälte«; auf der Abbildung hat er jedoch nur einen Durchmesser von vierhundert Fuß, denn von der Insel aus konnte Gollum Bilbo sehen, sich bequem mit ihm unterhalten und rasch ans Ufer paddeln (H 78; 89).

Auf dem Rückweg, als Bilbo floh, zählte Gollum die Seitengänge: »Einer links, ja. Einer rechts, ja. Zwei rechts, ja, ja. Zwei links, ja, ja... Sieben rechts, sechs links, ja!« (H 92) Der letzte war der Weg zur Hintertür. Dorthin war es nicht weit, denn Gollum konnte die Orks in der Wachstube riechen. Der Weg führte zunächst nach unten, dann aufwärts, stieg dann steil an, bog um eine Ecke, fiel ein wenig ab, bog schließlich erneut um eine Ecke — genau dort, wo er in die Wachstube führte (H 94). Den Mittelpunkt des Raumes bildete das große steinerne Tor, und er muß relativ klein gewesen sein, denn die Orks »fielen einer über den anderen«, als sie Bilbo zu finden versuchten. Als Bilbo durch das Tor geschlüpft war, sprang er ein paar Stufen hinab ins Tal (H 96).

Orkstadt *Querschnitt:* Südwest-Nordost ▶

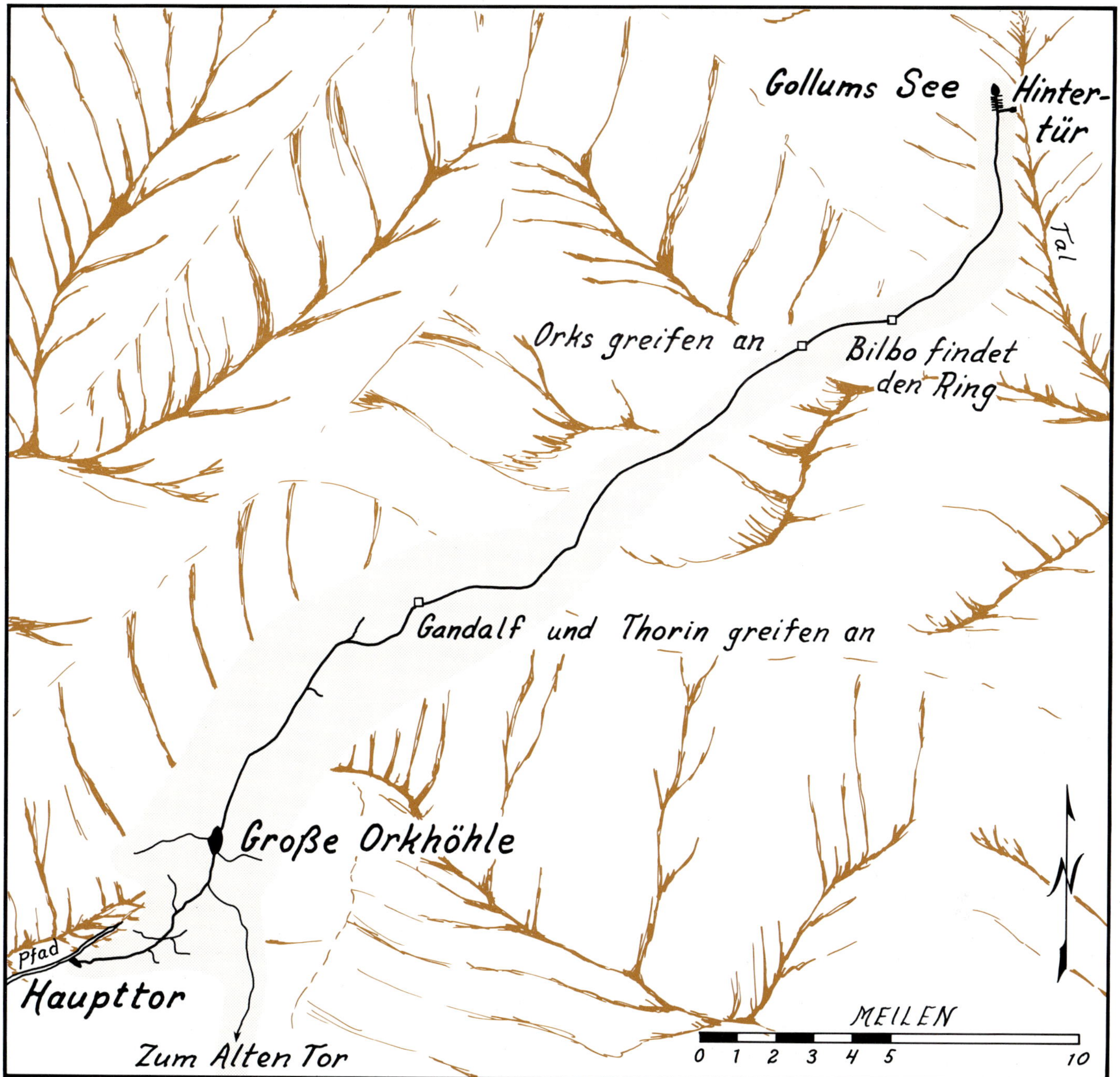
Gollums See
Hinter-
tür
Tal
Orks greifen an
Bilbo findet
den Ring
Gandalf und Thorin greifen an
Große Orkhöhle
N
Pfad
Haupttor
Zum Alten Tor
MEILEN
0 1 2 3 4 5 10

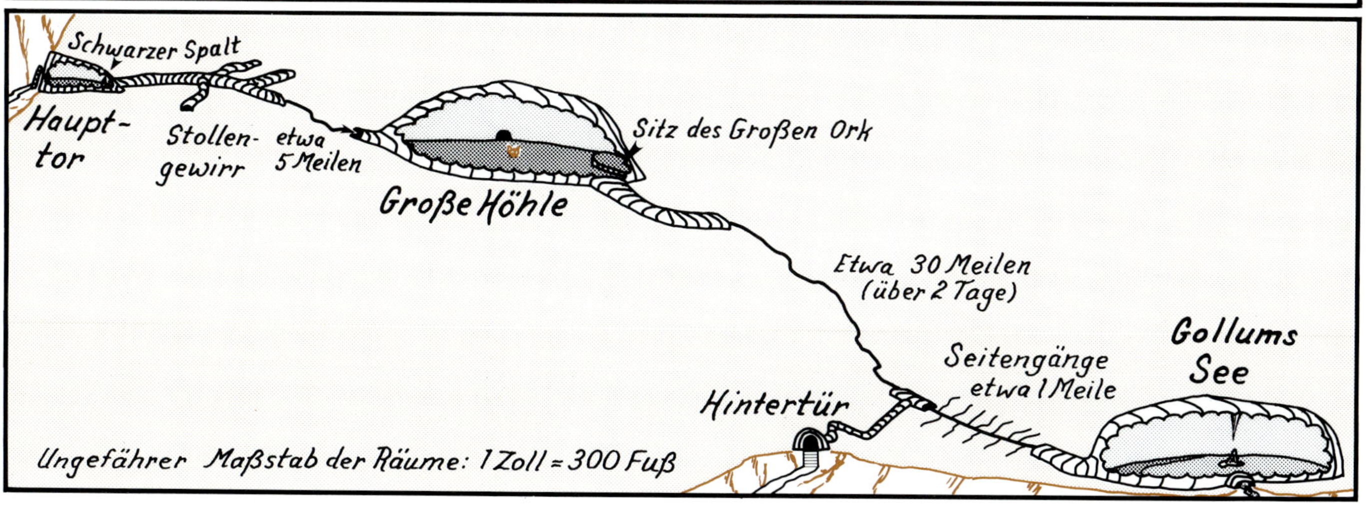
Schwarzer Spalt
Haupt-
tor
Stollen-
gewirr
etwa
5 Meilen
Sitz des Großen Ork
Große Höhle
Etwa 30 Meilen
(über 2 Tage)
Gollums
See
Seitengänge
etwa 1 Meile
Hintertür
Ungefährer Maßstab der Räume: 1 Zoll = 300 Fuß

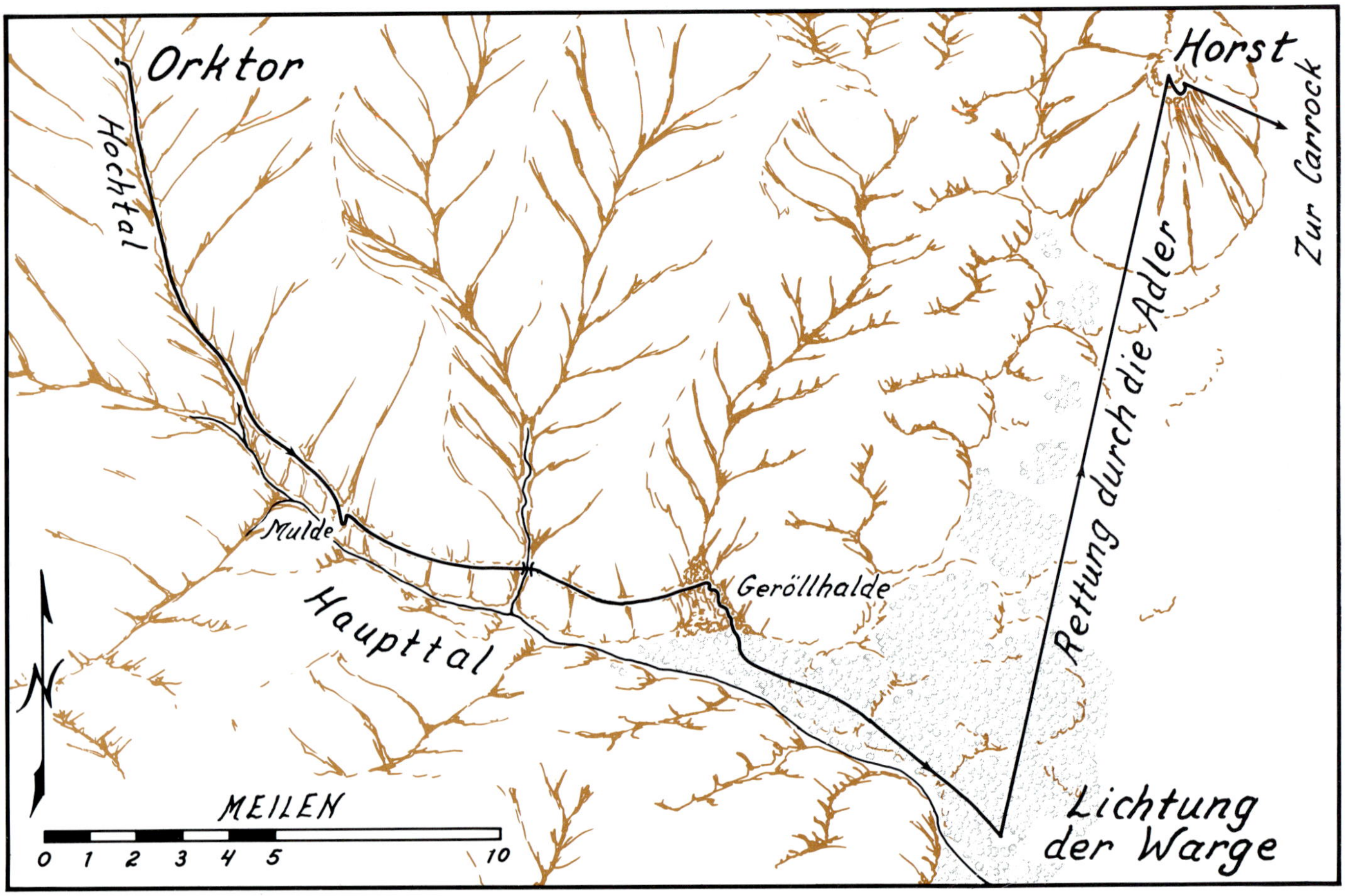

Rettung durch die Adler

Raus aus der Bratpfanne, rein ins Feuer

Nachdem Bilbo die Ork-Tunnel verlassen hatte, sprang er die Stufen hinab auf einen Pfad »in einem engen Tal zwischen hohen Bergen«, von wo aus er »fern weite Ebenen durch die Bäume schimmern« sah (H 96 f.). Nach unserer Darstellung mündete dieses kleine Hochtal in ein größeres Tal, das nach Südosten zum Anduin verlief. Diese Richtungsangabe ergab sich aus verschiedenen Anhaltspunkten: Südosten war die Richtung, welche die Gesellschaft einschlagen wollte, um die Hauptstraße wiederzufinden; es war die Richtung aller von Tolkien gezeichneten Flüsse, die aus den Gebirgen zum Anduin flossen; die Dörfer der Waldmenschen waren vom niedrigeren Tal aus zu sehen und müssen sich in der Nähe der Lichtung befunden haben, von der aus die Wölfe und die Orks ihren Überfall starten sollten (H 104; 108 f.).

In dem größeren Tal befand sich Bilbo »auf einem Pfad, der sich hinabschlängelte und der linker Hand von einer Felswand flankiert war«. Unterhalb des Pfades in einer kleinen Mulde fand er Gandalf und die Zwerge. Dies geschah vermutlich am Donnerstagnachmittag gegen fünf Uhr, denn als Bilbo aus dem Orktor floh, war die Sonne bereits im Sinken. Die Mulde lag »ziemlich hoch«, und so setzte die Gesellschaft nach einer kurzen Unterhaltung ihren Weg auf dem holprigen Pfad fort, so schnell sie konnte, überquerte einen schmalen Bach, und kurz vor Einbruch der Nacht (gegen halb neun, da es Mittsommer war) stieß sie auf den Erdrutsch (H 97, 103). Nachdem sie zum Fuß dieser Geröllhalde hinuntergeschlittert waren, wandten sie sich in den Kiefernwald am Grund des flachen Tals. Die Zwerge wanderten durch die Bäume »einen schräglaufenden Pfad entlang, der geradewegs nach Süden führte«, und nach einer Zeit, die ihnen »wie ein halbes Weltalter« vorkam, gelangten sie auf eine Lichtung (H 105), über deren Lage nichts gesagt wird, doch offenbar befand sie sich noch innerhalb der Vorgebirge, denn »unten am Hügel« hörte die Gesellschaft Wölfe heulen (H 105). Bald darauf wurde sie von den bösartigen Wargs umzingelt, zu denen sich Orks gesellten. Diese waren gerade im Begriff, die Gesellschaft am Feuer zu rösten, als plötzlich Adler zu ihrer Rettung erschienen und die Zwerge zu ihrem Berghorst trugen. Die Adler hatten den Lärm gehört und waren »von den Bergen fortgeflogen«, um nach dem Rechten zu sehen (H 111). Dies könnte darauf schließen lassen, daß die Lichtung sich östlich des Adlerhorstes befand; gleichwohl ist sie südlich davon plaziert worden, denn die Wälder lagen zwischen den Vorbergen, während der Adlerhorst sich »auf der Spitze eines einsamen Gipfels in den Felsen des östlichen Gebirgsrandes« befand; dies stimmt mit Tolkiens Illustrationen und Karten überein, nach denen sich dieser Gipfel mitten über der Ebene am entfernten Ende eines nach Osten verlaufenden Gebirgskammes befand (H 110; P 8).

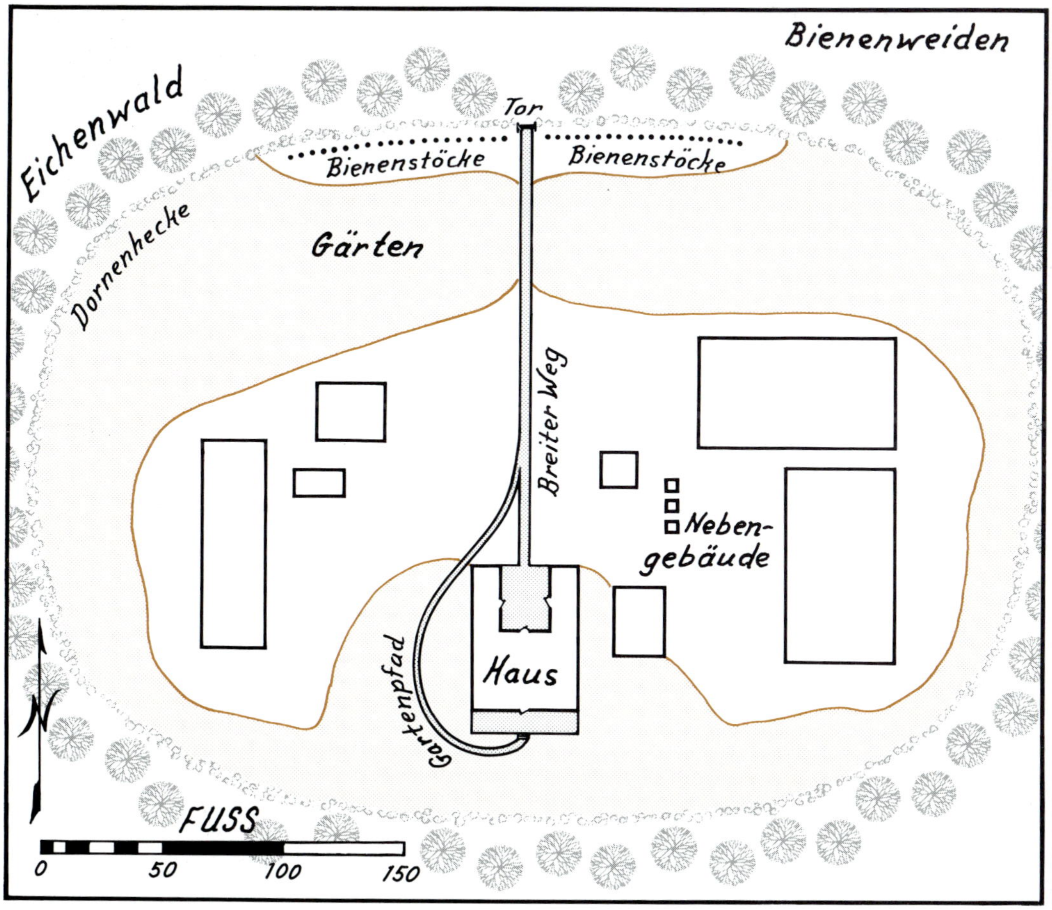

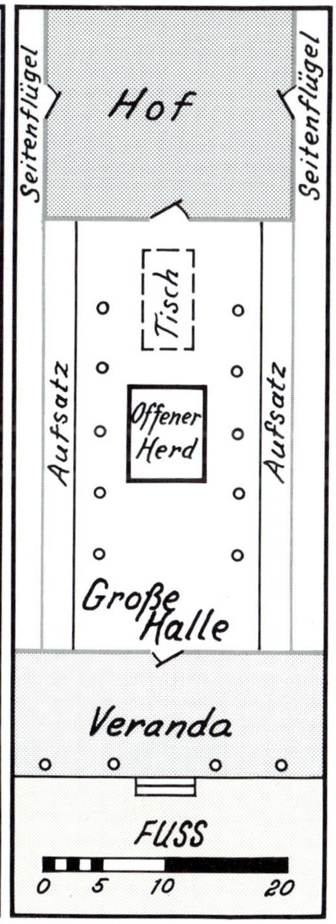

links: Bauernhof *rechts:* Wohnhaus

Beorns große hölzerne Hallen

Beorns Gehöft lag genau östlich von der Carrock, und die Gesellschaft benötigte den größten Teil des Tages, um es zu erreichen. Als sie »große blühende Flächen« sahen, wußten sie, daß sie »den Rand seiner Bienenweiden« erreicht hatten (H 122 f.). Das Gehöft selbst war von einem Kranz aus Eichen und von einer Dornenhecke umgeben, und der einzige Zugang war ein hohes, breites Holztor in einer Öffnung der Hecke. Im Innenraum und hinter den Bienenstöcken auf der Südseite lagen weitere Gärten, und ein breiter grasbewachsener Weg führte zu dem langen niedrigen Holzhaus und zu einer Ansammlung von Nebengebäuden: »Scheunen, Ställe, Schuppen« (H 123).

Das Haus war offenbar U-förmig angelegt, denn der Weg führte zur offenen Seite eines Hofes, der an seiner Rückseite vom Haus und auf beiden Seiten von zwei langen Seitenflügeln umschlossen war (H 123). Der mittlere Teil des Gebäudes war sehr wahrscheinlich die Halle, in die Beorn seine Besucher führte — die gleiche Halle, in der die Gesellschaft später speiste und schlief. Eine Illustration [der Originalausgabe des *Kleinen Hobbit* von 1937; vgl. auch P 10] von Tolkien gibt weitere Aufschlüsse über den Raum: Er war etwa doppelt so lang wie breit, und wenn der (bei Bedarf aufgestellte) Tisch etwa vier mal acht Fuß gemessen hat, könnte der Raum etwa 20 mal 35 Fuß und der offene Herd in der Mitte etwa sechs mal acht Fuß groß gewesen sein. An den Seitenwänden liefen erhöhte Aufsätze entlang, in denen die Bretter und Schragen für den Tisch aufbewahrt und worauf den Reisenden ihre Nachtlager bereitet wurden (H 125; 130; 132). Die Seitenwände grenzten wahrscheinlich an die Seitenflügel, so daß sie keine Fenster aufwiesen, was die Halle in »düsteres Licht« tauchte (H 125). Die auf Tolkiens Zeichnung abgebildete Tür war vermutlich jene, die auf die Veranda hinausführte. Die hübsch überdachte Vorhalle lag nach Süden, und über Stufen gelangte man auf einen Pfad, der durch die Gärten, um das Haus und zurück auf den Hauptpfad führte. Auf diesem Pfad näherten sich die Zwerge dem Haus, während Gandalf seine Geschichte erzählte (H 125 f.).

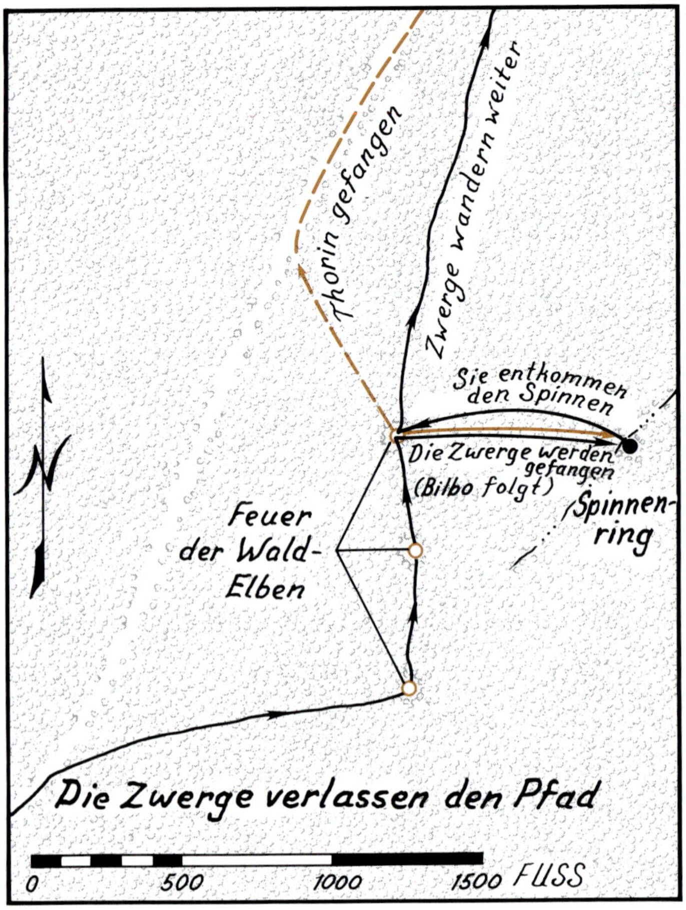

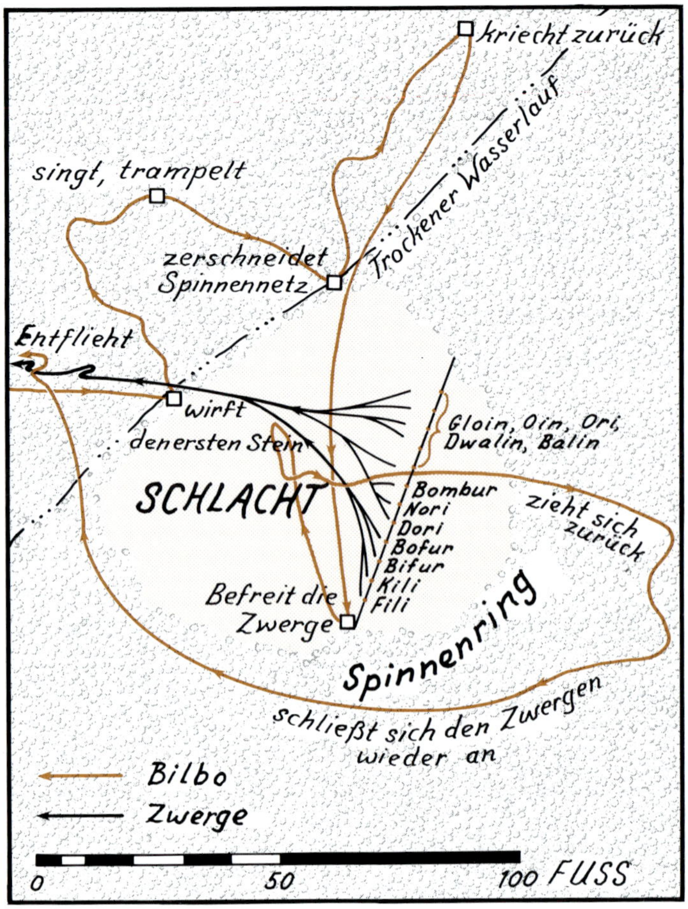

links: Abseits vom Weg
rechts: Schlacht mit den Spinnen

Atterkopp, Atterkopp

Als sie sich durch den Düsterwald vorwärtskämpften, sahen die Zwerge abseits vom Pfad Elbenfeuer. Gegen jeden besseren Rat verließen sie ihren Weg. Die angenommene Entfernung ergibt sich daraus, daß das Feuer »ein gutes Stück entfernt« war (H 155). Die Bemühungen waren vergeblich, denn die Elben rund um das Feuer verschwanden sogleich. Diese Szene wiederholte sich noch zweimal, und in jedem Fall war das Feuer »nicht weit weg« (H 156). Der dritte Versuch endete damit, daß Thorin von den Wald-Elben gefangengenommen wurde; die weiterziehenden übrigen Zwerge wurden von Spinnen gefangen, und der alleingelassene Bilbo fand sich fast völlig in ein Spinnennetz eingewikkelt (H 158 f.).

Nachdem Bilbo die Spinne getötet hatte, erriet er exakt die Richtung, die die Zwerge eingeschlagen hatten, und als er »in aller Heimlichkeit ... ein Stück Wegs hinter sich gebracht« hatte, kam er zum Spinnenring (H 160). Es scheint, daß die Spinnenlichtung noch weiter vom Pfad entfernt lag als die Feuerringe, denn an beiden Orten gab es keine Spinnen (H 145; 169). Auf der Lichtung angekommen, erblickte Bilbo die Zwerge, die am entfernten Ende an einem Tau hingen. Mit einem Stein tötete er eine Spinne, die im Begriff war, Bombur zu vergiften, und dann versuchte er die Spinnen von der Lichtung wegzulocken. Viele folgten ihm, doch die anderen verschlossen die Öffnungen rund um die Lichtung, so daß er gezwungen war zurückzukehren und einen Eingang freizuschlagen. Dann führte er sie vollends in die Irre, kroch zurück und ließ die suchenden Spinnen in den Wäldern zurück. Er hatte es geschafft, sieben der zwölf Zwerge zu befreien, bevor die Spinnen zurückkehrten, und im folgenden Kampf wurden die übrigen Zwerge befreit. Als der Kampf verloren schien, beschloß Bilbo ein zweites Mal, die Spinnen wegzulocken, indem er allein nach rechts auswich; den Zwergen unter Balins Befehl schärfte er ein, sie sollten nach links durchbrechen, in die Richtung, »wo wir zuletzt die Elbenfeuer sahen« (H 168). Die Spinnen teilten sich und verfolgten sowohl Bilbo als auch die Zwerge; so mußte die erschöpfte Gesellschaft überdies noch häufig stehenbleiben und kämpfen, bevor Bilbo ihr zu Hilfe kam. In dem Augenblick, als die Gesellschaft die Elbenlichtung erreichte, gaben die Spinnen schließlich auf.

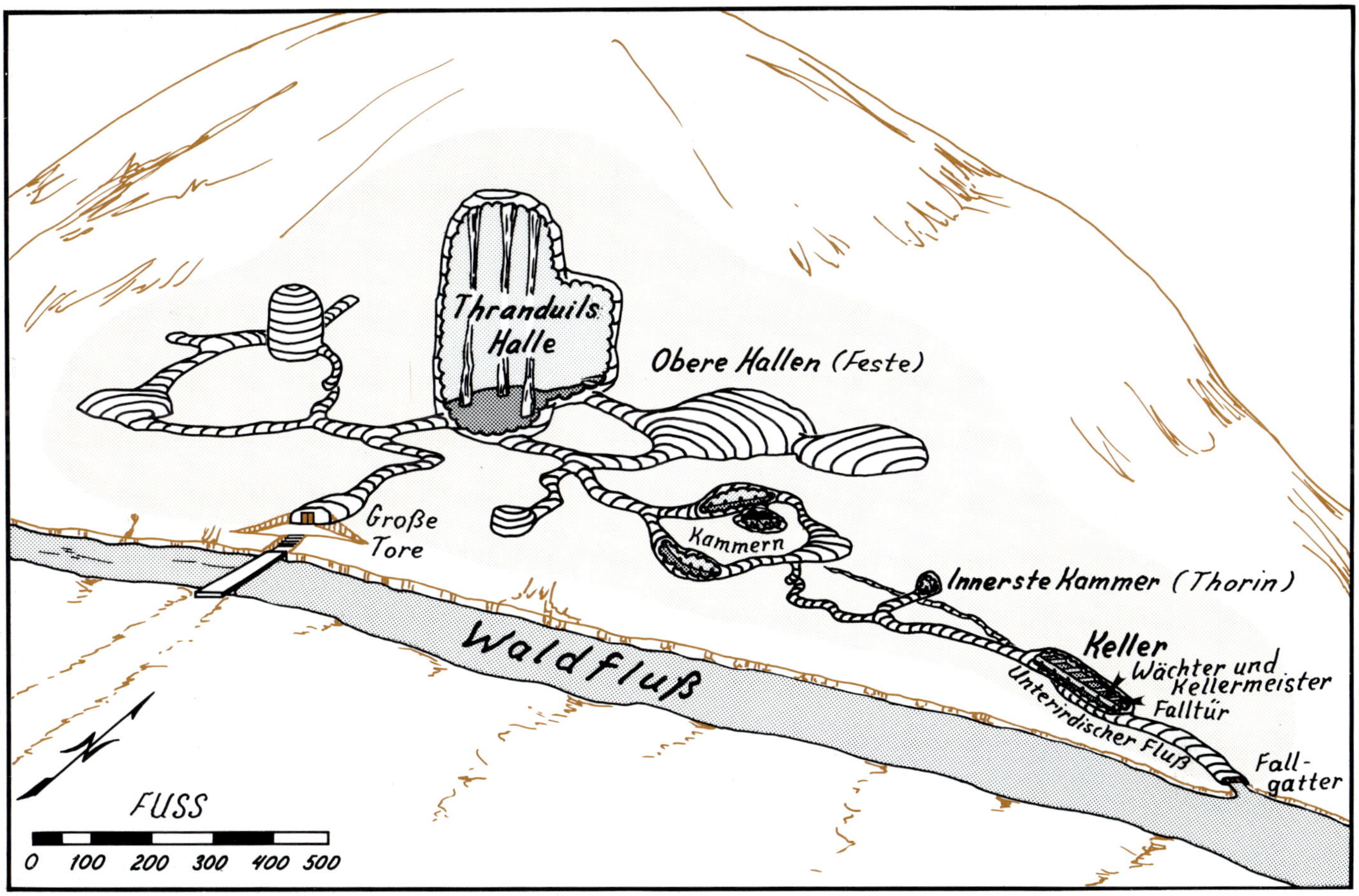

Thranduils Höhlen

Thranduils Höhlen

Der Elbenkönig war Thranduil, der einst bei Thingol und Melian gewohnt hatte, und folglich hatte er seine Wohnung in Erinnerung an Menegroth und Nargothrond geschaffen (ME 346): Ebenso wie diese lag sie unter einem bewaldeten Berg an einem Fluß mit einer Steinbrücke, die zu den großen Toren führte; alle besaßen sie eine als Thronsaal benutzte große Halle und viele verwinkelte Gänge, die zu den anderen Räumen verschiedener Größen führten, welche auf unterschiedlichen Ebenen lagen; alle waren sie mit Hilfe der Bergbau-Künste der Zwerge vergrößert worden (H 172; II 172; vgl. auch oben, S. 20 f.). Thranduils Wohnung war in zweifacher Hinsicht anders: Wenn sie auch ausgedehnt war, scheint sie doch ein wenig kleiner gewesen zu sein als die großen alten unterirdischen Königreiche; und sie verfügte über einen unterirdischen Strom. Das Bett des Waldflusses lag offenbar sehr tief zwischen dem Tor und dem unterirdischen Strom, denn der Hauptgang führte zu den oberen Stockwerken, während der Strom seinen Ursprung im Inneren des Berges hatte. Er »strömte unter den tiefsten Bezirken des Palastes dahin und vereinigte sich mit dem Waldfluß, und zwar ein wenig weiter ostwärts, jenseits des Steilhanges, in den der Haupteingang führte« (H 172; 175; 180).

Als die Wald-Elben sie gefangennahmen, führten sie die Zwerge über die Brücke, eine steile, durch das Ufer gehauene Treppe hinauf, über eine Rasenterrasse, durch die großen Tore, die sich »durch Zauber« schlossen, und durch gewundene Gänge hinunter in Thranduils große Halle (H 176 f.). Als sie sich weigerten, dem Elbenkönig ihre Absichten zu enthüllen, wurden sie »an den unterschiedlichsten Stellen des Palastes ... in zwölf Zellen« gesperrt. Thorin saß »an einem besonders tiefen Platz« mit dicken hölzernen Türen (H 178; 183).

Einer dieser Kerker kann Jahre später benutzt worden sein, um Gollum gefangen zu halten (I 306). Sonst wird wenig mitgeteilt: Die oberen Hallen waren groß genug, daß man Feste darin feiern konnte, und die »tiefsten Bezirke« lagen über dem Kanal des unterirdischen Flusses (H 176; 180; 182 f.). In diese »tiefsten Höhlenbereiche« führte Bilbo die Zwerge bei ihrer Flucht; zuerst befreite er Balin und zuletzt Thorin, dessen »Verlies glücklicherweise dicht bei den Kellern« lag (H 183). Der Wächter und der Kellermeister hielten sich in dem kleinen Raum auf, der an den Raum mit der Falltür grenzte. Balin gab auf die beiden acht, während Bilbo die Zwerge in die Fässer verpackte. Nachdem die Elben die Fässer in den Strom geworfen hatten, scheinen sie nur eine recht kurze Entfernung zurückgelegt zu haben, bis sie unter dem Felstor und durch das Fallgatter in den offenen Strom hinausgeschwemmt wurden (H 189).

Seestadt

Als die Fässer an der Landspitze vorbeitrieben, welche die Klippentore zwischen dem Waldfluß und dem Langen See bildete, erblickte Bilbo jenen Ort, der einzigartig in Mittelerde gewesen zu sein scheint — Seestadt. Von allen Städten, die Tolkien beschrieben hat (und das gilt auch für viele kleinere Städte), verfügten alle über irgendeine natürliche Barriere, waren mit Mauern umgeben und/oder auf Bergen oder auf festem Untergrund gebaut — einzig Seestadt schützte sich mit Wasser vor Feinden. Gewaltige Pfähle, gefertigt aus den großen Urwaldbäumen des Düsterwaldes, wurden tief in den Grund des Langen Sees abgesenkt und bildeten eine Plattform, auf der die Speicher, Läden und Wohnhäuser errichtet wurden. In den ruhmreichen Tagen der Zwerge hatte sich die größere Stadt Esgaroth an eben dieser Stelle befunden, doch sie war irgendwann zerstört worden (möglicherweise von Smaug); ihr verfaultes Pfahlwerk war bei niedrigem Wasserstand noch immer zu sehen (H 195; 228).

Die Karte von Seestadt beruht fast ausschließlich auf einer Illustration Tolkiens [in der Originalausgabe des *Kleinen Hobbit* von 1937, vgl. auch P 15], die eine Schätzung der Größe, der Form und Lage ermöglichte; sogar Häuser konnten aufgrund ihrer Dachlinien lokalisiert werden. Die Plattform verlief parallel zum Westufer des Sees und lag nördlich des Waldflusses. Auf der Leeseite der Landspitze lag eine geschützte Bucht mit einem flachen Ufer, auf dem »ein paar Hütten und andere Gebäude lagen«, vermutlich zur Aufbewahrung der dort gesammelten Fässer (H 195). Eines der Gebäude war eine Wächterhütte am Ende der großen Holzbrücke, die hinüber zur Stadt führte (H 195; 198).

Die Stadt selbst war sehr klein, dicht bebaut und maß nur etwa zwei Häuserblocks im Geviert, doch sie umfaßte zahlreiche zweistöckige Gebäude, zwischen denen die Durchgänge sehr schmal waren, da jeder Fußbreit Bodenfläche genutzt wurde. Je nach Größe der Familien und der Wohnungen kann das winzige Gebiet eine Bevölkerung von 400 Mann oder mehr beherbergt haben. Die Plattform war auf jeder Seite von einem breiten Kai umgeben, von dem Stufen zum Wasser hinunterführten. Die Gesellschaft ging zwischen den Gebäuden nahe der Brücke hindurch und wurde dann an »einer weiten Kreisfläche ruhigen Wassers« entlanggeführt, die als zentraler Marktplatz diente (H 200). Wenn man über eine der zahlreichen Treppen oder Leitern dieses Wasserbeckens hinabstieg, konnte man den See in einem Boot erreichen, indem man einem Kanal folgte, der durch einen gewölbten Tunnel führte, welcher die Gehwege und sogar ein Gebäude durchstieß.

Von den Gebäuden der Stadt wurden nur vier besonders hervorgehoben: die »große Halle«, in der die Zwerge den Meister der Stadt feiernd antrafen, das große Haus, in dem die Gesellschaft während ihres Aufenthaltes wohnte, die Stadthalle, von der aus sie abfuhren, und das »Große Haus«, das von Smaug zertrümmert wurde (H 200; 202; 250). Die eine oder andere dieser Bezeichnungen kann sich auf das gleiche Gebäude beziehen. Es ist verlockend, die große Festhalle und die Stadthalle als dasselbe Gebäude zu betrachten, aber die große Halle stand am Marktgewässer, während von der Stadthalle eine Treppe direkt zum See hinabführte. Deshalb wurde die Festhalle als das Gebäude eingezeichnet, das auf Tolkiens Zeichnung in der Mitte liegt, während die Stadthalle als das bedeutendste Gebäude des Brückenviertels gelten sollte. Weder das »große Haus«, wo die Gesellschaft wohnte, noch das »Große Haus«, das zerstört wurde, wurden eingezeichnet, doch die Festhalle kann möglicherweise mit dem Großen Haus identisch gewesen sein, denn die Gebäude rund um das Marktgewässer waren allesamt »große Häuser«, und die Festhalle scheint von ihnen das größte gewesen zu sein (H 200).

Alle Gebäude waren aus Holz, was sie für den Angriff eines feuerspeienden Drachen sehr verwundbar machte. Trotz verzweifelter Bemühungen und unerschöpflicher Wasservorräte war die Zerstörung der Stadt bereits weit fortgeschritten, bevor Smaug umkam. Die Stadt wurde später neu erbaut, »noch schöner und großzügiger«, doch an einem Platz »weiter nordwärts, höher das Ufer hinauf« (H 257).

Seestadt ▶

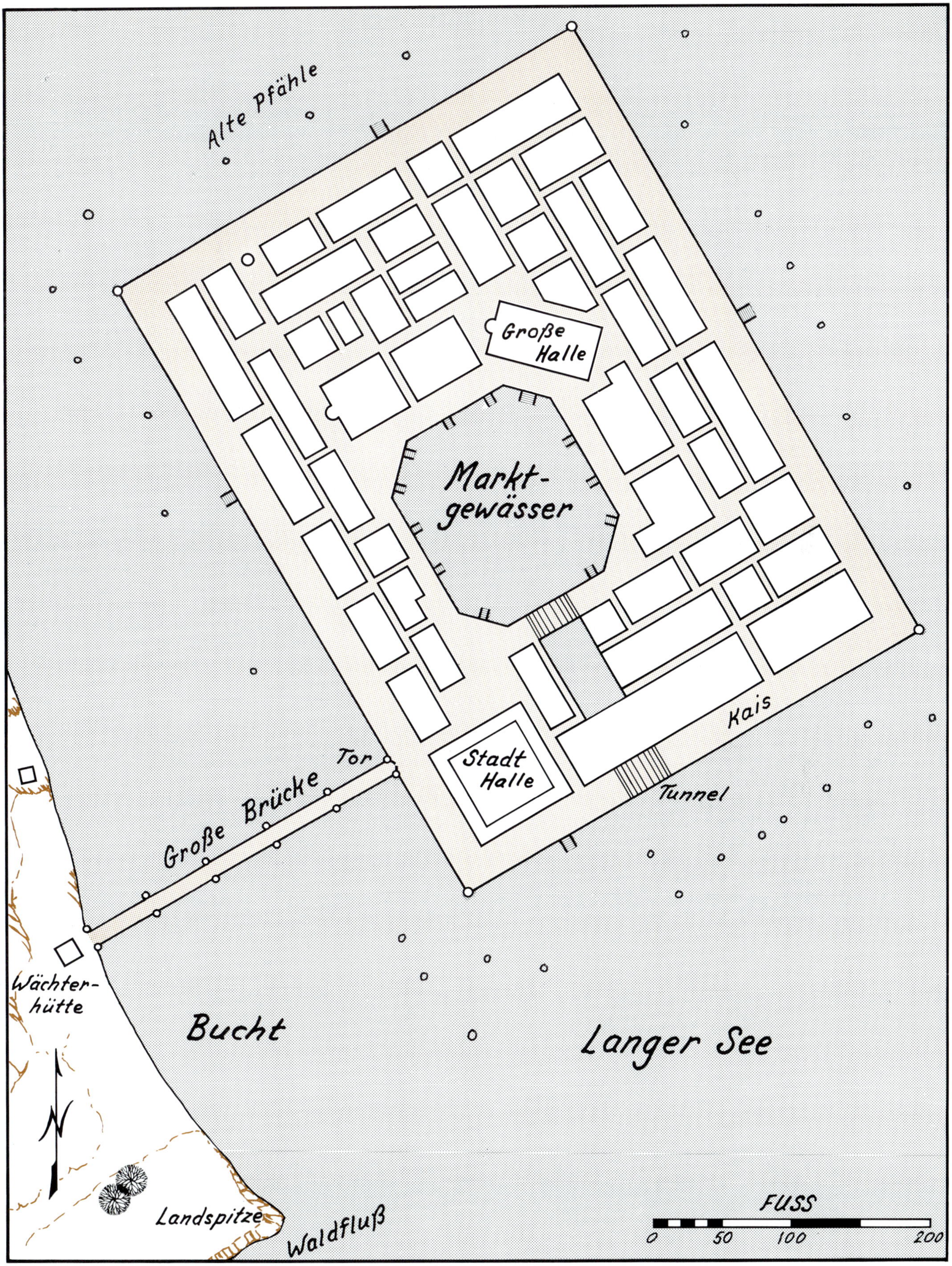
Alte Pfähle
Große Halle
Markt-
gewässer
Kais
Tor
Große Brücke
Stadt
Halle
Tunnel
Wächter-
hütte
Bucht
Langer See
FUSS
0
50
100
200
Landspitze
Waldfluß

Der Einsame Berg

Thrors Karte deutete darauf hin, daß der Durchmesser des Einsamen Berges etwa die Hälfte der Entfernung zum Langen See entsprach, der etwa 20 Meilen südlich lag (vgl. die Karte im *Kleinen Hobbit*). Sein Gipfel war hoch genug, um mindestens bis zum Frühling eine Schneedecke zu tragen, und demzufolge war er möglicherweise 3.500 Fuß hoch. Die Gestalt des Berges und seiner Ausläufer sind auf Thrors Karte deutlich zu erkennen: sechs Berggrate, die strahlenförmig vom Zentralgipfel ausgehen. Inmitten des weiten, sich nach Süden öffnenden Tales lagen die Ruinen von Thal, das früher eine blühende Stadt der Menschen gewesen war (vgl. die Karte im *Kleinen Hobbit;* H 207). Der Fluß Eilend, der aus einer Quelle gleich hinter dem Vorderen Tor entsprang (H 243 f.), stürzte über zwei Wasserfälle (H 207), umfloß Thal in einem weiten Bogen, floß zunächst am östlichen Ausläufer und dann unterhalb des Rabenbergs entlang, bevor er sich nach Osten und Süden zum Langen See wandte (H 207). Ein wenig nördlich vom Rabenberg, an seiner Westflanke, schlug die Gesellschaft ihr erstes Lager auf. Innerhalb weniger Tage zogen sie weiter in ein engeres Tal zwischen den beiden westlichen Ausläufern, das ungefähr drei Meilen lang war. An dessen östlichem Ende, unterhalb einer vorspringenden 150 Fuß hohen Klippe war die Verborgene Mulde mit ihrer Geheimtür (H 209 f.). Bilbo entdeckte den Beginn des Pfades, »der ins Tal hinab ... an seiner Südseite« führte (H 209). Dort fand er roh gehauene Stufen, die auf den Kamm des südlichen Grates führten und einen schmalen Felssims entlang, der nordwärts die Wand des Berges kreuzte. Genau oberhalb des Lagers wandte sich der Pfad hinter einem Felsbuckel nach Osten in eine kleine steilwandige Mulde. Mit dem Rücken zur Felswand sitzend konnte Bilbo im Westen das Nebelgebirge erkennen. Auf der anderen Seite des Rasenfleckens zog sich der Pfad weiter am Berghang entlang, doch die Zwerge gingen nicht weiter, denn sie waren sicher, daß sie hier an der »Türschwelle« standen (H 209; 211).

An Durins Tag öffnete Thorin die magische Geheimtür und bewirkte den Einlaß in die uralten Tunnel des Erebor, dem Königreich unter dem Berg. Von den vielen »Hallen und Gängen, Stollen und Gäßchen, Kellern, Wohnungen und Durchgängen« (H 31), werden als einzige der geheime Gang, der zum »untersten Keller«, und die Treppen und Hallen während des Aufstiegs zum »Großen Gemach Thrors« erwähnt, das am Vorderen Tor lag, dem einzigen verbliebenen Eingang (H 217; 243; 262). Der geheime Gang war absichtlich schmal gehalten, wenn es auch heißt: »fünf Fuß hoch die Tür und drei passen nebeneinander« (H 28). Er fiel in glatter gerader Linie zu Smaugs Verlies ab. Da dieser »unterste Keller« in den »Wurzeln des Gebirges« lag (H 217) und die Mulde sich am Ostrand des Tals befand, wurde die Länge des geheimen Ganges auf zwei Meilen geschätzt. Bilbo benötigte etwa drei Stunden, um diese Strecke zu bewältigen (H 209; 218; 224; 230).

In der Halle lag Smaugs Schatz, der vom Reichtum an Gold und Edelsteinen Zeugnis ablegte, der hier einst geherrscht hatte (H 31; 217). Eine Illustration Tolkiens erlaubte es, die Größe der Halle zu schätzen (P 17). Smaug scheint etwa 60 Fuß lang gewesen zu sein, was den Eindruck vermittelt, daß der Raum mindestens 180 Fuß lang war. Seine Größe wird auch durch das »weit in der Ferne« abnehmende Licht von Bilbos Fackel verdeutlicht (H 240). Die zwei großen Treppenaufgänge endeten an zwei gewölbten Türen in der Ostwand. Über eine dieser Treppen führte Thorin die Gesellschaft zum Vorderen Tor. »Sie stiegen lange Treppen hinauf, wandten sich und gingen weite, widerhallende Gänge hinab, wandten sich wieder und erstiegen andere Treppen und immer neue Treppen« (H 243). Wenn der untere Keller sich im Herz des Berges und das Vordere Tor sich in der Mitte der Westflanke befand, müssen die Gänge im großen und ganzen zunächst nach Osten, dann nach Süden und wieder nach Westen verlaufen sein. Am oberen Ende der Treppe betraten sie das Große Gemach Thrors, und nachdem sie es durchschritten hatten, kamen sie zur Quelle des Flusses Eilend, der durch einen geraden schmalen Kanal zu einer Klippe neben dem Tor geleitet wurde, über die das Wasser in die Tiefe stürzte. Daneben verlief ein breiter Weg, der durch einen hohen Rundbogen auf eine steinige Terrasse führte (H 207; 244).

Der alte Pfad und die Brücke unterhalb der Terrasse waren zerfallen, doch jenseits des Flusses auf dem Westufer waren die alten Felsstufen noch begehbar und führten die Gesellschaft auf einen Pfad, der am südwestlichen Ausläufer hinaufführte bis zur Wache auf dem Rabenberg: der einzige von den vielen vorhandenen Wachtposten, der näher beschrieben wurde (H 247). Er bestand aus einer großen äußeren und einer kleinen inneren Kammer. Hier verweilte die Gesellschaft kurz und kehrte dann zum Vorderen Tor zurück; dort verbarrikadierte sie den Torbogen und setzte die Terrasse (den alten Pfad eingeschlossen) unter Wasser; nur einen schmalen Sims an der westlichen Klippe ließen sie frei, damit man sich dem Tor nähern konnte. Dort erwarteten sie die Ankunft der Heere (H 262 f.).

Einsamer Berg *Querschnitt:* West-Ost ▶

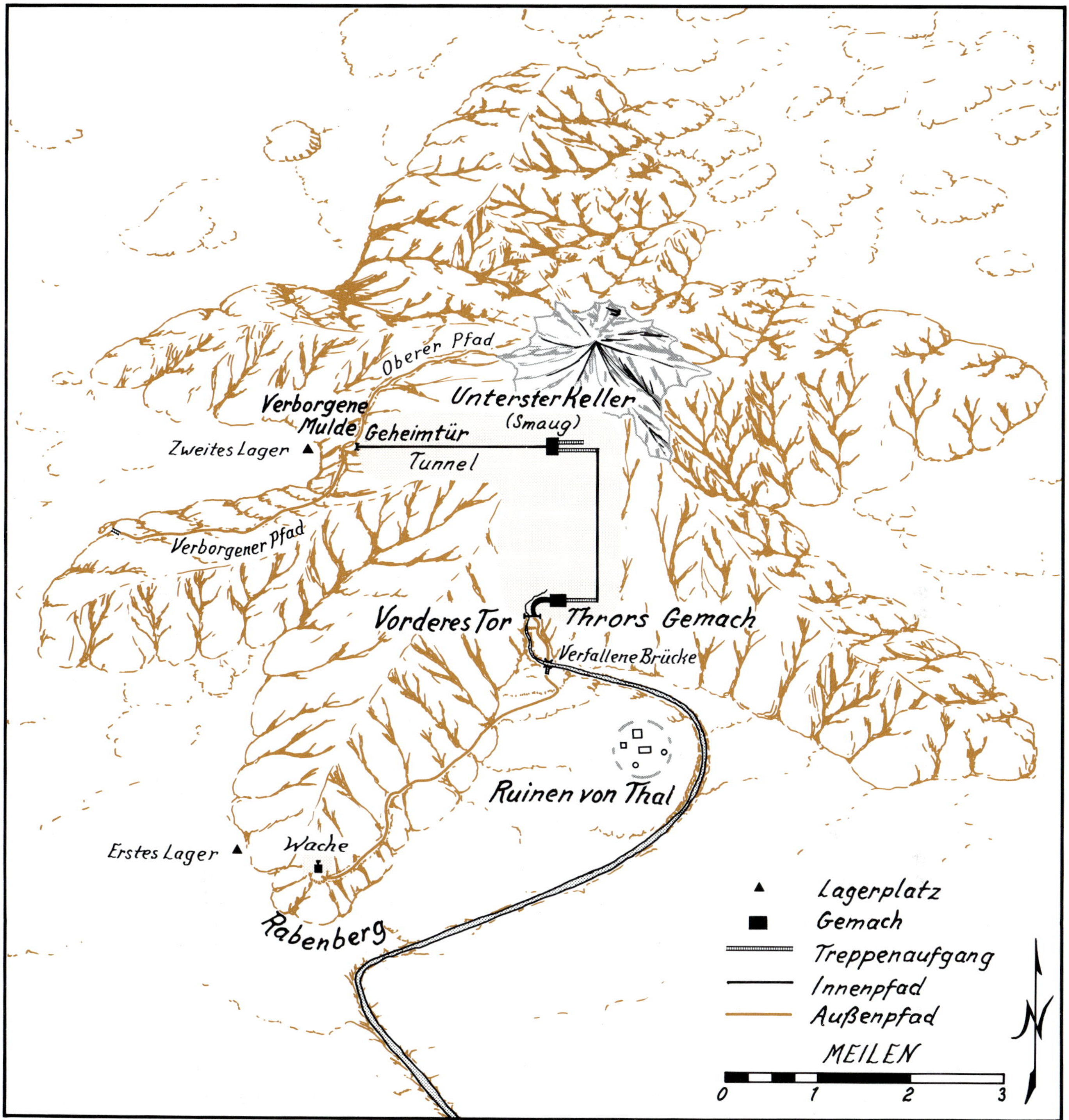
Oberer Pfad
Verborgene Mulde
Geheimtür
Unterster Keller
(Smaug)
Zweites Lager
Tunnel
Verborgener Pfad
Vorderes Tor
Thrors Gemach
Verfallene Brücke
Ruinen von Thal
Erstes Lager
Wache
Rabenberg
Lagerplatz
Gemach
Treppenaufgang
Innenpfad
Außenpfad
MEILEN
0
1
2
3

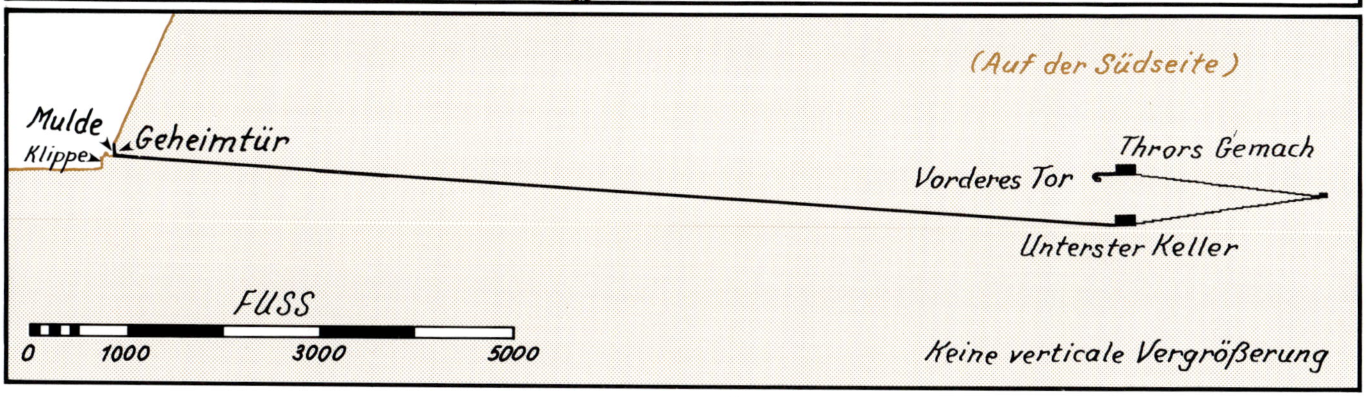
(Auf der Südseite)
Mulde
Klippe
Geheimtür
Throrѕ Gemach
Vorderes Tor
Unterster Keller
FUSS
0
1000
3000
5000
Keine verticale Vergrößerung

Die Schlacht der Fünf Heere

Die Nachricht vom Tode Smaugs verbreitete sich rasch, und innerhalb weniger Tage war ein großer Teil des Nordens auf den Beinen, um den unbewachten Schatz für sich zu gewinnen. Die Orks und die Wölfe hatten am Gundabadberg bereits nach dem Tod des Großen Ork starke Streitkräfte zusammengezogen und waren wohlvorbereitet, um den unerwarteten Vorteil zu nutzen. Sogleich brachen sie durch die Grauen Berge nach Osten auf, insgeheim von den wachsamen Adlern beobachtet (H 280 f.; 286). Der Elbenkönig marschierte ebenfalls nach Osten, wandte sich aber auf Bitten Bards nach Seestadt. Elf Tage nach Smaugs Tod passierten ihre vereinten Streitkräfte das Nordende des Langen Sees (H 256—258). Inzwischen hatte Thorin Raben als Boten zu seinen »Verwandten in den Bergen des Nordens«, besonders aber zu seinem Vetter Dáin in die Eisenberge gesandt (H 261 f.), über eine Entfernung von etwa 250 Meilen. Bard und der Elbenkönig trafen als erste ein, und trotz der grimmigen Weigerung Thorins belagerten sie den Berg. Wie lange die Belagerung dauerte, wird nicht gesagt, doch sie fand mit Dáins Ankunft ihr Ende: möglicherweise etwa zehn Tage später. Da Dáin versuchen wollte, das Tor zu stürmen, stand der Beginn der Schlacht unmittelbar bevor, als aus den wüsten Landen des Nordens die Orks und die Wölfe hervorbrachen (H 277; 282).

Rasch schlossen sich Elben, Menschen und Zwerge gegen die anrückenden Feinde zusammen. Sie waren an Zahl hoffnungslos unterlegen: Dáin hatte »fünfhundert grimmige Zwerge« mitgebracht (H 272), der Elbenkönig befehligte mindestens 1000 Speerträger und zusätzliche Bogenschützen (H 283); die Zahl von Bards Kriegern ist nicht bekannt, doch wenn man von der Größe der Stadt ausgeht, kann sie nicht mehr als 200 Mann betragen haben. Im Gegensatz dazu verfügte der Feind über ein »gewaltiges Heer« (H 281). Entsprechend dem Plan Gandalfs besetzten die Elben den südwestlichen und die Zwerge und Menschen den südöstlichen Ausläufer. Die Orks strömten, um das Tor zu gewinnen, in das Tal und wurden von beiden Seiten attackiert. Zuerst griffen die Elben von Westen her an; dann brachen Dáin, der kein Zögern duldete, und die Menschen von Osten los, und die Elben griffen erneut an. Die Strategie erwies sich als erfolgreich, denn die Orks waren am spitzen Ende des Tales gefangen und kämpften an zwei Fronten; dann aber gingen die Fallensteller selbst in die Falle: Orks hatten den Bergpfad erklettert, der sich oberhalb des Tores teilte, und hatten das höher gelegene Gebiet auf beiden Ausläufern des Gebirges besetzt. Aus dieser günstigen Stellung griffen sie die Nachhut der vereinigten Heere von oben an, was den Orks im Tal erlaubte, sich neu zu formieren und frische Truppen heranzuführen, darunter Bolg und seine mächtige Leibwache (H 284).

Die Elben waren in der Nähe des Rabenberges zurückgeschlagen worden, und Dáin und Bard verloren auf der Ostseite des Flusses an Boden, als Thorin die gerade erbaute Tormauer zum Einsturz brachte und sich ins Gefecht stürzte. »Hierher! Hierher, o meine Brüder!« schrie er, und alle Kämpfer Dáins und auch viele Menschen und Elben strömten zu ihm (H 285). Zusammen warfen sie sich auf das Zentrum des Feindes und drangen geradewegs auf Bolgs Leibwache ein; doch sie hatten keine Rückendeckung und wurden allmählich eingeschlossen. Die Verteidiger, welche die Ausläufer nicht verlassen hatten, sahen sich neuen Angriffen gegenüber und konnten nicht helfen. Gerade im richtigen Augenblick stießen die Adler aus dem Westen herab und warfen die Orks von den oberen Berggraten. Nachdem die Berge auf diese Weise vom Feind gesäubert waren, eilten alle Streitkräfte ins Tal, um Thorin beizustehen. Immer noch unterlegen wären sie am Ende doch besiegt worden, wäre Beorn nicht gewesen. In der allerletzten Stunde tauchte er auf, »keiner wußte, wie und woher er kam«, bahnte sich seinen Weg durch den Ring von Feinden und trug den tödlich verletzten Thorin aus dem Gefecht, kehrte zurück und erschlug Bolg (H 289 f.). Als ihr Anführer den Tod gefunden hatte, flohen die Orks nach allen Richtungen, und die meisten kamen entweder im Fluß Eilend, im Waldfluß oder im Düsterwald um.

oben: Aufmarsch zur Schlacht ▶
unten: Die Schlacht

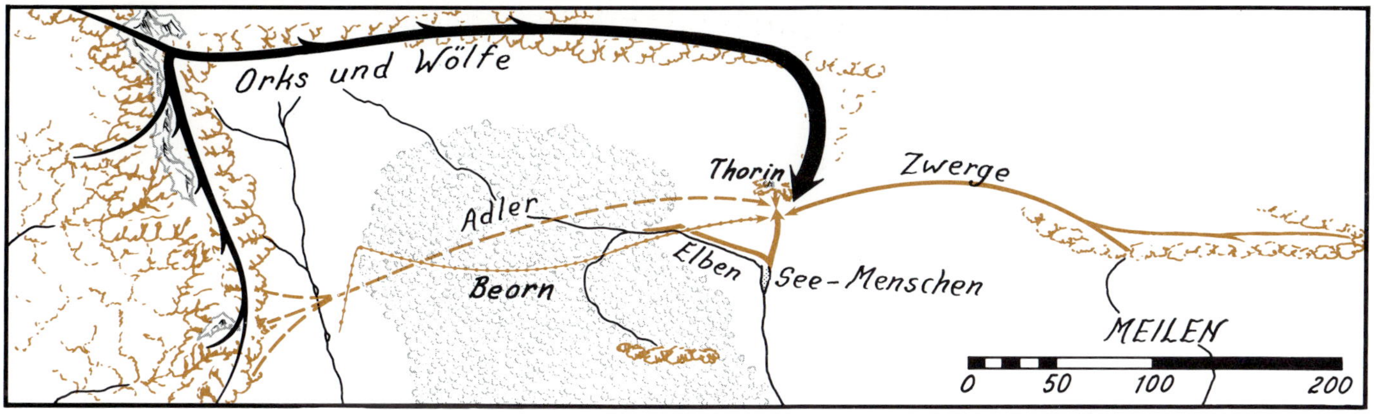
Orks und Wölfe
Thorin
Zwerge
Adler
Elben
Beorn
See-Menschen
MEILEN
0
50
100
200

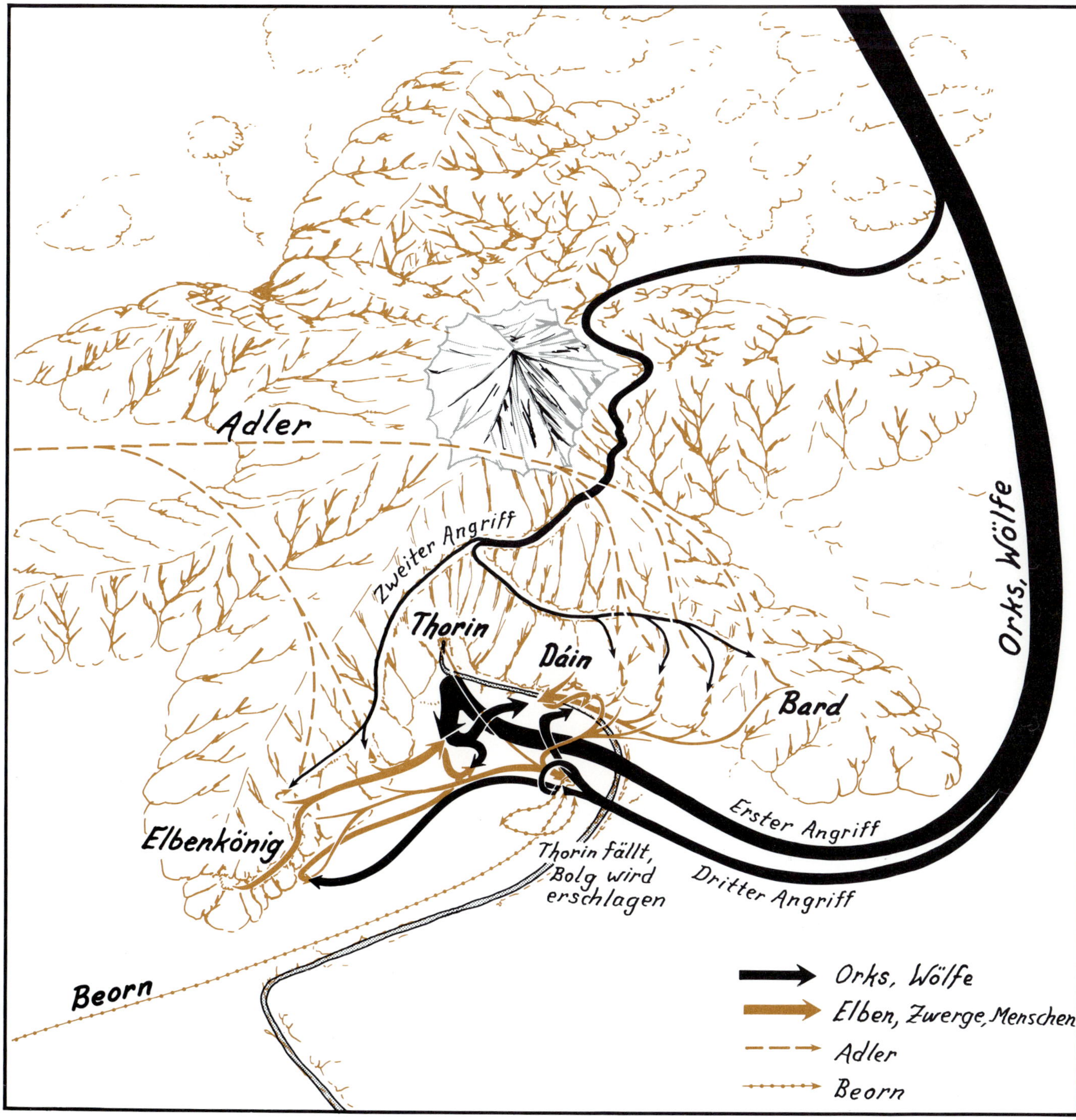
Adler
Zweiter Angriff
Thorin
Dáin
Bard
Orks, Wölfe
Elbenkönig
Erster Angriff
Thorin fällt,
Bolg wird
erschlagen
Dritter Angriff
Beorn
Orks, Wölfe
Elben, Zwerge, Menschen
Adler
Beorn

Der Herr der Ringe

Einleitung

Während der 77 Jahre zwischen Bilbos Ringfund und Frodos Fahrt, um den Ring zu zerstören, begründete Sauron in Mordor seine Macht aufs neue; Balin versuchte Moria wieder zu besiedeln; Saruman wandte sich vollends dem Bösen zu; Aragorn unternahm große Reisen; Bilbo zog nach Bruchtal; Gollum begab sich auf die Suche nach dem »Dieb« Beutlin (III 418). Gollum verließ seine Berghöhle 2944, und seine Wanderungen führten ihn durch den Düsterwald nach Esgaroth und Thal. 2951 eilte er dem Auenland zu, doch dann zog es ihn nach Mordor. Er trieb sich an den Grenzen herum, bis er 3017 gefangengenommen, später im Jahr wieder freigelassen wurde, nur um erneut — dieses Mal von Aragorn — gefangen zu werden (I 81; 308; II 287; 388; III 419; ME 442). Er wurde Thranduils Obhut im Düsterwald übergeben, jedoch von Orks befreit und kam nach Moria (I 310; III 419f.).

Durch den in Mordor eingekerkerten Gollum hatte Sauron von Bilbos Ringfund, jedoch nichts über die Lage des Auenlandes erfahren. Nach der Schlacht von Osgiliath (I 299) überquerten die Nazgûl den Fluß, zogen das Tal des Anduin hinauf und suchten ohne Erfolg nach Halblingen. Mitte September kehrten sie zurück und wurden von Sauron nach Isengart geschickt, um Neues in Erfahrung zu bringen. Von dort ritten sie nach Westen zum Auenland (ME 443—447). Inzwischen hatte Gandalf durch Sarumans Heimtücke Zeit verloren. Spät im Juni befand sich Gandalf an den Grenzen des Auenlandes, und als er den Grünweg hinaufzog, traf er Radagast und erfuhr vom Ritt der Nazgûl und von Sarumans Hilfsangebot (I 312). Er verbrachte die Nacht in Bree, dann ritt er nach Isengart, wo er bis zum 18. September auf dem Orthanc gefangengehalten wurde (III 420). Nachdem der Adler Gwaihir ihn nach Edoras getragen hatte, zähmte er Schattenfell. Auf diesem schnellsten aller Pferde ritt er schnell wie der Wind nach Hobbingen, doch er kam zu spät: Frodo war bereits aufgebrochen, und die Schwarzen Reiter waren ihm dicht auf den Fersen (I 319f.).

Der Schauplatz und seine Personen

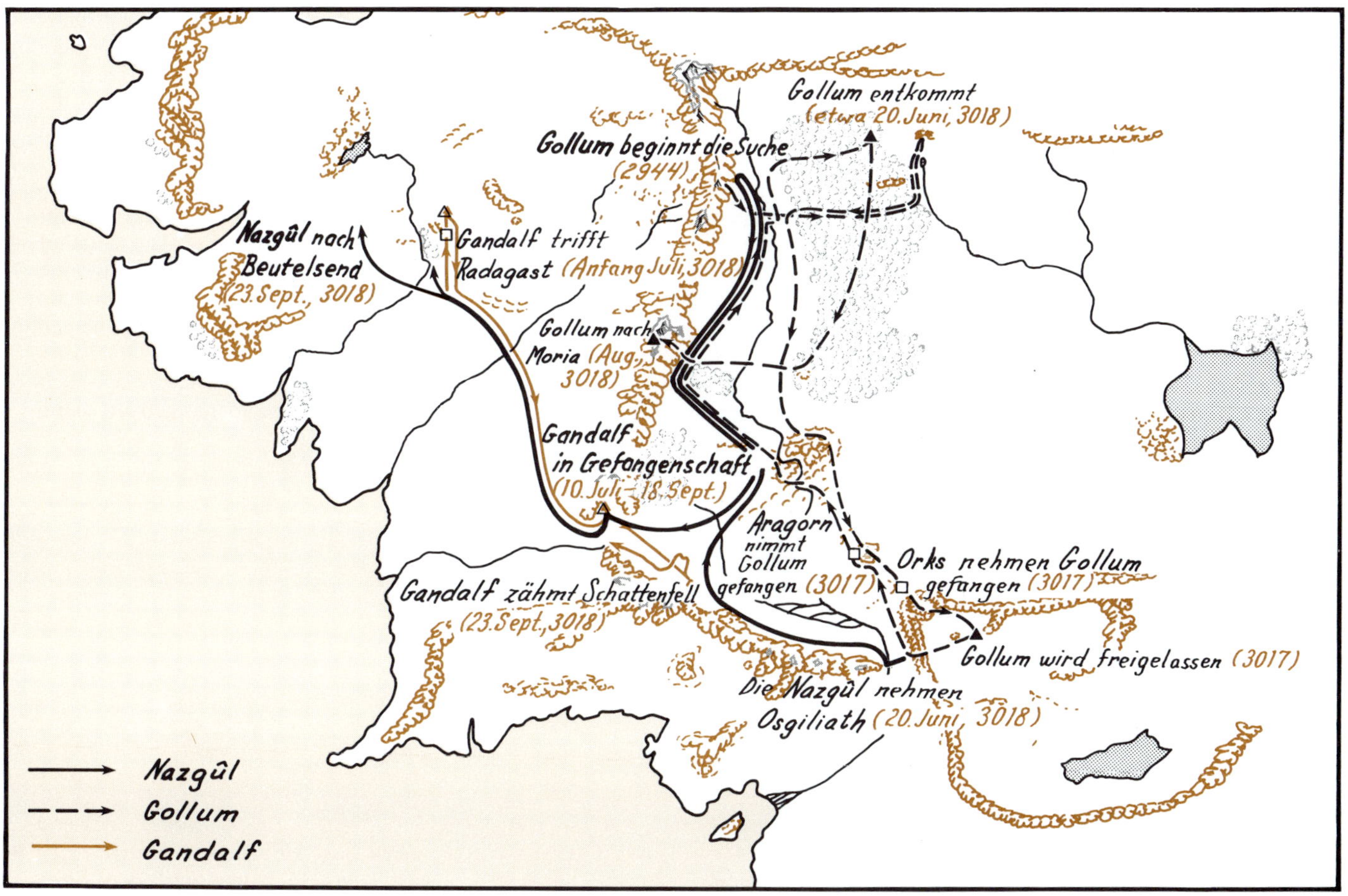

Hobbingen und Beutelsend

Tolkien hat von Hobbingen sowohl eine Karte als auch eine Illustration angefertigt, die uns eine genaue Kenntnis vom Dorf und seiner Umgebung vermitteln (I 8: Auenlandkarte; P 1). Das Dorf war so klein, daß es weder über ein Wirtshaus noch über ein Gasthaus verfügte und seine Bewohner gezwungen waren, »eine Meile oder mehr« nach Wasserau zu laufen, um die Wirtshäuser »Zum Efeubusch« oder »Zum Grünen Drachen« zu besuchen (H 36; I 36; 63). Die auffälligsten Gebäude waren Sandigmanns Mühle an der Wässer und der Gutshof auf der Westseite der Straße zum Bühl (III 329 f.; 334). Südlich der Brücke lagen zu beiden Seiten der Wasserauer Straße die meisten Wohngebäude (I 8: Auenlandkarte), doch die prächtigste Wohnstätte des Dorfes (in Wirklichkeit der ganzen Gegend) lag im Norden — Beutelsend.

Natürlich war Beutelsend kein Gebäude im eigentlichen Sinn, sondern eine Hobbit-Höhle, welche in den Hang des einzigen dazu geeigneten Berges in der Gegend vorgetrieben war (H 7). Unterhalb von Beutelsend an den Südhängen waren weitere kleinere Höhlen, darunter Beutelhaldenweg Nr. 3, das von Ham Gamdschie und seinem Sohn Sam bewohnt wurde (I 36). Zwischen der Straße und der Tür von Beutelsend lag ein großer freier Platz, Schauplatz von Bilbos großem Geburtstagsfest. Für das Fest wurde an der Böschung, die zur Straße führte, »ein zusätzlicher Eingang mit breiten Stufen und einem großen weißen Tor angelegt«. In der nördlichen Ecke wurde »eine riesige Küche ... unter freiem Himmel aufgebaut«, und weiter südlich wurden der Festbaum aufgestellt und die Zelte der Familie errichtet (I 41; III 334 f.).

Beutelsend

Der Wohnsitz Beutelsend zog sich von der großen Tür aus in westlicher Richtung in den Berghang hinein. Die Tür führte in eine Halle, die, wie sich aus einer der Zeichnungen Tolkiens folgern läßt, etwa 15 Fuß breit gewesen sein kann (H 7). Die Tür zeigte nach Süden, und ihre Öffnung war senkrecht in die Böschung gegraben, wo der Pfad nach Osten verlief, ehe er sich südlich zum Tor wandte. In der Vorhalle sprach Bilbo mit Gandalf, ließen die Zwerge ihre Musikinstrumente liegen, und während der Vorbereitungen zur Abreise deponierte Frodo dort die Rucksäcke (H 10; 20; I 94).

Die Halle selbst diente als Diele, sie hatte Haken zum Aufhängen der Mäntel und genügend Platz, um die Abschiedsgeschenke Bilbos aufzunehmen (H 14; I 54). Hinter dem Eingang öffneten sich Türen »zunächst auf der einen und dann auch auf der anderen« Seite (H 7). Die besten Zimmer »lagen auf der linken Seite (wenn man hereinkommt)«, denn sie hatten Fenster, die in die Böschung geschlagen waren. Unter diesen Räumen war das Wohnzimmer, wo die Zwerge mit Gandalf und Bilbo zusammentrafen, das Speisezimmer, »ein kleiner Raum«, wo Bilbo und Gandalf vor dem Eintreffen der übrigen Gesellschaft miteinander sprachen, und das Arbeitszimmer, wo Frodo mit den Sackheim-Beutlins und später mit Gandalf sprach (H 7; 18; I 40; 56; 58). Zumindest das Wohnzimmer und das Arbeitszimmer hatten Feuerstellen (H 16; 20; 35). Dann gab es noch ein »Gesellschaftszimmer«, wo Bilbo »wiederbelebt« wurde, zwei oder mehr Schlafräume, Ankleidezimmer, eine Küche und »Keller, Speisekammern (eine Menge davon)« (H 7; 34 f.). Alles in allem, war es eine höchst behagliche Wohnung.

Hobbingen: vorher und nachher

Vor dem Ringkrieg lag Hobbingen inmitten einer malerischen Umgebung: wohlbestellte Felder, durch dichte Hecken voneinander getrennt, baumbestandene Wege führten zu anmutigen Hütten und Höhlen, die von hübschen Gärten umgeben waren. Nach dem Krieg bot sich den heimgekehrten Hobbits ein ganz anderes Bild. Entlang der Wasserauer Straße waren alle Bäume gefällt, ebenso alle Kastanien an der Bühlstraße. Die Hecken waren niedergetrampelt und die Felder verdorrt. Ein gewaltiger Schornstein, vermutlich von einer Schmelzhütte, verpestete die Luft; schäbige neue Häuser standen dicht an dicht an der Straße; Sandigmanns Mühle war einem größeren Gebäude gewichen, das über der Wässer errichtet war und sie verschmutzte. Der Gutshof war verschwunden und Teerpappen-Schuppen an seine Stelle getreten. Die Beutelhaldenstraße war »eine gähnende Sand- und Kiesgrube«, und Beutelsend »konnte man wegen einer zusammengedrängten Gruppe großer Hütten« kaum sehen (III 334 f.). Es war ein trauriger Anblick, doch nach einem Jahr Arbeit war das Dorf wiederaufgebaut: »Und Ende gut, alles besser!« (III 341)

oben: Beutelsend
unten links: Hobbingen vor dem Krieg ▶
unten rechts: Hobbingen nach dem Krieg

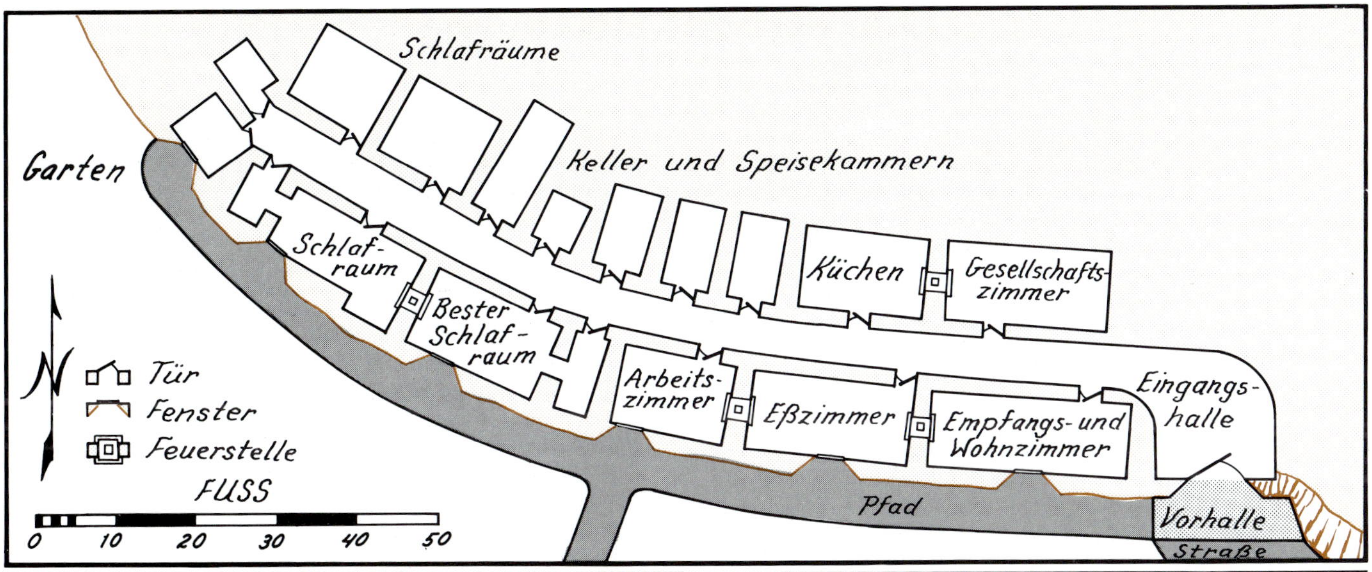
Schlafräume
Garten
Keller und Speisekammern
Schlafraum
Bester Schlafraum
Küchen
Gesellschaftszimmer
Arbeitszimmer
Eßzimmer
Empfangs- und Wohnzimmer
Eingangshalle
Tür
Fenster
Feuerstelle
FUSS
0 10 20 30 40 50
Pfad
Vorhalle
Straße

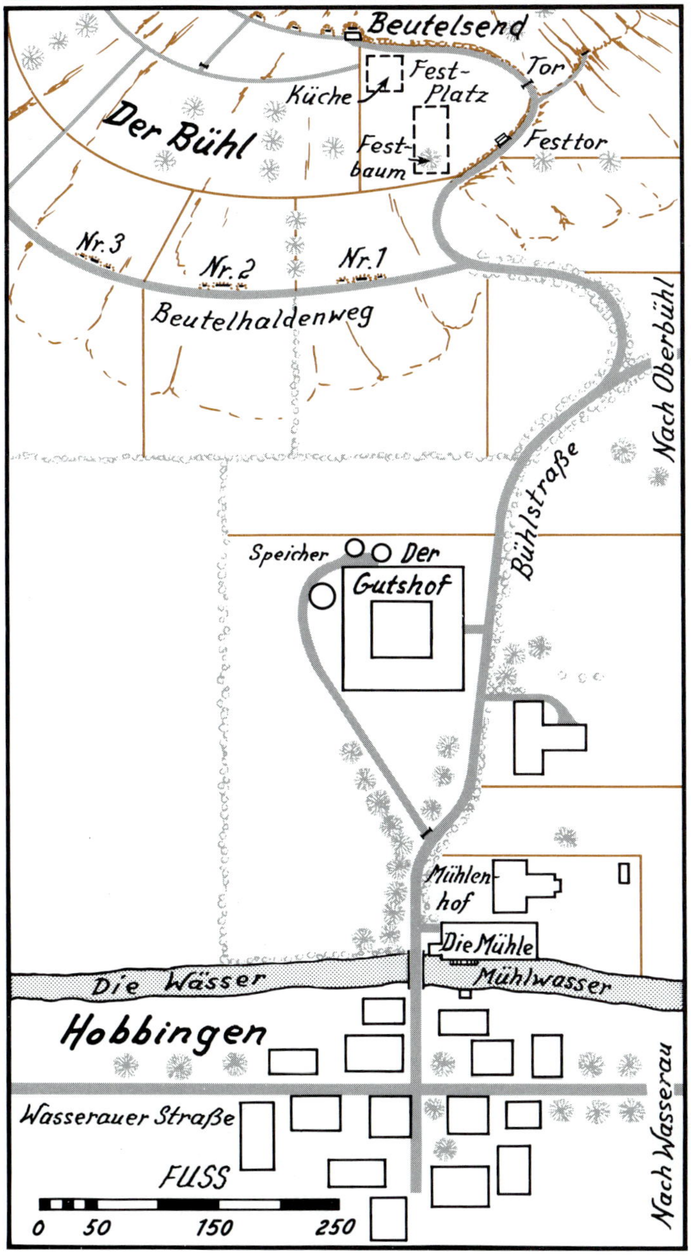
Beutelsend
Küche
Fest-Platz
Tor
Der Bühl
Festbaum
Festtor
Nr. 3
Nr. 2
Nr. 1
Beutelhaldenweg
Nach Oberbühl
Bühlstraße
Speicher
Der Gutshof
Mühlenhof
Die Mühle
Die Wässer
Mühlwasser
Hobbingen
Wasserauer Straße
FUSS
0 50 150 250
Nach Wasserau

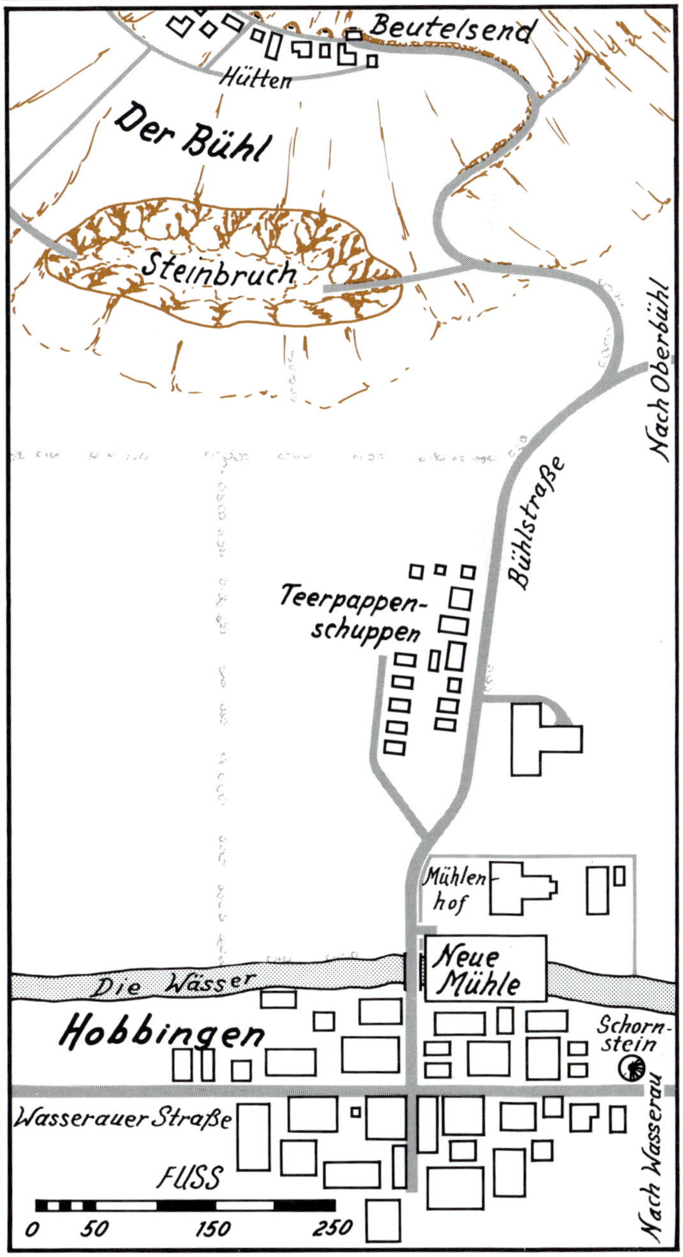
Beutelsend
Hütten
Der Bühl
Steinbruch
Nach Oberbühl
Bühlstraße
Teerpappenschuppen
Mühlenhof
Neue Mühle
Die Wässer
Hobbingen
Schornstein
Wasserauer Straße
FUSS
0 50 150 250
Nach Wasserau

Am Brandywein entlang

Als Frodo Beutelsend verließ, um die erste Etappe seiner Fahrt zu beginnen, eilte er nach Osten zu seinem kürzlich erworbenen Haus in Krickloch. Anstatt die Große Oststraße einzuschlagen und die Steinbogenbrücke zu benutzen, zog er es vor, durch das Grünbergland und den Bruch zu wandern. Das Auftauchen der Schwarzen Reiter zwang die Hobbits, die Straße zu verlassen, und so erreichten sie die Fähre auf einem recht ungewöhnlichen Weg.

Maggots Hof und die Fähre

Auf ihrem Weg östlich von Waldhof durchwanderten die Hobbits die wohlbestellten Felder des Bruch. Sie gingen am Rande eines Rübenfelds entlang, als Pippin plötzlich klar wurde, wo sie sich befanden — bei Maggots Hof (I 119). Eigentlich handelten sie widerrechtlich, als sie das stattliche Tor am Feldrand durchschritten und in den dahinterliegenden heckengesäumten Weg einbogen. Vor ihnen lagen dichte Baumgruppen, die das Gehöft verbargen. Durch die Bäume zog sich eine hohe Ziegelmauer mit einem großen Holztor in der Mitte, das sich auf einen breiten Weg öffnete. Innerhalb der Einfriedung standen die Hofgebäude (möglicherweise auch Hütten für die drei bissigen Hunde) und ein großes Wohnhaus, wo die Gefährten einen Imbiß zu sich nahmen, bevor Maggot sie zur Fähre kutschierte (I 120f.; 125).

Maggots Hof lag eine oder zwei Meilen von der Hauptstraße entfernt. Das Land westlich des Brandywein war offensichtlich sehr feucht, wie das Wort »Bruch« andeutet, so daß es notwendig war, die Straße höher zu legen als die umliegenden Felder und Wiesen: Sie führte über eine hoch aufgeschüttete Landstraße. Ein tiefer Graben auf der Westseite der Straße trug ebenfalls dazu bei, das Entwässerungsproblem zu lösen (I 125). Ungefähr fünf Meilen nördlich von Maggots Weg verlief der Fährweg 100 Yards nach Osten zum Landungssteg. Die Breite des Anduin wird nicht genannt, doch es war ein größerer Strom, den man vielleicht mit dem oberen Mississippi vergleichen könnte. Er »floß gemächlich und breit vor ihnen«, ein Pferd konnte ihn nicht durchschwimmen, und sie konnten »unter den Lampen« nur undeutlich die Gestalt des Schwarzen Reiters erkennen (I 127f.).

Am anderen Ufer befand sich ebenfalls ein Landungssteg, von dem sich ein Pfad am Ufer zur Straße hochschlängelte, die an Brandyschloß und Bockenburg vorbeiführte. Brandyschloß war in den Westhang des Bockbergs gegraben, und an dessen Flanken waren die Höhlen und Häuser von Bockenburg erbaut (I 127f.). Der Fährweg führte südlich am Berg vorbei zu einem Kreuzungspunkt mit der Nord-Süd-Straße von Bockland. Nach einer halben Meile auf der Bocklandstraße bogen die Hobbits in einen Weg ein, der nach Krickloch führte (I 129).

Krickloch

Krickloch war ein kleines Haus, ursprünglich als geheime Zuflucht von Brandyschloß erbaut, und seine abgelegene Lage machte es ideal für Frodos Zwecke (I 93; 129). Das Haus war von einer dichten Hecke umgeben, auf deren Innenseite sich eine Reihe niedriger Bäume entlangzog. Nachdem sie eine schmale Öffnung in der Hecke passiert hatten, überquerten sie auf einem grünen Pfad ein »großes Rasenrund« (I 129). Vor und hinter dem Haus waren offenbar Gärten, denn als die Schwarzen Reiter durch das Tor kamen, sah Dick Bolger sie »vom Garten herankriechen«, und als er durch die Hintertür entkam, lief er ebenfalls »durch den Garten« (I 220).

Das Haus war »langgestreckt und niedrig, ohne Obergeschoß; es hatte ein Dach aus Rasensoden und eine große, runde Tür« (I 129). Eine geräumige Halle zog sich mitten durch das Haus von der Eingangstür, durch die sie eintraten, zur Hintertür, durch die Dick Bolger den Nazgûl entkam (I 130; 220). Zu beiden Seiten der Halle öffneten sich Türen. Eine Tür an der Rückwand führte zu einem Badezimmer, das drei Badewannen und einen Dampfkessel enthielt. Während die Wanderer badeten, trafen Merry und Dick in der Küche »auf der anderen Seite des Ganges« die Vorbereitungen für ein zweites Abendessen (I 130). Über die Zahl und die Beschaffenheit der anderen Räumlichkeiten wird nichts mitgeteilt, doch angesichts der Form und der geringen Größe des Hauses können es nicht sehr viele gewesen sein. Möglicherweise gab es noch nicht einmal ein Speisezimmer, denn das Abendessen wurde am Küchentisch eingenommen (I 131). Schließlich war es nur eine hübsche Hütte, die keine vollendete Ausstattung brauchte.

Frodo verbrachte nur eine Nacht in seinem neuen Heim. Im Morgengrauen holten sie die Ponys aus einem nahen Stall (I 141) und ritten dorthin, wo der Alte Wald von der Hecke begrenzt wurde: zum Hohen Hag (I 128; 141). Westlich der Hecke »war ein Einschnitt mit leichtem Gefälle angelegt worden. Er hatte Ziegelmauern an den Seiten, die senkrecht aufragten, bis sie sich plötzlich nach oben wölbten und einen Tunnel bildeten«, der an seinem östlichen Ende von einem Eisentor verschlossen wurde. Nachdem die Hobbits das Tunneltor durchquert hatten, befanden sie sich am Grund einer baumlosen Mulde, und etwa 100 Meter weiter stieg der Pfad zum Rand des Alten Waldes auf — dicht und furchteinflößend, eine ausgedehnte Wildnis, die nur von der Feuerlichtung unterbrochen wurde, auf die sie sich zubewegten (I 141—144).

Am Brandywein entlang
obere Nebenkarte: Krickloch ▶
untere Nebenkarte: Maggots Hof

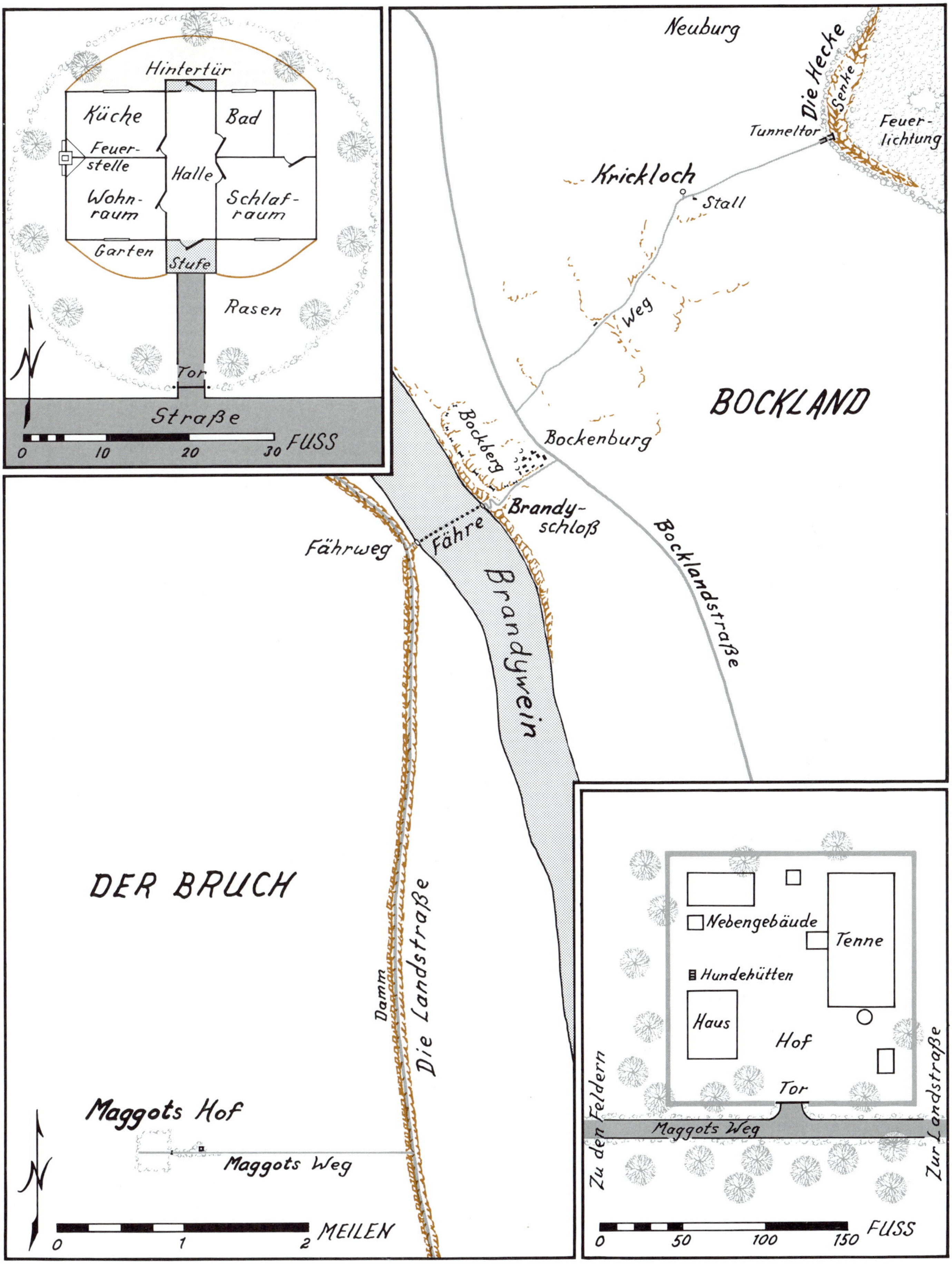
Hintertür
Küche
Bad
Feuer-stelle
Halle
Wohn-raum
Schlaf-raum
Garten
Stufe
Rasen
Tor
Straße
0 10 20 30 FUSS
Neuburg
Die Hecke
Senke
Tunneltor
Feuer-lichtung
Krickloch
Stall
Weg
BOCKLAND
Bockberg
Bockenburg
Brandy-schloß
Fähre
Fährweg
Brandywein
Bocklandstraße
DER BRUCH
Damm
Die Landstraße
Maggots Hof
Maggots Weg
0 1 2 MEILEN
Nebengebäude
Tenne
Hundehütten
Haus
Hof
Tor
Maggots Weg
Zu den Feldern
Zur Landstraße
0 50 100 150 FUSS

Auf den Hügelgräberhöhen

Bei ihrem Versuch, den Alten Wald in nördlicher Richtung zu durchqueren, wurden Frodo und seine Freunde nach Süden abgedrängt und kamen zur Weidenwinde, wo sie dem Alten Weidenbaum in die Falle gingen (I 149; 151; 165). Glücklicherweise kam ihnen Tom Bombadil zu Hilfe und geleitete sie die Weidenwinde hinauf zu seinem Haus, das zwischen den Säumen des Waldes und den ersten der Hügelgräberhöhen stand.

Tom Bombadils Haus

Nachdem sie den Wald verlassen hatten, führte ein steingesäumter Pfad die Hobbits über eine grasbedeckte Kuppe und dahinter einen weiteren Hang hinauf. Dort lag Tom Bombadils Haus im Schutz eines überhängenden Bergrandes, von wo die Weidenwinde über Felsstufen herabplätscherte (I 155; 165). Angeblich blickte das Haus nach Westen (I 163), doch, wie schon erwähnt, machten dazu im Gegensatz stehende Angaben einen Kompromiß erforderlich, demzufolge die Steilhänge der unteren Berggrate nach Südwesten ausgerichtet waren (vgl. oben, S. 72). Folglich ist Bombadils Haus nach Südwesten und nicht nach Westen ausgerichtet worden — was nicht unwahrscheinlich ist, denn so hätte man einen direkten Blick hinab ins Tal der nach Südwesten fließenden Weidenwinde.

Nachdem sie über die Steinschwelle getreten waren, befanden sich die Hobbits in einem langgestreckten, niedrigen Raum mit einem langen Tisch, einer Feuerstelle und Stühlen mit Binsengeflecht. Gegenüber der Tür saß die schöne Goldbeere zwischen ihren Schalen mit Lilien (I 157; 159). Offenbar gab es auch eine Hintertür, eine Küche und eine Treppe, die ins Obergeschoß führte, denn man konnte hören (nicht sehen), wie Tom Bombadil dort polterte und sang (I 164).

Der einzige andere Raum, der beschrieben wird, ist der Anbau (eine Art Gästehaus), in dem die Hobbits sich wuschen und wo sie schliefen. Vom Wohnraum gelangte man dorthin durch die Tür »über einen kurzen Flur und dann scharf um die Ecke« (I 159). Der Raum war niedrig mit schrägem Dach und »offenbar ein Anbau an der Nordseite des Hauses«. Seine Fenster gingen nach »Westen« (zum Garten hin) und nach »Osten«. Er bot genügend Raum für vier Matratzen an der einen Wand und eine Bank an der anderen (I 159; 163). Nachdem sie zwei Nächte in dieser behaglichen Behausung verbracht hatten, holten die Hobbits ihre Ponys und ritten den Pfad hinauf, der hinter dem Haus entlangführte und sich zur nördlichen Bergspitze emporwand (I 171). Vor ihnen lagen die Hügelgräberhöhen.

Die Hügelgräberhöhen

Bis zum Mittag hatten die Hobbits zahlreiche Bergrücken überquert und von einem dieser Rücken erspähten sie eine dunkle Linie, die sie für die Baumreihe entlang der Großen Oststraße hielten. Sehr erleichtert beschlossen sie, Mittagsrast zu halten. Der Gipfel, den sie erklommen hatten, war flach und hatte einen Ring »wie eine flache Untertasse mit einem grünen, aufgebogenen Rand«, und in seiner Mitte stand ein senkrechter Stein. Nach Osten zu waren die Berge höher, und »alle diese Berge waren von grünen Grabhügeln gekrönt, und auf manchen standen senkrechte Steine« (I 173). Alle diese Merkmale — Ringe, Hügelgräber und Steine — waren vermutlich Reste von Begräbnisstätten.

Wie in England waren die großen *Glocken-Hügelgräber* vermutlich am wenigsten verbreitet. Diese Gräber wurden aus sorgsam zusammengefügten Grassoden errichtet und zuweilen mit einem Ring engstehender senkrechter Steine umgeben. Diese Steine können eine rituelle Bedeutung gehabt oder auch lediglich zur Abstützung des Grabhügels gedient haben. Die runde Mulde, in der die Hobbits rasteten, kann ebenfalls eine Art von Hügelgrab gewesen sein, denn in Exmoor (England) sind »die meisten Hügelgräber geformt wie eine umgedrehte Puddingschüssel und ... im Fall von Feuerbestattungen ... kann sie ein schmaler Ring aufeinandergetürmter Steine umgeben«.[28] Die verschiedenen Typen von Hügelgräbern mögen auf unterschiedliche Bestattungsformen zu gleichen Zeiten oder in verschiedenen historischen Epochen zurückgehen, denn sogar im Ersten Zeitalter sind die Höhen von den Vorfahren der Edain als Begräbnisstätte benutzt worden, bevor sie nach Beleriand gingen (III 362). Nach der Rückkehr der Dúnedain war das Gebiet zurückerobert und befestigt worden; als es als Tyrn Gorthad bekannt wurde, fanden neue Bestattungen statt, und es war die letzte Zuflucht des Volks von Cardolan vor den Heeren Angmars. Als die Dúnedain unter der Großen Pest zu leiden hatten, begann sich das Unheil in den Höhen auszubreiten, denn Geister aus Angmar ließen sich dort nieder — die Grabunholde (I 166; 169; III 415).

Als die vier Hobbits im Gänsemarsch langsam aus der runden Mulde auf die torartige Öffnung zuritten, sahen sie sich zwei aufrecht stehenden Steinen gegenüber, und ihre Ponys scheuten und warfen sie ab. Frodo eilte nach Osten, wo er die Stimmen seiner Freunde hörte, und merkte, daß es statt dessen steil bergauf nach Süden ging. Auf dem abgeflachten Gipfel stand der dunkle Schatten eines Hügelgrabes, und dort wurde auch er gefangen (I 175—177). Am nächsten Tag, als Bombadil sie weiter und durch die Öffnung führte, konnte Frodo die senkrechten Steine nicht sehen. Sie eilten weiter auf die dunkle Linie zu. Doch stellte sich heraus, daß es nicht die baumgesäumte Straße war, sondern ein tiefer Graben mit einer steilen Böschung: einstmals die nördliche Befestigung von Cardolan. Schließlich gelangten sie auf die Straße und trotteten in Richtung Bree (I 184—187; III 361).

links: Die Hügelgräberhöhen
rechts oben: Das Hügelgrab ▶
rechts unten: Tom Bombadils Haus

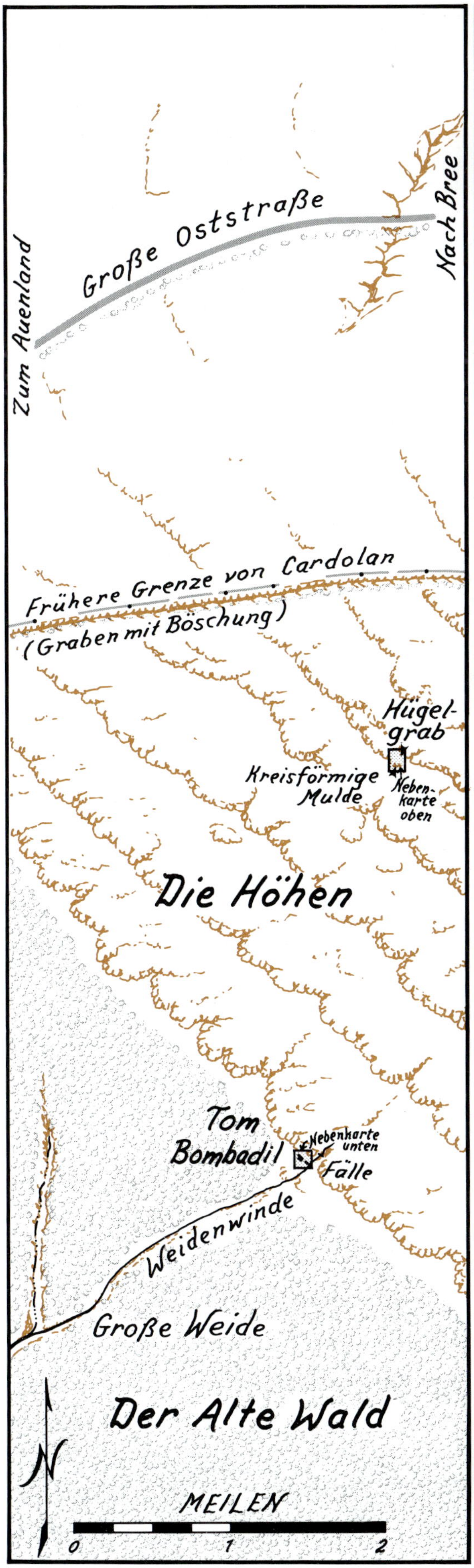
Große Oststraße
Zum Auenland
Nach Bree
Frühere Grenze von Cardolan
(Graben mit Böschung)
Hügel-
grab
Kreisförmige
Mulde
Neben-
karte
oben
Die Höhen
Tom
Bombadil
Nebenkarte
unten
Fälle
Weidenwinde
Große Weide
Der Alte Wald
MEILEN
0
1
2

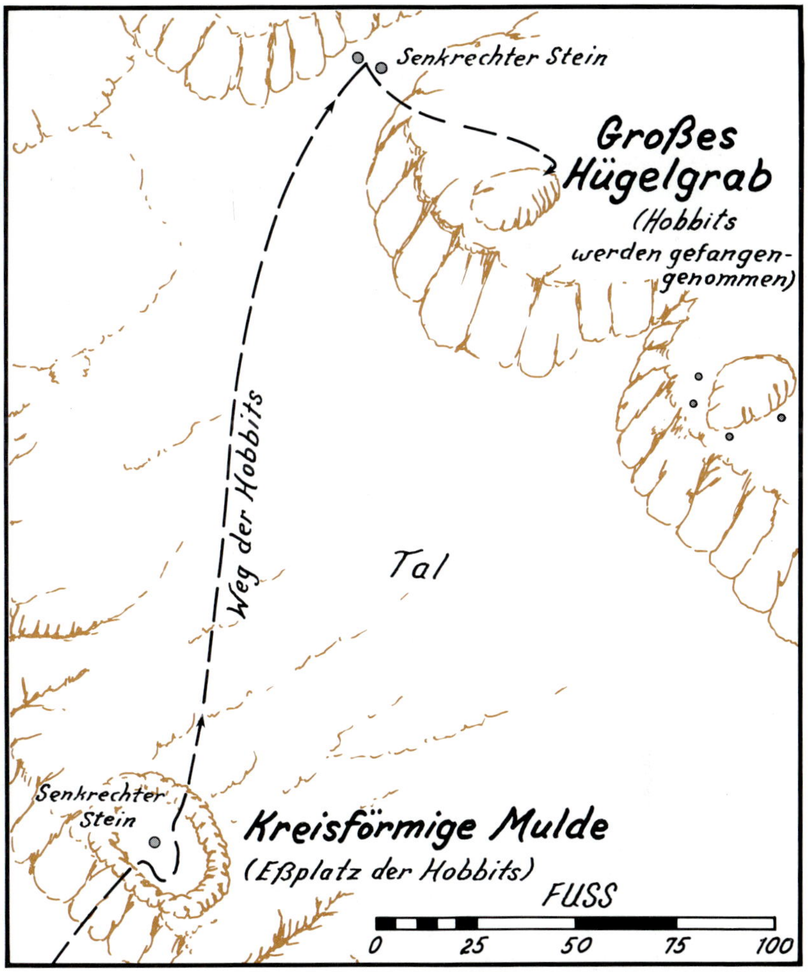
Senkrechter Stein
Großes
Hügelgrab
(Hobbits
werden gefangen-
genommen)
Weg der Hobbits
Tal
Senkrechter
Stein
Kreisförmige Mulde
(Eßplatz der Hobbits)
FUSS
0
25
50
75
100

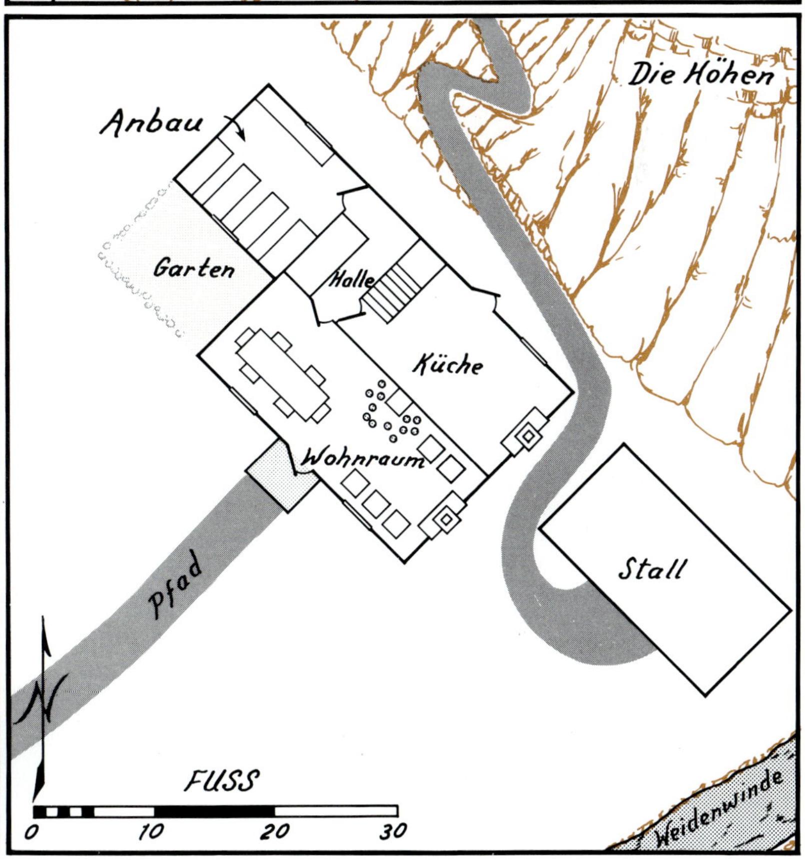
Die Höhen
Anbau
Garten
Halle
Küche
Wohnraum
Pfad
Stall
Weidenwinde
FUSS
0
10
20
30

Im »Tänzelnden Pony«

Die Hügelgräberhöhen östlich hinter sich lassend, kamen die Hobbits zum Breeland, »ein Landstrich mit Ackerland und durchforsteten Waldungen, der aber nur einige Meilen breit war« (I 188). Breeland hatte vier Dörfer: Bree, Stadel, Schlucht und Archet. Die Siedlungen waren rund um die Hänge des Breeberges angeordnet — Bree im Westen, unter dem düsteren Berghang; Stadel an den sanfteren südöstlichen Hängen; Schlucht in einem tiefen Tal im Osten; Archet im Chetwald, nördlich von Schlucht (I 188; 225). Bree war die größte und wichtigste der vier Siedlungen. So winzig es auch war, hatte das kleine Land gleichwohl an den großen Wanderbewegungen vieler Jahrhunderte teilgehabt: In der Altvorderenzeit war es von Menschen aus Dunland besiedelt worden (I 188; III 458). Um 1300 waren vor Angmar fliehende Hobbits zum Großen Volk gestoßen (III 414), und das Kleine Volk ließ sich in erster Linie in Stadel nieder, doch es gab auch einige von ihnen in Bree (I 17; 188).

Bree

Die vorherrschende Stellung Brees rührte vermutlich von seiner Lage an der Kreuzung zweier wichtiger Straßen her: der Großen Oststraße und der alten Nordstraße. Die letztere war während des frühen Dritten Zeitalters von größter Bedeutung, als die Dúnedain von Fornost im Norden hinunter nach Tharbad und weiter in das Reich von Gondor zogen. Nach dem Fall Arnors wurde die Straße selten benutzt und hieß dann Grünweg, denn sie war mit Gras bewachsen (I 190). Die Kreuzung lag genau im Westen des Breeberges, und ebenso wie viele andere Siedler in alten Zeiten hatten die Leute von Bree sich bemüht, ihr Dorf durch künstliche Hindernisse zu schützen. Sie erbauten keine Mauern, sondern hoben einen tiefen Graben aus, der auf der inneren Seite mit einer dichten Hecke bewachsen war. Die von Westen nach Süden durch das Dorf verlaufende Große Oststraße überquerte den Graben auf einem Damm, »aber wo sie an die Hecke stieß, war sie mit einem großen Tor versperrt«, das dauernd bewacht wurde (I 189).

Innerhalb des Dorfes bog die Straße nach Süden, folgte dem Fuß des Berges und wandte sich dann wieder nach Osten (I 190; 225). Die meisten Häuser von Bree standen östlich der Straße und einige wenige zwischen der Straße und dem Graben. Das Dorf umfaßte »einige hundert Steinhäuser des Großen Volkes, die zumeist oberhalb der Straße lagen, an den Berghang geschmiegt«. Im Osten und oberhalb der Menschenhäuser befanden sich die Höhlen der Hobbits (I 189). Nur vier Gebäude werden besonders hervorgehoben: die zwei Pförtnerhäuser für die Torwächter, das Haus von Lutz Farning (das letzte vor dem Südtor) und das vorzügliche Gasthaus »Zum Tänzelnden Pony«.

Das »Tänzelnde Pony«

Tolkien erklärte, daß »Bree« die Bedeutung von »Hügel« habe; der Name bezieht sich demnach auf die Lage des Orts (III 465). Doch es kann sich auch um ein Wortspiel gehandelt haben (obgleich dies nicht erwähnt wird), denn im Schottischen bedeutet »Bree« auch »Schnaps« oder »Suppe«[29] — beides wurde von Butterblume in großen Mengen serviert.

Auf der Suche nach einem Imbiß und einem Nachtlager ritten die Hobbits zum Gasthaus. Es lag dort, wo die Straße sich nach Osten zu wenden begann, doch nicht weit vom Westtor entfernt, denn die Hobbits kamen nur an ein paar Häusern vorbei, bevor sie das Grundstück erreichten (I 190f.). Die Fenster auf der Vorderseite blickten nach Westen zur Straße, und zwei Flügel waren in die niedrigen Hänge des Berges hineingebaut; dazwischen lag ein Hof. Da das Gasthaus drei Stockwerke hatte, gab es in der Hausmitte einen Torbogen, durch den man in den Hof und in die oberen Räume gelangte. Die Hobbits ließen die Ponys im Hof stehen, und Hinz wurde damit beauftragt, sie in den Stall zu bringen — er befand sich wahrscheinlich im Erdgeschoß des Südflügels, da weder Türen noch Stufen erwähnt werden (I 192f.).

Sie betraten das Gasthaus, indem sie eine breite Treppe auf der linken Seite des Torbogens hinaufstiegen (I 192). Dort stieß Frodo beinahe mit Butterblume zusammen, der mit einem Tablett voller Bierkrüge »aus einer Tür heraus und durch eine andere wieder hineinstürzte« (I 192). Wahrscheinlich war er auf dem Weg von der Küche in die große Wirtsstube, die um der Bequemlichkeit der Dörfler willen in der Nähe der Vordertür gelegen haben dürfte. Der Wirt führte die Hobbits »ein kurzes Stück über einen Gang« in eine »nette kleine Gaststube«. Es war ein kleiner gemütlicher Raum mit einem Kamin, Sesseln und einem Tisch (I 193f.).

Man zeigte ihnen auch ihre Schlafzimmer, wo sie sich wuschen. Diese waren offenbar im hinteren Teil des Nordflügels (I 194) und lagen vermutlich an dessen Ende; da dieser Gebäudeteil an den Hang grenzte, wird der Raum gerade so groß gewesen sein, um Raum für die kleinen Betten der Hobbits zu bieten. Die Lage des Raumes wird auch durch die Bemerkung Streichers gestützt, daß die Fenster zu ebener Erde lagen (I 217); und da auf der Vorderseite des Gasthauses Stufen notwendig waren, war der rückwärtige Teil des Untergeschosses aufgrund des ansteigenden Hanges in der Tat kürzer als der obere (I 193). Diese dicht am Boden liegenden Fenster waren so unsicher, daß Streicher klugerweise darauf bestand, daß die Hobbits die Nacht in der kleinen Gaststube verbrachten.

oben links: Breeland
oben rechts: »Das Tänzelnde Pony« ▶
unten: Bree

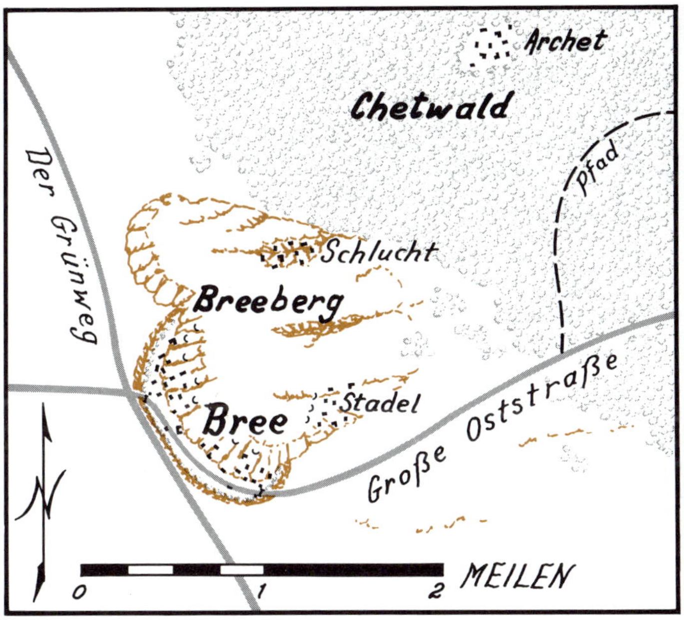
Archet
Chetwald
Pfad
Der Grünweg
Schlucht
Breeberg
Bree
Stadel
Große Oststraße
0
1
2
MEILEN

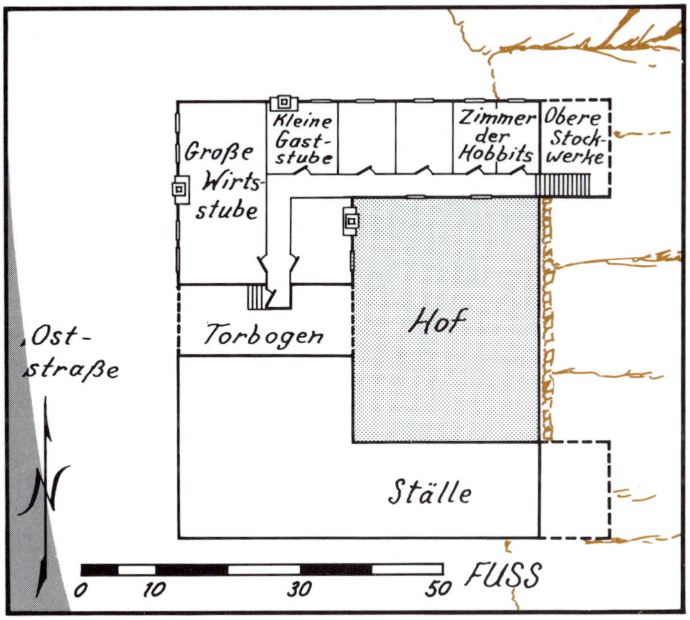
Große Wirtsstube
Kleine Gaststube
Zimmer der Hobbits
Obere Stockwerke
Torbogen
Hof
Oststraße
Ställe
0
10
30
50
FUSS

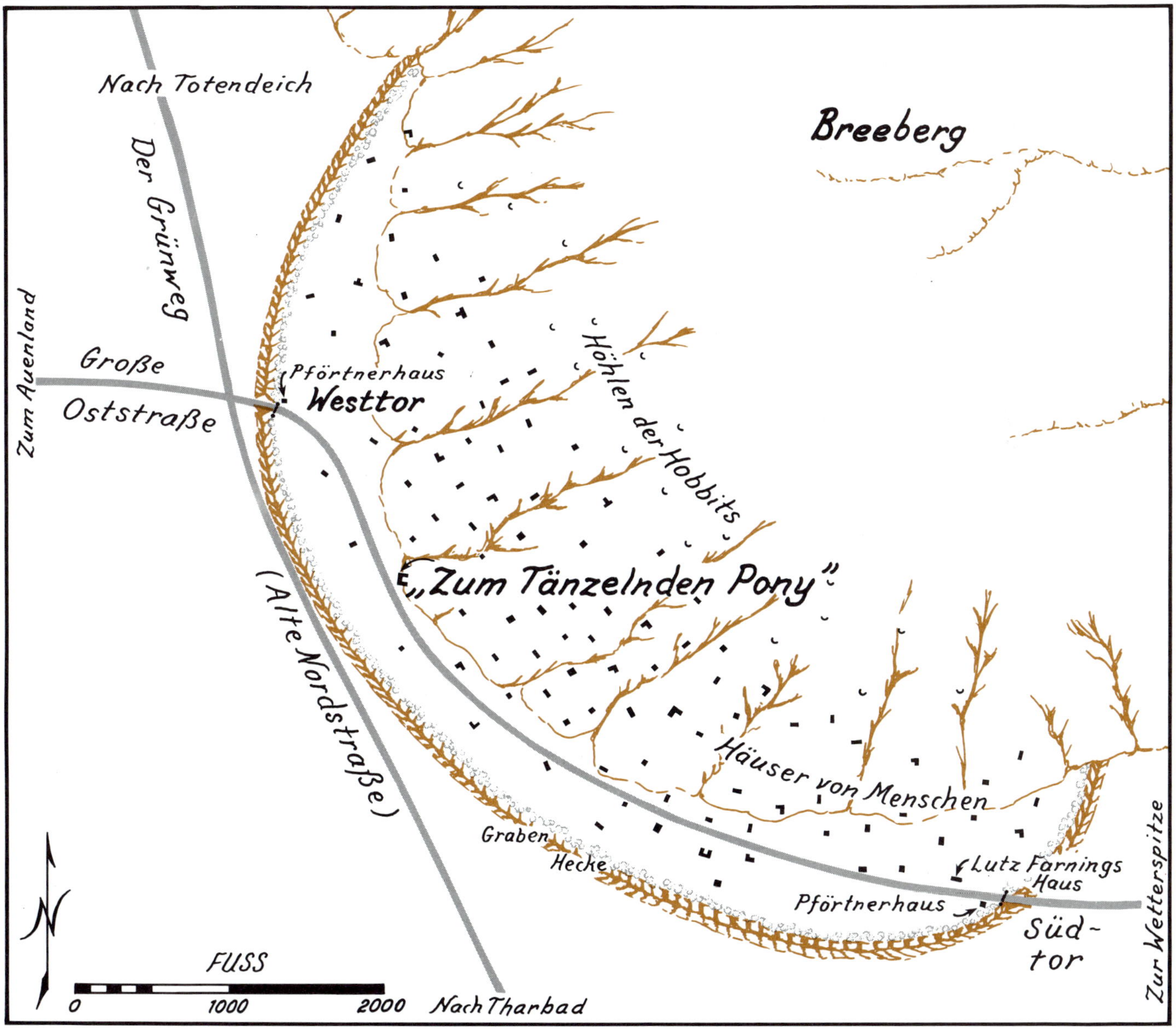
Nach Totendeich
Breeberg
Der Grünweg
Zum Auenland
Große Oststraße
Pförtnerhaus
Westtor
Höhlen der Hobbits
„Zum Tänzelnden Pony"
(Alte Nordstraße)
Häuser von Menschen
Graben
Hecke
Lutz Farnings Haus
Pförtnerhaus
Südtor
Zur Wetterspitze
FUSS
0
1000
2000
Nach Tharbad

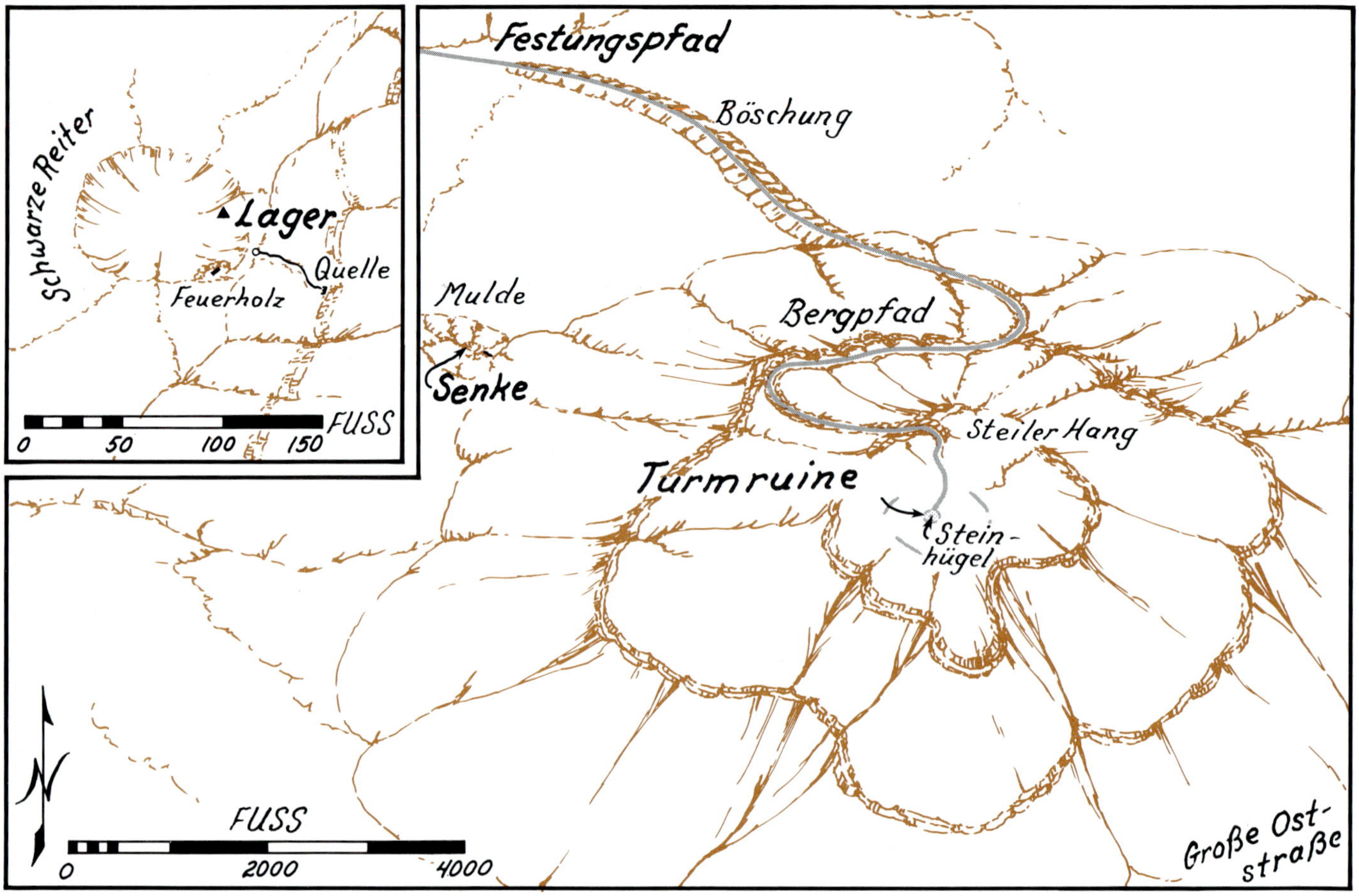

Die Wetterspitze *Nebenkarte:* Die Mulde

Die Wetterspitze

Weit im Osten von Bree lag die Wetterspitze, der höchste der Wetterberge, ein wenig abgesetzt am Südende des welligen Gebirgskamms. Sein Gipfel erhob sich tausend Fuß über die umliegenden Tieflande, vermittelte eine klare Sicht über die ganze Gegend und ragte bis in die oberen Luftschichten, was dem Berg seinen anderen Namen eintrug: Amon Sûl, der Windberg (S 319; I 227—231). Der Gipfel der Wetterspitze war flach und von einem Rund verfallenen Mauerwerks gekrönt. Diese Steine waren alles, was von dem alten Wachturm übrig geblieben war, der in den frühen Tagen Arnors erbaut worden war (I 231). Der Turm und die Berge im Norden waren weiter befestigt worden, nachdem Rhudaur an Angmar gefallen war, aber 1409 ging alles verloren, und der Turm wurde niedergebrannt (III 362).

Streicher führte die Hobbits über einen Pfad zur Wetterspitze, der einst der Versorgung der Festungen entlang den Bergen gedient hatte. Der Pfad schmiegte sich an die Westhänge, bog nach Osten in freieres Gelände, bevor er in südlicher Richtung über eine Böschung lief, »die wie eine Brücke zum Nordhang des Berges hinaufführte« (I 231; 233). Von dort wand er sich zum Gipfel empor, den man nach einem letzten steilen Aufstieg erreichte. In der Mitte des versengten Ringes stand ein Hügel aus Schottersteinen, darunter der Stein mit der Botschaft Gandalfs. Die Oststraße entlangschauend erspähte Frodo die Schwarzen Reiter, und die Wanderer eilten den Berg hinab zu der geschützten Mulde, wo sie ihr Lager aufschlagen wollten (I 231—234).

Am Westhang des Berges war eine Senke, worin sich eine schalenförmige Mulde befand (I 231). Sam und Pippin hatten die Umgebung erforscht und in dem nahen Hang eine Quelle gefunden; unter einem Steinhaufen versteckt entdeckten sie einen Stapel Feuerholz (I 234). In der Nähe der Quelle fand Streicher Fußabdrücke, und er wollte ungern die Nacht hier zubringen; doch sie hatten keine andere Wahl. In der geschütztesten Ecke der Mulde entfachten sie ihr Feuer und warteten (I 236). Ihre Befürchtungen waren wohlbegründet, denn über dem westlichen Muldenrand erschienen fünf schwarze Gestalten (I 242).

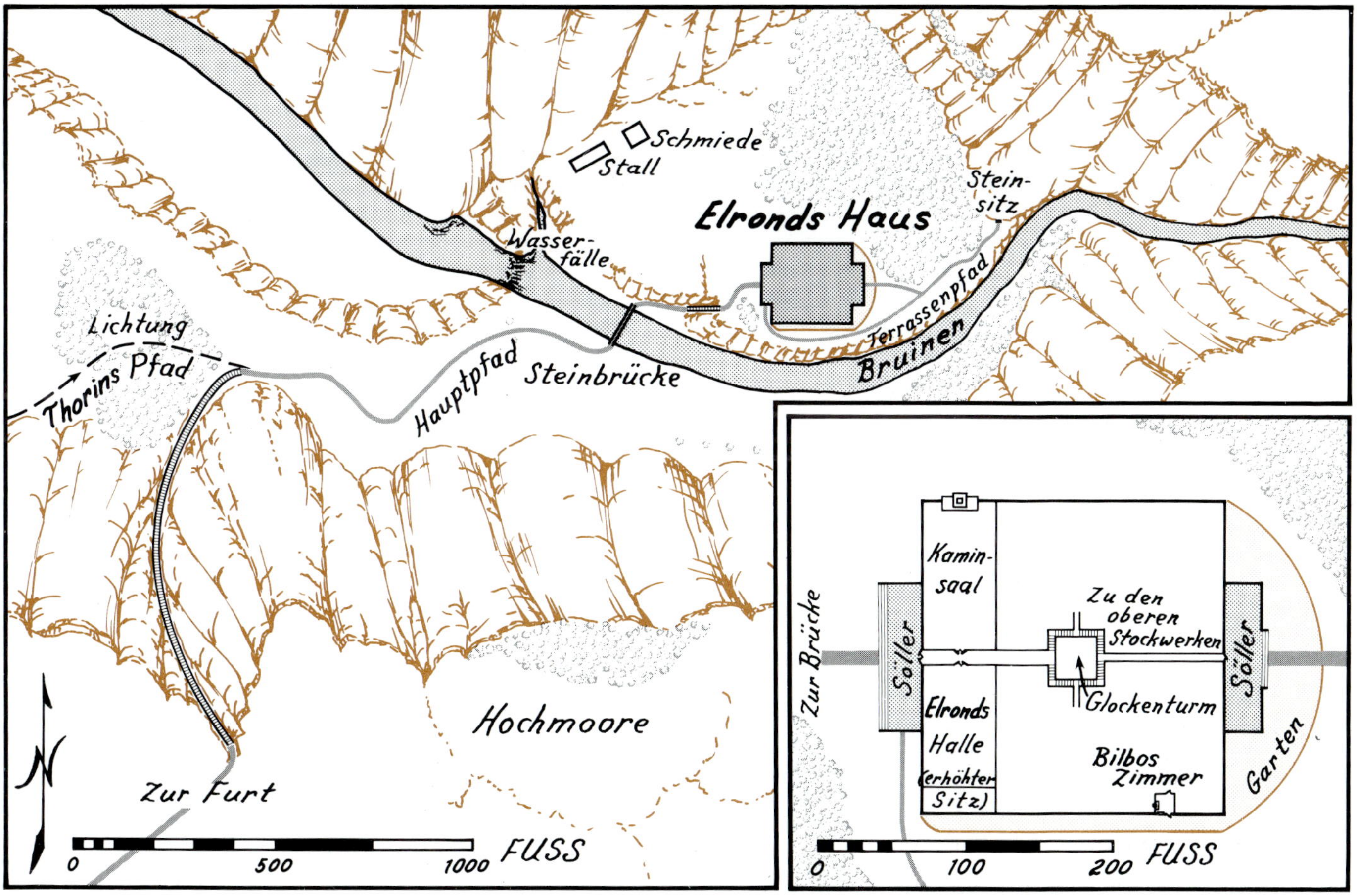

Bruchtal *Nebenkarte:* Das Letzte Heimelige Haus

Bruchtal

Nach dem Fall von Ost-in-Edhil im Jahr 1697 des Zweiten Zeitalters führte Elrond die Elben von Eregion nach Norden und gründete die Zuflucht von Imladris — Bruchtal (S 316; III 411). In der Folge war Bruchtal das Hauptquartier vieler Anführer des Letzten Bundes, Stützpunkt in den Schlachten gegen Angmar und beherbergte viele Generationen lang die Erben Isildurs (III 362; 364 f.; 413). Dort trafen sich Aragorn und Arwen, rasteten Thorin und seine Gefährten, dorthin zog sich Bilbo zurück, und dorthin brachte man Frodo zur Ausheilung seiner Wunde (H 54; I 267; 276; III 382).

Das tiefe Tal war einer der zahlreichen Einschnitte in den Mooren, die sich zum Nebelgebirge hinaufzogen (H 53). Seine Hänge waren so steil, daß Gandalfs Pferd »beinahe den Hang hinunterrutschte«, als er die Zwerge nach Osten führte, und die Gesellschaft »rutschte und schlitterte ... den steilen Zickzackpfad hinab« (H 54). Am Südhang gab es offenbar mindestens einen weiteren Pfad, denn als die Zwerge und die Elben sich auf einer Lichtung getroffen hatten, führten ihre Gastgeber sie über einen »ordentlichen Pfad«, möglicherweise über denjenigen, der auf Tolkiens Zeichnung zu sehen ist (H 57; P 6). Der Pfad führte auf einer schmalen Brücke über den Bruinen oberhalb der Wasserfälle und weiter zum Hause Elronds (H 57; I 291).

Das Letzte Heimelige Haus war »ein großes Haus«, in dem es »immer noch etwas zu entdecken« gab (I 275). Es verfügte über mindestens zwei große Hallen: Elronds Halle und den säulengeschmückten Kaminsaal, der auf der anderen Seite des Ganges lag (I 276; 280). Dieser Saal befand sich augenscheinlich in der Nähe der Eingangstür, denn vor der Abreise der Gefährten konnte Frodo einen »Schimmer des Kaminfeuers« von draußen sehen (I 341). Im übrigen werden nur noch drei weitere Räumlichkeiten des Hauses genannt: Frodos Zimmer im Obergeschoß (I 267; 275); Bilbos Zimmer im Erdgeschoß, das nach Süden lag, eine Feuerstelle, ein Fenster und eine Tür zum Garten hatte (I 289; 331; III 289); und der nach Osten gelegene Söller, wo Frodo seine Freunde wiedertraf und der Rat von Elrond abgehalten wurde (I 275; 291; 305). Tolkiens Zeichnung zeigt auch einen vorderen Söller und in der Mitte einen kleinen Turm, in dem die Glocken sich befunden haben können, die zu den Mahlzeiten und zu den Ratssitzungen riefen (I 276; 291; 329; P 6). Außerhalb des Hauses gab es auf der östlichen und der südlichen Seite Gärten und einen Pfad, der über die Terrasse zu einem Steinsitz führte, wo Gandalf, Bilbo, Frodo und Sam zusammentrafen (I 275; 289; 291). Möglicherweise hat es auch einen Stall gegeben, in dem »Lutz« untergestellt war, und eine Schmiede, in der Anduril für Aragorn neu geschmiedet wurde (I 336).

Moria

Im Ersten Zeitalter, »in grauer Vorzeit«, entdeckte Durin die Höhlen über Azanulbizar, dem Schattenbachtal, und dort begründete er, was zum größten aller Zwergenkönigreiche werden sollte — Khazad-dûm (III 398). Dort blieben die Zwerge, gruben Minen, die »riesiger und verzweigter waren, als man sich vorstellen konnte« (I 376), bis 1980 des Dritten Zeitalters ein Balrog in Freiheit gesetzt und das Reich aufgegeben wurde (III 399; 415). Danach wurden die Minen immer öfter Moria, die »Schwarze Grube«, genannt.

Die Berge von Moria

Die Minen lagen im Inneren dreier hochaufragender Berge: Caradhras, Rothorn; Celebdil, Silberzinne, und Fanuidhol, Wolkenkopf (I 344). Das Rothorn war der höchste der drei Berge, lag am weitesten nördlich und führte Mithril (Silber)-Adern (I 344; 384). Die Lage der beiden anderen Berge wird nicht genannt, doch Tolkiens Karte zeigt je einen westlich und östlich des Spiegelsees. Die Silberzinne ist im Westen plaziert worden, weil sich in ihr die Endlose Treppe befand, die zu Durins Turm führte, wo Gandalf den Kampf auf dem Gipfel ausfocht (II 119); und da alle genannten Tunnel westlich des Schattenbachtales lagen, ist es sehr wahrscheinlich, daß sich auch dieser spiralförmige Gang dort befand.

Südlich des Caradhras war ein steiler gewundener Pfad, auf dem man das Nebelgebirge überqueren konnte: das Schattenbachtor (I 344). Der »sich schlängelnde und ansteigende Pfad war an vielen Stellen fast verschwunden« (I 349 f.). An seinem östlichen Ende fiel er neben »einer endlosen Treppe kurzer Wasserfälle« in ein tiefes Tal ab (I 402). Gandalf hatte angenommen, daß sie »mehr als zwei Märsche« brauchen würden, um die Höhe des Passes zu erreichen; aber Schneefälle zwangen sie ins Tal zurück und nach Südwesten zum Hulstentor (I 349; 354; 360).

Das Westtor

Während der ersten Periode des Zweiten Zeitalters hatten noldorische Elben in dem Land Eregion westlich von Khazad-dûm ihre Stadt Ost-in-Edhil erbaut. Zwischen beiden Städten verlief eine Straße am Sirannon entlang, die am Westtor von Zwergenbinge endete (S 314; I 364). Das Tor öffnete sich auf einen Steilhang, der sich »fünf Klafter hoch« (30 Fuß) über dem Flußbett erhob, durch das früher der Sirannon über Wasserfälle zu Tal geflossen war. Neben dem Wasserfall waren »Stufen in den Fels gemeißelt, aber die Hauptstraße verlief links davon und stieg in mehreren Schleifen« auf (I 365; P 22).

Das flache Tal maß zwischen den Fällen und dem Tor »nicht mehr als zwei oder drei Achtelmeilen« und von einem Ende zum anderen wahrscheinlich zwei Meilen (I 366). Ursprünglich war die durch das Tal führende Straße von Hecken gesäumt gewesen (I 367), doch die Gefährten fanden, daß der Fluß gestaut und das Tal überflutet worden war, und nur am Rand war ein schmaler Streifen zurückgeblieben. Sie gingen am Rand des Sees entlang, überquerten einen schmalen Wasserarm an der nördlichsten Ecke (vermutlich die Quelle des Sirannon) und kamen zu den Toren Durins (I 365—370).

Die Minen

Gandalf schätzte, daß es »in gerader Linie kaum weniger als vierzig Meilen . . . von der Westtür zum Osttor« sein könnten (I 376). Hinter den Eingangsstufen führte der Gang »ein paarmal um die Ecke«, wies nach allen Richtungen zahlreiche Seitengänge auf, und auf dem Boden waren Spalten und Löcher (I 376). Schließlich gelangte Gandalf an eine Stelle, wo sich unter einem Bogen drei nach Osten führende Gänge öffneten — einer ansteigend, einer abfallend und einer eben weiterlaufend. Die Reisenden lagerten neben dem Bogen in einer Wachstube mit einem Brunnen (I 379). Die Wachstube ist in einer Tiefe von etwa 3.900 Fuß eingezeichnet worden, doch von einer tieferen Ebene waren durch den Brunnenschacht Hammerschläge zu hören (I 379). Die Minen können bis zu 12.500 Fuß tief gewesen sein (wie in der Primärwelt).

Der aufsteigende Gang führte ohne weitere Durchgänge in großen Kurven empor und endete schließlich in einer geräumigen Säulenhalle mit Eingängen an jeder Seite: die 21. Halle der Nordseite (I 381 f.; 390). Die Reisenden verbrachten die Nacht in einer dem Westeingang gegenüberliegenden Ecke (I 382). Am nächsten Morgen gingen sie durch den Nordeingang auf ein Licht zu und stellten fest, daß das Sonnenlicht »durch eine Türöffnung zu ihrer Rechten drang« — die Archivkammer mit Balins Grabmal (I 386; 388). Sie wurden angegriffen, flohen jedoch durch die Osttür über eine steile Treppe (die offenbar nach Osten führte, denn Gandalf »kam die Treppe heruntergestürzt«: I 393 f.). Um die Großen Tore zu erreichen, so hatte Gandalf gesagt, solle man nach Gängen Ausschau halten, die »nach rechts und abwärts« führten, jedoch er »bog weder rechts noch links ab, denn der Gang schien in die Richtung zu führen, die er einschlagen wollte« (I 394; 396).

Nachdem sie viele Treppenfluchten hinabgestiegen und eine Meile oder mehr gegangen waren, kamen sie zur 2. Halle in der Ersten Tiefe; doch der Gang muß über diese Entfernung seine Richtung nach Süden hin geändert haben, denn sie betraten die Halle von Norden her, und die Tore »sind nahe: dort drüben am östlichen Ende, links . . .« (I 396 f.). Diese Halle war viel größer als die erste, die sie gesehen hatten. Die Gefährten befanden sich auf der Ostseite zwischen einem Spalt, in dem ein Feuer brannte, und dem Abgrund, den Durins Brücke überspannte (I 397). Nachdem Gandalf und der Balrog in den Abgrund gestürzt waren, flohen die anderen »nicht mehr als eine Viertelmeile . . . eine große Treppe hinauf . . . durch einen breiten, widerhallenden Gang, durch die Erste Halle und hinaus!« (I 400)

oben: Moria
linke Nebenkarte: Westseite ▶
Mitte: Querschnitt: West-Ost
unten: Ostseite

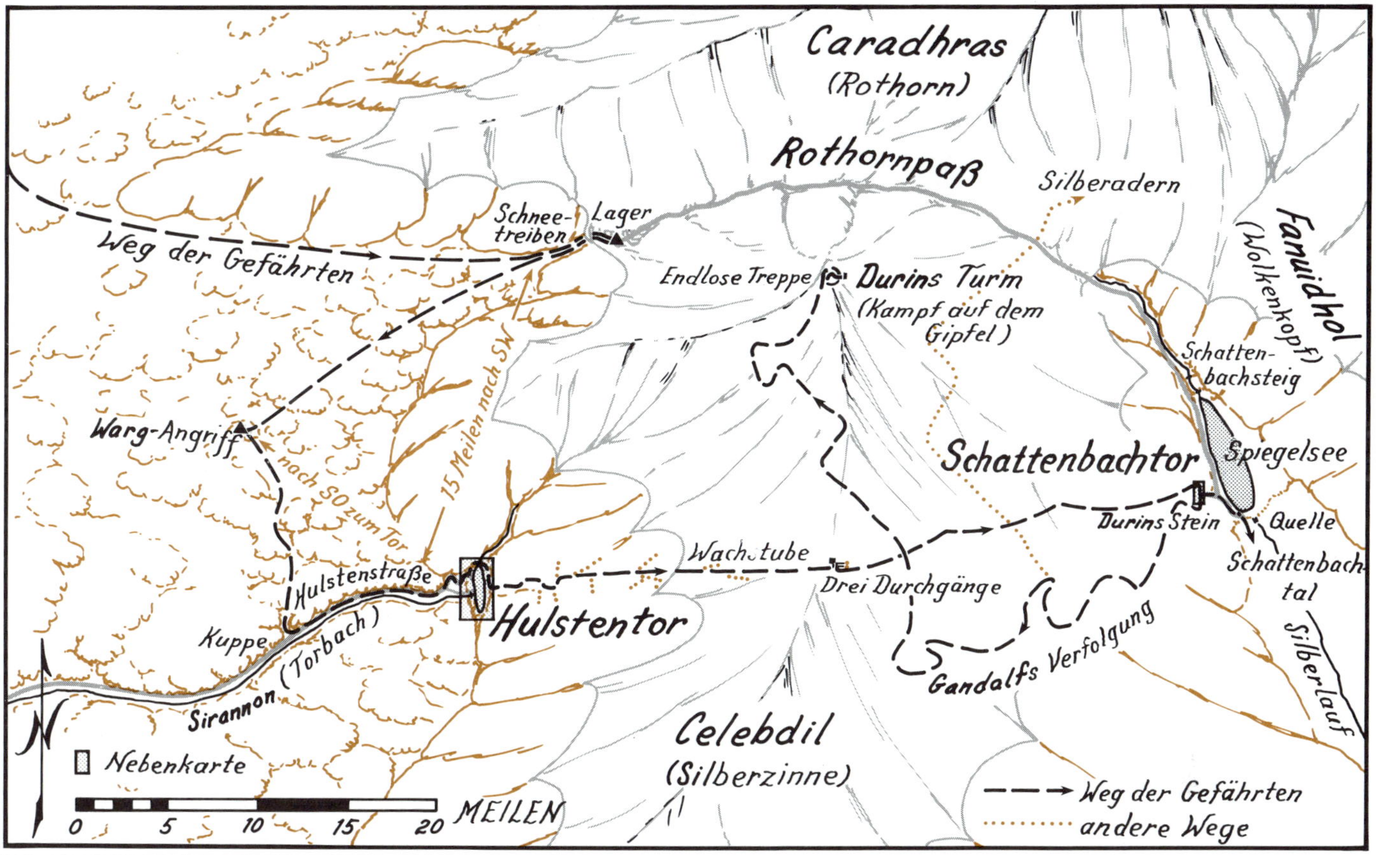
Caradhras
(Rothorn)
Rothornpaß
Silberadern
Fanuidhol
(Wolkenkopf)
Schnee-
treiben
Lager
Weg der Gefährten
Endlose Treppe
Durins Turm
(Kampf auf dem
Gipfel)
Schatten-
bachsteig
Warg-Angriff
nach SO zum Tor
15 Meilen nach SW
Schattenbachtor
Spiegelsee
Durins Stein
Quelle
Schattenbach-
tal
Hulstenstraße
Drei Durchgänge
Hulstentor
Kuppe
Sirannon (Torbach)
Gandalfs Verfolgung
Silberlauf
Celebdil
(Silberzinne)
Nebenkarte
0 5 10 15 20 MEILEN
Weg der Gefährten
andere Wege

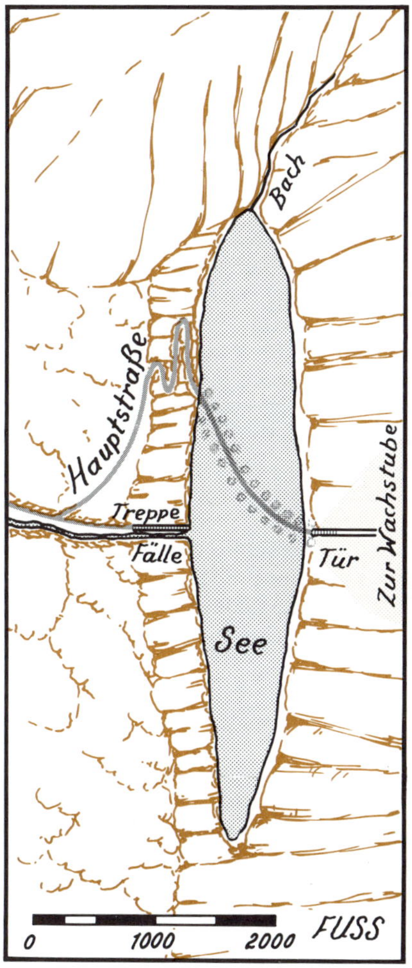
Bach
Hauptstraße
Treppe
Fälle
Tür
Zur Wachstube
See
0 1000 2000 FUSS

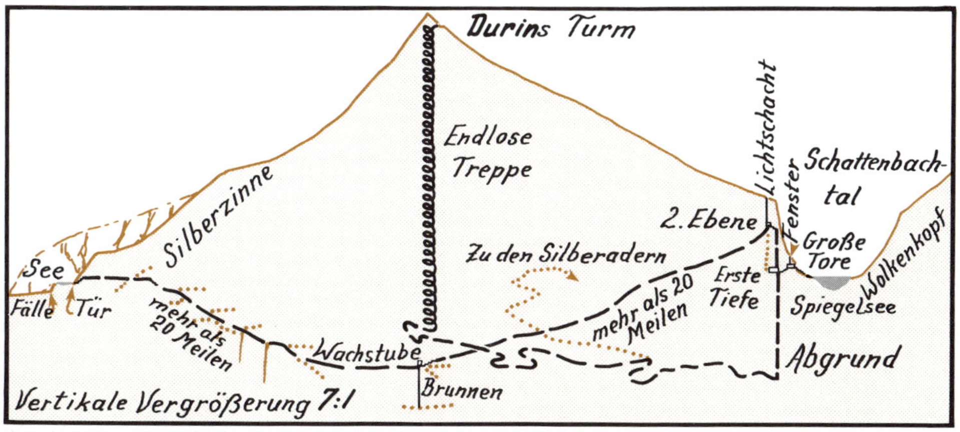
Durins Turm
Endlose
Treppe
Lichtschacht
Schattenbach-
tal
Silberzinne
2. Ebene
Fenster
Große
Tore
Wolkenkopf
See
Zu den Silberadern
Erste
Tiefe
Spiegelsee
Fälle
Tür
mehr als
20 Meilen
mehr als 20
Meilen
Wachstube
Abgrund
Brunnen
Vertikale Vergrößerung 7:1

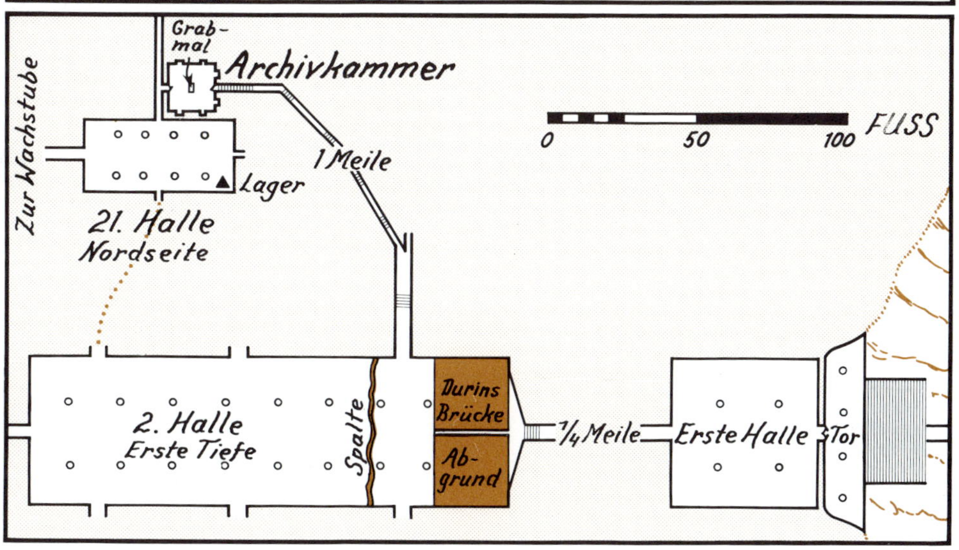
Grab-
mal
Archivkammer
0 50 100 FUSS
Zur Wachstube
1 Meile
Lager
21. Halle
Nordseite
Durins
Brücke
Ab-
grund
2. Halle
Erste Tiefe
Spalte
1/4 Meile
Erste Halle
Tor

Lothlórien

Caras Galadhon war »die Stadt der Bäume«.[30] Der Name war waldelbischen Ursprungs, dem Sindarin angeglichen, und die meisten seiner Bewohner waren waldelbischer Herkunft (III 456); gleichwohl wurden sie von Celeborn, einem Sindar, und Galadriel, der edelsten der Noldor in Mittelerde, regiert (S 128; III 455). Lórien wurde im Ersten Zeitalter von den Wald-Elben besiedelt, als es Lórinand genannt wurde, doch es gibt verschiedene Versionen, wann Celeborn und Galadriel sich ihnen anschlossen (ME 307 ff.; besonders: 338). Galadriel soll die Mallorns gepflanzt haben, und durch die Kraft ihres Ringes wurde das Waldreich *Laurelindórinan,* Tal des Singenden Goldes; aber im Laufe der Jahrhunderte schwand es dahin, und der Name wurde zu *Lothlórien,* Traumblume, verkürzt (II 77; ME 228).

Nimrodel und Cerin Amroth

Die Reisenden betraten den Goldenen Wald ungefähr eine Meile nördlich vom Nimrodel — dem Fluß, der nach dem Elbenmädchen hieß, das einst an seinen Fällen gewohnt hatte (I 409 f.; 412). Nachdem sie den Fluß durchquert hatten, beschlossen sie in den Bäumen zu übernachten und gerieten zufällig an einen Baum, der von den nördlichen Wachen benutzt wurde (I 413). Die Hobbits blieben über Nacht im *Flett* der Wachen, während die übrige Gesellschaft in einem zweiten *Flett* in der Nähe schlief (I 415). Am folgenden Tag wurden sie ein kurzes Stück den Silberlauf hinabgeführt, und sie setzten mit Hilfe von Tauen über den Fluß (I 418).

Der größte Teil des Landes von Lórien lag östlich des Silberlaufs in einem Gebiet, das als die *Naith* oder der »Zwickel« (ein dreieckiges Landstück) bekannt war. Tief in den Wäldern stießen sie auf einen großen Rasenhügel, gekrönt mit zwei Baumkreisen: die Bäume des äußeren Kreises waren weiß, die des inneren golden. In der Mitte stand ein hoher Mallorn, in dem sich ein *Flett* befand, einst der Wohnsitz von Amroth, dem Geliebten Nimrodels. Der Hügel war Cerin Amroth, und er war »das Herz des alten Reiches, wie es vor langer Zeit war« (I 423; 425). Dort gelobten Arwen und Aragorn einander die Treue, und nach seinem Tode starb sie dort und wurde auch dort zur Ruhe gebettet (III 385; 388 f.).

Caras Galadhon

Schließlich kamen die Reisenden zur Stadt des Reiches: Wie alle größeren Städte bei Tolkien verfügte auch sie über Schutzanlagen, doch diese waren anders und einzigartig, da sie von einem Baumvolk stammten. Die Stadt lag auf einem Berg und war von einer Mauer umgeben, doch diese war *grün,* so daß sie eher aus Erde als aus Stein bestanden haben mag. Außerhalb der Mauer war ein tiefer Graben, eine Art Festungs- oder Burggraben, der offenbar kein Wasser enthielt, denn er lag in »sanftem Schatten«. Eine gepflasterte Straße verlief in einem Halbkreis vom Pfad im Norden zu einer Brücke am Südende; wo sich die großen Tore erhoben, lag im Inneren zwischen den sich überschneidenden Mauerenden eine »tiefe Gasse« (I 427).

Das Ungewöhnlichste am Erscheinungsbild der Stadt war gewiß, daß es keine Gebäude und Türme gab; statt dessen wohnten die Elben in *Fletts* (oder *talans*) und Baumhäusern, die in den Ästen der majestätischen Mallorn-Bäume errichtet waren, die auf dem Berg standen. Als die Gefährten den gewundenen Pfad zur Spitze des Berges hinaufstiegen, bekamen sie keinen der Bewohner zu Gesicht, obgleich sie Gesang hörten und Lichter oben in den Bäumen sahen.

Oben auf dem Berg stand der größte aller Mallorn-Bäume, in dem sich das Haus von Galadriel und Celeborn befand. Es war so geräumig, »daß es den Menschen auf der Erde fast als Königshalle hätte dienen können« (I 427). Der Baum wurde mit einer Höhe und einer Kronenbreite von jeweils etwa 400 Fuß abgebildet, ein wenig mehr als bei den mächtigsten Mammutbäumen, doch Tolkien wollte die Größe der Bäume gewiß als außerordentlich verstanden wissen, denn er schrieb: »Ihre Höhe ließ sich nicht erraten, aber sie ragten in der Dämmerung empor wie lebende Türme« (I 426).[31] Eine Leiter zog sich am mächtigen Stamm nach oben, die an vielen Fletts vorbeiführte (»manche lagen auf der einen Seite, manche auf der anderen, und manche gingen um den Baumstamm herum«), bis sie schließlich am letzten *talan* endete, in dem sich das ovale Gemach Celeborns befand (I 427; 443).

Unter dem großen Mallorn war eine Rasenfläche, auf der die Elben für die Reisenden ein Zelt errichteten. In der Nähe war ein »schimmernder Springquell«, der in ein Becken fiel, aus dem »ein weißer Bach überlief« (I 427; 431). Weit unten am südlichen Hang durchfloß der Bach eine baumlose Mulde: Galadriels Garten. Durch eine Öffnung in einer Hecke und über eine lange Treppe gelangte man zum tiefsten Punkt der Mulde, wo der Bach in ein weiteres Becken floß, aus dem das Wasser für Galadriels Spiegel in eine flache Schale geschöpft wurde (I 436 f.).

Nachdem sie mit Galadriel den Garten besucht hatten, blieben die Gefährten noch einen weiteren Tag. Dann nahmen sie Abschied und wanderten vom Tor aus in südöstlicher Richtung zum Zusammenfluß von Anduin und Silberlauf. Der Pfad führte durch eine grüne Mauer auf eine Wiese hinaus und weiter zu einer Landzunge, wo sich eine Schiffslände (ein kleiner Hafen) befand und wo ihre Boote vertäut waren (I 448).

oben: Caras Galadhon
Mitte: Querschnitt: Nord-Süd
unten links: Nimrodel ▶
unten Mitte: Cerin Amroth
unten rechts: Der Zusammenfluß

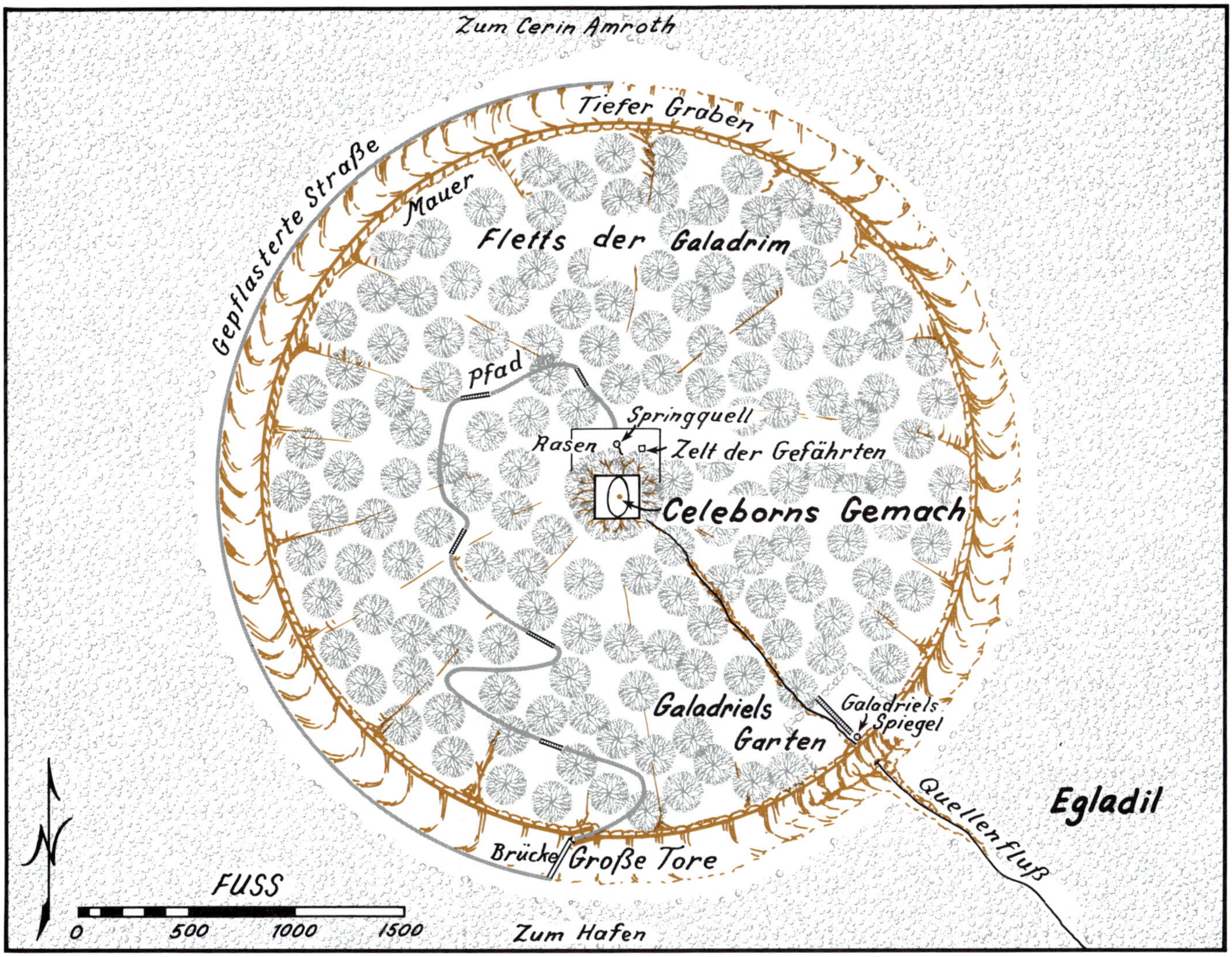
Zum Cerin Amroth
Tiefer Graben
Gepflasterte Straße
Mauer
Fletts der Galadrim
Pfad
Springquell
Rasen
Zelt der Gefährten
Celeborns Gemach
Galadriels Garten
Galadriels Spiegel
Quellenfluß
Egladil
Brücke
Große Tore
FUSS
0
500
1000
1500
Zum Hafen

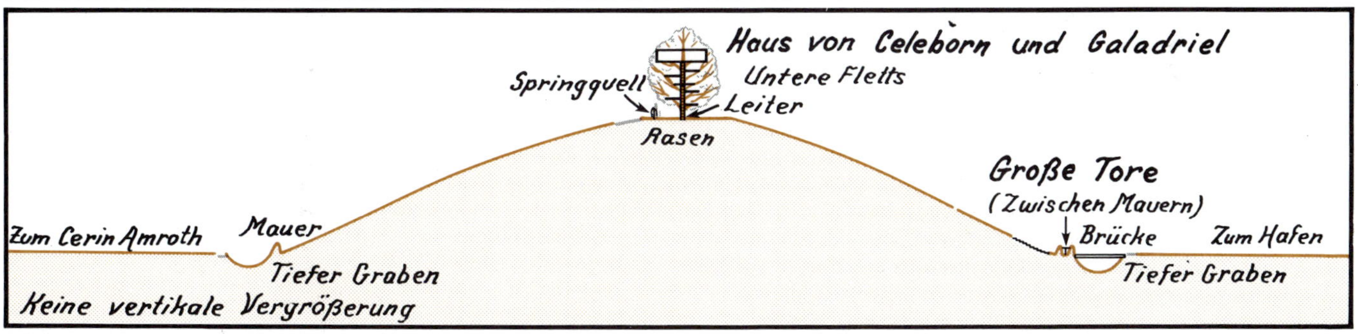
Haus von Celeborn und Galadriel
Springquell
Untere Fletts
Leiter
Rasen
Große Tore
(Zwischen Mauern)
Zum Cerin Amroth
Mauer
Brücke
Zum Hafen
Tiefer Graben
Tiefer Graben
Keine vertikale Vergrößerung

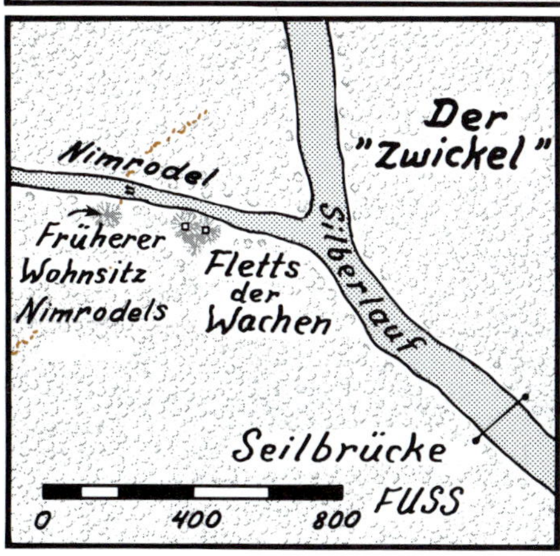
Der "Zwickel"
Nimrodel
Früherer Wohnsitz Nimrodels
Fletts der Wachen
Silberlauf
Seilbrücke
0
400
800
FUSS

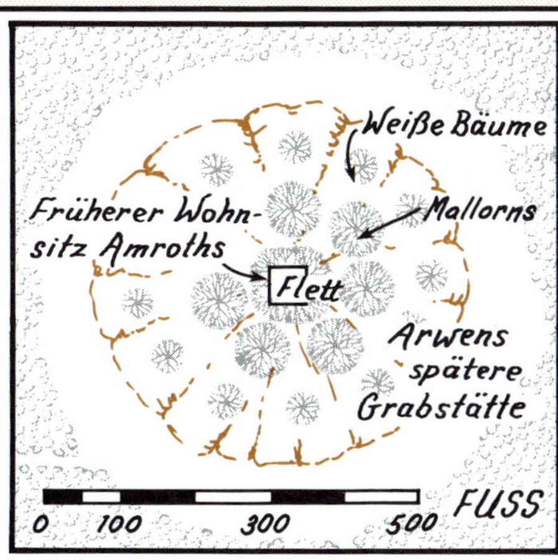
Weiße Bäume
Früherer Wohnsitz Amroths
Mallorns
Flett
Arwens spätere Grabstätte
0
100
300
500
FUSS

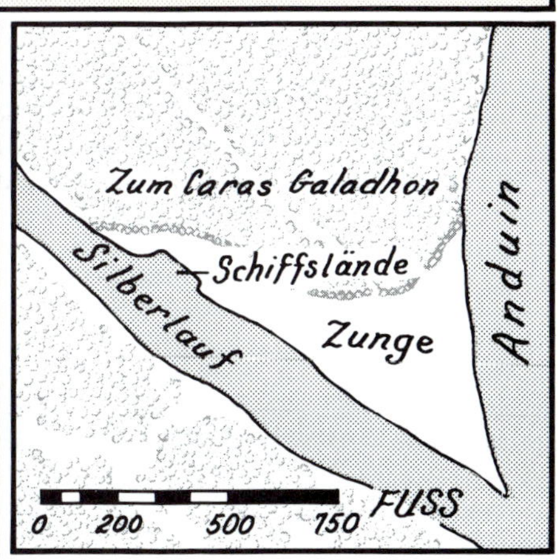
Zum Caras Galadhon
Schiffslände
Silberlauf
Zunge
Anduin
0
200
500
750
FUSS

Helms Klamm

In den ersten Tagen nach der Gründung Gondors befestigten die Dúnedain das von Aglarond, den Glitzernden Grotten, wegführende Tal (S 320). Als das Land an die Éothéod abgetreten wurde, übernahmen sie auch die Befestigungen; als Rohan im Jahr 2758 des Dritten Zeitalters von Ostlingen und Dunländern überrannt wurde, zog sich Helm Hammerhand in diese Zuflucht zurück, und mit vielen aus seinem Volk verbrachte er dort die Zeit der Belagerung und den folgenden Langen Winter. Die tollkühnen Taten, die Helm während dieser Zeit vollbrachte, machten ihn zu einem der berühmtesten Könige Rohans, und ihm zu Ehren erhielt die Zuflucht den neuen Namen Helms Klamm (III 392).

Die Klamm

Oft wurde das gesamte Areal Helms Klamm genannt, aber im strengsten Sinn bezieht sich der Name nur auf die enge Schlucht, durch die der Klammbach zwischen Aglarond und dem Hornfelsen fließt. Die Kombination von Höhlensystem und einem gut zu verteidigenden Tal war eine ideale Voraussetzung zur Befestigung der Klamm. Die Grotten waren »weit und schön ... mit einer Kammer nach der anderen ... und immer weiter führen die gewundenen Pfade hinein in das Herz des Gebirges« (II 172 f.). Wasser aus ihren Seen müssen nach außen gedrungen und in den Klammbach geflossen sein, der in der Nähe des Grotteneingangs die Engen durchschnitt, wo die Orks zum ersten Mal in die Falle gingen, als sie durch den unterirdischen Kanal in die Klamm krochen (II 158).

In einiger Entfernung von den Höhlen war die Schlucht ein wenig breiter, und nachdem der Fluß den Fuß des Hornfelsens umflossen hatte, wurde das Tal noch breiter. Der Ort, wo der Fluß die Klamm verließ, wurde Helms Tor genannt (II 150); er wurde durch die Hornburg und durch den Klammwall geschützt — beide sind auf einer Zeichnung Tolkiens deutlich zu sehen (II 153; P 26). Der Wall — hier mit einer Länge von 250 Fuß eingezeichnet — dürfte mit Théodens 2.000 Streitern gut bemannt gewesen sein, die auf dem Wall und in der Hornburg kämpften (II 145; 153). Indes waren sie zahlenmäßig zu schwach, um auch Helms Deich zu besetzen (»ein alter Graben und Schutzwall«), der nur eine Viertelmeile unterhalb der Burg lag, sich jedoch über eine Meile oder mehr durch das sich rasch verbreiternde Klammtal zog (II 152).

In der Nähe von Helms Deich gab es zu beiden Seiten steile Klippen — sie erwiesen sich als zu steil für die Streitkräfte Isengarts, als sie sie bei der Flucht vor dem morgendlichen Angriff zu erklettern versuchten; doch weiter talabwärts war der Ostkamm flacher, denn Théodens Reiter konnten Gandalf oben auf dem Grat sehen, und Erkenbrands Truppen marschierten über »niedrige Berge« (II 165).

Obwohl es heißt, Helms Klamm ziehe sich »von Norden her ... in die Berge hinein« (II 150), verlief das Tal offenbar ein wenig nach Osten, denn Sarumans Truppen wurden von Gandalf im Osten, von Théoden im Westen und von den Huorns weiter talabwärts eingeschlossen (II 165). So kamen sie um, und die Leichen wurden später in ein Massengrab gelegt, das die Huorns eine Meile unterhalb des Deiches aushoben: die Todeshöhe (II 179).

Die Hornburg

Wenn auch Sarumans Streitmacht ihr Ende im Klammtal fand, hatte sich doch der hauptsächliche Kampf während der Nacht auf einem größeren Kampfplatz vollzogen: an der Hornburg und am Klammwall. Der Wall, beginnend an der äußeren Mauer der Hornburg, überspannte Klammbach und Schlucht, war 20 Fuß hoch und so breit, daß vier Mann nebeneinander gehen konnten, dräute »wie eine vom Meer ausgehöhlte Klippe« und war von einer Brustwehr gekrönt. Er hatte einen verborgenen Durchlaß, der über den Fluß führte, einen eigenen Turm, drei Treppen, die zur Schlucht hinabführten, und eine, über die man zum äußeren Hof der Hornburg gelangte (II 153; 155 f.).[32]

Die Hornburg war auf dem Gipfel des Hornfelsens erbaut, einem Grat, der »aus der nördlichen Felswand vorstieß« (II 150). Offensichtlich war der Fels nicht sehr hoch, denn anstelle eines gewundenen Weges war nur eine Rampe erforderlich, um die großen Tore vom Dammweg auf der anderen Seite des Klammbaches zu erreichen (II 153). Die Hornburg bestand aus zwei mächtigen Mauern, die den äußeren Hof umschlossen, dem inneren Hof und dem Turm in der Mitte (der zuweilen »die Burg« genannt wurde; II 150; 153; 161 f.; III 50). Die Burgmauern sind ein wenig dicker und höher als der Klammwall gezeichnet worden, denn es heißt, der Angriff auf sie sei schwieriger gewesen (II 153). Der Turm war zwar hoch, doch kleiner als der von Minas Tirith (II 150; III 21). Die äußere Mauer der Hornburg hatte drei Eingänge: die großen Tore; die Ausfallpforte an der Klippe, durch die Aragorn und Éomer hinausritten, um die großen Tore zu verteidigen (II 156); und das hintere Tor, durch das Aragorn und Legolas vor den Orks in die Klamm entkamen (II 161). Der Treppengang des Klammwalls konnte vermutlich ebenfalls verschlossen werden. Die großen Tore wurden von einem steinernen Bogen gekrönt, der auf der Rückseite offenbar einen Zugang hatte, denn dort stand Aragorn und beobachtete den Sonnenuntergang. Nur wenig später wurden die Tore aufgesprengt, und Aragorn gesellte sich zu Théodens Garde (die ihre im Innenhof untergestellten Pferde bestiegen hatte), die über die Trümmer hinausritt, um die Schlacht zu beginnen (II 163—165).

oben: Helms Klamm
Mitte: Die Hornburg ▶
unten: Querschnitt

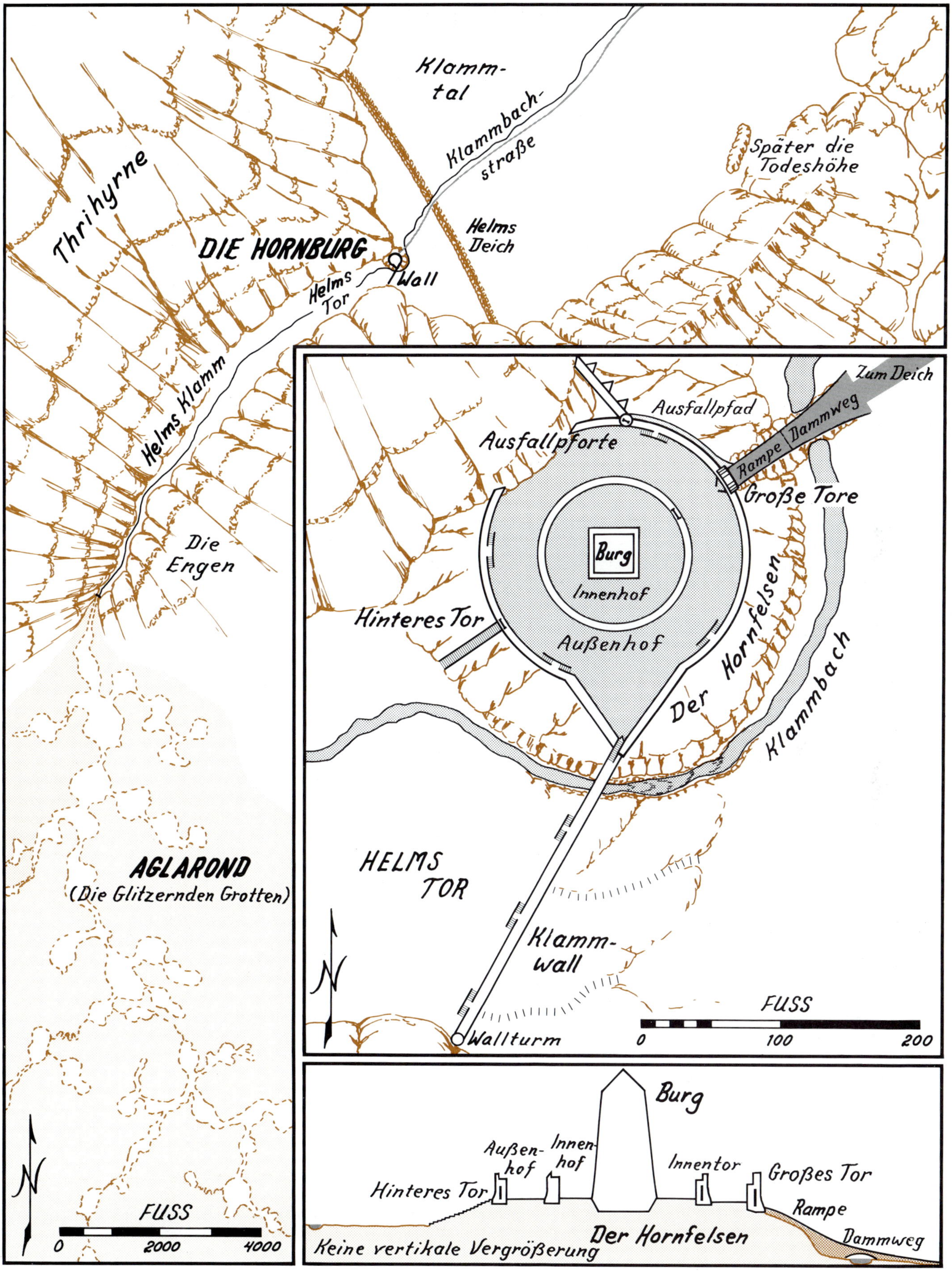
Klamm-
tal
Klammbach-
straße
Später die
Todeshöhe
Thrihyrne
DIE HORNBURG
Helms
Deich
Helms
Tor
Wall
Helms Klamm
Die
Engen
AGLAROND
(Die Glitzernden Grotten)
FUSS
0
2000
4000
Zum Deich
Ausfallpfad
Dammweg
Rampe
Ausfallpforte
Große Tore
Burg
Innenhof
Hinteres Tor
Außenhof
Der Hornfelsen
Der
Klammbach
HELMS
TOR
Klamm-
wall
FUSS
Wallturm
0
100
200
Burg
Außen-
hof
Innen-
hof
Innentor
Großes Tor
Hinteres Tor
Rampe
Der Hornfelsen
Dammweg
Keine vertikale Vergrößerung

Isengart

Wie die Festungsanlagen von Helms Klamm wurden auch die von Isengart in den frühen Tagen Gondors von den Dúnedain geschaffen (S 320; II 180); doch anders als Helms Klamm wurde Isengart den Éothéod nicht übergeben, als sie Rohan erhielten. Es wurde von Gondor unterhalten, doch zu einem gewissen Zeitpunkt wurde es aufgegeben. Nach 2758 des Dritten Zeitalters, als Rohan überrannt und Isengart von Dunländern besetzt wurde, übergab man Saruman die Schlüssel zum Orthanc (III 393), und das große Tal, das Isengart umgab, erhielt den Namen *Nan Curunír,* Tal Sarumans — das Zauberertal (II 101; 179).

Der Ring und der Turm

Isengart lag im westlichen Teil von Nan Curunír, sechzehn Meilen vom Taleingang und eine Meile nach Westen vom Isen entfernt (II 177 f.). Die beiden bemerkenswertesten Kennzeichen Isengarts waren der äußere Ring und der Turm von Orthanc. Der Ring maß eine Meile von Rand zu Rand und »ragte aus dem Schutz des Gebirgshanges heraus, von dem er ausging und dann wieder zu ihm zurückkehrte« (II 180). Die dahinterliegende Fläche war etwas ausgehöhlt und bildete eine flache Schüssel, in deren Mitte der Turm stand (II 181).

Eine Zeichnung Tolkiens im Originalmanuskript deutet darauf hin, daß Orthanc hoch über dem Ringwall aufragte.[33] Wenn der Orthanc über 500 Fuß hoch war, dürfte der Ringwall nur 100 Fuß hoch gewesen sein oder gar weniger: Die Ents ebneten ihn ohne große Schwierigkeiten ein. Der Orthanc bestand offensichtlich aus weit härterem Gestein als der Ringwall. Obwohl der Turm von den Baumeistern Númenors geschaffen wurde, war nicht klar, ob sie ihn gänzlich neu errichteten oder ihn nur veränderten; er sah nämlich aus wie ein Gebilde, »das nicht von Menschenhand geschaffen, sondern dereinst bei der Folterung der Berge aus dem Gebein der Erde herausgerissen worden war« (II 181). Wenn der Orthanc lediglich durch Veränderung entstanden wäre, erinnerte er sehr stark an einen vulkanischen Pfropfen oder Schlot (wie z. B. der Shiprock in Neu Mexiko). Wäre das weniger harte äußere Gestein des Kegels durch Erosion oder Abbau entfernt worden, könnte der verbliebene Rest den Ringwall von Isengart gebildet haben; die dichten schwarzen Basalte des mittleren Kamins könnten zu den »vier mächtigen Pfeilern« umgestaltet worden sein, welche die Númenórer zu dem mittleren Turm verbanden (II 181).

Die Befestigungsanlagen

Bis 2953 des Dritten Zeitalters, zwölf Jahre nach der Schlacht der Fünf Heere, war Isengart grün und lieblich gewesen mit vielen Hainen, schattigen Alleen und einem von Bergwasser gespeisten See; als Saruman es jedoch befestigte (im Wettstreit mit dem gerade neu erbauten Barad-dûr), wurden die Haine abgeholzt und der See abgelassen (II 180 f.; III 393; 418). Der Ring von Isengart hatte immer nur einen einzigen Eingang gehabt: einen durch die südliche Felsmauer getriebenen Bogengang, der an beiden Enden mit einem Eisentor verschlossen war. Im Inneren des Bogenganges war links (wenn man hereinkam) eine Treppe, welche in die Wachstube führte, wo Merry und Pippin ihre Freunde bewirteten. Der Raum erschien ziemlich geräumig: Er hatte zum Gang hin mehr als ein Fenster, faßte einen langen Tisch, eine Feuerstelle; zwei getrennte Vorratskammern schlossen sich an, wo die Hobbits die Vorräte gefunden hatten. In der entfernten Ecke einer der Vorratskammern war eine Treppe, die sich zu einer schmalen Öffnung weiter oben im Gang emporwand (II 188; 201).

Innerhalb des Ringwalls zeigte Tolkiens Illustration acht Steinpfade (einige von Säulen gesäumt), die vom Orthanc strahlenförmig nach allen Teilen des Rings ausgingen. Innerhalb des Ringes befanden sich auch die unterirdischen Unterkünfte der zahlreichen Hörigen Sarumans, eingeschlossen Pferche für Wölfe. So wurde die innere Fläche »von zahllosen Fenstern und dunklen Türen überblickt«. Zwischen den strahlenförmigen Wegen waren zahlreiche steinerne Kuppeln verstreut, welche die Eingänge der Schächte überdeckten, die zu den ausgedehnten unterirdischen Baulichkeiten führten: »Schatzkammern, Warenlager, Waffenkammern, Schmieden, große Schmelzöfen« (II 181).

In der Mitte stand der Orthanc, eine durch eine unbekannte Kraft zusammengefügte schimmernde vielseitige Spitze aus schwarzem Fels, der so hart war, daß sogar die Ents ihm nichts anhaben konnten (II 181; 207). Sein einziger Zugang war eine Tür an der Ostseite, zu der eine hohe Treppe mit 27 Stufen hinaufführte. Im Inneren des Turms waren viele Fenster, die in tiefen Scharten saßen. Ein großer mit einem Laden verschlossener Bogengang direkt über der Tür führte auf den großen Balkon, von dem Sarumans Stimme erscholl (II 209). Noch höher lag ein Fenster, durch das Schlangenzunge den Palantír schleuderte (II 216). In der Turmspitze waren die vier Steinpfeiler zu Spitzen geschärft worden, welche die hohe Plattform umgaben, auf der Gandalf gefangengehalten worden war (I 316).[34] Diese scharfen Spitzen gaben dem Orthanc seinen Namen: die »Gabelhöhe« (S 380); die Symmetrie des Turms, des kreisförmigen Innenraums und der strahlenförmigen Wege verleihen dem befestigten Isengart das Aussehen eines heraldischen Entwurfs, den Tolkien anfertigte (P 46; 47).

Nachdem Saruman besiegt war, zerstörten die Ents den Ring von Isengart, überfluteten den Innenraum rund um den Fuß des Turms und legten neue Obstgärten an. Isengart wurde aufs neue grün und lieblich: der Baumgarten von Orthanc (III 289 f.).

links: Das befestigte Isengart
Querschnitt: West-Ost ▶
rechts, von oben nach unten: Das ursprüngliche Isengart,
Der Baumgarten, Der Orthanc, Die Tore

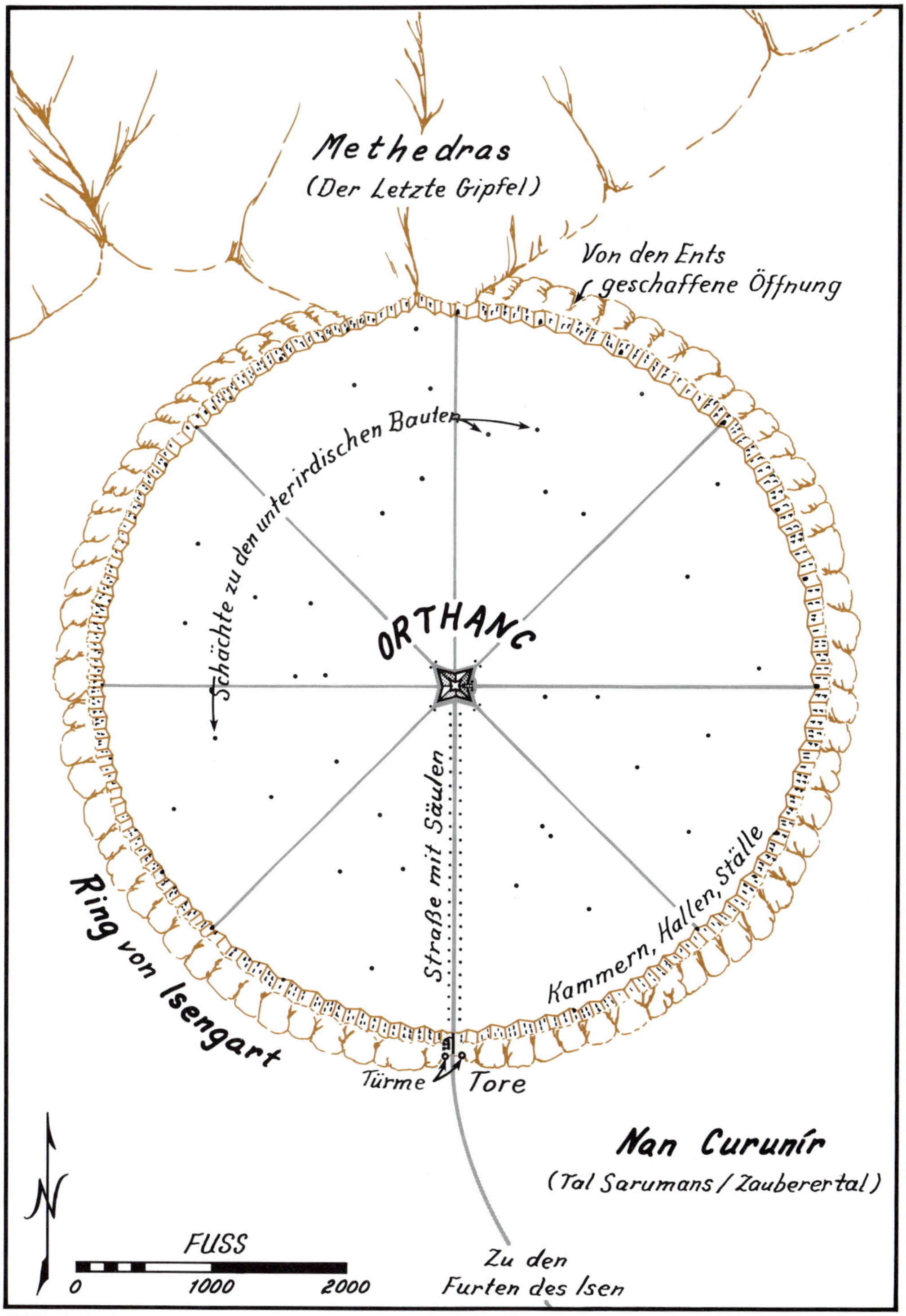
Methedras
(Der Letzte Gipfel)
Von den Ents geschaffene Öffnung
Schächte zu den unterirdischen Bauten
ORTHANC
Straße mit Säulen
Kammern, Hallen, Ställe
Ring von Isengart
Türme
Tore
Nan Curunír
(Tal Sarumans / Zauberertal)
FUSS
0
1000
2000
Zu den Furten des Isen

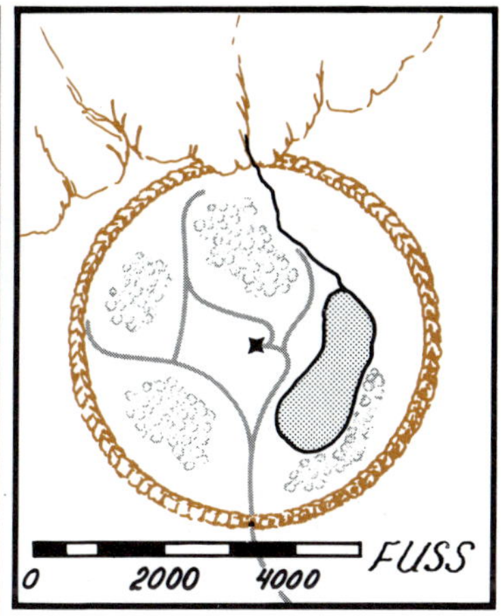
0
2000
4000
FUSS

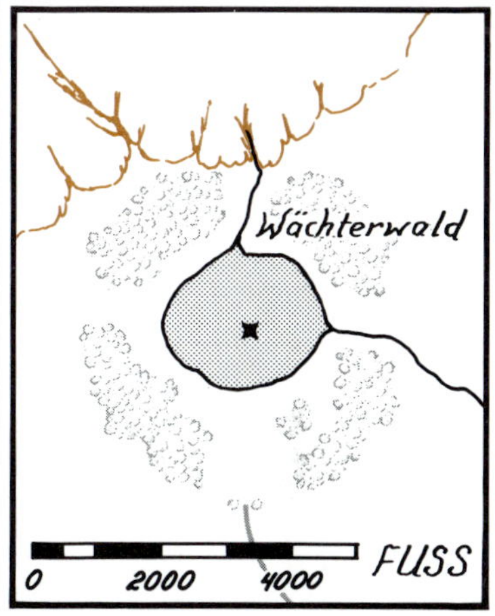
Wächterwald
0
2000
4000
FUSS

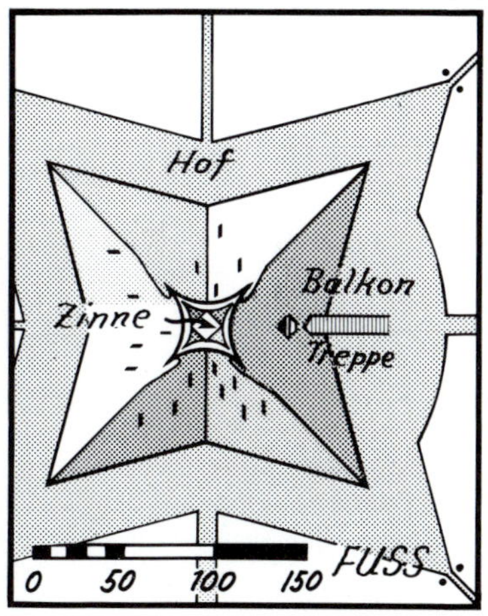
Hof
Zinne
Balkon
Treppe
0
50
100
150
FUSS

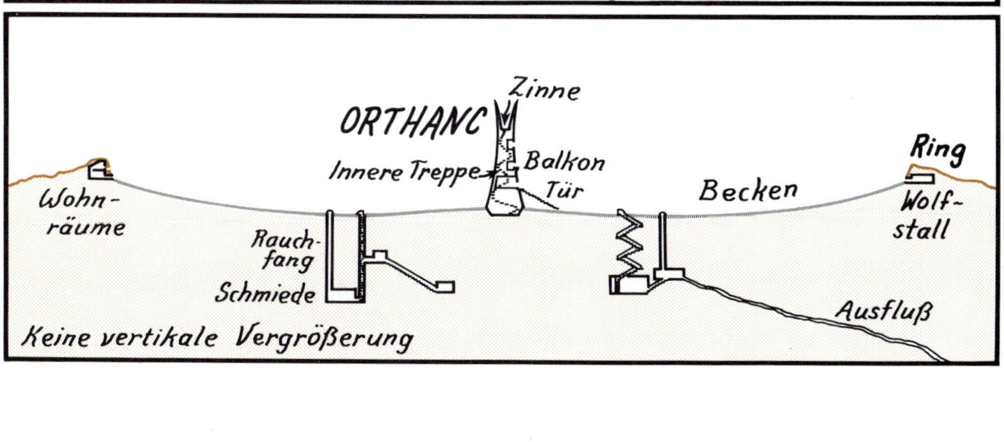
Zinne
ORTHANC
Innere Treppe
Balkon
Tür
Becken
Ring
Wohnräume
Wolfstall
Rauchfang
Schmiede
Ausfluß
Keine vertikale Vergrößerung

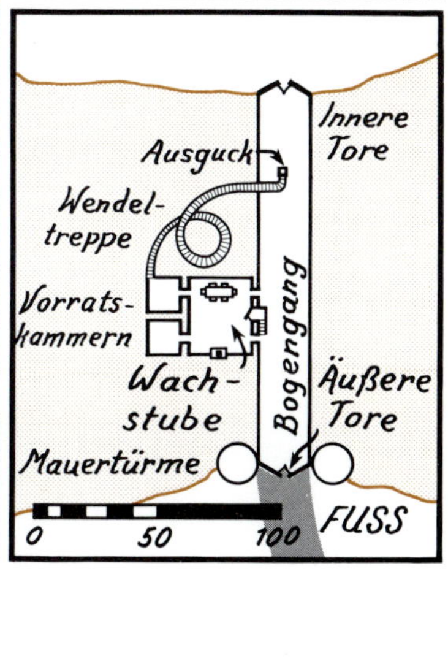
Innere Tore
Ausguck
Wendeltreppe
Vorratskammern
Bogengang
Wachstube
Äußere Tore
Mauertürme
0
50
100
FUSS

Edoras

Auf einem einsamen Vorberg, der vom Weißen Gebirge abgesetzt stand »wie eine Schildwache«, war die Stadt Edoras erbaut, »die Höfe« (II 124). Der aus Westen oder Norden kommende Reisende mußte den Schneeborn überqueren und sich auf einem zerfurchten Weg fortbewegen. Indem die Straße sich den Toren näherte, führte sie durch das Feld von Hügelgräbern mit seinen zwei Gräberreihen (II 125). Auf der Westseite waren die neun Grabmale der Könige der Ersten Linie: von Eorl bis Helm. Auf der Ostseite lagen die der Zweiten Linie: die sieben Gräber von Fréalof bis Thengel und, nach dem Ringkrieg, das von Théoden (III 286 ff.). Der älteste in jeder Linie war dem Berg vermutlich am nächsten.

Hinter den Hügelgräbern lagen der Erdwall und die Mauer, welche die Stadt umschlossen. Die Höhe der Mauer wird nicht genannt, doch war sie »mächtig« und von einer »Dornenhecke« gekrönt (II 125). Innerhalb der Tore führte ein gepflasterter, durch Treppenläufe unterbrochener Pfad zum Bergsattel hinauf. Neben dem Pfad in einer steinernen Rinne plätscherte ein Bach, der aus einer Quelle und einem Becken genau unterhalb der Halle entsprang (II 128). Es wird nicht gesagt, wo der Bach die Stadt verließ, doch floß er höchstwahrscheinlich durch eine überdachte Rinne in der Nähe des Schneeborns ab.

Oben auf dem Bergsattel stand die große Halle des Königs, vollendet von Brego 2969 im Dritten Zeitalter: Meduseld, die Goldene Halle (II 125; III 394). Sie war von einer grünen Rasenfläche umgeben, die von der ebenen Fläche abfiel, auf der die Halle erbaut war. Durch den Rasen führte eine hohe breite Treppe hinauf, und »auf beiden Seiten der obersten Stufe waren in Stein gehauene Sitze« (II 125; 128). Die nach innen schwingenden Türen öffneten sich in eine lange und breite Halle mit vielen Säulen. In der Mitte war eine Feuerstelle, von der Rauch durch Abzüge ins Gebälk aufstieg (II 131; III 71). Am hinteren südlichen Ende der Halle war ein erhöhter Sitz, auf dem Théodens Thron stand (II 131). Die Halle diente offenbar vielen Zwecken: Sie war sowohl Festsaal wie auch offizielle Empfangshalle (II 139; III 75); jedoch scheint sie nicht als Schlafgemach benutzt worden zu sein (II 138), wie es in den frühmittelalterlichen Burgen Europas üblich war. Obgleich die Halle die gesamte Hausfläche zu bedecken schien, wie die Fenster in ihren Außenmauern beweisen (II 131), haben sich in den Ecktürmen möglicherweise Gemächer befunden, zumindest je eines für Théoden, für Éowyn und für Schlangenzunge, wo er seine Truhe aufbewahrte (II 139; III 154). Die Waffenkammer hat sich wahrscheinlich in einem nahegelegenen Gebäude befunden (II 143).

Dunharg

Einige Meilen stromaufwärts von Edoras erstreckte sich ein weites Hochland »einige hundert Fuß über dem Tal« (III 72). Dieses Gebiet war als Feste von Dunharg bekannt: eine Zuflucht, die im frühen Zweiten Zeitalter geschaffen wurde (III 73). Als Théoden von Helms Klamm zurückkehrte, kamen die Reiter ins Hargtal, das Tal des Schneeborns, durch eine Schlucht auf der westlichen Bergflanke und durchquerten den Fluß an deren Fuß. Auf der Ostseite des Talgrundes (der an dieser Stelle eine halbe Meile breit war) waren einige Zelte seiner Reiter und auch Pferde (III 70; 72).

Um die Spitze der östlichen Klippe zu erreichen, war eine gewundene Straße ausgehauen worden: die Treppe der Feste (III 76). Im Querschnitt tritt der treppenähnliche Charakter der Straße deutlicher hervor. An jeder Kehre der Straße sah Pippin die Steinfiguren der Puckelmänner. Nachdem die Straße den Gipfel erreicht hatte, wandte sie sich nach Osten und zog sich durch einen Einschnitt zum Firienfeld hinauf (III 72). Der Pfad führte weiter durch das Hochland, gesäumt von stehenden Steinen. Gegen Süden weitete sich das Land, und dort, am Rand der Klippe, standen die meisten Zelte der Reiter und Familien. In der Mitte des Lagers auf der Nordseite stand ein großes Zelt für Théoden, und dicht daneben wurde für Merry ein kleines Zelt aufgebaut (III 74).

Verschiedene Zeichnungen in Tolkiens Manuskript verdeutlichen das Lageverhältnis des Firienfeldes zu den umliegenden Bergen: Irensaga im Norden; Starkhorn im Westen und im Osten der Dwimorberg, der Geisterberg (III 72).[35] Als die Graue Schar nach Osten ritt, zog sie unterhalb des Dimholt entlang, einem kleinen Wäldchen dunkler Bäume, und vorbei an dem einzelnen warnenden Stein; am Ende der tiefen Schlucht gelangten sie an das Dunkle Tor, eine Spalte in der jähen Felsmauer des Dwimorberges. Sie durchschritten das Tor und betraten die Pfade der Toten (III 62).

oben links: Vom Hargtal zum Morthondtal
oben rechts: Edoras *Mitte:* Dunharg ▶
Querschnitt: West-Ost

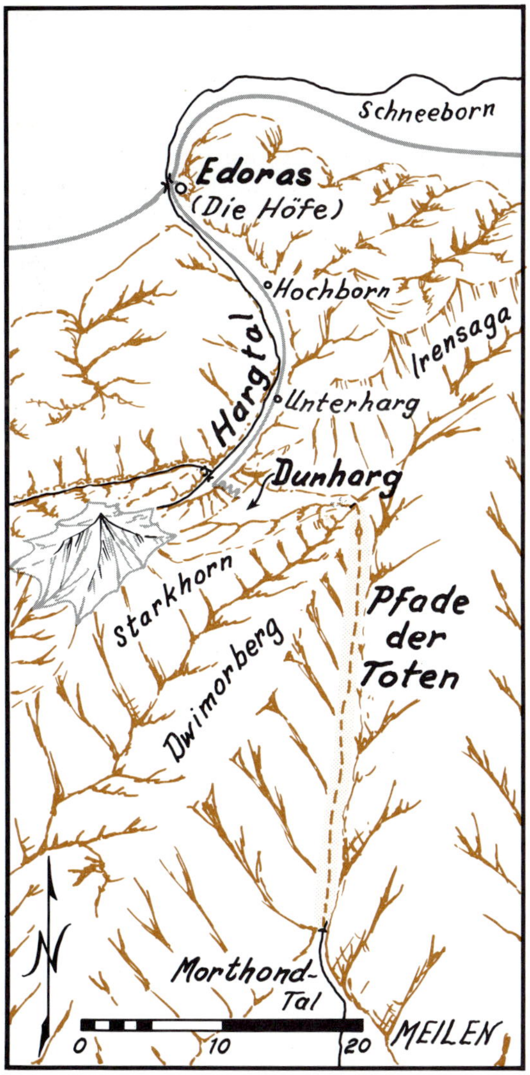
Schneeborn
Edoras
(Die Höfe)
Hochborn
Irensaga
Hargtal
Unterharg
Dunharg
Starkhorn
Pfade der Toten
Dwimorberg
Morthond-Tal
0 10 20 MEILEN

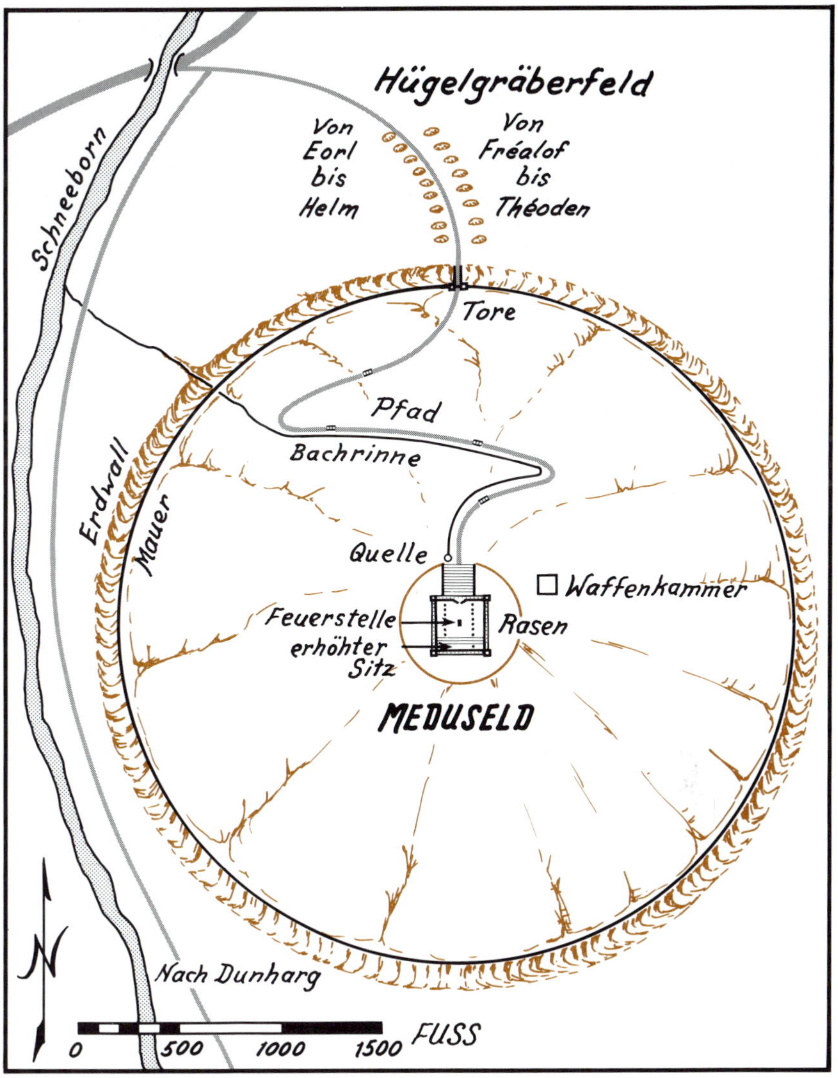
Hügelgräberfeld
Von Eorl bis Helm
Von Fréalof bis Théoden
Schneeborn
Tore
Pfad
Bachrinne
Erdwall
Mauer
Quelle
Waffenkammer
Feuerstelle
erhöhter Sitz
Rasen
MEDUSELD
Nach Dunharg
0 500 1000 1500 FUSS

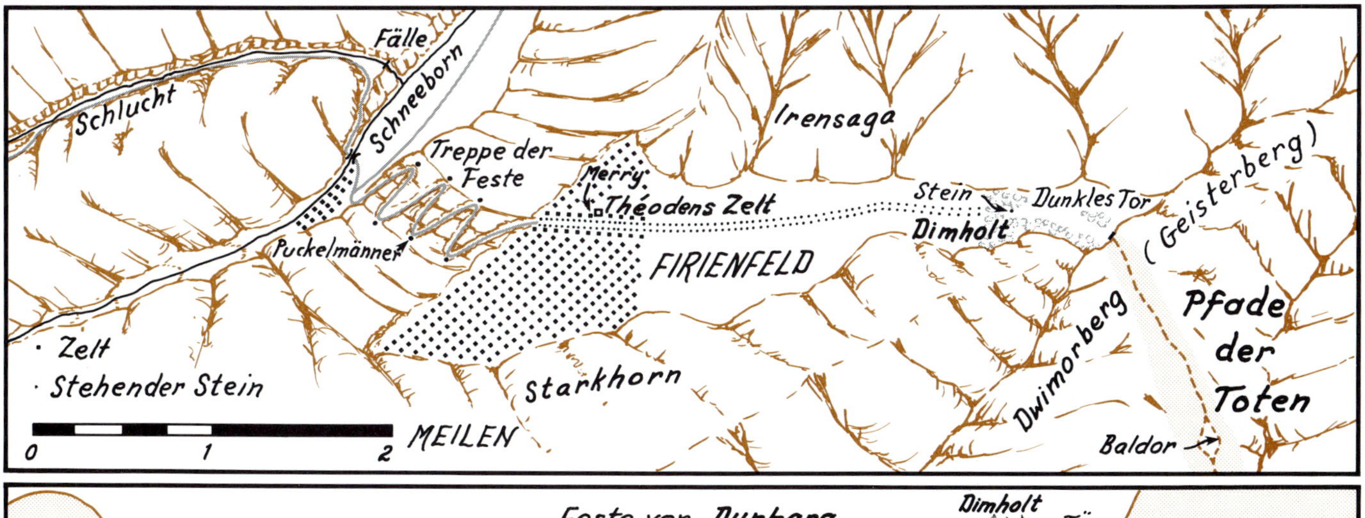
Fälle
Schlucht
Schneeborn
Irensaga
Treppe der Feste
Merry
Théodens Zelt
Stein
Dunkles Tor
(Geisterberg)
Dimholt
Puckelmänner
FIRIENFELD
Dwimorberg
Pfade der Toten
Zelt
Stehender Stein
Starkhorn
Baldor
0 1 2 MEILEN

Dimholt
Feste von Dunharg
Tür
Pfade der Toten
Steine
Hargtal
Firienfeld
Treppe der Feste
½ Meile
Schneeborn
Vertikale Vergrößerung 6:1

Minas Tirith

In den frühen Jahren Gondors wurde die Feste von Minas Anor, »Turm der untergehenden Sonne«, zum Schutz gegen die wilden Menschen aus den Tälern des Weißen Gebirges erbaut (S 319). Soweit erforderlich wurden die Stadt und ihr Turm rekonstruiert, und folglich waren die Mauern und Gebäude, die beschrieben wurden, sicherlich nicht alle die ursprünglichen Bauwerke, die über 3.000 Jahre zuvor von Anárion errichtet worden waren (III 412; 420). Auch die Funktion der Stadt hatte sich im Lauf dieser langen Zeitspanne verändert: von einer Vorpostenfestung, über die Sommerresidenz des Königs zum dauernden Sitz des Königshauses und schließlich zur Hauptstadt (III 35; 366; 412—416). Sogar der Name wurde geändert, denn nach dem Fall von Minas Ithil 2002 des Dritten Zeitalters wurde aus Minas Anor schließlich Minas Tirith, »Wachtturm« (III 415).

Der Berg der Wacht

Der urzeitliche Strom Anduin, der sich durch einen Ausläufer des Mindolluinberges grub, trennte den Berg der Wacht von einer hoch aufragenden Klippe der Hauptmasse des Berges. Steinmetze bearbeiteten den nach Osten vorgeschobenen Bergkamm, bis er sich hoch über die umliegenden Hänge erhob. Die weiten Höfe deuten darauf hin, daß der Gipfel des Berges und die Grundfläche innerhalb des ersten Kreises flach waren.

Tolkien gab lediglich die Höhe des Berges an — 700 Fuß (III 21); doch im Originalmanuskript fanden sich zwei Bleistiftzeichnungen, eine von Minas Tirith und eine von der Veste. Wenn der Durchmesser des Weißen Turms etwa 150 Fuß betrug, wäre die Stadt im Durchschnitt 3.100 Fuß breit gewesen.[36]

Die Stadt aus Stein

Die Aufgabe, die Mauern und Türme, Wohngebäude und Heiligtümer dieser fast unbezwinglichen Festung aus dem Fels zu hauen und aufzubauen, hat epische Ausmaße. Die Stadt war »so mächtig und alt, daß es schien, als sei sie nicht erbaut, sondern von Riesen aus dem Gebein der Erde herausgehauen worden« (III 19). Der Weiße Turm Ecthelions übertraf die höchsten europäischen Burgtürme, obgleich er 200 Fuß niedriger war als der Orthanc (II 181). Nicht die üblichen zwei, sondern sieben konzentrische Mauerringe schüchterten jeglichen Angreifer ein; und sie waren auch mächtiger als die Mauern der kleineren Festung von Helms Klamm (II 153). Die Außenseite des Bergsattels war mit Brustwehren versehen: Mauern auf großen Erddämmen (III 21). Die Mauern mit ihren Türmen hatten eine Gesamtlänge von über 40.000 Fuß und hätten mehr als zwei Millionen Tonnen Stein erfordert. Man ist, wie Ghân-buri-Ghân, versucht zu denken, daß die »Steinhausleute Steine essen« (III 117).

Die Ringe, wie Tolkien sie gezeichnet hat, boten genügend Raum für die Hauptstraße, für eine oder mehrere kleinere Gassen (wie jene, in der Pippin Merry fand: III 148) und für mindestens zwei Gebäudereihen innerhalb jedes Ringes. Nach mittelalterlichen Maßstäben könnten Hunderte von Gebäudearten errichtet worden sein, doch die einzigen, die besonders hervorgehoben wurden, sind: die Ställe, das Alte Gästehaus und die Häuser der Heilung. Die Ställe befanden sich im sechsten Ring in der Nähe der Unterkünfte der reitenden Boten (III 33). Das Alte Gästehaus, in dem Pippin Beregonds Sohn traf, lag im ersten Ring, Rath Celerdain (III 41). Die Häuser der Heilung waren im sechsten Ring auf der südlichen Mauer, doch lagen sie so weit östlich in der Nähe des Festungstores, daß Faramir und Éowyn vom grasigen Hof aus zum Schwarzen Tor von Mordor schauen konnten (III 145; 160; 266). Die Hauptstraße erklomm vom Großen Tor im Zickzack jeden Ring und führte jeweils durch Tore, die abwechselnd nach Südosten und Nordosten blickten. Nach jeder Kehre verschwand sie in einem überwölbten Gang, der den östlichen Felspfeiler durchschnitt. Das siebte Tor konnte nur über einen aufsteigenden Gang erreicht werden, der von Westen auf die Veste zulief und von Lampen erhellt war (III 21).

Die Veste umschloß viele Gebäude — mehr als auf der begleitenden Karte zu sehen sind, denn sie sind in Tolkiens Skizzen weggelassen und wurden im Text nur flüchtig erwähnt (III 29). Die Anordnung ist mit der von europäischen Burgen vergleichbar, die nach den Kreuzzügen erbaut wurden. Merethrond (die Große Festhalle), die Küche, Wohnräume und andere Gebäude mit unbekanntem Zweck drängten sich um den Platz des Springbrunnens zusammen. Andere können in die Mauern eingebaut gewesen sein wie das Haus, in dem Gandalf und Pippin untergebracht waren (III 29). In der Mitte der Veste erhob sich der Weiße Turm. Darin befanden sich Vorratsräume und im Untergeschoß Speisesäle für die Turmwache (III 34), während um die große Halle kleinere Beratungsräume und die Wohngemächer des Truchsessen angeordnet waren (III 91; 103).

Der Bergsattel stieg nur bis zum fünften Ring hinauf und wurde von den Grüften gekrönt. Das war ein vollständig ummauerter Bezirk, in dem »die Behausungen der toten Könige und ihrer Truchsessen standen«. Die Häuser der Toten weisen auf der Zeichnung Tolkiens Kuppeln auf, die nur wenig kleiner sind als die des Washingtoner Pantheon. Der einzige Zugang zur Rath Dínen, der »Stillen Straße«, führte über einen mauerumgebenen Pfad, der sich vom Eingang des sechsten Ringes bergab wand: Fen Hollen, »die Verschlossene Tür« (III 109 f.).

Minas Tirith *Querschnitt:* West-Ost ▶

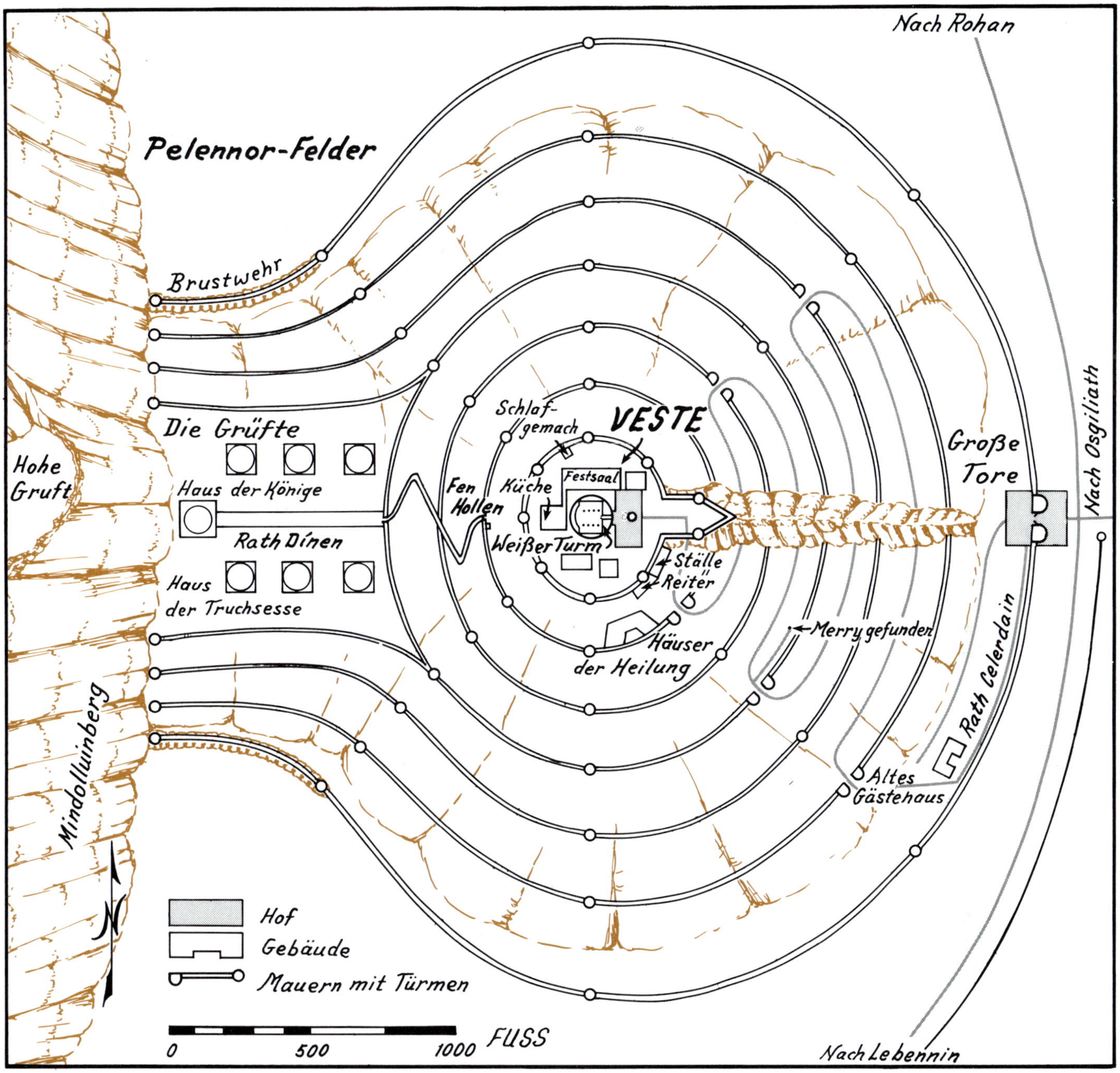
Nach Rohan
Pelennor-Felder
Brustwehr
VESTE
Schlaf-gemach
Festsaal
Küche
Fen Hollen
Weißer Turm
Ställe
Reiter
Häuser der Heilung
Die Grüfte
Hohe Gruft
Haus der Könige
Rath Dínen
Haus der Truchsesse
Große Tore
Nach Osgiliath
Merry gefunden
Rath Celerdain
Altes Gästehaus
Mindolluinberg
N
Hof
Gebäude
Mauern mit Türmen
0
500
1000
FUSS
Nach Lebennin

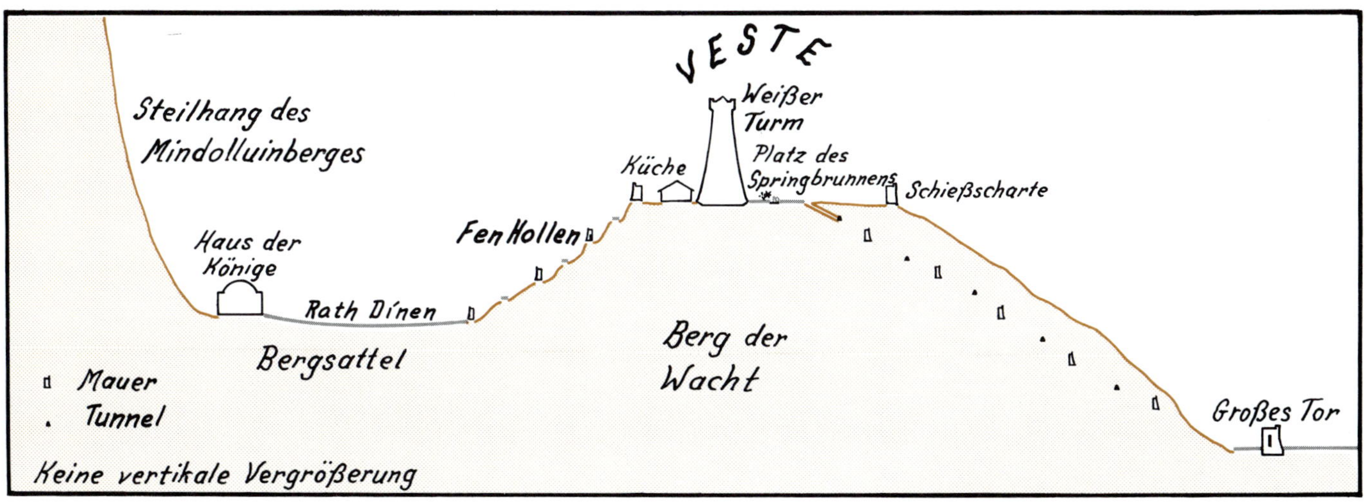
VESTE
Steilhang des Mindolluinberges
Weißer Turm
Küche
Platz des Springbrunnens
Schießscharte
Fen Hollen
Haus der Könige
Rath Dínen
Bergsattel
Berg der Wacht
Mauer
Tunnel
Großes Tor
Keine vertikale Vergrößerung

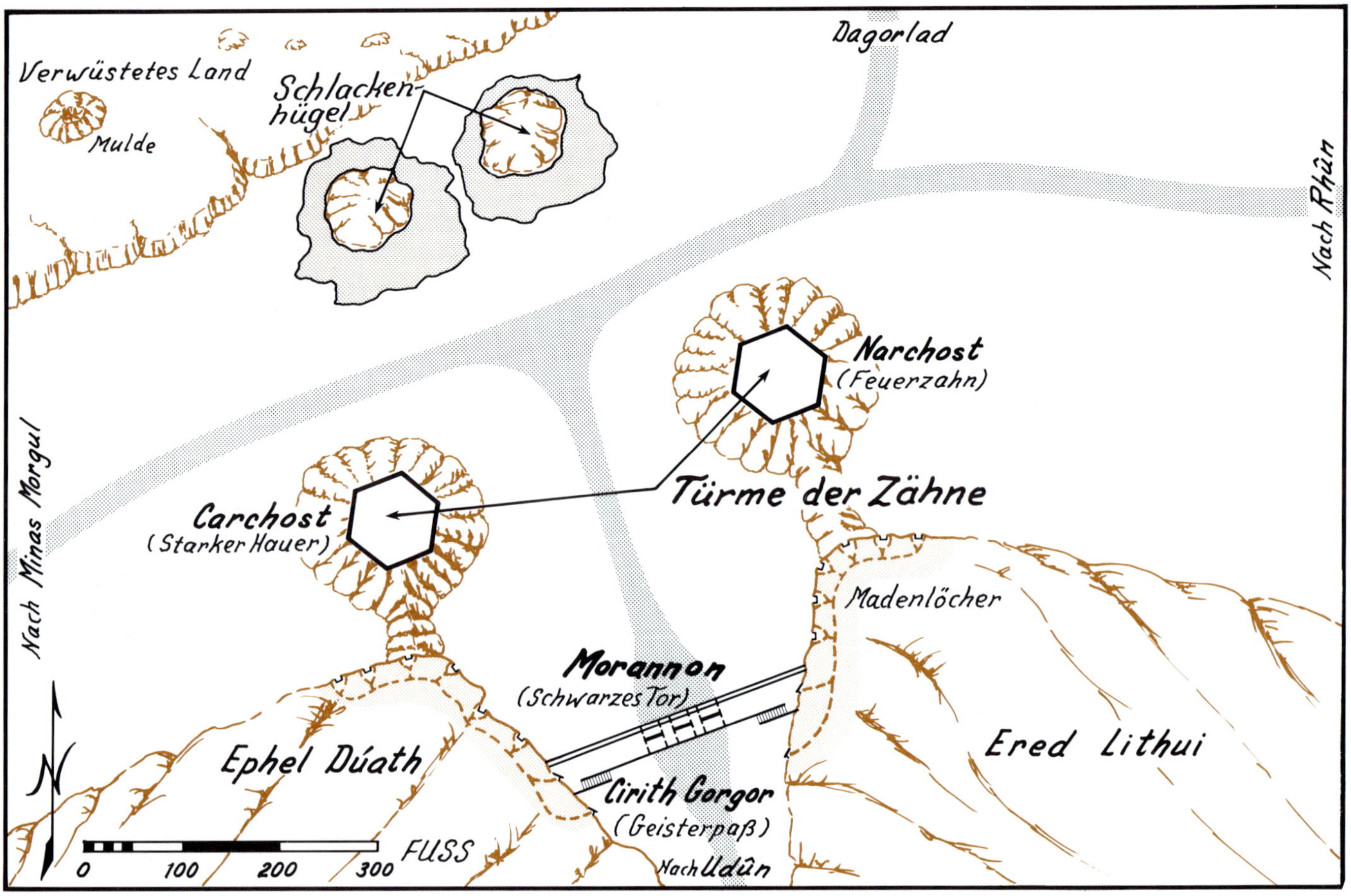

Der Morannon

Der Morannon

Zu Beginn des Dritten Zeitalters, nachdem Sauron vom Letzten Bund besiegt worden war, legte Gondor entlang der Zäune von Mordor Befestigungen an, um die bösen Geschöpfe im Landesinneren zu überwachen (III 196 f.). Die wichtigsten unter diesen Festungen waren die am Cirith Gorgor, dem »Geisterpaß«, denn dort war es am leichtesten, das Gebirge zu verlassen (II 279; 283). Nach der Entvölkerung Gondors während der Großen Pest wurden diese Festungen aufgegeben (III 371), doch nach Saurons Rückkehr wurden sie ein Ort unaufhörlicher Wachsamkeit (II 279).

Der »tiefe Einschnitt« wurde durch einen steinernen Schutzwall gesperrt, in dem es »ein einziges eisernes Tor« mit drei Türflügeln gab (II 279; III 183). Dies war der Morannon, das »Schwarze Tor«. Unter den Klippen zu beiden Seiten waren »Hunderte von Höhlen und Madenlöchern in den Fels gebohrt« (II 279). Dem Eingang zum Paß vorgelagert und in der Mitte des grabenähnlichen Tals unter den Bergen wurzelnd, erhoben sich zwei kahle schwarze Berge, gekrönt von den Türmen der Zähne: Narchost, der Feuerzahn, und Carchost, der Starke Hauer (S 394; II 279; III 197). Ihre Fenster blickten nach »Norden, Osten und Westen« über die Straßen, die am Morannon zusammenstießen: eine verlief nach Norden zur Dagorlad, eine nach Osten nach Rhûn und eine erst nach Westen, dann nach Süden nach Minas Morgul und weiter zur Harad (II 283).

Nördlich der Straßen lag das verwüstete Land der Schlakkenhügel und Sümpfe, das sich über viele Meilen erstreckte. In einem dieser Hügel war eine kleine Mulde ausgehöhlt worden, und von dort beobachteten Frodo, Sam und Gollum die ankommenden Heere des Südens (II 283). Dem Schwarzen Tor gegenüber lagen »zwei große Berge aus gesprengtem Gestein und Erde«, umgeben vom »großen Sumpf von stinkendem Schlamm und übelriechenden Tümpeln« (III 183 f.). Auf diesen Bergen stellte Aragorn seine Truppen zur Schlacht auf.

Henneth Annûn

Nachdem Sauron im Jahr 2901 des Dritten Zeitalters Minas Ithil genommen hatte, baute Gondor Zufluchtsorte für seine Truppen, damit in Ithilien ein Stützpunkt unterhalten werden konnte (III 395; 417). Henneth Annûn, das »Fenster des Sonnenuntergangs«, war der größte, und er war am längsten in Gebrauch (II 324; III 395). Der Zufluchtsort lag unterhalb eines Stromes, der vom Ephel Dúath nahe Cair Andros zum Anduin floß. Sam und Frodo hatten sich in einem kleinen Teich im oberen Bereich des Flusses nahe der Straße gewaschen (II 296). Laut Faramir lag Henneth Annûn zehn Meilen westlich davon (II 317) (eine Angabe, die mit der Lage auf Tolkiens Karte im 3. Band des *Herrn der Ringe* übereinstimmt); doch Henneth Annûn lag mutmaßlich so nahe am Feld von Cormallen auf den Uferbänken des Anduin, daß man hören konnte, wie das Wasser durch das stromaufwärts gelegene Tor brauste (III 265).

Der Zufluchtsort

Über die letzte Meile des Pfades zum Henneth konnten Frodo und Sam nur Vermutungen anstellen: der Fluß war immer zu ihrer Rechten, und sein Brausen wurde zunehmend lauter. Kurz vor dem Ende des Pfades »wurden sie aufgehoben und hinuntergetragen, viele Stufen hinunter und um eine Ecke«. Als Frodo die Binde abgenommen wurde, stand er auf der *Türschwelle* zur Höhle: »auf einem nassen Boden aus geglättetem Stein, sozusagen der Schwelle zu einem roh behauenen Felsentor, das sich hinter ihnen öffnete. Aber vor ihnen hing ein dünner Schleier aus Wasser...«. Hinter der Schwelle war ein niedriger roher Torbogen, durch den einst der Fluß geströmt war (II 323). Indes war der Torbogen nicht der Eingang zur Zuflucht. Statt dessen waren die Stufen in den Fels gehauen worden, über die man durch eine Tür in der Seitenwand die Höhle erreichte (II 324; 335).

Die Höhle war »weit und roh, mit einem ungleichmäßig geneigten Dach«. Wenn auch nicht »königlich«, war sie doch geräumig genug, um die zweihundert Männer aufzunehmen, die in der Schlacht gekämpft hatten, dazu ausreichende Lebensmittelvorräte und Tische (II 310). An der Rückseite mußten die Handwerker die alte Rinne verschlossen haben, durch die das Wasser die Grotte ausgewaschen hatte, denn dort war die Höhle enger, und eine Nische war teilweise durch Vorhänge abgeschirmt, so daß Faramir und seine Gäste sich zurückziehen konnten (II 327).

Das Becken

Die Handwerker hatten den Fluß in einen Kanal geleitet, der vermutlich seinem ursprünglichen Verlauf entsprach, bevor das Wasser die Grotte aushöhlte. Anstatt also unter der Erde zu verschwinden und in niedrigen Fällen wieder aufzutauchen, rauschte der Fluß durch eine sich vertiefende Schlucht, plätscherte über Terrassen und ergoß sich »mit einem doppelt hohen Gefälle« über die Klippe (II 324; 326). Diese Fälle waren nicht nur »die schönsten aller Wasserfälle in Ithilien« (II 324), sondern dürften auch die größten gewesen sein. Die Länge der turmähnlichen Stufen, die Gefährlichkeit der hohen Felsplatte oberhalb der Fälle, die Gefahr für jeden, der sich vom Höhleneingang hinunterstürzte, und die Tiefe des am Fuß der Fälle ausgehöhlten Beckens — all das vermittelt zusammen den Eindruck einer Höhe, die sich auf annähernd 80 Fuß schätzen läßt (II 336; 341).

Ein Stück die Eingangstreppe hinauf war ein Treppenabsatz unter einem langen Schacht. Von hier führte eine zweite Treppe nach links, gewunden »wie eine Turmtreppe« (II 335). Die Haupttreppe führte weiter zum Höhleneingang auf dem hohen südlichen Flußufer. Über diese hohe Felsplatte wurde Frodo nach Westen am Ufer entlang geleitet, das zu seiner Rechten einen Steilhang aufwies. Obgleich Frodo vorsichtig war, muß die Uferböschung steil abgefallen sein, war jedoch glatt, so daß er ohne Stufen oder gewundene Pfade das entfernte Ende des Beckens erreichte, wo er Gollum fand (II 336 f.).

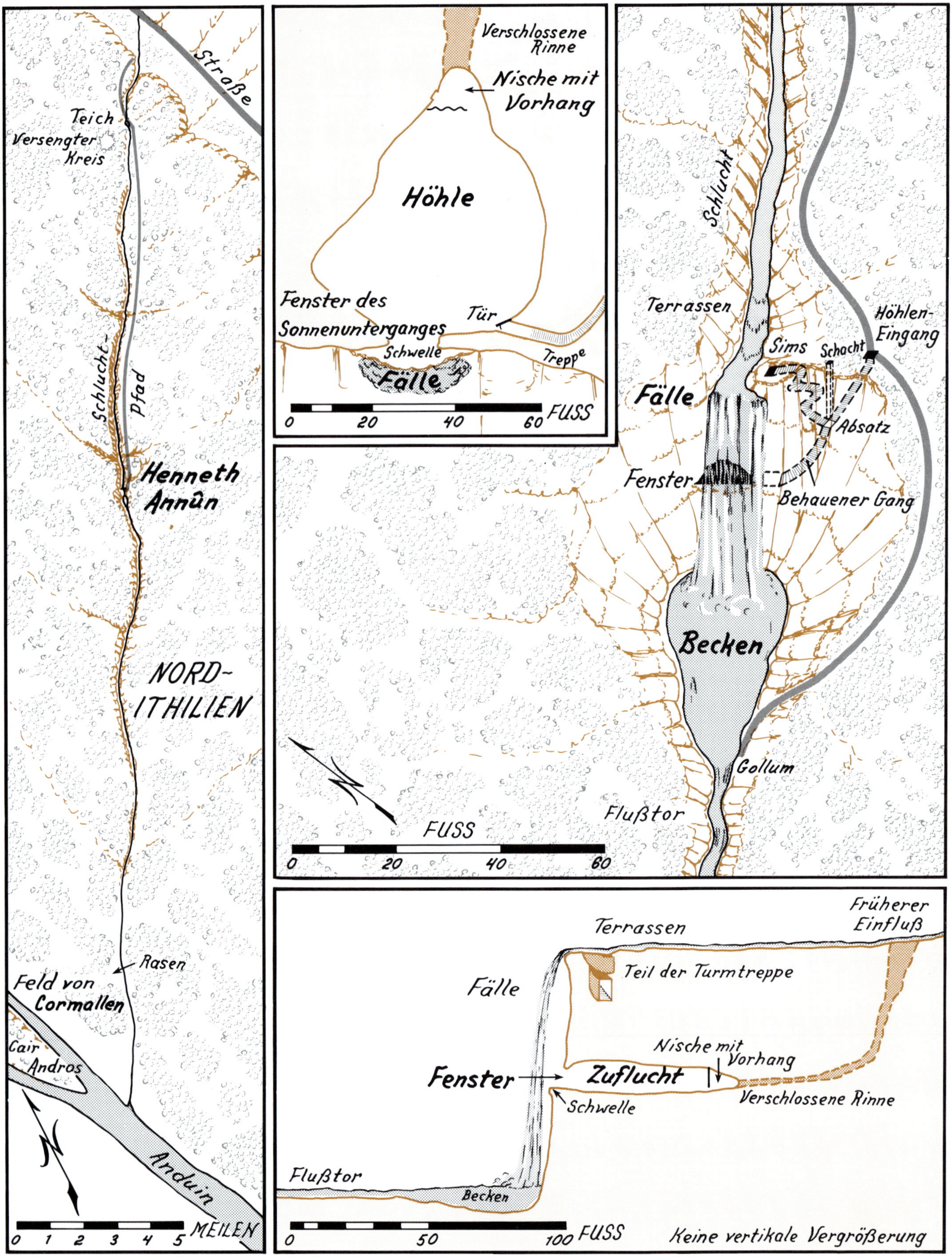

Straße
Teich
Versengter Kreis
Schlucht-
Pfad
Henneth Annûn
NORD-ITHILIEN
Rasen
Feld von Cormallen
Cair Andros
Anduin
0 1 2 3 4 5 MEILEN
Verschlossene Rinne
Nische mit Vorhang
Höhle
Fenster des Sonnenunterganges
Tür
Schwelle
Treppe
Fälle
0 20 40 60 FUSS
Schlucht
Terrassen
Höhlen-Eingang
Sims
Schacht
Fälle
Absatz
Fenster
Behauener Gang
Becken
Gollum
Flußtor
FUSS
0 20 40 60
Terrassen
Früherer Einfluß
Teil der Turmtreppe
Fälle
Nische mit Vorhang
Fenster
Zuflucht
Schwelle
Verschlossene Rinne
Flußtor
Becken
0 50 100 FUSS
Keine vertikale Vergrößerung

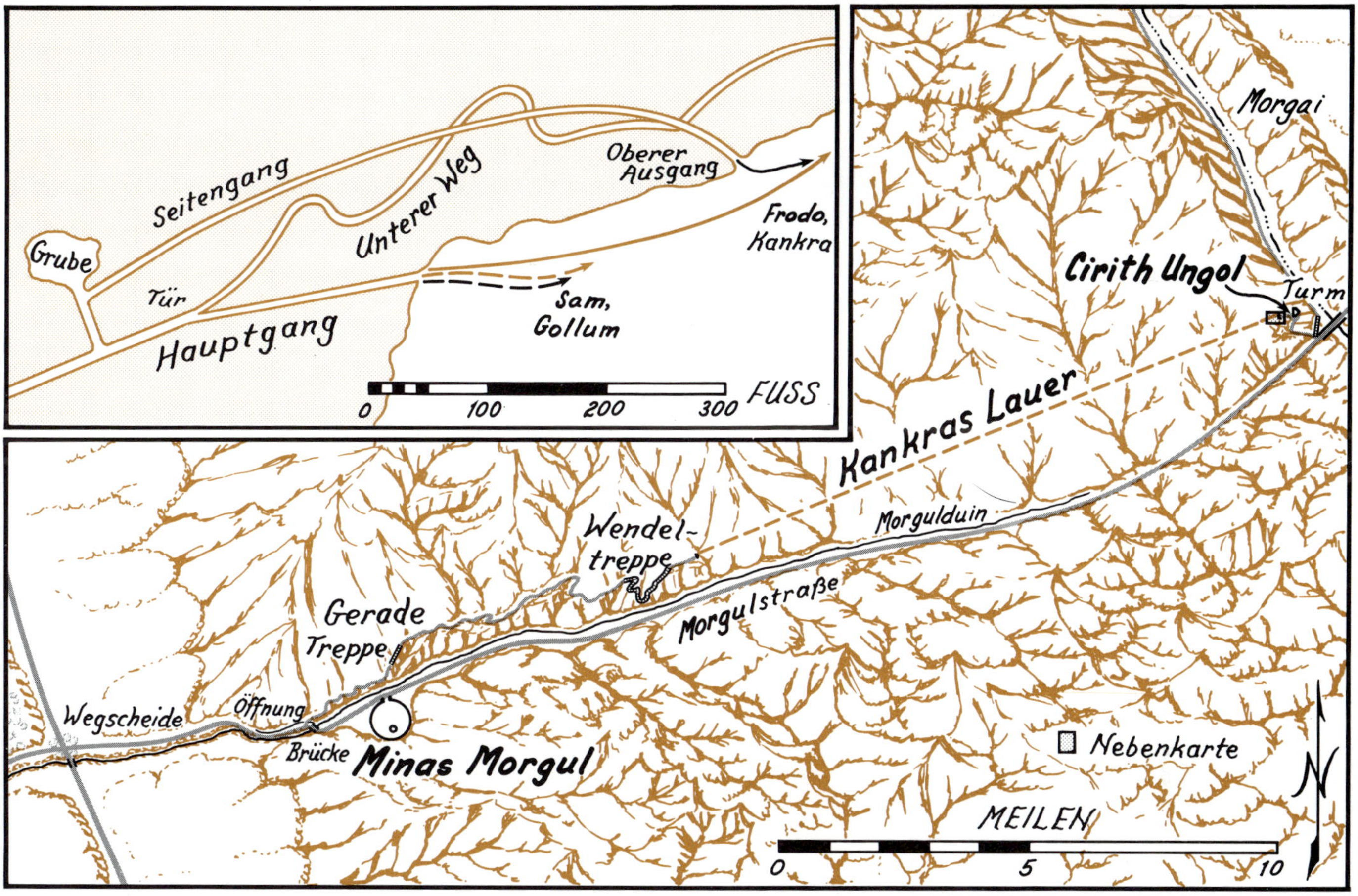

Der Pfad *Nebenkarte:* Ostseite von Kankras Lauer

Der Pfad nach Cirith Ungol

Nachdem sie die Brücke westlich von Minas Morgul überquert hatten, verließ Gollum die Morgulstraße, schlüpfte durch ein Loch in der Steinmauer und betrat den Pfad, der nach Cirith Ungol führte, dem »Paß der Spinne«. Er führte zuerst auf der nördlichen Seite des Morgulduin entlang, aber in der Höhe des Nordtores von Minas Morgul wandte er sich nach links über einen schmalen Felsrand oberhalb eines Seitentals (II 359; 361) und begann die Gerade Treppe hinaufzuklettern. Die Treppe wurde auf beiden Seiten durch Felswände von wachsender Höhe geschützt, doch war sie so steil, daß die Hobbits fürchteten, sie könnten rücklings abstürzen (II 365). Wäre sie in direkter Linie nur 600 Fuß lang gewesen, hätte sie vom Boden bis zur Spitze 900 Fuß gemessen!

Hinter der Geraden Treppe setzte sich der Pfad über einen rauhen, doch weniger steilen Durchgang fort, der sich »meilenweit hinzuziehen schien«, bis er auf einer breiten Felsplatte endete, mit einem »Abgrund zu ihrer Rechten« (II 367). Auf der anderen Seite war die Wendeltreppe, die sich »wie eine Schlange« über die nach hinten geneigte Felsmauer wand. Von einer Stelle aus konnte Frodo tief unten in einer Schlucht die Morgulstraße sehen (II 367).

Nur eine Meile vom Ende dieser zweiten Treppe entfernt (II 376; vgl. dagegen P 28) war der Eingang zur Torech Ungol: »Kankras Lauer«. Der breite gewölbte Gang war nicht holprig, sondern gleichmäßig und hatte eine starke Steigung. Da über seine Länge nichts gesagt wurde, ist sie auf etwa zwölf Meilen geschätzt worden (vgl. unten, S. 171). Auf beiden Seiten gab es zahlreiche Nebengänge, doch die Hobbits scheinen den größten Teil des Weges zurückgelegt zu haben, ehe sie zu einer weiten Öffnung auf der linken Seite kamen — der Weg zur Spinnengrube (II 378 f.). Bald darauf gabelte sich der Gang: Eine Tür versperrte den linken Gang, der sich durch das Untere Tor zum Wachturm zog; der rechte Gang führte zum ursprünglichen (aber nicht dem einzigen) Ausgang. Dem Ausgang gegenüber begann eine 600 Fuß lange Flucht von Stufen, die zur Spalte hinaufführten — zum Cirith Ungol (II 383). Der Paß lag etwa 3.000 Fuß hoch, und von dort führte der Weg vorbei am Turm bergabwärts und vereinigte sich mit der Morgulstraße (III 196; 221).

links: Der Fluß
◀ *rechts, von oben nach unten:* Die Zuflucht, Henneth Annûn, *Querschnitt*

Der Turm von Cirith Ungol

Als Sam den furchteinflößenden Turm von Cirith Ungol zum ersten Mal in voller Größe zu Gesicht bekam, begriff er, daß diese Festung »nicht gebaut worden war, um Feinde von Mordor fernzuhalten, sondern um sie drinnen zu behalten«. In der Tat war es eine der Festungen, die Gondor zu Beginn des Dritten Zeitalters gebaut hatte, um Mordor nach Saurons Fall zu überwachen (III 196f.). Der Turm lehnte sich an eine steile Bergwand an, die der Spalte von Cirith Ungol genau gegenüberlag, und seine Turmspitze mit ihrem erleuchteten Fenster ragte über den Bergkamm hinaus und war von Reisenden westlich des Passes und sogar westlich von Kankras Lauer zu sehen (II 368; 375; III 203).

Der Turm

Eine Illustration Tolkiens (aufbewahrt in den Marquette Archiven) zeigt den Pfad, der sich hinter der Festung einen Berghang hinunterwindet, um »unter den drohenden Mauern nicht am Tor zum Turm« auf die Hauptstraße zu treffen (III 196). Die Torstraße lief am Rand eines jähen Abgrundes entlang, und die nordöstliche Festungsmauer machte jede Annäherung und jede Flucht, außer über die Straße, unmöglich (III 196; 216). Das Tor lag im Südosten und war durch keine sichtbare Schranke versperrt, sondern nur durch die Bösartigkeit der Zwei Wächter (III 197; 199). Im Inneren umschloß ein »schmaler Hof« den Turm, außer auf der Westseite, der auf der Abbildung eine Breite von 50 Fuß hat. Er wurde von dreißig Fuß hohen Mauern, die mit »listig angelegtem Mauerwerk« gekrönt waren, eingefaßt (III 196). Auf Tolkiens Skizze ist die Mauer mit einer Brustwehr versehen, die wie ein Zaun aus gewaltigen Speerspitzen geformt ist.

Der Turm war aus drei großen Stockwerken aufgetürmt, »eines über dem anderen, die nach oben kleiner wurden« (III 196; 199). Das flache Dach des dritten Stockwerks lag 200 Fuß über dem Tor und auf gleicher Höhe mit der Spalte des Passes (III 196). Der Turm wurde von einer großen runden Turmhaube gekrönt, die so spitz zulief, daß sie aus der Entfernung wie das Horn eines Berges wirkte (II 368; III 196). Auf Tolkiens Zeichnung sind Turm und Mauern rund wiedergegeben, doch im Text heißt es, daß er über die Felsklippe »mit spitzen Basteien hinausragte ... deren steile Wände ... nach Nordosten und Südosten blickten« (III 196). Die nebenstehende Karte wurde so gezeichnet, daß sie in diesem Punkt mit dem Text übereinstimmt, wenn auch die entsprechenden Höhen und Breiten der Stockwerke auf Tolkiens Skizze beruhen. So konnten die Durchmesser der Stockwerke und des Äußeren Hofes anhand der Breite des flachen Daches auf dem dritten Stockwerk geschätzt werden. Die Entfernung zwischen der Turmhaube und der Brustwehr auf der Mauer betrug 60 Fuß. Die Turmhaube war sehr groß (III 203), und da sie auf der Zeichnung kaum kleiner erscheint als die unteren Stockwerke, wurde sie mit einem Durchmesser von 60 Fuß abgebildet. Die beiden unteren Stockwerke scheinen ebenfalls größer als das dritte gewesen zu sein, und bei ihnen führte die Treppe offenbar nicht auf ein Dach wie beim dritten (III 202); folglich wurden sie lediglich 10 Fuß größer gezeichnet als das obere. Der Turm maß von Norden nach Süden 200 Fuß und von der Rückseite der Turmspitze bis zum östlichsten Punkt 160 Fuß.

Das Innere des Turms

Als Sam den Turm betrat, kam er durch eine Tür, die dem Haupttor gegenüberlag. Dahinter war ein breiter Gang, der »nach hinten zum Berghang« führte. Auf beiden Seiten gab es viele Türen und Öffnungen, und am Ende des Ganges war ein großer gewölbter Durchgang, der von Doppeltüren versperrt war: das Untere Tor (II 406; III 201). Dahinter verlief der Untere Weg, der gewundene Gang, der zu Kankras Lauer führte (II 405). Eine Öffnung in der Nähe der großen Türen führte zu einer steilen Wendeltreppe zur Rechten. Gelegentlich kam er an Öffnungen vorbei, die zu anderen Stockwerken führten, doch er kletterte weiter, bis er das Ende der Treppe erreicht hatte (III 202).

Am Kopf der Treppe befand sich eine kleine, mit einer Kuppel versehene Kammer, die in die Mitte des breiten Daches zwischen Turmhaube und Brustwehr gesetzt war. Sie hatte zwei Türen: eine blickte nach Osten zum Schicksalsberg, die andere war nach Westen auf die Turmhaubentür gerichtet (III 203).

Im Inneren der Turmhaube fand Sam zu seiner Rechten eine Treppe, die sich im entgegengesetzten Uhrzeigersinn an den runden Mauern emporschraubte. Das erste Geschoß lag offenbar mehrere Fuß über der Türebene, denn die Treppe zog sich halb um die Turmhaube herum, bevor sie an eine Tür stieß, die ins Innere führte. Nachdem er kletternd einen weiteren Halbkreis beschrieben hatte, gelangte Sam ins zweite Stockwerk mit seinem Ostfenster. Dort endeten die Stufen, und so trat er durch die offene Tür, die in den Hauptgang führte. Doch dieser erwies sich bald als Sackgasse mit verschlossenen Türen auf jeder Seite. Darüber befand sich Frodo in einem Zimmer, das nur durch eine Falltür zugänglich war (III 204—208).

Die Festung *Querschnitt:* West-Ost
oben rechts: Zugänge zum Turm ▶
unten rechts: Zugänge zur Turmspitze

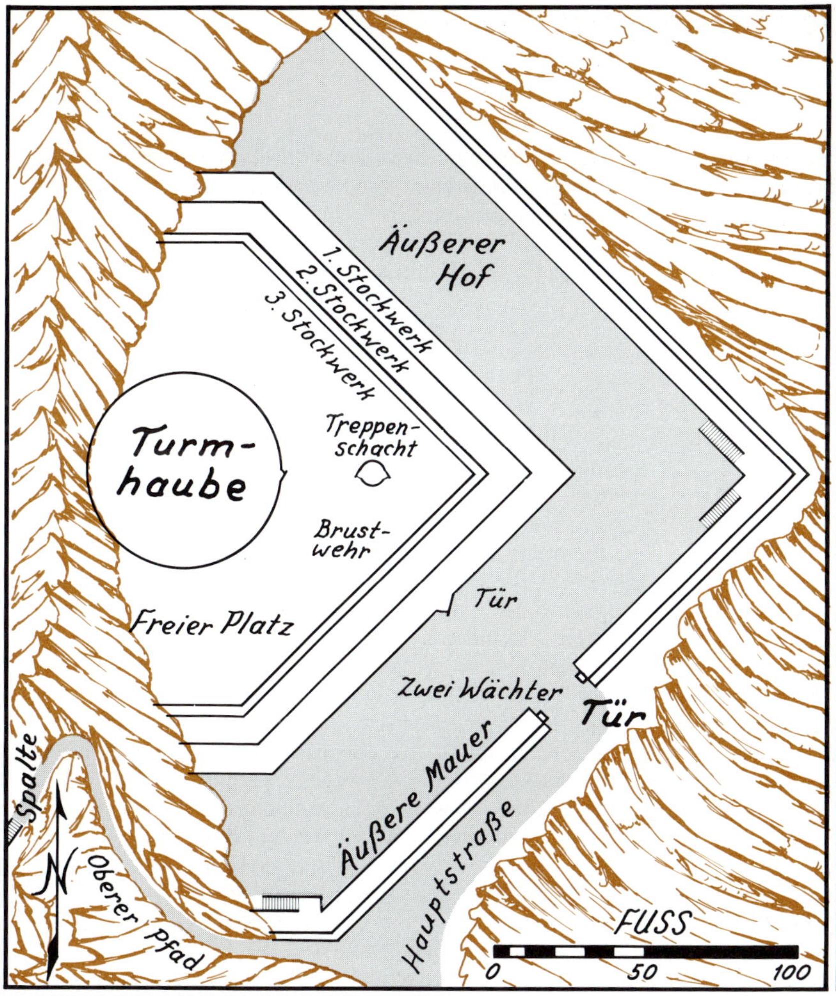
Äußerer Hof
1. Stockwerk
2. Stockwerk
3. Stockwerk
Turm-haube
Treppen-schacht
Brust-wehr
Tür
Freier Platz
Zwei Wächter
Tür
Äußere Mauer
Spalte
Oberer Pfad
Hauptstraße
FUSS
0
50
100

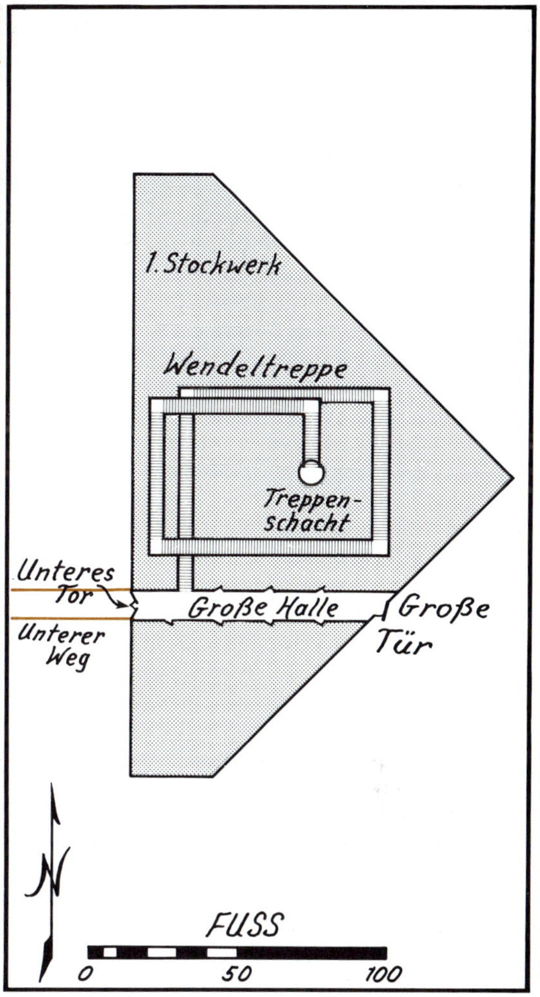
1. Stockwerk
Wendeltreppe
Treppen-schacht
Unteres Tor
Große Halle
Große Tür
Unterer Weg
FUSS
0
50
100

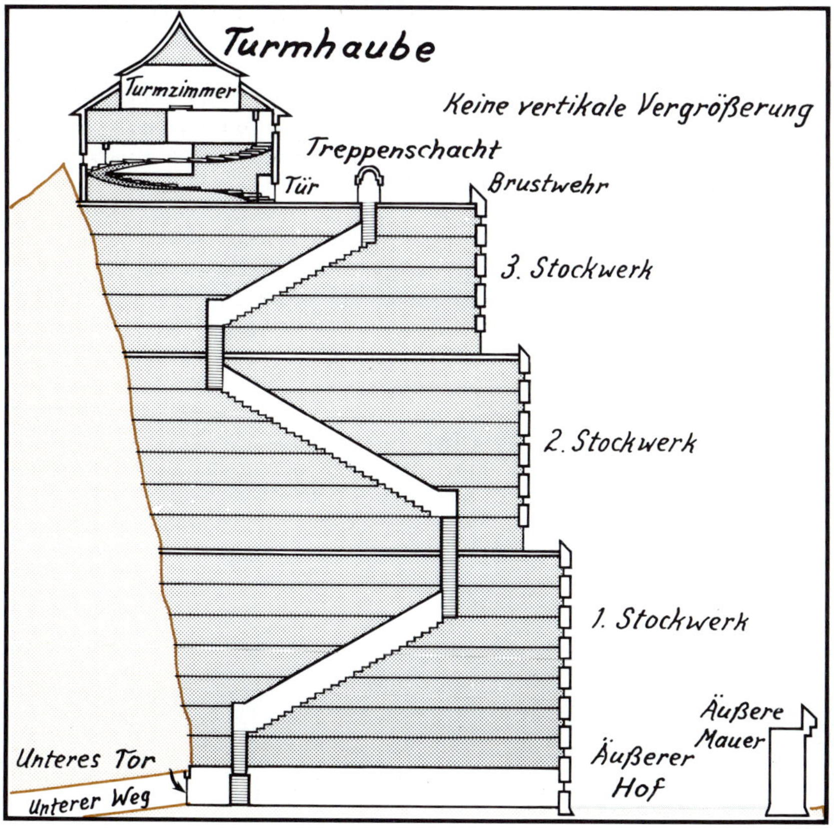
Turmhaube
Turmzimmer
Keine vertikale Vergrößerung
Treppenschacht
Tür
Brustwehr
3. Stockwerk
2. Stockwerk
1. Stockwerk
Äußere Mauer
Äußerer Hof
Unteres Tor
Unterer Weg

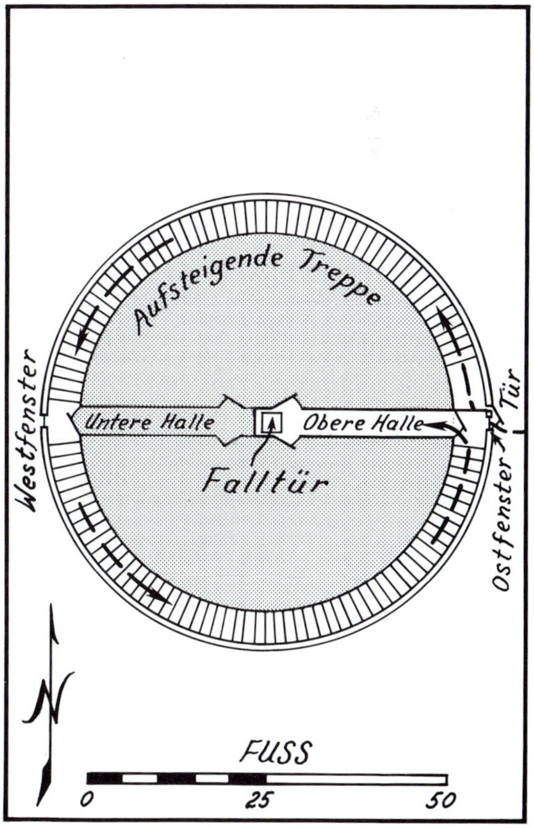
Aufsteigende Treppe
Westfenster
Untere Halle
Obere Halle
Tür
Falltür
Ostfenster
FUSS
0
25
50

Der Schicksalsberg

Um das Jahr 1000 des Zweiten Zeitalters ließ Sauron sich in Mordor nieder (III 411), und in diesem umzäunten Land fand er die endgültige Schmiede: Orodruin, den »Berg des lodernden Feuers« (S 380). In der geschmolzenen Lava des Berges fertigte er den Einen Ring, den keine andre Glut zu schmelzen in der Lage war; also ist er auch dort zerstört worden (I 84). Offenbar benutzte Sauron die Feuer fortwährend, denn seine Straße den Berg hinauf wurde immer wieder »ausgebessert und freigeräumt« (III 247). Wann immer Saurons Macht wuchs, begannen die Eruptionen aufs neue, und es war im Jahr 3429 des Zweiten Zeitalters, unmittelbar vor seinem Angriff auf das gerade gegründete Gondor, als die Explosionen die Dúnedain dazu veranlaßten, dem Berg einen neuen Namen zu geben: Amon Amarth, Schicksalsberg (III 358; 412).

Der Berg

Der Schicksalsberg stand in der Mitte der Hochebene von Gorgoroth im nordwestlichen Mordor; er scheint indes in diesem Land des Vulkanismus der einzige aktive Vulkan gewesen zu sein. Gleichwohl gab es dort rauchende Spalten wie jene beiden, zwischen denen Saurons Straße von Barad-dûr zum Berg verlief (III 247). Der Schicksalsberg war zweifellos ein *Schicht- oder Strato-Vulkan,* gebildet aus wechselnden Schichten von Asche und Lava. Aufgrund seiner Höhe stellte er zwar keinen einfachen Zinder-Kegel dar, doch mit 4.500 Fuß war er nicht besonders hoch (III 246) — weit niedriger als z. B. der Ätna in Italien, der 11.000 Fuß hoch aufragt und an der Basis einen Umfang von 90 Meilen hat (und ungefähr 29 Meilen im Durchmesser). Der Schicksalsberg ist mit einem Durchmesser von sieben Meilen an der Basis abgebildet worden, so daß seine Hänge das sehr typische Gefälle von 20° aufweisen (gleichwohl sollte der Leser berücksichtigen, daß die vertikale Vergrößerung des Querschnitts auch das Gefälle größer erscheinen läßt).[37]

Im Norden und Westen fiel der Hang sanfter ab, dort, wo Frodo und Sam aufstiegen, bis sie die nördliche Kehre von Saurons Straße erreichten (III 246). Wie es heißt, stieg die Straße über einen Dammweg an der östlichen Seite zum Berg hinauf und zog sich dann »in Kehren über den ganzen Umfang des Berges« wie eine Schlange (III 247). Zum Glück für die Hobbits lagen die neuen Ausflüsse von Lava auf der Südseite, hatten also den oberen Teil der Straße nicht beeinträchtigt. Als Frodo und Sam in östlicher Richtung den Pfad hinaufstiegen, kamen sie an eine Haarnadelkurve, wo sie von Gollum angegriffen wurden (III 248). Diese Kurve ist auf zwei Skizzen Tolkiens (P 30; und eine Zeichnung, die in den Marquette Archiven aufbewahrt wird) deutlich zu erkennen, wonach sie genau unterhalb des Punktes zu liegen schien, wo der Hang steiler wurde. Darum war es notwendig, an der nächsten Wendung nach Osten die Straße durch einen Felseinschnitt zu führen, um das Ziel zu erreichen, das »hoch an dem oberen Kegel, aber immer noch weit entfernt von dem qualmenden Gipfel« lag — die Sammath Naur auf der Ostseite, die »Kammern des Feuers« (III 247).

Die Sammath Naur

Die genaue Bedeutung des verwendeten Ausdrucks »Kammern des Feuers« ist unklar. Der Begriff kann folgendes einschließen: den langen Tunnel, der in das Herz des Kegels führte; die Schicksalskluft; den mittleren Vulkanschlot oder das gesamte Kanalsystem der Lava (daher der Gebrauch des Plurals *Kammern*). Unter Benutzung der letzten Deutung sind die Kammern hier in den Kegel verlegt worden. In diesem Fall würde die Bezeichnung »Kammern« mit der Verwendung des Ausdrucks *Schicksalsklüfte* durch Gandalf übereinstimmen — zahlreichen Spalten im Berginneren (I 84). Nur eine dieser Spalten war ohne weiteres zugänglich, denn als Sam durch die Öffnung kroch, fand er »eine lange Höhle oder einen Stollen, der in den ... Kegel des Berges hineingebohrt war. Doch nur ein kurzes Stück vor ihm waren der Boden und die Wände auf beiden Seiten durch eine große Spalte aufgerissen worden ... die Schicksalskluft« (III 251). Dies war eindeutig nicht der mittlere Kegel, denn als das feurige Magma aufwallte, wurde das *Dach* des Tunnels erhellt (III 251). Hätte Frodo sich am mittleren Vulkanschlot befunden, wäre über ihm *Himmel* gewesen. Trotzdem war der Abgrund tief und breit, und die Lava muß in den Kammern sehr hoch gestanden haben, um so hoch im Kegel ein so starkes Licht zu erzeugen. Der Berg stand unmittelbar vor weiteren Ausbrüchen, und der Sturz Gollums mit dem Ring entfesselte den größten.

In der Tat war der Orodruin sehr explosiv; seine Ausbrüche stellten vermutlich jenen Typus von Vulkanismus dar, bei dem zähflüssige Lavamassen zwischen den Ausbrüchen überkrusten und jeder neue Ausbruch »mit Asche durchsetzte Gase, die dunkle blumenkohlförmige Wolken bilden«, freisetzen.[38] Diese übelriechenden Wolken waren am Dämmerungslosen Tag am weitesten ausgebreitet, doch traten sie nach der Zerstörung des Ringes auf, als der Kegel auseinandergerissen wurde, Aschenregen fiel und »schwarz gegen die Wolkendecke ein riesiges Schattengebilde, undurchdringlich, blitzgekrönt, aufstieg und den ganzen Himmel erfüllte«, was sogar noch vom weit entfernten Minas Tirith zu sehen war (III 255; 257; 271). Sam und Frodo entkamen auf »einen niedrigen Aschenhügel ... der sich am Fuß des Berges angesammelt hatte«, doch sie waren von geschmolzener Lava eingeschlossen und konnten nicht weitergehen (III 257).

Der Schicksalsberg *Querschnitt:* West-Ost ▶

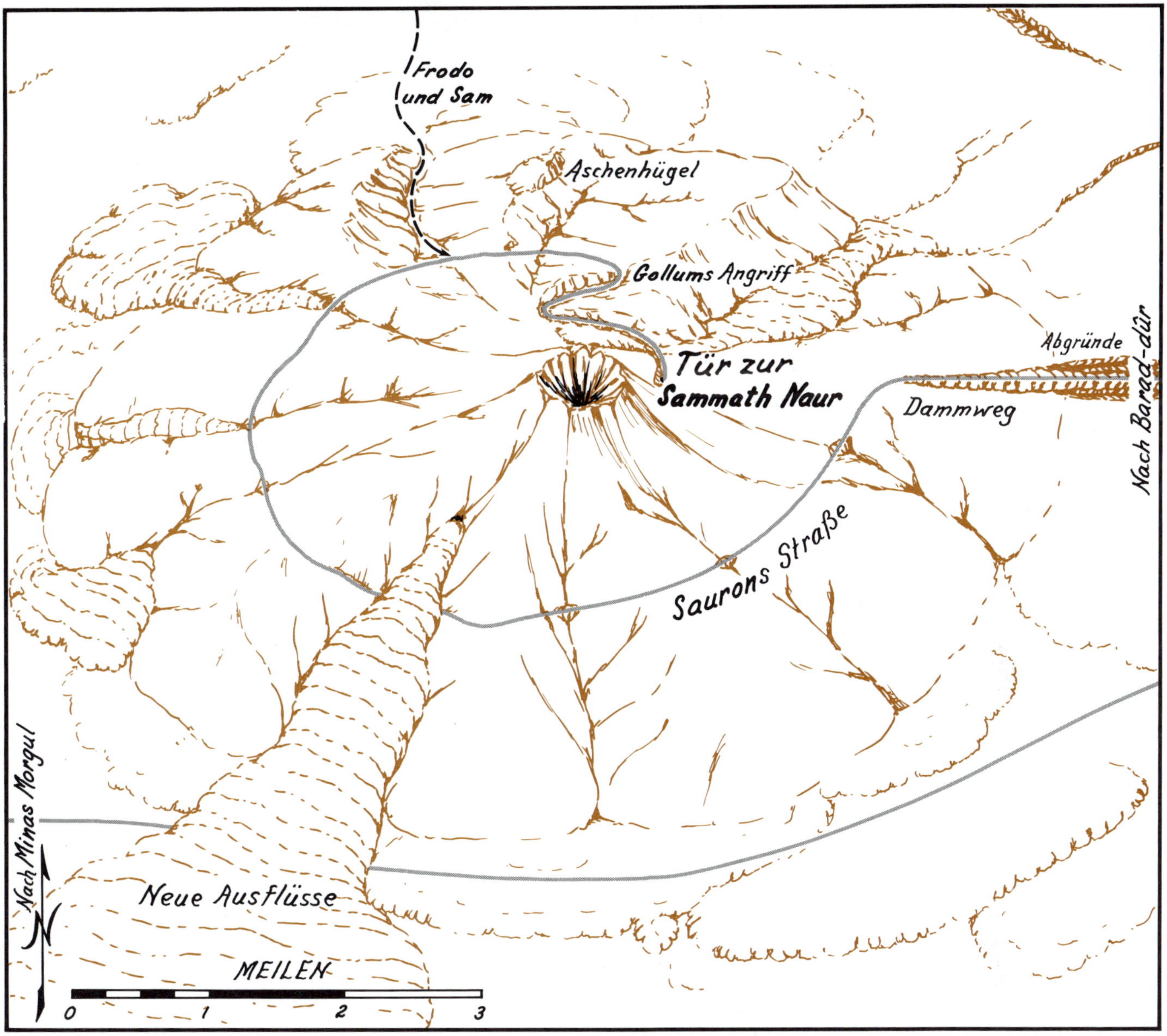
Frodo
und Sam
Aschenhügel
Gollums Angriff
Tür zur
Sammath Naur
Abgründe
Nach Barad-dûr
Dammweg
Saurons Straße
Nach Minas Morgul
Neue Ausflüsse
MEILEN
0
1
2
3

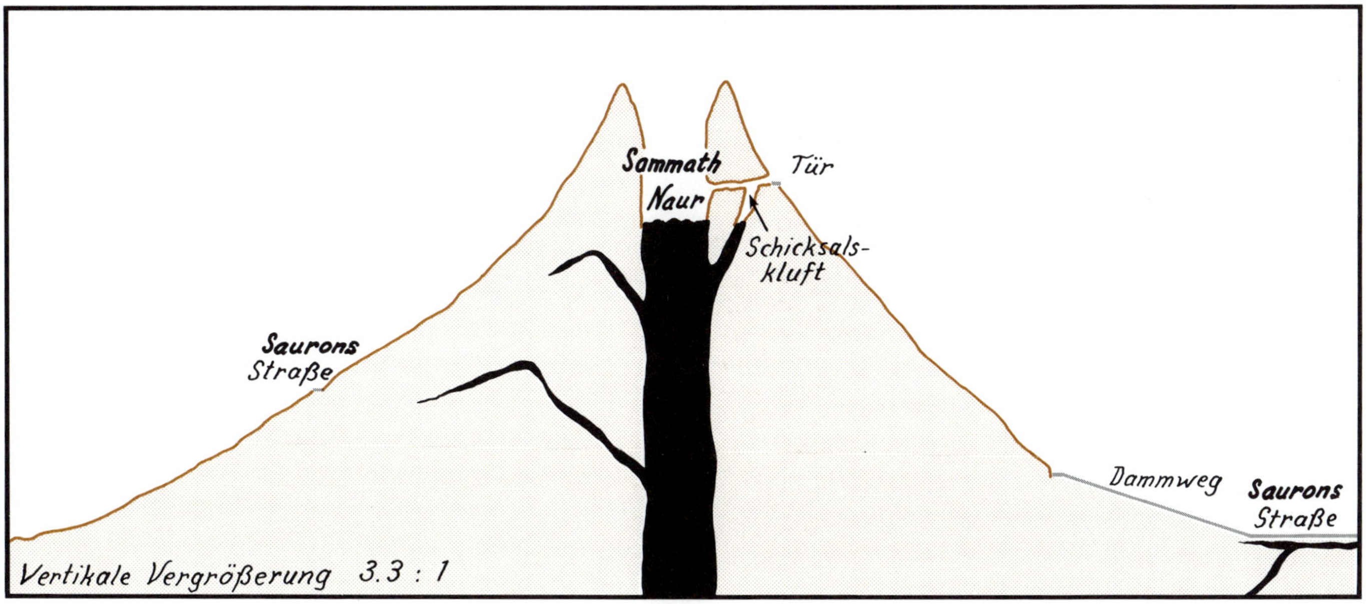
Sammath
Naur
Tür
Schicksals-
kluft
Saurons
Straße
Dammweg
Saurons
Straße
Vertikale Vergrößerung 3.3 : 1

Die Schlacht an der Hornburg

3.—4. März 3019 des Dritten Zeitalters

Am 25. Februar schickte Saruman zum ersten Mal Streitkräfte gegen Rohan, und die Männer der Westfold kämpften in der Ersten Schlacht an den Furten des Isen und hielten den Feind auf; doch am 2. März ließ der Zauberer seine gesamte Streitmacht aus Isengart los, und nachdem sie in der Zweiten Schlacht an den Furten die Verteidigungslinie der Rohirrim zertrümmert hatten, zogen die Orks und Bergmenschen nach Süden, um die Festung der Hornburg bei Helms Klamm anzugreifen (III 422).

Nachdem er von der Ersten Schlacht an den Furten erfahren hatte, gab Gandalf Théoden den Rat, die Reiter von Rohan nach Westen zu führen, um neue Angriffe abzuwehren (II 132; 138). Mehr als tausend brachen zu den Furten des Isen auf (II 145), schwenkten jedoch, nachdem sie von der verhängnisvollen Zweiten Schlacht an den Furten erfahren hatten, nach Helms Klamm ab; währenddessen galoppierte Gandalf los, um die versprengten Rohirrim zu sammeln und die Unterstützung der Ents zu gewinnen, die er bei Isengart wußte (II 149). Zufällig waren die Ents in Isengart eingetroffen, kurz bevor Sarumans Truppen losmarschierten, so daß Merry die Stärke des Feindes schätzen konnte (II 194).

Im Gegensatz dazu hatte Erkenbrand Helms Klamm mit »vielleicht tausend Mann, die zu Fuß kämpfen können« verlassen, obgleich die meisten von ihnen entweder zu alt oder zu jung waren, um die besten Kämpfer zu sein (II 152). Zusammen mit den tausend Reitern Théodens waren zwar »genug Leute da, um sowohl die Burg als auch den Schutzwall zu bemannen«, jedoch zu wenig, um den Deich zu verteidigen (II 152); der Feind war ihnen mindestens fünffach überlegen. Sie hätten vermutlich ehrenvoll, aber nicht siegreich auf dem Schlachtfeld geendet, wäre nicht durch die Bemühungen Gandalfs Hilfe gekommen. Nach einem Gewaltritt hatte er tausend Fußsoldaten unter der Führung Erkenbrands gesammelt (II 165) sowie eine Schar von Ents, deren Zahl (laut Merry) in die »Hunderte und Aberhunderte« ging (II 193).

Dies waren somit die geschätzten Truppenstärken in der Schlacht:

Anführer	Gekommen aus	Truppenstärke
I. Rohan und Verbündete:		
Théoden/ Éomer	Edoras	1.000 Reiter (II 145)
Gamling der Alte	Helms Klamm	1.000 Fußsoldaten (II 152)
Erkenbrand	Furten des Isen	1.000 Fußsoldaten (II 165)
Ents (Huorns)	Fangorn über Isengart	mehrere hundert (II 193)
Insgesamt (3. März)		2.000
Insgesamt (4. März)		geschätzte 3.800 (von denen 2.700 kämpften) plus Huorns
II. Heer Saurons:		
Uruk-hai, geringere Orks, Wölfe	Isengart	10.000 oder mehr (II 152; 194)
Dunländer	Dunland über Isengart	

Viele Wolfreiter waren bereits im Tal der Westfold und im Klammtal, als Théodens Reiter ankamen. Die Rohirrim zogen zur Hornburg hinauf (II 152). Als sich ihre Nachhut von Helms Deich zurückzog, strömten die Angreifer hindurch.

Éomer stellte die meisten der Männer auf dem Klammwall und seinem Turm auf, »denn hier schien die Verteidigung bedenklicher« (II 153). Nach einem Hagel von Pfeilen drängten die Angreifer nach vorn und versuchten den Wall zu erklettern. Am Tor der Hornburg »waren die größten Orks und die wilden Menschen aus den Dunland-Mooren eingesetzt« (II 155). Indem sie zwei große Sturmböcke benutzten, versuchten sie, die hölzernen Tore zu zersplittern. Aragorn, Éomer, Gimli und eine Handvoll Krieger verließen die Burg durch eine Ausfallpforte und warfen den Feind vom Felsen; dann verrammelten sie das Tor von innen mit Steinen (II 157).

Da Sarumans Krieger am Tor keinen Erfolg hatten, krochen sie heimlich durch den überwölbten Kanal im Klammwall, doch sie wurden erspäht und erschlagen oder in die Schlucht getrieben, wo sie den Wächtern der verborgenen Höhlen in die Hände fielen (II 158). Unter Gimlis Leitung verstopften die Westfold-Mannen den Abzugsgraben, aber später, als der Kampf auf dem Wall am heißesten entbrannte, sprengten die Orks ihn frei, gerade als es vielen anderen Feinden gelang, den Klammwall zu erklettern. Die ganze »Verteidigung wurde davongefegt«, und die Verteidiger zogen sich in die Feste und in die Höhlen zurück: Aragorn, Legolas, den Männern der königlichen Leibwache und vielen anderen gelang der Rückzug in die Feste, während Éomer und Gimli sich den Rückweg zu den Glitzernden Grotten freikämpften (II 160 f.). Die Angriffe dauerten die ganze Nacht an, und der Feind konnte sich der Hornburg von allen Seiten, außer von Norden, nähern. Trotzdem gelang es ihm erst nach der Morgendämmerung, das Tor zur Hornburg zu durchbrechen, als er eine Öffnung hineinsprengte (II 164).

Doch nicht die Orks strömten in die Hornburg, sondern Théoden führte seine Reiter hinaus: Es mögen 900 gewesen sein, falls sich etwa die Hälfte der überlebenden Verteidiger hatte in die Höhlen retten können. Der Ausbruch geschah so plötzlich und mit solcher Kraft, daß Sarumans Truppen in voller Auflösung zurück gegen Helms Deich gejagt wurden (II 164 f.). Jedoch nur eine Viertelmeile hinter dem Deich stand ein Wald von Huorns, und der Feind wurde zwischen ihnen und den Reitern zerrieben. Plötzlich erschienen Gandalf und Erkenbrand auf dem östlichen Kamm, und die Dunländer, zwischen Angreifern im Osten und Westen eingekesselt, ergaben sich, während die Orks in den »Wald« von Huorns rannten, aus dem keiner lebend entkam. Die Männer aus den Höhlen kamen zu spät — die Schlacht war gewonnen und das Heer Sarumans vernichtet (II 166).

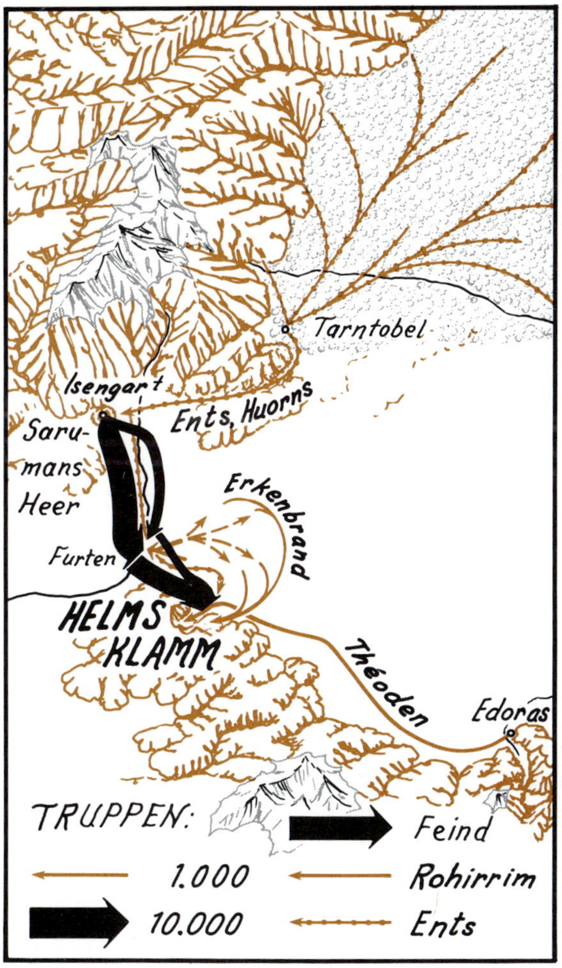

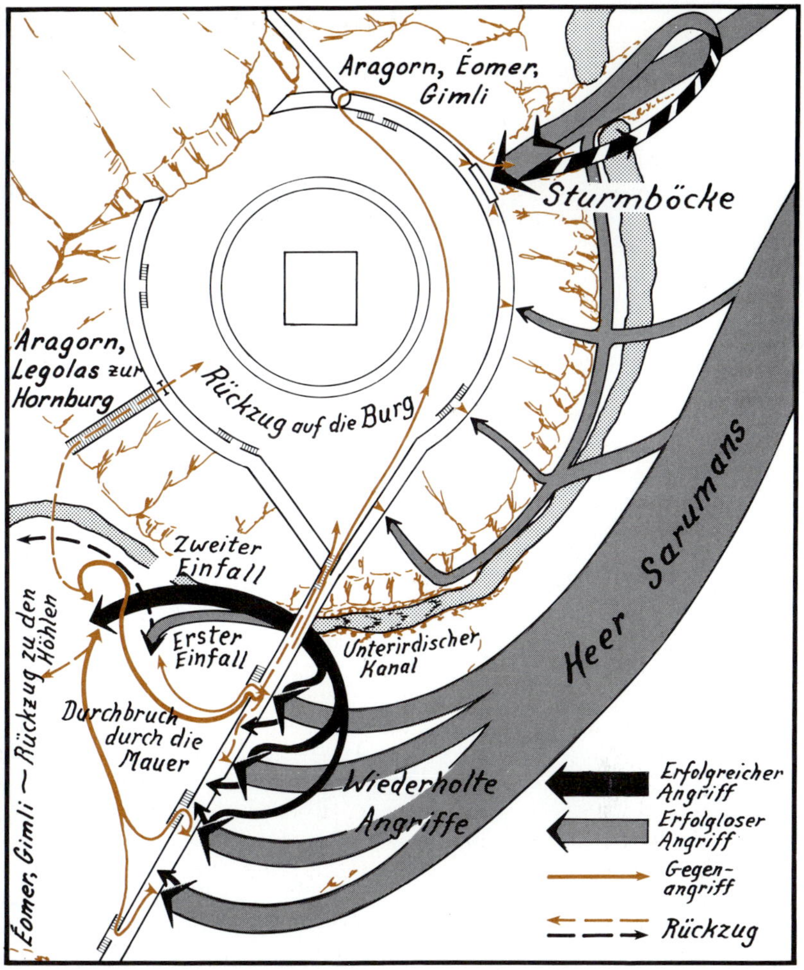

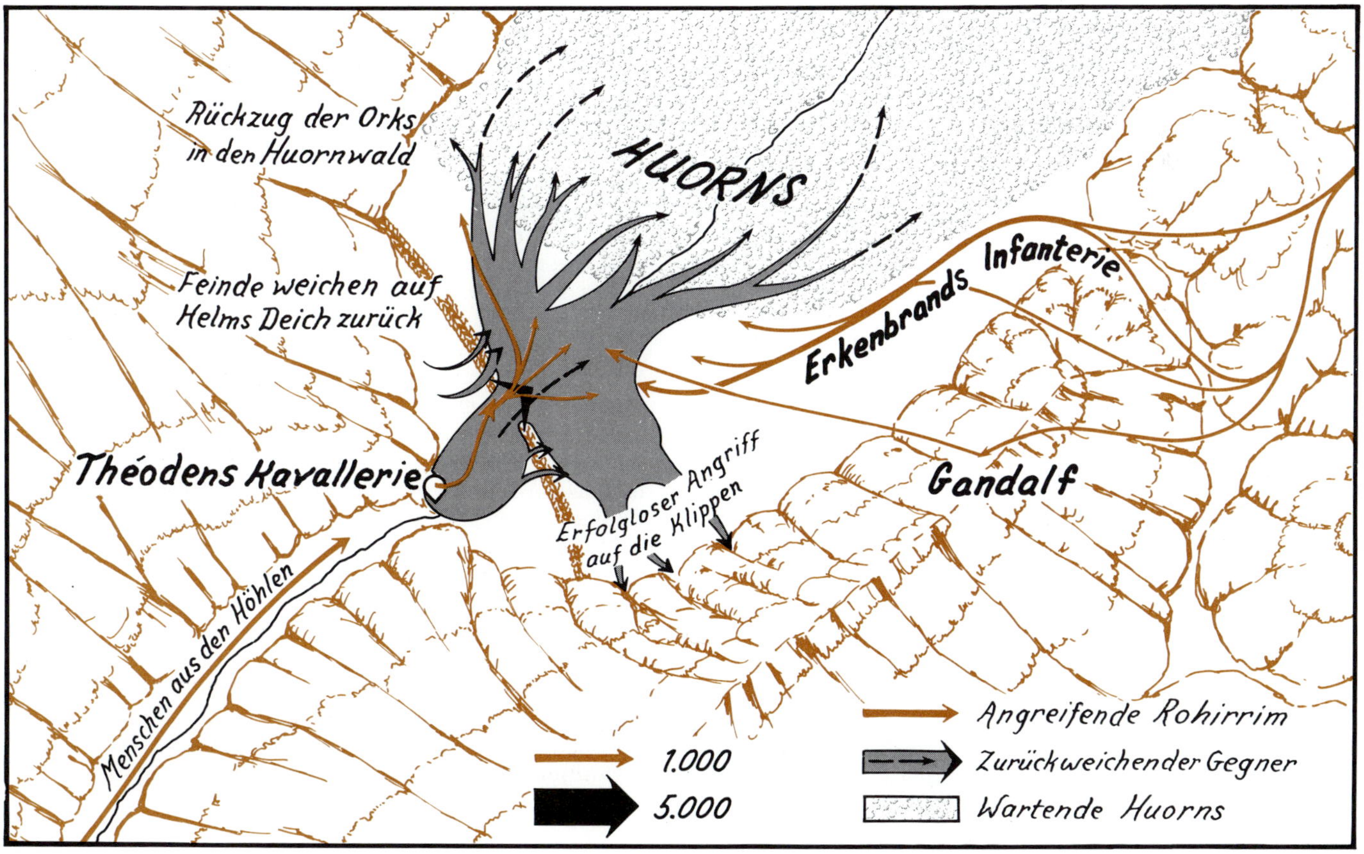

oben links: Aufmarsch vor der Schlacht
oben rechts: Nächtlicher Rückzug
unten: Gegenangriff im Morgengrauen

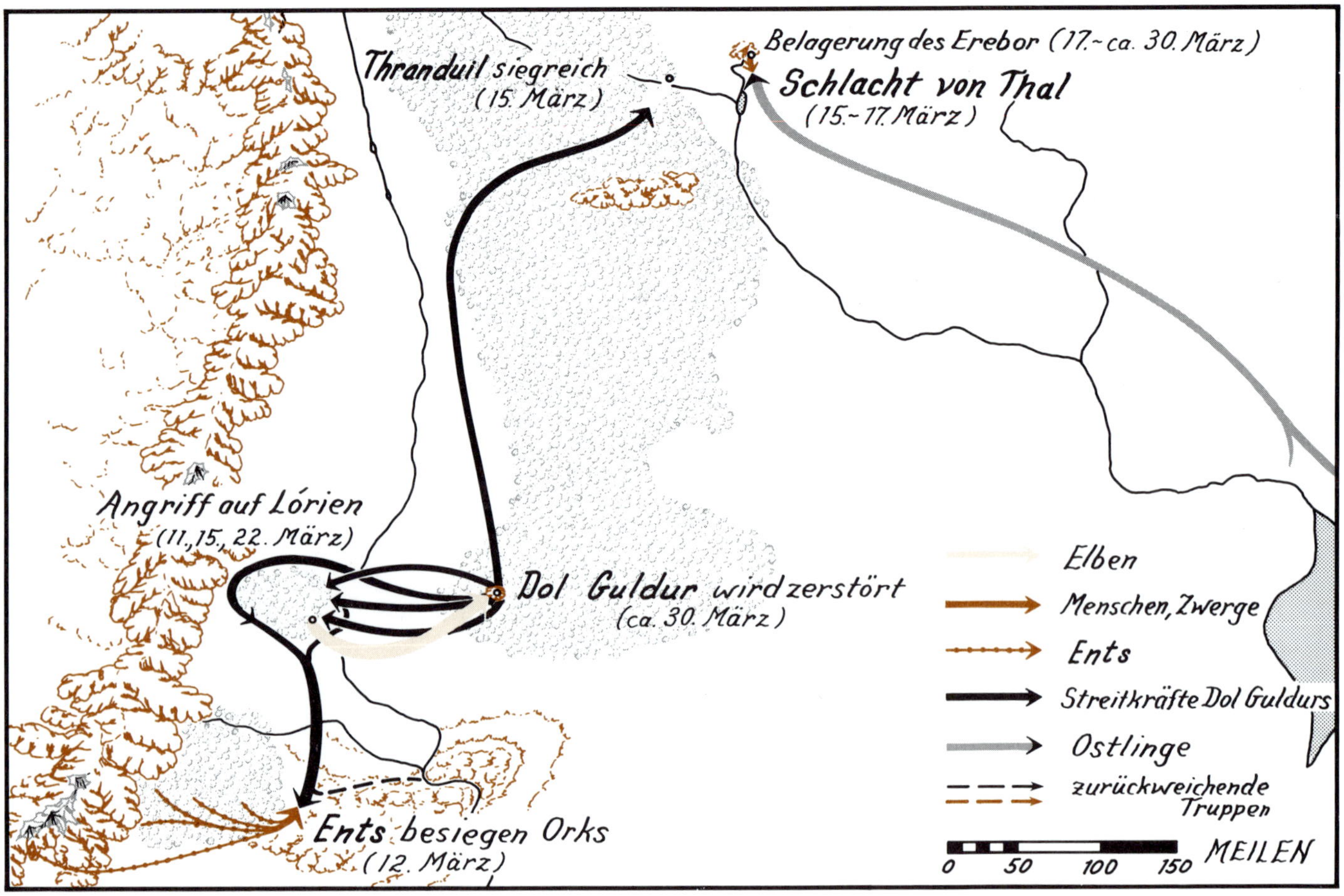

Schlachten im Norden

Schlachten im Norden

11.—30. März 3019 des Dritten Zeitalters

Am 6. März, als Aragorn sich Sauron zu erkennen gab, setzte der Feind eilig die verschiedenen Angriffe ins Werk, die er geplant hatte (III 55; 422). Den größten richtete er gegen Minas Tirith, wobei er seine südlichen Armeen einsetzte; doch er verfügte auch über Streitkräfte in Dol Guldur und Verbündete in Rhûn, die er jederzeit herbeirufen konnte. Gleichzeitig mit dem Abmarsch aus Mordor am 10. März müssen diese nördlichen Truppen ebenfalls zu ihren vorbestimmten Zielen aufgebrochen sein (III 423).

Die ersten, die ihr Ziel erreichten, waren die Truppen aus Dol Guldur, die das nahegelegene Lórien angriffen (III 423). Als sie erfolglos blieben, zogen viele entlang des Waldrands und drangen in das Ödland von Rohan ein. Am 12. März wurden sie von Ents aus Fangorn und Isengart überrascht und vernichtet (III 290; 423). Lórien wurde noch zwei weitere Male, am 15. und am 22. März, angegriffen, doch niemals von einem Feind betreten. Streitkräfte aus Dol Guldur zogen auch nach Norden und kämpften unter den Bäumen des Düsterwaldes gegen König Thranduil. Auch dort fand die Hauptschlacht am 15. März statt; »nach langem Kampf ... und großer Zerstörung durch Feuer«, vertrieb Thranduil den Feind und blieb siegreich (III 423 f.).

Östliche Verbündete Saurons, vermutlich aus Rhûn, überschritten den Fluß Carnen und zogen gegen die Menschen von Thal und die Zwerge von Erebor (III 423 f.). Wiederum wurde die Schlacht an jenem wichtigen 15. März aufgenommen, wenn auch die Schlacht von Thal nicht an einem Tag geschlagen wurde, sondern drei Tage dauerte (III 423 f.). Am 17. März fiel König Brand vor dem Tor von Erebor, und König Dáin Eisenfuß kämpfte gewaltig über Brands Leichnam, bevor auch er erschlagen wurde. Darauf wurden Menschen und Zwerge zum Rückzug in die Festung des Einsamen Berges gezwungen und dort belagert, doch die Ostlinge konnten nicht durch das Tor dringen (III 406; 423).

Nachdem der Ring am 25. März zerstört worden war und Saurons Sklaven ihre Schlagkraft eingebüßt hatten, traten alle auf den Plan, die angegriffen worden waren, und vernichteten die verbliebenen Truppen: Celeborn und Thranduil zogen nach Dol Guldur und die Belagerten des Erebor gegen die Ostlinge (III 424). So wurde der Norden durch ihre Tapferkeit gerettet und — mit den Worten Gandalfs: »Denkt daran, was hätte sein können ... grausame Vernichtung in Eriador, Nacht in Bruchtal« (III 407).

Die Schlacht auf den Pelennor-Feldern

15. März 3019 des Dritten Zeitalters

Obgleich Saurons Heimtücke sich nicht ausschließlich gegen Gondor richtete, war es doch Minas Tirith, gegen das er den ersten Schlag führte. Wie durch ein Wunder fiel die Stadt nicht. Faramir hatte an den Dammfestungen »eine zehnfache Übermacht gegen sich« (III 99), und die Rohirrim hatten »zu Beginn eine dreifache Übermacht gegen sich, als sie allein den Haradrim gegenüber gestanden hatten« (III 133). Selbst eine sehr vorsichtige Schätzung würde ergeben, daß die Streitkräfte Mordors denen Gondors mindestens im Verhältnis vier zu eins überlegen waren. Zu den Orks aus Mordor kamen noch Verbündete aus Nah-Harad und Weit-Harad, Khand und Rhûn (III 104; 133), von denen sich die meisten am Morannon versammelt hatten und zusammen mit der Hauptarmee ausrückten (I 451; II 229; 283; 306). Nirgends findet sich eine Angabe über die Stärke dieser vereinigten Massen, außer daß die Haradrim den Rohirrim dreifach überlegen waren (diese zählten 6.000 Mann; III 82; 133). Doch zahlreiche Hinweise belegen die außerordentliche zahlenmäßige Stärke des Feindes: Das Morgul-Heer war größer als jede Armee, die jemals »seit den Tagen von Isildurs Macht ... aus diesem Tal gekommen (war) ... und dennoch war es nur eins und nicht das größte der Heere, die Mordor jetzt aussandte« (II 364). Das Mordor-Heer vom Schwarzen Tor umfaßte »Scharen von Orks des Auges und zahllose Verbände von Menschen einer neuen Art« (III 104). Die feindliche Streitmacht verfügte über so viele Truppen, daß viele lediglich für die geplante Einnahme der Stadt in Reserve gehalten wurden (III 133). Faramir bemerkte dazu: »Heute werden wir vielleicht dem Feind unseren Verlust am Übergang zehnmal heimzahlen und doch den Waffengang bereuen« (III 97).

Gondors Streitmacht hätte größer sein können, doch aus Furcht vor den Korsaren von Umbar hatten die volkreichen südlichen Lehen bis auf »ein Zehntel ihrer Streitmacht« alle ihre Männer zurückbehalten (III 44).

Die Truppen aus den Außenlehen Gondors brachten es auf »weniger als dreitausend insgesamt« (III 44), und die Turmwache auf mindestens drei Kompanien (möglicherweise 400 bis 500 Mann stark); dazu kam eine Außen-Garnison (III 83). Diese genannten Truppen, wahrscheinlich weniger als 5.000 Mann, stellten sich der anrollenden Schwarzen Flut entgegen. Dies waren die geschätzten Truppenstärken in der Schlacht:

Anführer	Gekommen von	Truppen
I. Gondor und Verbündete: Südliche Lehen (III 44)		
Forlong	Lossarnach	200 (»gut bewaffnet«)
Dervorin	Tal des Ringló	300
Duinhir	Morthond	500 (»Bogenschützen«)
Golasgil	Anfalas	ca. 150 (»kärglich bewaffnet«)
—	Larnedon	ca. 50 (»Bergmenschen«)
—	Ethir Anduin	100 (»Fischerleute«)
Hirluin	Pinnath Gelin	300
Imrahil	Dol Amroth	ca. 1.200 (700 plus eine Kompanie zu Pferd)
Wache von Minas Tirith		
Denethor	Minas Tirith	ca. 2.000
Rohirrim		
Théoden/ Éomer	Rohan	6.000 Reiter (III 133)
Aragorn		
Dúnedain	Norden	30 (III 49)
—	Südliche Lehen	ca. 1.000 (III 44)
Geschätzte Gesamtzahl der Truppen Gondors:		11.250
II. Mordor und Verbündete:		
Mordor und Morgul-Heer		
Angmar/ Gothmog	Barad-dûr, Minas Morgul	ca. 20.000
Verbündete		
Haradrim	Nah- und Weit-Harad	18.000 (III 40; 81)
Andere	Rhûn, Khand	ca. 7.000
Geschätzte Gesamtzahl der Truppen Mordors (Minimum):		45.000

Nach der Einnahme Ost-Osgiliaths im vorangegangenen Juni hatten Saurons Handwerker für den Flußübergang viele Leichter angefertigt, und am 12. März schwärmte die Vorhut des Morgul-Heeres über den Anduin (I 298; III 99). Faramir zog sich von Osgiliath zu den Festungen auf dem Rammas Echor zurück, wo er einen Tag aushielt, bis der Feind eine Brücke über den Fluß geschlagen hatte und hinüberströmte (III 99; 104). Mittlerweile hatte das Heer vom Schwarzen Tor Cair Andros eingenommen (10. März) und rückte von Nordosten heran. Von den beiden Heeren wurde der Rammas im Norden und Osten durchbrochen und die Pelennor-Felder überrannt (III 101; 423). Faramir vollführte am Nachmittag einen geordneten Rückzug von den Festungen des Dammweges, aber als er nur noch eine Viertelmeile von den Toren der Stadt entfernt war, stießen die Nazgûl herab und trieben Menschen und Pferde zur kopflosen Flucht. Auch die Haradrim, die in der Nähe waren, griffen an, und Faramir wurde vom Pfeil eines Südländers getroffen. Nur der Ritt des Fürsten Imrahil, der die gesamte Reiterei der Stadt führte, rettete Faramir und seine Truppen (III 102 f.). Jedoch der

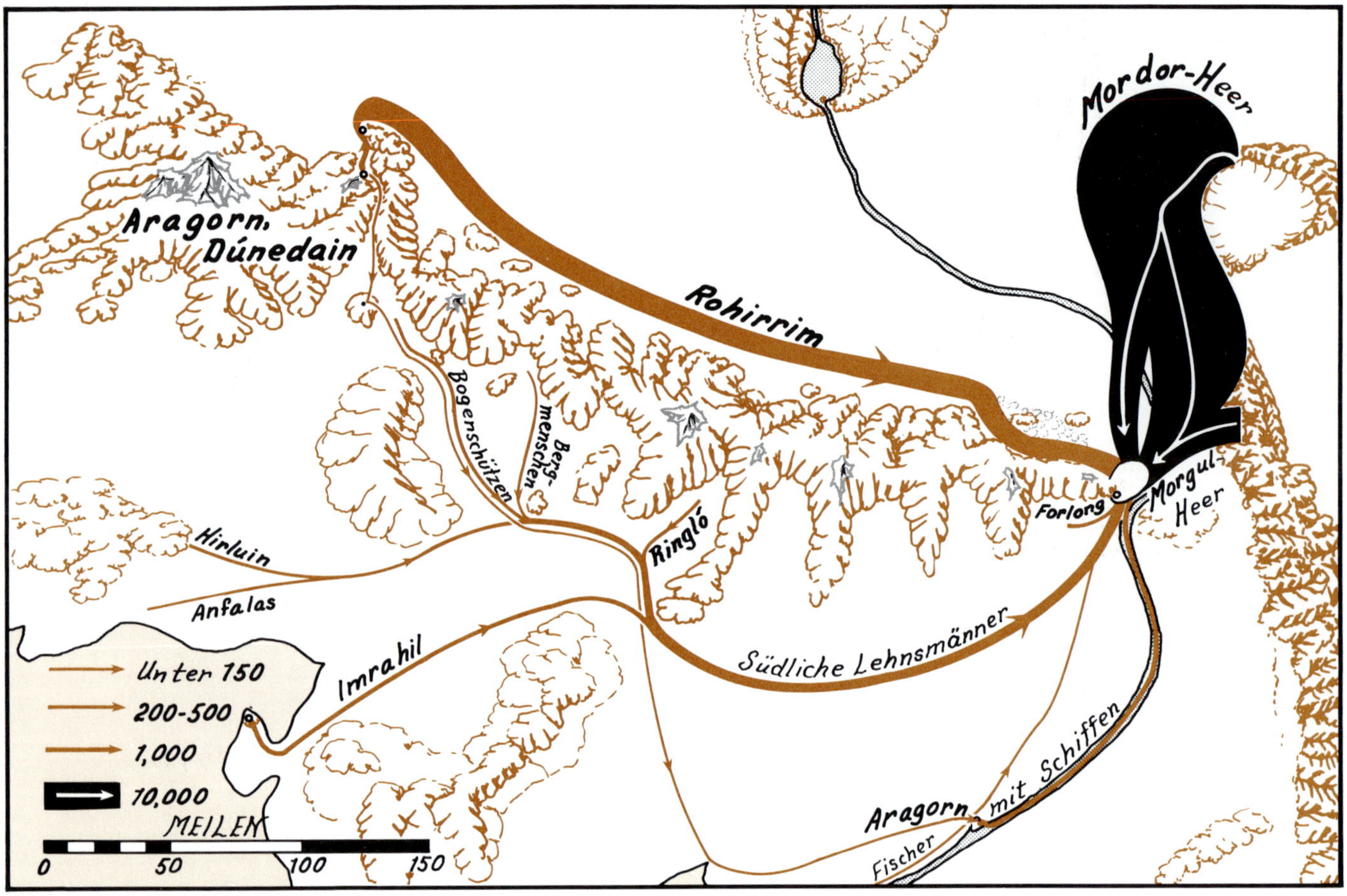

Aufmarsch vor der Schlacht

Ausfall wurde bald beendet, die Truppen zurückbeordert, und die Tore wurden geschlossen. Der ganze Pelennor war dem Feind preisgegeben, der rasch Gräben aushob und sie mit Feuer füllte. Die nächsten waren nur einen Bogenschuß weit von den Mauern der Stadt entfernt, und dort wurden Wurfmaschinen und Belagerungstürme aufgestellt (III 104 f.). Durch den Kampf, das Feuer und die entsetzlichen Ringgeister wurden die Belagerten entmutigt. Im Laufe der zweiten Nacht, der des 14. März, rückten Truppen in ihren Belagerungstürmen gegen die Mauer vor, und die große Ramme namens Grond wurde herbeigerufen (III 108; 112). Kurz vor Tagesanbruch wurden die Großen Tore zertrümmert, und Gandalf trotzte allein dem Herrn der Nazgûl; aber aus der Ferne erklangen laut die Hörner von Rohan, und die Schlacht begann (III 113).

Als die Rohirrim das nördliche Tor des Rammas erreichten, vertrieben sie die wenigen Orks und strömten durch die Breschen. Théoden schickte Elfhelm zu den Belagerungstürmen auf dem linken Flügel, Grimbold auf den rechten, und Éomer rückte geradeaus vor; doch der König überholte sie alle und sprengte mitten in die feindlichen Reihen. Die meisten der Streitkräfte Mordors hatten ihr Lager vermutlich nahe der Stadt aufgeschlagen, und die Rohirrim überrannten relativ mühelos die nördliche Hälfte des Pelennor (III 121—124). Théoden war der erste, der die Straße zum Fluß erreichte, ungefähr eine Meile östlich von den Stadttoren. Die Haradrim befanden sich auf der Südseite der Straße, und ihr Hauptmann führte seine Kavallerie gegen den König, doch Théoden und seine Leibwache schlugen den Angriff ab und waren siegreich, als plötzlich die Pferde wild wurden, weil der Herr der Nazgûl sich näherte (III 126—129).

Das tragische Schauspiel, dessen Zeuge Eomer wurde, spornte die Rohirrim zu neuen Heldentaten an. Éomer brach durch die Reiterei und die marschierenden Reihen der Haradrim, doch wo die *mûmakil* auftauchten, scheuten die Pferde. In der Zwischenzeit hatte Fürst Imrahil die gesamten Streitkräfte der Stadt auf das Schlachtfeld geführt, doch er konnte Éomer nicht erreichen; und die Reserven Mordors waren über den Fluß geschickt worden (III 130—133). In der Mitte des Vormittags waren die Truppen Gondors ein weiteres Mal arg in der Minderzahl, und die Schlacht war leidenschaftlich geworden. Éomer war auf einem kleinen Hügel umzingelt, nur eine Meile entfernt von den Landestellen bei Harlond, als Aragorns Schiffe eintrafen. Als Éomer erneut von Norden, Imrahil von Westen und Aragorn aus dem Norden angriffen, trieben sie »die große Menge der Feinde« vor sich her, »und sie waren zwischen Hammer und Amboß«. Die Streitkräfte Gondors, obwohl noch immer in der Minderzahl, setzten den Kampf den ganzen Tag lang fort und errangen den Sieg (III 133—136).

oben: Die Belagerung ►
unten: Die Schlacht

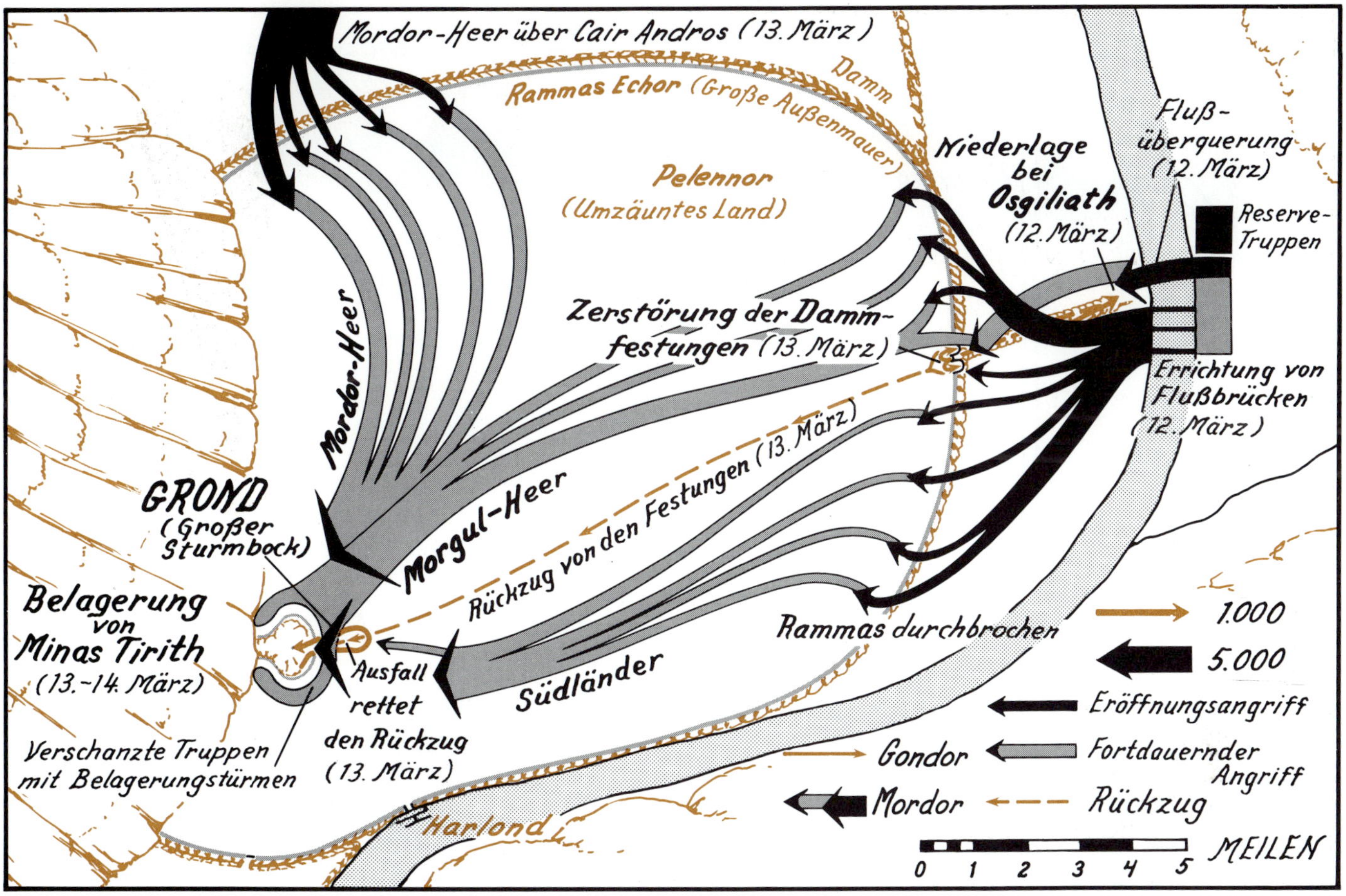
Mordor-Heer über Cair Andros (13. März)
Rammas Echor (Große Außenmauer)
Damm
Pelennor
(Umzäuntes Land)
Niederlage bei Osgiliath (12. März)
Fluß-überquerung (12. März)
Reserve-Truppen
Zerstörung der Dammfestungen (13. März)
Errichtung von Flußbrücken (12. März)
Mordor-Heer
Rückzug von den Festungen (13. März)
GROND (Großer Sturmbock)
Morgul-Heer
Belagerung von Minas Tirith (13.-14. März)
Ausfall rettet den Rückzug (13. März)
Südländer
Rammas durchbrochen
Verschanzte Truppen mit Belagerungstürmen
Harlond
1.000
5.000
Eröffnungsangriff
Gondor
Fortdauernder Angriff
Mordor
Rückzug
0 1 2 3 4 5 MEILEN

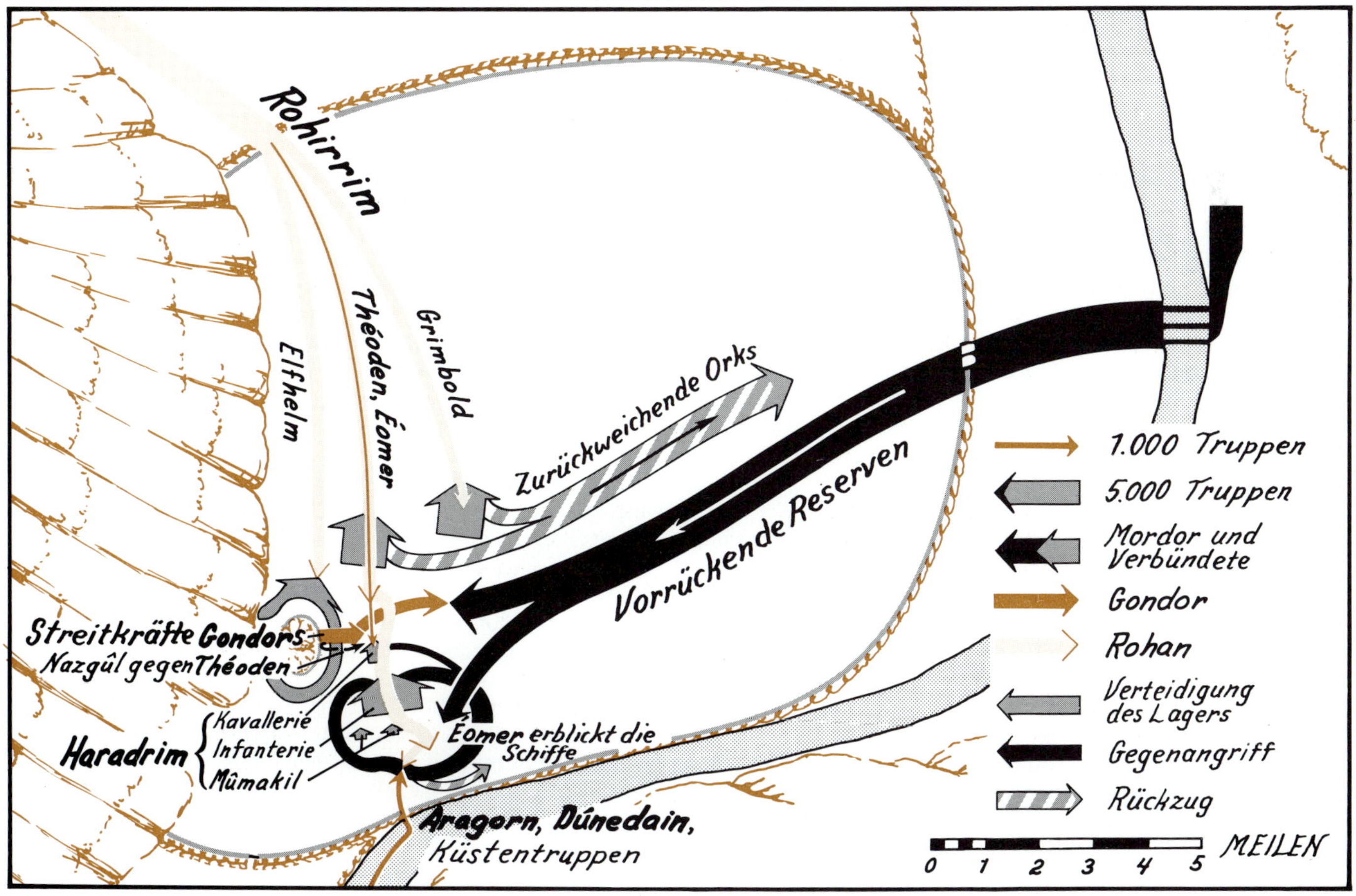
Rohirrim
Elfhelm
Théoden, Éomer
Grimbold
Zurückweichende Orks
Vorrückende Reserven
Streitkräfte Gondors
Nazgûl gegen Théoden
Haradrim
Kavallerie
Infanterie
Mûmakil
Éomer erblickt die Schiffe
Aragorn, Dúnedain,
Küstentruppen
1.000 Truppen
5.000 Truppen
Mordor und Verbündete
Gondor
Rohan
Verteidigung des Lagers
Gegenangriff
Rückzug
0 1 2 3 4 5 MEILEN

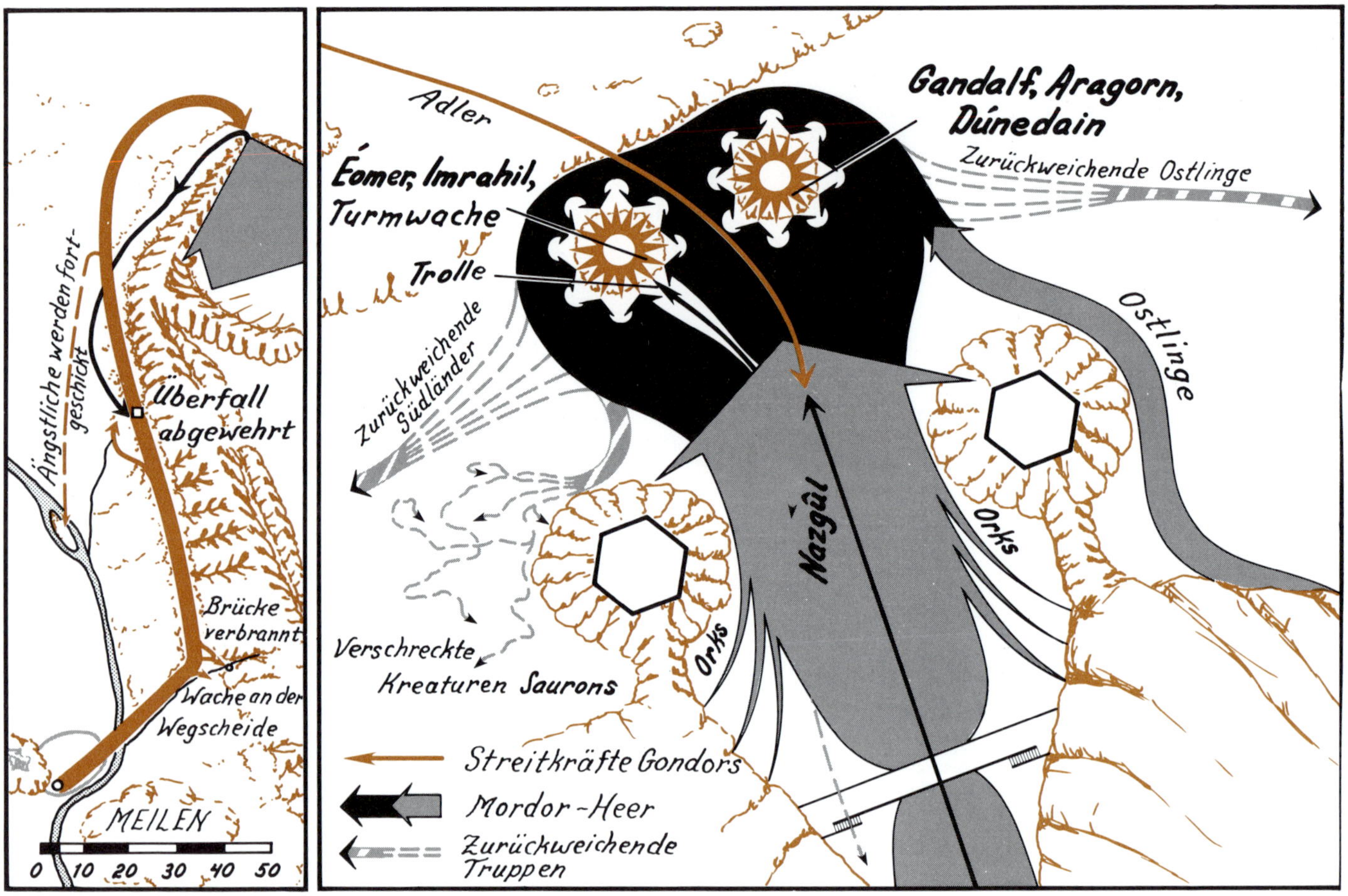

links: Aufmarsch zur Schlacht
rechts: Die Schlacht

Die Schlacht am Morannon

25. März 3019 des Dritten Zeitalters

Zwei Tage nach der Schlacht auf den Pelennor-Feldern zog Aragorn mit einem Heer ins Feld, um Sauron vor dessen eigenem Schwarzen Tor herauszufordern. Die Zahl der Truppen ist mit 1.000 Reitern und 6.000 Mann zu Fuß eindeutig angegeben (III 177). Auf dem langen Marsch verbrannte Aragorn die Brücke nach Minas Morgul und ließ an der Wegscheide eine starke Wache zurück für den Fall, daß Feinde durch den Morgul-Paß oder über die Südstraße herankommen sollten (III 180). Nach zweitägigem Marsch gab es an derselben Stelle einen Hinterhalt, wo Faramir die Haradrim in die Falle gelockt hatte, aber Aragorns Späher warnten ihn; und er schickte Reiter nach Westen, um den Feind in der Flanke anzugreifen (III 181).

Als sie das verwüstete Land des Morannon erreichten, wurden einige der Männer so ängstlich, daß Aragorn sie nach Südwesten schickte, um Cair Andros zurückzuerobern. Diese Männer und die an der Wegscheide zurückgelassenen Truppen hatten die ursprüngliche Stärke der Streitkräfte von 7.000 Mann um 1.000 vermindert (III 182). Nachdem der Bote Saurons zum Schwarzen Tor zurückgekehrt war, sahen sich die Streiter Gondors Heerhaufen gegenüber, »die ihnen an Zahl zehnmal und mehr als zehnmal überlegen waren« (III 188). In einem verzweifelten Versuch, dem Angriff zu begegnen, hatte Aragorn seine Truppen kreisförmig um zwei große Berge aus gesprengtem Gestein gegenüber dem Tor aufgestellt (III 183). Auf dem linken Flügel stand er selbst mit Gandalf, den Söhnen Elronds und den Dúnedain in der ersten Linie, wo der Ansturm am stärksten sein würde. Auf dem Hügel zu seiner Rechten waren Éomer, Imrahil, die Mannen von Dol Amroth und ausgewählte Leute des Turmes der Wacht in der vordersten Linie. Bei ihnen waren Pippin und Beregond (III 188 f.).

Die Feinde umzingelten sie rasch: Ein großes Heer kam aus dem Morannon hervor, auf beiden Seiten des Festungswalles strömten Orks von den Bergen herab, und vom nördlichen Turm marschierten Ostlinge heran, wo sie sich im Schatten der Berghänge verborgen gehalten hatten. Die ersten, welche die grabenähnlichen Sümpfe durchquerten, waren Bergtrolle; einer von ihnen verwundete Beregond und wurde anschließend von Pippin getötet (III 189 f.).

Den Trollen folgten rasch andere Truppen nach, und die Männer Gondors wurden umzingelt, als Adler auftauchten und auf die Nazgûl herabstießen; doch diese flohen zum Schicksalsberg und verschwanden in dem nachfolgenden riesigen Brand (III 254). Dann zerstörten Saurons Geschöpfe sich selbst und überließen den Menschen von Rhûn und Harad den Kampfplatz. Die meisten flohen oder unterwarfen sich, doch einige kämpften weiter, und schließlich wurden alle besiegt (III 255 f.; 265).

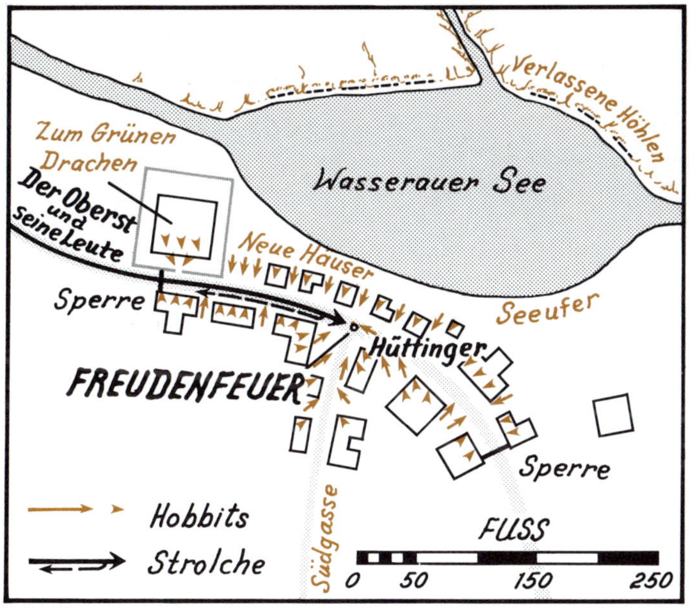

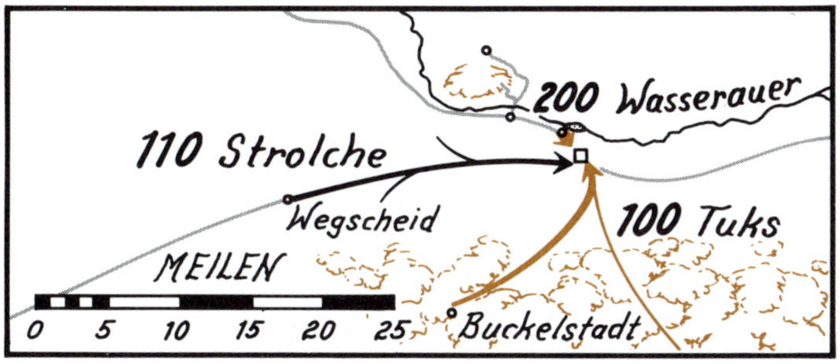

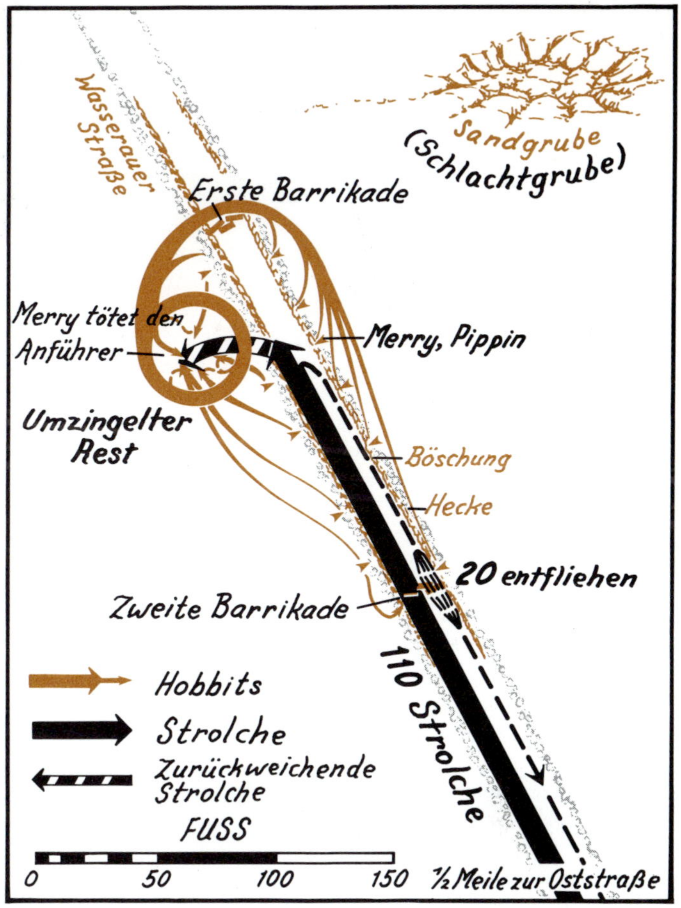

links oben: Das Scharmützel
links unten: Aufmarsch zur Schlacht
rechts: Die Schlacht

Die Schlacht von Wasserau

3. November 3019 des Dritten Zeitalters

Nachdem die vier Freunde ins Auenland zurückgekehrt waren und die Veränderungen entdeckt hatten, die sich während ihrer Abwesenheit zugetragen hatten, beschlossen sie, das Auenland zum Widerstand aufzurufen und von den Strolchen zu befreien, die dort raubten und plünderten. Am Nachmittag des 2. November kamen sie in Wasserau an, und es folgte ein kurzes Scharmützel mit den Männern des Oberst aus Beutelsend. Merrys Hornsignal zog ungefähr zweihundert kräftige Hobbits an, die sich zwischen (und vermutlich in) den Häusern entlang der Hauptstraße der Stadt versteckt hielten. Am Schnittpunkt der Straße mit der Südgasse wurde ein großes Freudenfeuer entzündet, hinter dem Tom Hüttinger wartend stand. An jedem Ende der Stadt wurde eine Straßensperre errichtet, und als etwa 20 Mann sich von Hobbingen näherten, wurde die westliche Barrikade geöffnet. Nachdem die Männer sie passiert hatten, sahen sie sich mit einem Mal eingeschlossen. Viele versuchten zurück nach Westen zu fliehen, als jedoch der Anführer der Strolche erschossen wurde, ergaben sich die restlichen (III 320—328).

Am nächsten Morgen kurz nach 10 Uhr wurde die Hauptschlacht von Wasserau ausgetragen. Am Tag zuvor war die Nachricht von dem Vorfall zu der großen Gruppe von Strolchen gelangt, die in Wegscheid im Quartier lag. Sie marschierten nach Osten, und unterwegs schlossen sich ihnen weitere an. Es waren ihrer mehr als hundert; aber diesmal war der Feind in der Überzahl, denn zusätzlich zu den Hobbits, die sich am Vorabend in Wasserau versammelt hatten, führte Pippin weitere hundert aus Tukland herbei. Merry hatte eine sehr vorteilhafte Stellung bezogen, wo die Wasserauer Straße zwischen hohen Böschungen, auf denen Hecken wuchsen, verlief. Eine Barrikade aus umgekippten Fuhrwerken sperrte das entfernte Ende der Straße; als die Strolche den Einschnitt passierten, wurden hinter ihnen rasch weitere Karren aufgetürmt. Ein weiteres Mal hatten die Hobbits den Feind umzingelt. Jedoch dieses Mal gelang es etwa zwanzig Männern, über die zweite Barrikade zu entkommen, und viele der übrigen erklommen die westliche Böschung. Als sie die ganze Wucht ihres Angriffs auf einen Punkt richteten, begannen die Hobbits auf dieser Seite zu weichen, bis Merry und Pippin von der Ostböschung Verstärkung brachten. Merry erschlug den Anführer »und umzingelte die letzten übriggebliebenen Menschen mit einem großen Kreis von Bogenschützen«. Im Lauf des Ausbruchsversuches wurden siebzig der Strolche getötet und später in einer nahen Sandgrube bestattet, der Schlachtgrube (III 332—334). So endete die letzte Schlacht des Krieges um den Ring.

Wegstrecken

Anders als im *Kleinen Hobbit* hat Tolkien im *Herrn der Ringe* eine beträchtliche Zahl von Angaben über zurückgelegte Entfernungen, über Marschdauer und Lage der Lagerplätze gemacht. Hunderte von Hinweisen, zusammengetragen aus der Geschichte und den Anhängen, lieferten die Daten nicht nur für diese Wegkarten, sondern auch für die Grundkarten. Angegebene Entfernungen wichen gelegentlich von den auf Tolkiens Karten ausgewiesenen ab, weshalb die Karten leicht verändert wurden, damit sie genauer mit dem Text übereinstimmten. Eine völlige Übereinstimmung war indessen nicht immer möglich, so daß die für Wegstrecken angegebenen Entfernungen zuweilen nicht genau mit dem beigefügten Maßstab übereinstimmen; sie stehen jedoch im Einklang mit dem Text oder mit Schätzungen, die aufgrund von Textpassagen vorgenommen wurden; dabei wurde zugrundegelegt, daß, wie Tolkien vorgeschlagen hat, drei Meilen einer Wegstunde *(league)* entsprechen (ME 337).

Wenn für einen oder mehrere Tage keine Meilenangaben vorlagen, wurden sie geschätzt: Anhand von Tolkiens Karte wurde die Entfernung entlang der Route zwischen zwei bekannten Lagerplätzen gemessen und zu gleichen Teilen auf die Tage aufgeteilt (mitgeteilte Abweichungen wie längere Marschdauer oder schnellere oder langsamere Geschwindigkeiten wurden berücksichtigt). Um zu bestimmen, ob die verschiedenen Schätzungen in Relation zueinander und zur Primärwelt vertretbar erschienen, wurde eine vergleichende Tabelle erstellt. Wenn auch einige wenige der errechneten Reisegeschwindigkeiten ungewöhnlich groß oder auch gering erschienen (aus Gründen, die durch die entsprechenden Karten erhellt werden), erwiesen sich jedoch die meisten als recht wahrscheinlich, wenn man Faktoren wie unwegsames Gelände, Eilmärsche, natürliche Hindernisse oder äußere Zwänge berücksichtigt. Setzte sich eine Tagesreise aus verschiedenen Etappen zusammen, wurde jede einzeln aufgeführt. Meist waren es Reisen zu Fuß, gelegentlich bediente man sich der Pferde oder Boote. Die Reisegeschwindigkeit bewegte sich im allgemeinen zwischen folgenden Extremen:

zu Fuß: zwischen zwei Drittel Meilen pro Stunde in den westlichen Trollhöhen und drei Meilen pro Stunde, erreicht von den Orks und ihren Verfolgern Aragorn, Gimli und Legolas. Normalerweise wurde eine Geschwindigkeit von zwei bis zweieinhalb Meilen pro Stunde eingehalten.

zu Pferd: Ponys im Trott: 3,4 Meilen pro Stunde. Pferde von Rohan im Galopp: 6,7 Meilen pro Stunde. Pferde der Dúnedain im Galopp: 7 Meilen pro Stunde. Schattenfell im Galopp: 20 Meilen pro Stunde.

mit dem Boot: kleine Boote, mit der Strömung treibend: 2,8 Meilen pro Stunde; gepaddelt: 4,1 Meilen pro Stunde. Schiffe, gegen die Strömung gerudert: 4,7 Meilen pro Stunde; unter Segel: 7,2 Meilen pro Stunde.

Es war darüber hinaus interessant festzustellen, daß die Ents zehn Meilen pro Stunde zurücklegen konnten und daß die Orks, wenn sie auch nicht schneller waren als die drei Freunde, immerhin von erstaunlicher Ausdauer waren — sie waren 56 Stunden unterwegs, schlugen nur einmal ein Lager auf und hielten nur zweimal an!

Die Wegstunden wurden folgendermaßen errechnet: Sonnenaufgang um 7 Uhr und Sonnenuntergang um 17 Uhr für die Monate Dezember und Januar, bzw. 6 Uhr und 18 Uhr im September und März. Falls es in der Geschichte nicht anders angegeben wird, wurde den verschiedenen Reisenden unterstellt, daß sie bei Märschen am Tag den vollen Vorteil des Tageslichtes zwischen Morgen- und Abenddämmerung ausnutzten, bzw. bei Märschen in der Dunkelheit den der Nachtstunden zwischen Abend- und Morgendämmerung. Wann immer es einen späten Aufbruch, eine lange Rast oder andere Abweichungen gab, wurde die Zahl der Stunden entsprechend verkleinert oder vergrößert.

Bei den Tagesdaten gab es ein wenig Verwirrung, wenn Märsche bis in den nachfolgenden Tag andauerten oder zwei verschiedene Reisen am selben Tag stattfanden. In diesem Fall folgen dem Datum Angaben über andere Märsche, die zu anderer Zeit an diesem Tag begannen. Das hinter dem Lagerplatz genannte Datum bezeichnet die Zeit, zu der die Reisenden schließlich an einem bestimmten Ort ihr Lager aufschlugen. Die Chronologie bedient sich des Auenland-Kalenders (III 434 f.; 441 f.), und in Übereinstimmung mit dem Volk des Auenlandes begann der neue Tag um Mitternacht (III 31; 436); wenige Male kam es vor, daß der Marsch nach Mitternacht, jedoch vor der Morgendämmerung begann oder (was häufiger vorkam) die Wanderer erst nach Mitternacht halt machten. In diesen Fällen ist das auf der Tabelle bzw. Karte genannte Datum folglich das des neuen Tages, der in den westlichen Landen noch nicht begonnen hatte.

Nur die außerordentliche Aufmerksamkeit, die Tolkien dem Detail widmete, machte es möglich, die Wegstrecken so genau zu verfolgen; doch mußten, wie es auch bei anderen Karten der Fall ist, Vermutungen angestellt und Schätzungen vorgenommen werden, und diese Beurteilungen sind gewiß verschieden interpretierbar. Die Tabelle ist darum keine Demonstration unangreifbarer Fakten, sondern lediglich eine Zusammenfassung der Berechnungen, die angestellt wurden, um die begleitenden Karten zeichnen zu können.

Tabelle der Reisewege

(September 3018 bis Ende März 3019 des Dritten Zeitalters)

Datum	Stunden unterwegs	Meilenzahl	Meilen pro Std.	Bemerkungen	Lagerplatz
				Von Beutelsend nach Bruchtal	
23. Sept.	5	18	3,6	Abendlicher Marsch	Grünbergland
24. Sept.	8	28	3,5	Schwarze Reiter, Elben	Westlich von Waldhof
25. Sept.	5,5;1;1	17; 7; 3	3,1; 7; 3	Bruch, Maggots Wagen, Bockland	Krickloch
26. Sept.	10,5	25	2,4	Mit Ponys. Buckel, Alter Weidenbaum	Bombadils Haus
27. Sept.	—	—	—	Regen	Bombadils Haus
28. Sept.	5	17	3,4	Ponys. Nachmittags Schlaf, abends Gefangennahme	Hügelgrab
29. Sept.	6	20	3,3	Ponys. Aufbruch nach dem Mittagessen	Bree
30. Sept.	7,5	10–12	1,5	Zusammen mit Streicher. Aufbruch 10 Uhr vormittags	Westlicher Chetwald
1. Okt.	11	16	1,5	Wendung genau nach Osten	Östlicher Chetwald
2. Okt.	11	16	1,5		Mückenwassermoore
3. Okt.	11	15	1,4	Blitze über der Wetterspitze	Ostrand der Moore
4. Okt.	11	17	1,5		Bergfluß
5. Okt.	11,5	18	1,6		Wetterberge
6. Okt.	4	12	3	Aufstieg gegen Mittag. Überfall bei Mondaufgang	Mulde an der Wetterspitze
7. Okt.	11	19	1,7	Frodo mit Pony	Unterholz südlich der Straße
8. Okt.	11	19	1,7	Frodo mit Pony	Unterholz südlich der Straße
9. Okt.	11	19	1,7	Frodo mit Pony	Unterholz südlich der Straße
10. Okt.	11	19	1,7	Frodo mit Pony	Unterholz südlich der Straße
11. Okt.	11	19	1,7	Frodo mit Pony	Unterholz südlich der Straße
12. Okt.	11	19	1,7	Frodo mit Pony	Südwestlich der Letzten Brücke
13. Okt.	11	6–10	0,5–0,9	Brücke überquert, Straße verlassen	Westliche Trollhöhen
14. Okt.	11	6–10	0,5–0,9		Westliche Trollhöhen
15. Okt.	11	6–10	0,5–0,9		Westliche Trollhöhen
16. Okt.	11	6–10	0,5–0,9	Wendung mehr nach Norden	Niedrige Höhle
17. Okt.	6	4	0,6	Wendung nach Südosten	Gipfel des Bergrückens
18. Okt.	21	34	1,6	Finden Trolle. Treffen Glorfindel, Marsch bis Tagesanbruch	—
19. Okt.	9	20	2,2	Frodo zu Pferd	Mittlere Trollhöhen
20. Okt.	9;¿	18;22	2;¿	Marsch zur Furt. Angriff der Schwarzen Reiter	Bruchtal
				Von Bruchtal nach Lórien	
25. Dez.	14	22	1,6	Tagesmarsch. An der Furt Wendung nach Süden	—
26. Dez.– 6. Jan.	14	15–20	1,1–1,4	Zerklüftetes Gelände	Westlich des Gebirges
7. Jan.	14	15–20	1,1–1,4		Hulstengrat (8. Jan.)
8. Jan.	14	16	1,1	Wendung nach Südosten zum Paß, auf der alten Hulstenstraße	Nordwestlich vom Rothorn (9. Jan.)
9. Jan.	14	17	1,2		Nordwestlich vom Rothorn (10. Jan.)
10. Jan.	14	17	1,2		Fuß des Rothorn (11. Jan.)
11. Jan.	6	8	1,3	Aufstieg bis Mitternacht. Schnee	Rothornpaß (12. Jan. vormittags)

Datum	Stunden unterwegs	Meilen-zahl	Meilen pro Std.	Bemerkungen	Lagerplatz
12. Jan.	8	28	3,5	Marsch vom späten Morgen bis zur Abenddämmerung. In der Nacht Wolfangriff	Felskuppe (12. Jan. nachmittags)
13. Jan.	10;7,5	20;20	2;2,7	Außerhalb Morias: von morgens bis abends; innerhalb: abends bis nach Mitternacht	Wachstube (14. Jan. vormittags)
14. Jan.	8	ca. 20	2,5	Vom späten Vormittag bis abends	21. Halle
15. Jan.	1,5;6,5	1,5;16	1;2,5	Angriff in Moria. Flucht	Fletts am Nimrodel
16. Jan.	8	32	4	Angenehme Pfade	Mittel-Lórien
17. Jan.	8	32	4	Mittags Cerin Amroth; nach Einbruch der Dämmerung in der Stadt	Caras Galadhon
				Von Lórien zu den Raurosfällen	
16. Febr.	4;7,5	10;25	2,5;3,3	Marsch zum Fluß; Bootsfahrt vom Nachmittag bis in die Nacht	Wälder am Westufer
17. Febr.	13	40	3,1		Westufer
18. Febr.	13	40	3,1		Uferbänke nördlich des Celebrant
19. Febr.	13	40	3,1		Gegenüber den Braunen Landen
20. Febr.	13	55	4,1	Rudern den ganzen Tag	Nahe der Kiesbänke
21. Febr.	13	55	4,1	Rudern mit Unterbrechungen	Flußinsel
22. Febr.	18	70	3,7	Übergang zu nächtlichen Fahrten	Unwegsames Land (23. Febr.)
23. Febr.	4	12	3	Entgehen Wasserfällen und Orks	Bucht; 0,5 Meilen nördlich der Wasserfälle
24. Febr.	—	1,8 (dreimal)	—	Tragen der Boote	Fuß der Wasserfälle
25. Febr.	11	40	3,6	Am frühen Nachmittag in Argonath	Parth Galen
26. Febr.				*Zerfall des Bundes*	
				Von den Raurosfällen nach Isengart (Merry und Pippin)	
26. Feb.	5;6	12;15	2,5	Um Mittag gefangen. In der Dämmerung Gefecht im Tal. Kein Lager	—
27. Febr.	28	84	3	Von Mitternacht bis zum Abend	Südrand der Höhen
28. Febr.	18	54	3	Die Rohirrim beginnen Einkreisung	Rand des Fangorn
29. Febr.	2;10	5;100	2,5;10	Flucht vor dem Morgen; treffen Baumbart	Quellhall
30. Febr.	2,5	25	10	Entthing	Nahe Tarntobel
1. März	—	—	—	Entthing	Nahe Tarntobel
2. März	6	60	10	Ende des Things am späten Nachmittag; erreichen die Tore um Mitternacht	Isengart
3./4. März	—	—	—		Isengart
				Von Rauros nach Isengart (Aragorn, Legolas, Gimli)	
26./27. Febr.	14;12	27;36	1,9;3	Vom späten Nachmittag bis zum Abend des folgenden Tages. Hügel, dann Ebene	Auf halbem Weg zur Entwasser
28. Febr.	12	36	3		Südlich der Höhen
29. Febr.	12	36	3	Erreichen Höhen gegen 11 Uhr früh	Nordrand der Höhen
30. Febr.	5,5	30	5,5	Nachmittags zu Pferde	Rand des Fangorn
1. März	2;13	5;100	2,5;7,6	Treffen Gandalf. Nachmittags und den Großteil der Nacht zu Pferde	Auf dem Weg nach Edoras (2. März, vormittags)
2. März	3,3;5	25;37	7,6;7,4	Erreichen Edoras am Morgen; Aufbruch um 13 Uhr	Auf dem Weg zur Helms Klamm
3. März	13	96	7,4	Schlacht bei Helms Klamm	Helms Klamm
4. März	8	40	5	16 Uhr bis Mitternacht; schneller Ritt	15 Meilen nördlich der Furten des Isen

Datum	Stunden unterwegs	Meilen-zahl	Meilen pro Std.	Bemerkungen	Lagerplatz
5. März	7;5,5	16;17	2,3;3,1	Langsamer Ritt anch Isengart und zurück. Aufbruch nach Ankunft der Nazgûl	Dol Baran
				Von Isengart nach Minas Tirith (Gandalf und Pippin)	
5. März	7	140	20	Späte Nacht bis zum Morgen mit »furchtbarer Geschwindigkeit«	Edoras (6. März)
6. März	12	120	10	Von abends bis morgens	Firienwald (7. März)
7. März	12	120	10		Erelas-Leuchtfeuer (8. März)
8. März	12	120	10	Erreichen Rammas Echor am 9. März morgens	Minas Tirith (9. März)
				Von Isengart nach Minas Tirith (Merry, Rohirrim)	
5. März	6,5	41	6,3	Ritt nachts bis zum Morgen	Helms Klamm (6. März, vorm.)
6. März	5	20	4	Aufbruch um 13 Uhr	Weißes Gebirge
7. März	12	40	3,3	Bergpfade	Weißes Gebirge
8. März	12	40	3,3		Paß im Weißen Gebirge
9. März	12	40	3,3		Dunharg
10. März	3,5;5,5	20;36	5,7;6,5	Der Dämmerungslose Tag. Verlassen Dunharg um 9 Uhr; mittags Musterung in Edoras	
11. März	12	80	6,7	Tagesritt	Firienwald
12. März	12	80	6,7	Tagesritt	Minrimmon
13. März	12	80	6,7	Tagesritt	Drúadan-Wald
14. März	10	50	5	Steinkarrental	Grauer Wald
15. März	3,5	24,5	7	Erreichen Rammas Echor morgens. Schlacht auf den Pelennor-Feldern	Minas Tirith
				Von Isengart nach Minas Tirith (Aragorn, Legolas, Gimli, Dúnedain)	
5. März	6,5	41	6,3	Späte Nacht bis zum Morgen. An den Furten kommen die Dúnedain hinzu	Helms Klamm (6. März, vorm.)
6. März	10	75	7,5	Von 14 Uhr bis Mitternacht. Hauptstraße	Auf halbem Weg nach Edoras
7. März	12	85	7,1	Tagesritt	Dunharg
8. März	10,5;7,5	30;30	2,9;4	Vom Morgen bis 16 Uhr 30; Pfade der Toten; erreichen Erech um Mitternacht	Erech
9. März	16	110	7		Calembal
10. März	13	90	7	Der Dämmerungslose Tag	Ringló
11. März	10	70	7	Schlacht bei Linhir	Lebennin
12. März	10	70	7	Verfolgen den Feind	Südwestlich von Pelargir
13. März	5	35	7	Schlacht. Die Flotte wird bereit gemacht	Pelargir
14. März	18	85	4,7	Rudern	Auf dem Anduin
15. März	9	65	7,2	Auf dem Schiff von Mitternacht bis 9 Uhr. Schlacht auf den Pelennor-Feldern	Minas Tirith
				Von Minas Tirith zum Morannon	
16./17. März	—	—	—	Heer sammelt sich	Minas Tirith
18. März	6,5 (Pippin)	18	2,7	Infanterie	5 Meilen östlich von Osgiliath
	8 (andere)	33	4	Kavallerie	Wegscheide
19. März	6 (Pippin)	15	2,5	Infanterie und Kavellerie zusammen	Wegscheide
20. März	10	25	2,5		Ithilien

Datum	Stunden unterwegs	Meilenzahl	Meilen pro Std.	Bemerkungen	Lagerplatz
21. März	8	20	2,5	Am Nachmittag Schlacht	Östlich von Henneth Annûn
22. März	10	22	2,2		Nördliches Ithilien
23. März	10	18	1,8	Ängstliche werden fortgeschickt. Heer verläßt Straße	Südrand des verwüsteten Landes
24. März	10	15	1,5	Langsames Vorrücken	Nordwestlich vom Morannon
25. März	—	—	—	Schlacht am Morannon	
				Reise von Frodo und Sam	
26. Febr.	5	10	2	Von 13 Uhr bis zum Abend	Östl. Teil des Zentral-Emyn Muil
27. Febr.	12	20	1,7	Tagesmarsch	Klippe
28. Febr.	12	20	1,7	Tagesmarsch	Mulde
29. Febr.	13	24	1,8	Tagesmarsch	Fuß der Emyn Muil
	5	10	2	Fangen Gollum. Kurze Rast. Wanderung von Monduntergang bis zum Morgen	Felsrinne (30. Febr., vorm.)
30. Febr.	16	25	1,6	Vom Abend bis 10 Uhr (1. März)	Nördliche Totensümpfe (1. März)
1. März	10	15	1,5	Tagesmarsch. Pause wegen Nazgûl	Südöstlich der Totensümpfe (2. März)
2. März	12	15	1,3	Tagesmarsch	Niemandslande (3. März)
3. März	12	15	1,3	Tagesmarsch	Rand des Verwüsteten Landes (4. März)
4. März	8	12	1,5	Vom Abend bis kurz vor Morgengrauen	Eine Meile vor Morannon (5. März)
5. März	12	24	2	Tagesmarsch	Nördlich von Ithilien (6. März)
6. März	12	24	2	Vom Abend bis zum Morgen (7. März)	In der Nähe des Teichs (7. März, vorm.)
7. März	2,5	10	4	Vom späten Nachmittag bis Abend	Henneth Annûn
8. März	12	22	1,8	Tagesmarsch	Halbe Strecke zur Morgul-Straße
9. März	12	22	1,8	Tagesmarsch	Morgul-Straße
10. März	6	10	1,7	Dämmerungsloser Tag. Von Mitternacht bis zum Morgen, unwegsames Gelände	Westlich der Wegscheide
	14	12	0,9	Von 16 Uhr bis zum Abend (Wegscheide) und die ganze Nacht. Sahen Morgul-Heer	—
11. März	—	—	—	Schliefen den ganzen Tag und die Nacht	Spitze der Wendeltreppe
12. März	24–30¿	14	0,5¿	12. März Tag und Nacht und 13. März tagsüber	Kankras Lauer
13. März	—	—	—	Abends von Orks gefangen	Frodo: Cirith Ungol Sam: Unterwegs
14. März	—	—	—		Turm von Cirith Ungol
15. März	13	15	1,2	Flucht aus dem Turm. Marsch von 5 Uhr früh bis zum Abend, öfters Rast	Schlucht im Morgai
16. März	12;12	6;21	0,5;1,8	Ersteigen Morgai tagsüber; ganze Nacht Marsch im Tal; kurze Rast	Mittleres Tal (17. März)
17. März	12	25	2,1	Tagesmarsch	Nordende des Tals (18. März)
18. März	6,3	12,8	2;2,7	Auf der Straße von Orks eingeholt	Nahe Isenmünde (19. März, vorm.)
19. März	11	10	0,9	Rückkehr zur Straße. Marsch vom frühen Morgen bis nach Anbruch der Dämmerung	Nahe der Straße

Datum	Stunden unterwegs	Meilen-zahl	Meilen pro Std.	Bemerkungen	Lagerplatz
20. März	12	15	1,3	Tagesmarsch	Nahe der Straße
21. März	12	15	1,3	Letzte Zisterne	Nahe der Straße
22. März	12	15	1,3	Von der Straße nach Süden. Die Nacht des Schreckens	Südlich der Straße
23. März	12	10	0,8		Gorgoroth
24. März	12	10	0,8		Fuß des Schicksalsberges
25. März	2	4	2	Der Ring wird zerstört	

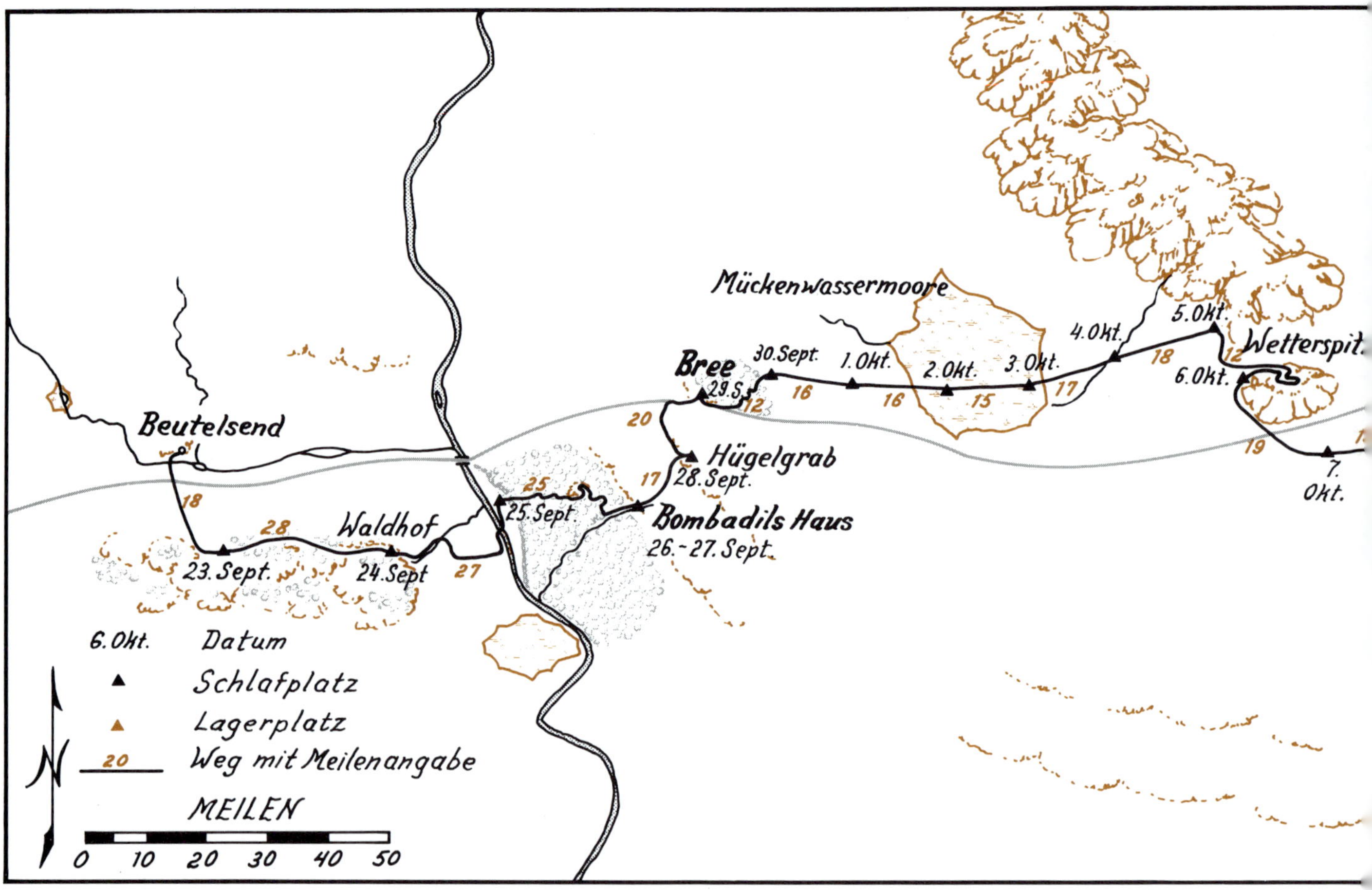

Von Beutelsend nach Bruchtal

Von Beutelsend nach Bruchtal

Am 23. September brachen die Hobbits bei Einbruch der Dunkelheit von Beutelsend zu ihrer Wanderung auf. Sie schlugen die Richtung zum Grünbergland ein und wanderten ungefähr drei Stunden. Nachdem sie gegessen hatten, setzten sie ihren Marsch fort, bis sie sehr müde waren. Am nächsten Tag brachen sie nach 10 Uhr auf. Etwa eine Stunde nach Einbruch der Dunkelheit, als sie sich vor einem Schwarzen Reiter versteckten, erschienen Elben und führten die Hobbits »einige Meilen« auf den Gipfel eines Bergrükkens oberhalb von Waldhof. Am nächsten Tag gingen die Hobbits querfeldein zu Bauer Maggots Hof, dann fuhren sie in seinem Wagen zum Anlegeplatz der Fähre. Sie erreichten Krickloch am Abend des 25. September (I 94—129).

Um der Verfolgung durch die Schwarzen Reiter zu entgehen, schlugen sich die Hobbits durch den Alten Wald. Trotz des unwegsamen Geländes und der Gefangennahme durch den Alten Weidenmann gelang es ihnen, bis zur Abenddämmerung desselben Tages zu Tom Bombadils Haus zu gelangen. Dort blieben sie noch den ganzen folgenden Tag, und am 28. September ritten sie nach Norden zur Großen Oststraße (I 141—173). Tom hatte ihnen geraten, an den westlichen Ausläufern der Hügelgräberhöhen zu bleiben, doch ungewollt kamen die Hobbits ein wenig östlich vom Wege ab. Nach ihrem nicht geplanten Nachmittagsschläfchen wurde es dunkel, und sie wurden von einem Grabunhold gefangengenommen. Am nächsten Morgen wurden sie von Tom Bombadil befreit, doch es war vermutlich bereits Mittag, bevor sie aufbrachen. Kurz vor der Dunkelheit kamen sie zur Straße und legten im »gemächlichen Trott« die letzten vier Meilen bis Bree zurück (I 173—187).

Der Angriff auf das Gasthaus verzögerte die Abreise der Gesellschaft bis zum nächsten Morgen um 10 Uhr. Streicher führte sie nach Norden durch den Chetwald nach Archet, wobei er auf dem Weg viele »Haken schlug«, um Verfolger abzuschütteln. Am 1. Oktober wandten sie sich nach Osten, am Tag darauf verließen sie den Chetwald, und bei Anbruch der Nacht befanden sie sich im westlichen Teil der Mückenwassermoore. Den ganzen nächsten Tag verbrachten sie in den Mooren, und erst am Morgen des vierten Tages hatten sie die Fenns hinter sich gelassen. In dieser Nacht lagerten sie an einem Bach, der von den Wetterbergen herabfloß. Streicher schätzte, daß sie die Berge bis zum Mittag des nächsten Tages würden erreichen können (5. Oktober), doch in Wirklichkeit dauerte ihr Marsch bis zum Abend (I 224—229). Am Morgen des 6. Oktober wanderten sie über einen »listig angelegten« Pfad, der in südlicher Richtung zum Nordhang der Wetterspitze führte. Nachdem sie gegen Mittag den Berg erreicht hatten, führte Streicher Frodo und Merry in einem halbstündigen Aufstieg zum Gipfel. Es waren vermutlich nur eine oder zwei Meilen, obwohl die Wetterspitze auf der

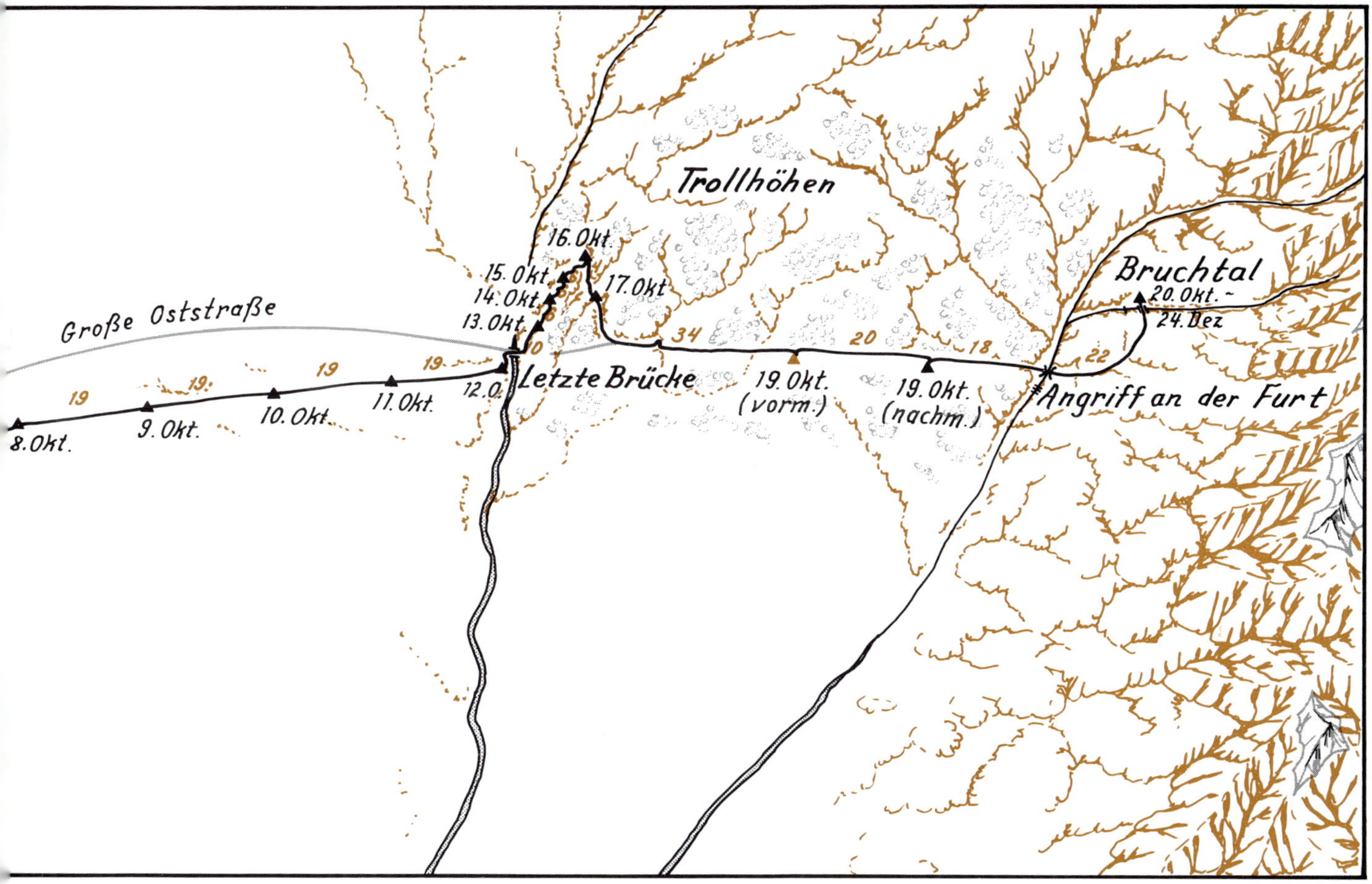

Von Bruchtal nach Lórien

Karte vergrößert worden ist und höher erscheint. Nachdem sie auf der Straße Schwarze Reiter ausgemacht hatten, blieben die Wanderer für den Rest des Tages und die Nacht über in der Mulde an der Westseite der Wetterspitze (I 202; 229—236). Bei Mondaufgang griffen die Reiter an, und Frodo wurde verwundet; also wurde es notwendig, die Vorräte unter den Wanderern aufzuteilen, damit Frodo das Packpony reiten konnte. Am Morgen des 7. Oktober überquerten sie die Straße und kamen in das Dickicht auf ihrer Südseite. Das Land war »wild und weglos«, und »sie wanderten langsam«. Gleichwohl kamen sie schneller voran als in den Wäldern, Mooren und Hügellanden westlich der Wetterspitze. In wenig mehr als fünf Tagen legten sie die 120 Meilen bis zur Letzten Brücke zurück (I 242; 245—247).

Eine Meile östlich der Brücke kamen die Wanderer in »ein langes Tal; schmal und tief eingeschnitten«, das nach Norden führte. Obwohl die zurückgelegten Entfernungen dem Leser außerordentlich kurz vorkommen mögen (vgl. oben, S. 97), kann er zumindest eine lebendige Vorstellung davon gewinnen, wieviele Tage die Wanderer auf der Straße zubringen und welche Umwege sie in dem unwegsamen Gelände machen mußten. Sie »mußten sich ihren Weg durch pfadloses Gelände bahnen und waren behindert durch umgestürzte Bäume und herabgefallene Felsen« (I 249). Das Wetter war regnerisch, und Frodos Zustand verschlimmerte sich. Nachdem sie der Schlucht nach Norden gefolgt waren, versuchten sie vermutlich nach Osten zu schwenken, doch am 16. Oktober »mußten sie ihre Richtung aufgeben und nach Norden gehen« (I 249). Am nächsten Tag brachen sie spät auf und setzten sich nach Südosten in Marsch, doch wiederum versperrte ihnen ein Berggrat den Weg, und sie waren gezwungen, dort die Nacht zu verbringen. Am 18. Oktober fanden sie einen Pfad nach Südosten zur Straße, und gegen Mittag entdeckte Bilbo Steintrolle. Am Nachmittag erreichten sie die Straße und »gingen, so schnell sie konnten«. Bei Anbruch der Nacht machten sie sich zur Rast bereit, aber als Glorfindel ankam, führte er sie weiter bis zum Morgen des 19. Oktober (I 250—260). Nachdem sie weniger als fünf Stunden gerastet hatten, machten sie sich wieder auf den Weg, »und auf diese Weise legten sie vor Einbruch der Nacht fast zwanzig Meilen zurück« (I 260). Sie waren noch »viele Meilen« von den Furten des Bruinen entfernt, doch sie humpelten weiter und kamen am späten Nachmittag an — dort wurden sie erneut angegriffen (I 260 f.). Nachdem die Schwarzen Reiter von der Flut weggespült worden waren, trug die Gesellschaft Frodo das letzte Stück Wegs bis Bruchtal, wo sie am 21. Oktober in tiefer Nacht ankam. Die erste Etappe ihrer Reise war vorüber.

Von Bruchtal zu den Fällen des Rauros

In der Abenddämmerung des 25. Dezember brachen die Gefährten auf und erreichten den Hulstengrat am Morgen des 8. Januar (I 342 f.). Am 11. Januar lagerten sie am Fuß des Rothorn und begannen in der Dunkelheit mit dem Aufstieg (I 345; 347). Jedoch gegen Mitternacht wurden sie durch Schnee zum Halten gezwungen (I 350), und am nächsten Morgen kehrten sie um. In der Nacht wurden sie von Wölfen angegriffen.

Das Westtor Morias lag 15 Meilen *südwestlich* des Passes; doch vom Gipfel des kleinen Berges, wo sie die Nacht des 12. Januar verbrachten, zeigte Gandalf nach *Südosten* auf die Mauern von Moria. Sie brauchten den ganzen Morgen des 13. Januar, um die Straße neben dem Sirannon zu finden, und die Nacht war bereits hereingebrochen, als sie schließlich das Tor fanden (I 364; 365—369). Nachdem Frodo angegriffen worden war, »waren alle bereit, noch mehrere Stunden zu laufen« (I 376). Gandalf hatte geschätzt, daß es »kaum weniger als vierzig Meilen« sein konnten, doch nach Mitternacht hatten sie offenbar fast die Hälfte der Entfernung zurückgelegt. In der Wachstube beschloß Gandalf, wieder nach oben zu klettern (I 376—380), und sie kletterten acht Stunden lang. In dieser Nacht (14. Januar) erreichten sie die 21. Halle der Nordseite. Am folgenden Tag wurden sie angegriffen, und es gelang ihnen, über eine Meile zur Ersten Tiefe zu fliehen; doch dort stürzte Gandalf in den Abgrund (I 381; 391; 395; 400). Die Reisenden flohen um 13 Uhr aus Moria und hatten am frühen Abend den Fluß Nimrodel erreicht — »kaum mehr als fünf Wegstunden vom Moria-Tor entfernt« (etwa 15 Meilen) (I 400; 408). An den nächsten beiden Tagen führten Elben sie durch Lórien, und am 17. Januar nach Einbruch der Nacht betraten sie Caras Galadhon (I 417—426).

Am Morgen des 16. Februar reisten die Gefährten ab, und nachdem sie zehn Meilen zum Anduin gewandert waren, paddelten sie los (I 455). Aragorn bestand darauf, daß sie jeden Morgen früh aufbrachen und bis weit in die Dunkelheit unterwegs waren; doch an den ersten drei Tagen trieben sie lediglich mit der Strömung (I 458 f.). Am 19. Februar kamen sie an Hügelländern (im Westen) und Ödländern (im Osten) vorbei. An den folgenden Tagen kam ihnen das Land so niederdrückend vor, daß sie lange Zeitspannen ruderten und dazu übergingen, nachts zu reisen (I 460—464). So fanden sie sich unerwartet gegen Mitternacht des 23. Februar bei Sarn Gebir. Sie paddelten angestrengt, entgingen den Orks und den Stromschnellen, und im Laufe des folgenden Tages trugen sie die Boote ein paar Meilen über Land zum Fuß der Wasserfälle. Am Morgen des 25. Februar paddelten sie weiter nach Süden, und gegen Abend hatten sie den Rasen von Parth Galen erreicht (I 465—467; 469—476).

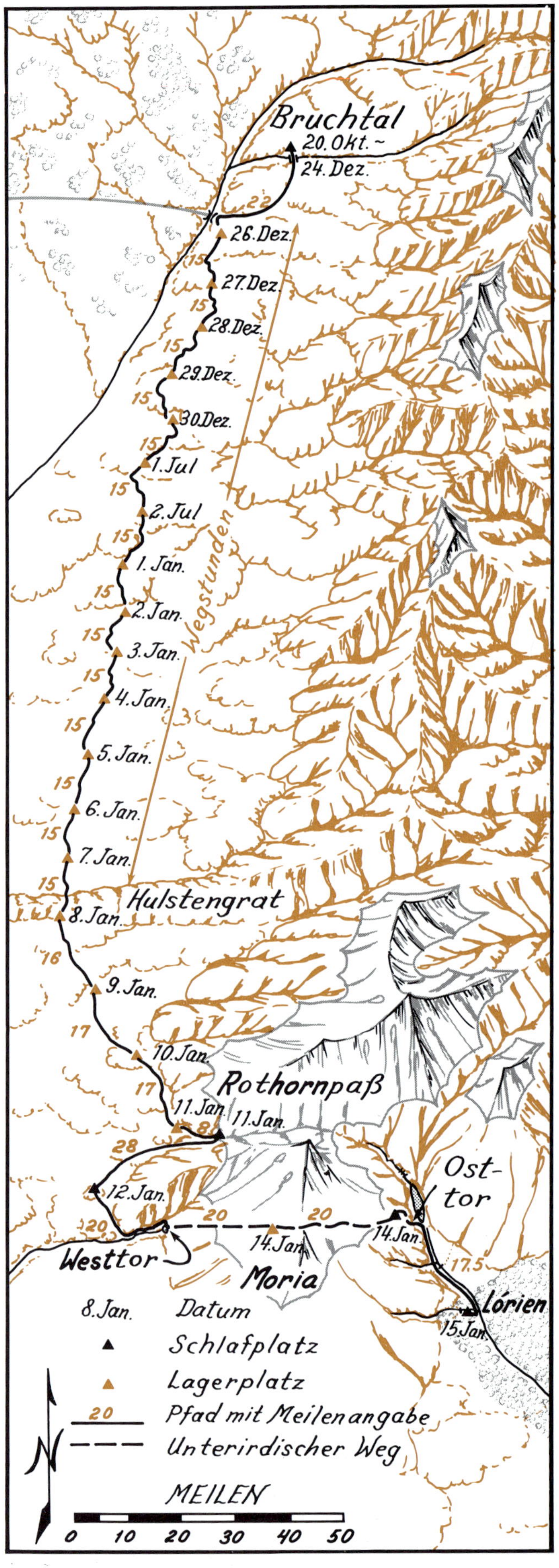

Von Lórien zu den Raurosfällen ▶

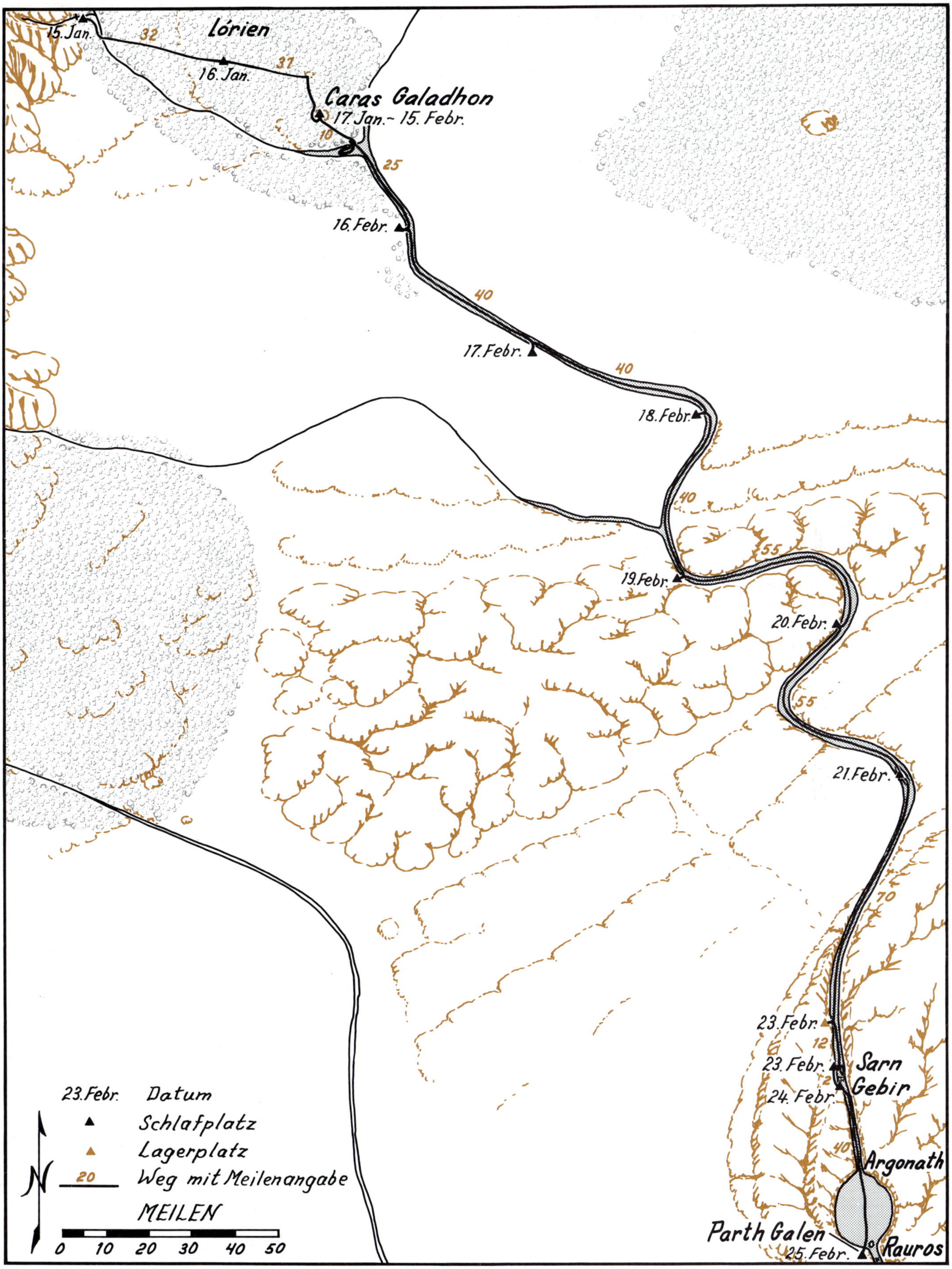
Lórien
15. Jan.
32
16. Jan.
37
Caras Galadhon
17. Jan.– 15. Febr.
10
25
16. Febr.
40
17. Febr.
40
18. Febr.
40
55
19. Febr.
20. Febr.
55
21. Febr.
70
23. Febr.
12
23. Febr.
Sarn
Gebir
24. Febr.
40
Argonath
Parth Galen
25. Febr.
Rauros
23. Febr. Datum
Schlafplatz
Lagerplatz
20 Weg mit Meilenangabe
MEILEN
0 10 20 30 40 50

Vom Rauros nach Dunharg

Am 26. Februar mittags zerfiel der Bund: Frodo und Sam flohen; Boromir wurde erschlagen; Orks schleppten Merry und Pippin nach Isengart (I 482; 490; II 14; 50). Am späten Nachmittag begannen Aragorn, Gimli und Legolas ihre Verfolgungsjagd. Die Spur führte nach Westen zur Entwasser, dann folgte sie dem Tal zum Fangorn (II 22; 32). Der Vorsprung der Orks vergrößerte sich von fünf auf 36 Stunden (II 23—32), denn auf der ganzen Strecke von etwa 165 Meilen lagerten sie offenbar nur alle 60 Stunden (II 31; 58), bevor sie den Fangorn erreichten und überfallen wurden (II 61). Dagegen marschierten die drei Freunde eine Nacht und drei Tage und ritten einen halben Tag, um den Fangorn zu erreichen. Sie wanderten 45 Wegstunden (135 Meilen), wobei sie auf den Ebenen täglich 12 Wegstunden schafften. Das war, wie Éomer anerkennend sagte, eine »Heldentat« (II 32; 40).

Indessen endete die Verfolgungsjagd der drei Freunde ohne ein Wiedersehen, denn am frühen Morgen des Vortages (29. Februar) war Merry und Pippin die Flucht gelungen, und sie hatten Baumbart getroffen. Der alte Ent hatte sie in der Dunkelheit nach Quellhall getragen — »siebzigtausend Ent-Schritte weit« (100 Meilen bei 7,5 Fuß pro Schritt) (II 67; 72; 81).[39] Als Aragorn am 1. März zu Baumbarts Hügel kam und Gandalf traf, waren die Hobbits bereits seit anderthalb Tagen in Tarntobel (III 422). Am späten Morgen brach Gandalf mit den anderen nach Edoras auf, wo sie am frühen Morgen des 2. März ankamen. Am frühen Nachmittag ritten sie nach Westen, wandten sich am 3. März bei Anbruch der Nacht zur Helms Klamm, wo sie an der nächtlichen Schlacht teilnahmen (II 122—125; 147; 149). Nach dem Sieg brach Gandalf mit einer kleinen Schar nach Isengart auf (II 170). Am 3. März lagerten sie am Eingang von Nan Curunír und legten am nächsten Morgen die letzten 16 Meilen nach Isengart zurück (II 179); aber die Hobbits waren vor ihnen dort (II 183; 194).

Nachdem Gandalf mit Saruman gesprochen hatte, sammelte er die Hobbits um sich, und die Gesellschaft kehrte auf ihrer eigenen Spur zum Taleingang zurück. Sie lagerten am Dol Baran, doch als ein Nazgûl über sie hinwegflog, brachen sie eilig auf und setzten ihren Weg die ganze Nacht lang fort (II 221; 223; 230). In der Morgendämmerung hatten Gandalf und Pippin Edoras erreicht, und die übrigen kehrten zur Helms Klamm zurück (III 20; 47; 50). Dann führten alle Straßen nach Osten: Gandalf jagte nach Minas Tirith, wo er bei Tagesanbruch am 9. März anlangte. Aragorn, Legolas, Gimli und die Dúnedain galoppierten über die Straße, und am 7. März in der Dunkelheit kamen sie in Dunharg an. Théoden, Merry und die Rohirrim benutzten Bergpfade und trafen am 9. März bei Sonnenuntergang ein (III 20; 47; 58; 68; 423).

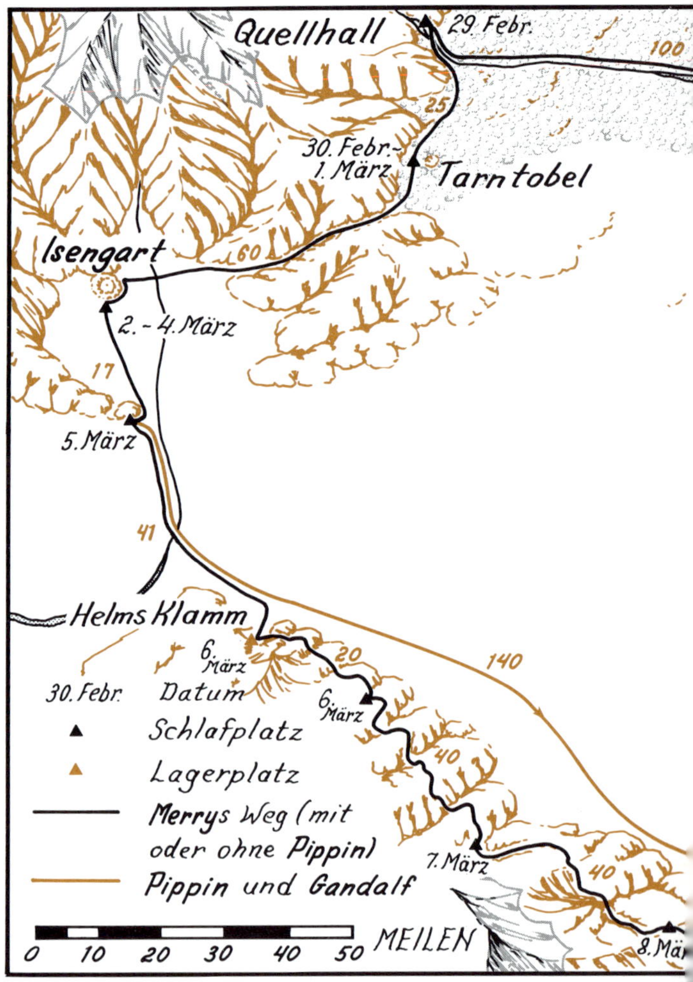

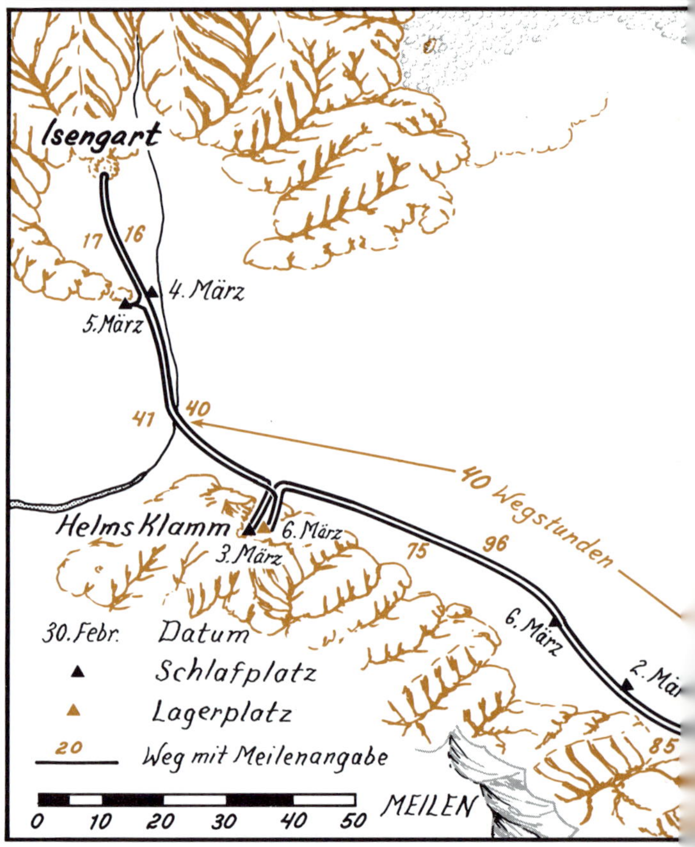

Vom Rauros nach Dunharg
oben: Merry und Pippin ▶
unten: Aragorn, Legolas und Gimli

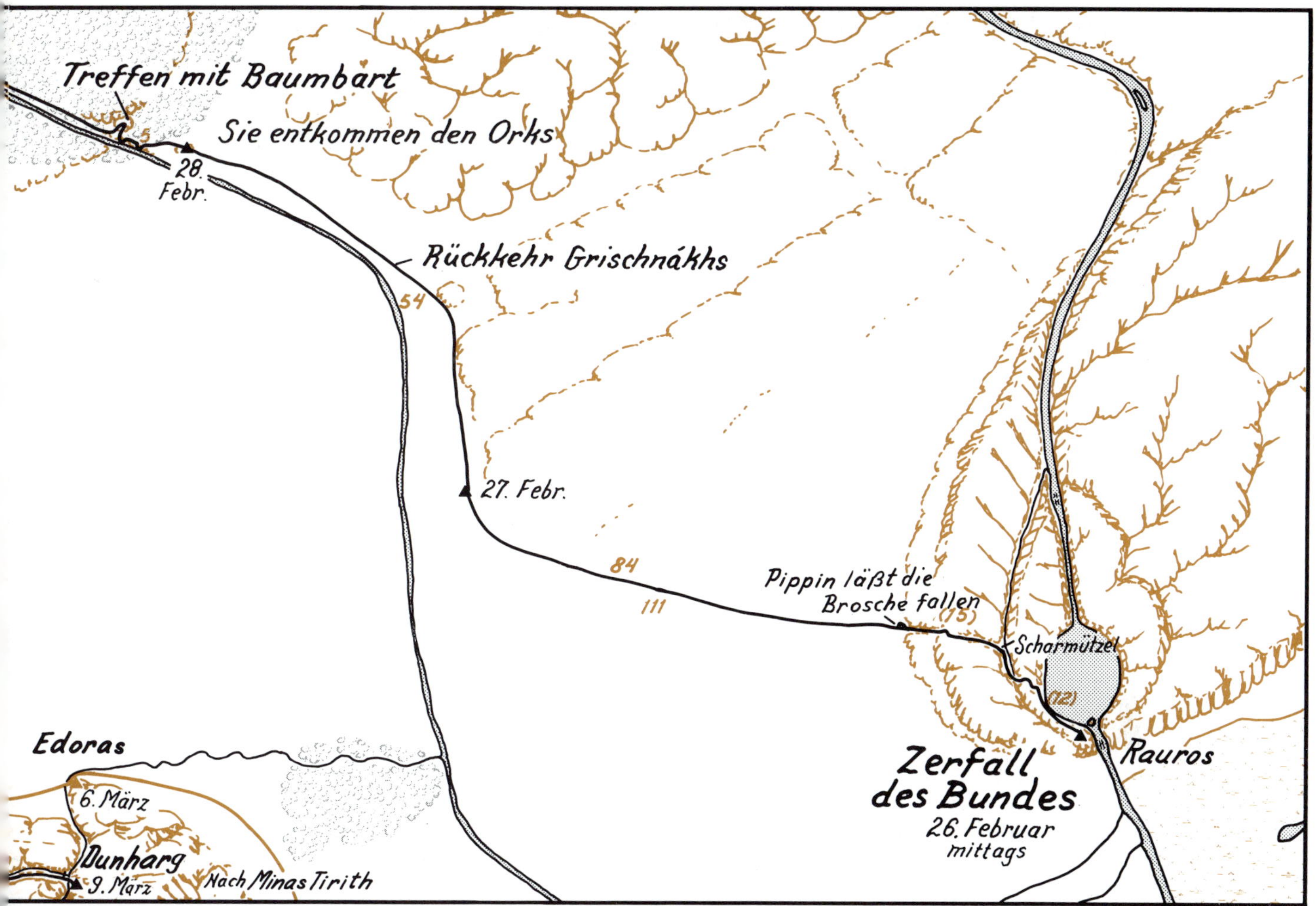
Treffen mit Baumbart
Sie entkommen den Orks
28. Febr.
Rückkehr Grischnákhs
54
27. Febr.
84
111
Pippin läßt die Brosche fallen
(15)
Scharmützel
(12)
Edoras
6. März
Dunharg
9. März
Nach Minas Tirith
Zerfall des Bundes
26. Februar mittags
Rauros

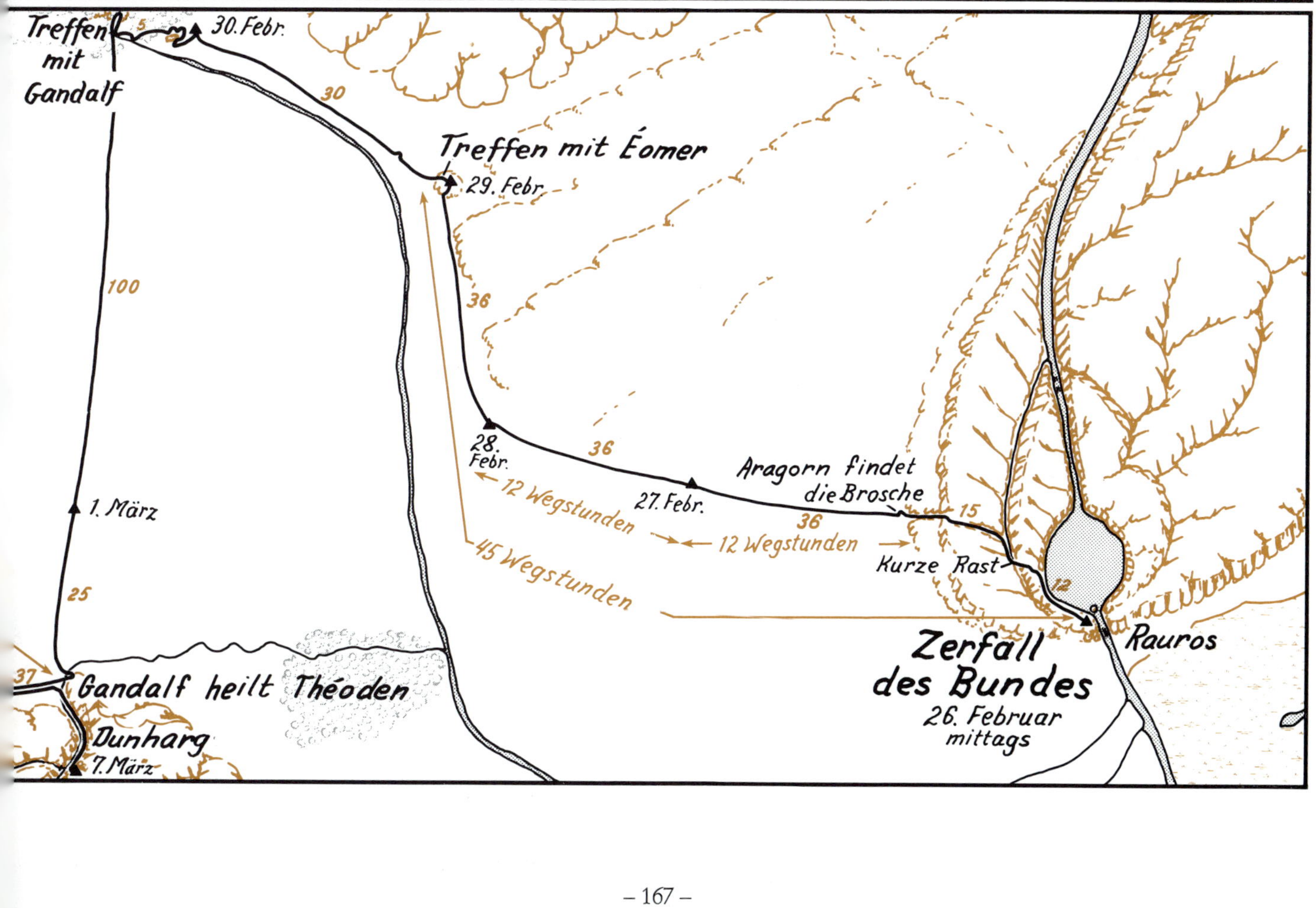
Treffen mit Gandalf
30. Febr.
30
Treffen mit Éomer
29. Febr.
100
36
28. Febr.
36
27. Febr.
Aragorn findet die Brosche
36
15
12 Wegstunden
12 Wegstunden
45 Wegstunden
Kurze Rast
12
1. März
25
37
Gandalf heilt Théoden
Dunharg
7. März
Zerfall des Bundes
26. Februar mittags
Rauros

Von Dunharg zum Morannon

Nun wurden alle Streitkräfte des Westens zur Schlacht nach Minas Tirith gerufen. Früh am Morgen des 8. März führte Aragorn die Dúnedain tief in das Tal hinter Dunharg, und sie betraten die Pfade der Toten (III 62). Er rief die Eidbrüchigen zum Kampf auf, setzte seinen Weg fort, und am selben Tag, »zwei Stunden vor Sonnenuntergang«, erreichten sie das Morthondtal (III 64—66); dann ritten sie »wie Jäger« und kamen kurz vor Mitternacht am Berg Erech an (III 66 f.). Von dort waren es »dreiundneunzig Wegstunden nach Pelargir« (III 168),[40] doch die Entfernung auf der Straße betrug fast 360 Meilen. Die Dúnedain legten täglich zwischen 10 und 13 Meilen mehr zurück als Théodens Reiter, bis sie sich der Küste näherten und zum Kampf genötigt wurden (III 168 f.; 423). Nachdem sie die Korsaren von Umbar am 13. März bei Pelargir besiegt hatten, bemannten sie Schiffe und ruderten am nächsten Morgen nach Norden. Die Strömung war stark, doch gegen Mitternacht half ihnen ein südlicher Rückenwind. Bis zum Mittag des 15. März legten sie die restliche Entfernung zurück und zogen in die Schlacht (III 171 f.).

Am Abend des 9. März erreichten Merry und die Rohirrim Dunharg (III 68; 423). Am Dämmerungslosen Tag, dem 10. März, beschloß Théoden, seine Reiter rasch über die offene Straße zu führen. Die Entfernung nach Minas Tirith wurde mit 102 Wegstunden angegeben (also 306 Meilen), doch war damit offenbar die Luftlinie gemeint. Kurz nach Mittag brachen die Rohirrim von Edoras auf und lagerten in dieser Nacht etwa 12 Wegstunden (36 Meilen) östlich (III 83 f.). Drei Nächte später, am 13. März, biwakierten sie beim Eilenach im Drúadan-Wald und waren bis dahin jeden Tag etwa 80 Meilen geritten. Verstohlen folgten sie den Wilden Menschen durch das Steinkarrental und lagerten im Grauen Wald. Vor der Morgendämmerung des 15. März legten sie die letzten 7 Wegstunden (21 Meilen) bis zur Rammas Echor zurück und begannen die Schlacht auf den Pelennor-Feldern (III 119; 121—124).

Am Morgen des 18. März setzten sich die Truppen in Richtung Mordor in Marsch. Mit Aragorn gingen alle übrigen Mitglieder des Bundes, ausgenommen Merry. Die Infanterie (darunter Pippin) hielt fünf Meilen östlich von Osgiliath, doch Aragorn zog mit den berittenen Truppen weiter zur Wegscheide, wo am nächsten Tag die Infanterie zu ihnen stieß (III 179 f.). Am 20. März brach das Heer des Westens nach Norden auf, »etwa hundert Meilen von der Wegscheide bis zum Morannon« (III 180).[41] Am 21. März wehrten sie in der Nähe von Henneth Annûn einen Angriff aus dem Hinterhalt ab; am 23. März verließen sie die Straße, was einen Umweg bedeutete (III 181). Sie kamen langsam voran, doch schließlich, am Morgen des 25. März, stand das Heer zwischen den Schlackenhügeln und sah sich dem unpassierbaren Schwarzen Tor gegenüber (III 183).

Von Dunharg zum Morannon ▶

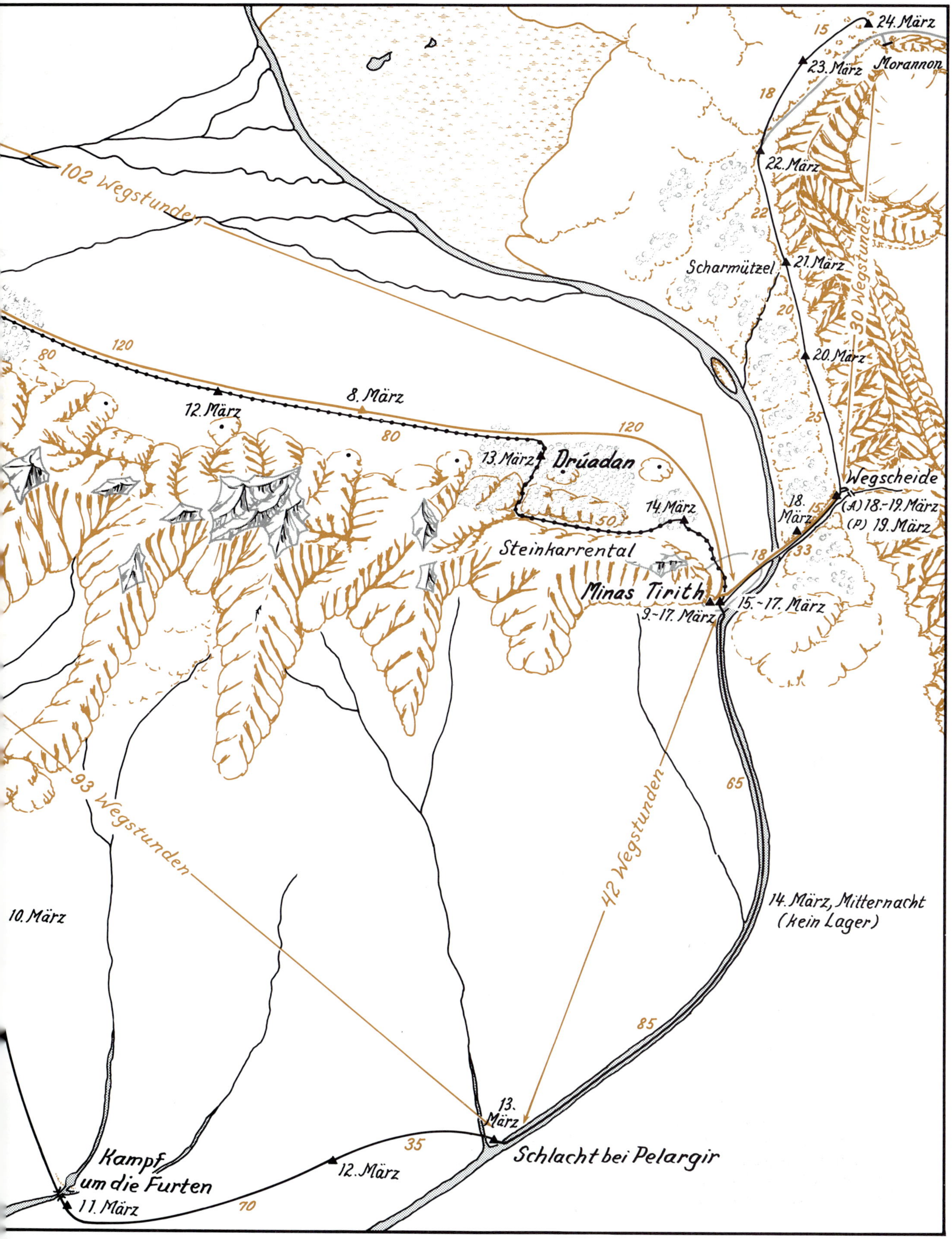

24. März
15
23. März
Morannon
18
22. März
102 Wegstunden
22
Scharmützel
21. März
30 Wegstunden
20
120
80
20. März
8. März
12. März
120
80
25
13. März
Drúadan
Wegscheide
18. März
(A) 18.-19. März
(P) 19. März
14. März
50
15
33
Steinkarrental
18
Minas Tirith
9.-17. März
15.-17. März
93 Wegstunden
42 Wegstunden
65
10. März
14. März, Mitternacht
(kein Lager)
85
13. März
35
Schlacht bei Pelargir
Kampf um die Furten
12. März
11. März
70

Die Reise von Frodo und Sam

Am 26. Februar, dem Tag, an dem der Bund zerfiel, paddelten Frodo und Sam kurz nach Mittag über den Nen Hithoel und zogen das Boot am Südhang von Amon Lhaw ans Ufer (I 490). An diesem Nachmittag und während der drei folgenden Tage quälten sie sich durch den östlichen Emyn Muil. Zuerst erreichten sie die Felswand, welche die Totensümpfe im Süden überblickte. Da sie sich als zu steil erwies, kletterten sie an ihr entlang (II 239). Am Nachmittag des 29. Februar stiegen sie in eine Schlucht hinab, und es gelang ihnen schließlich, aus dem Gebirge hinaus zu finden (II 243 f.; 249). Kurze Zeit später sahen und hörten sie, wie Gollum an derselben Stelle hinunterkroch, und hielten es für das Beste, ihn zu fangen. Frodo beschloß, Gollum als Führer zu vertrauen, und so brachen sie in derselben Nacht nach Monduntergang wieder auf (II 251—259). Gollum führte die Hobbits zu einer nahen Rinne, und sie zogen an dem kleinen Bach entlang, der darin floß. Die Rinne führte nach Süden und Osten zu den Totensümpfen, und nachdem sie den Rest der Nacht und den ganzen nächsten Tag gewandert waren, kamen sie in der Morgendämmerung des 1. März zu den Fennen (II 260—266; III 422). Offensichtlich betraten sie die Fenne von Norden, denn diese erstreckten sich nach Westen zur Felswand zurück, und Dagorlad lag nur »ein Stückchen zurück ... und dann nach Osten« (II 239; 266). Nach einer sehr kurzen Rast führte Gollum sie in die Sümpfe, und als »die Sonne golden ihre Bahn zog«, hielten sie an. Vor Anbruch der Dunkelheit gingen sie weiter und stapften mühsam durch die Sümpfe, umflackert von den Lichtern der Toten. Weiterwandernd gelang es ihnen schließlich auf festen Grund zu kommen. Als ein Nazgûl über sie hinwegflog, hielten sie zwei Stunden an, wanderten dann weiter, und in der Morgendämmerung des 2. März befanden sie sich in der Nähe des südöstlichen Randes der Sümpfe (II 268—273).

Vor ihnen lagen die unfruchtbaren Moore des Niemandslandes; und nachdem sie sich zwei Nächte durch dieses weglose Land gekämpft hatten, kamen die Hobbits zu den Ausläufern der Schlackenhügel, die sich von hier über zwölf Meilen bis zum Morannon hinzogen (I 451; II 274). Während dieses nächtlichen Marsches hielten sie zweimal an, als ein Nazgûl über ihren Köpfen war, doch am 5. März vor Sonnenaufgang standen sie eine Meile vom westlichen der Türme der Zähne entfernt (II 273; 277; 279). Nachdem Gollum Frodo überredet hatte, dreißig Wegstunden (90 Meilen) nach Süden zum Paß von Cirith Ungol zu gehen, machten sie sich nach Einbruch der Dunkelheit auf den Weg. Bis Sonnenaufgang hatten sie acht Wegstunden (24 Meilen) zurückgelegt und umrundeten schließlich das Gebirge (II 294). Im Laufe des nächsten Nachtmarsches kamen sie bis nach Nord-Ithilien, und bei Tageslicht (7. März) hatten sie den schnellfließenden Bach erreicht, der südwestlich an Henneth Annûn vorbeifloß.

Als Sams Feuer Faramir auf ihr Lager aufmerksam machte, blieben zwei Männer aus Gondor während des Scharmützels mit den Haradrim bei ihnen. Zwischen Spätnachmittag und Sonnenuntergang legten sie rasch die »etwas weniger als zehn Meilen« nach Henneth Annûn zurück (II 295; 317). Sie verbrachten die Nacht in der Zuflucht, und am frühen Morgen gingen sie nach Süden durch den Wald. Faramir hielt den Weg für sicher (II 349). Sie blieben sorgsam westlich der Straße, und nach zwei Märschen kamen sie in das Tal des Morgulduin, durch das sich die von Osgiliath kommende Straße zieht. Um auszuruhen versteckten sie sich in einer Eiche, und gegen Mitternacht marschierten sie nach Osten (II 352 f.). Das Land war uneben und zerklüftet, und sie kamen langsam voran. Als die Nacht zu Ende ging, suchten sie Schutz an der Ostböschung eines Bergrückens, doch sie warteten vergeblich auf den Sonnenaufgang. Es war der 10. März, der Dämmerungslose Tag (II 354; III 423). Vor der »Tee-Zeit« (gegen 16 Uhr) kehrte Gollum zurück, führte sie nach Süden über einen zerklüfteten Berghang und bog dann nach etwa einer Stunde zur Südstraße ab (II 357). Sie krochen weiter und erreichten den Scheideweg, als gerade die Sonne unterging (II 357).

Sie wandten sich nach Osten und stiegen die Morgulstraße zur Brücke hinauf, die offenbar nicht allzu weit vom Taleingang entfernt war. Sam führte seinen humpelnden Meister nach Norden, wo der gewundene Pfad die Hauptstraße verließ, und genau gegenüber vom Nordtor von Minas Morgul machte Frodo halt und sah das Morgul-Heer vorbeireiten (II 359—362).

Auf Tolkiens Karte betrug die Breite des Ephel Dúath ein wenig mehr als 20 Meilen; doch auf dem Pfad dürfte die Entfernung viel größer gewesen sein. Bei einer Entfernung von 20 Meilen könnte man annehmen, daß sie lediglich den Rest der Nacht und einen Teil des folgenden Tages brauchten, um die Spalte zu erreichen, wo Kankra Frodo angriff. Doch eine sorgfältige Prüfung der »Aufzählung der Jahre« macht deutlich, daß in Wirklichkeit drei Nächte und Tage vergingen. Es war der Abend des 10. März, als die Hobbits den Pfad erreicht hatten, und im Lauf der Nacht erstiegen sie die Gerade Treppe und gingen dann durch einen Gang, der »sich meilenweit hinzuziehen schien«. Schließlich kamen sie ans Ende der Wendeltreppe, wo sie im Morgengrauen des 11. März rasteten (II 365—368). Sie schliefen 24 Stunden oder länger, denn als Gollum sie »Stunden später« schlafend fand, sagte er, es sei »morgen ... oder es war morgen, als die Hobbits einschliefen«, und es war wieder Tag (II 368—373).[42] Gollum führte sie eine Meile die Schlucht hinauf zum Eingang von Kankras Lauer (II 376). Sie betraten den Gang am 12. März (möglicherweise sogar am Morgen dieses Tages) und flüchteten nicht vor dem späten Nachmittag des 13. März aus dem östlichen Ausgang (II 378; III 423). Sie hatten mindestens 30 Stunden in dem dunklen Loch zugebracht!

Hinter Kankras Lauer wurde Frodo gestochen, dann von Orks gefangengenommen und zum Turm gebracht. Sam warf sich vergeblich gegen das Untere Tor (II 381 f.; 386; 399; 406), und als er erwachte, war es der 14. März mittags. Zu der Zeit, als Sam den Ausgang von Kankras Lauer wieder erreichte, war es dunkel (III 193 f.). Am 15. März vor Morgengrauen entflohen die Hobbits aus dem Turm und sprangen in die Schlucht westlich des Morgai (III 215; 217; 423). Sie trotteten nach Norden die Talstraße entlang bis zum späten Nachmittag, dann legten sie sich zur Ruhe (III 221; 223). Am nächsten Morgen versuchten sie den Morgai zu

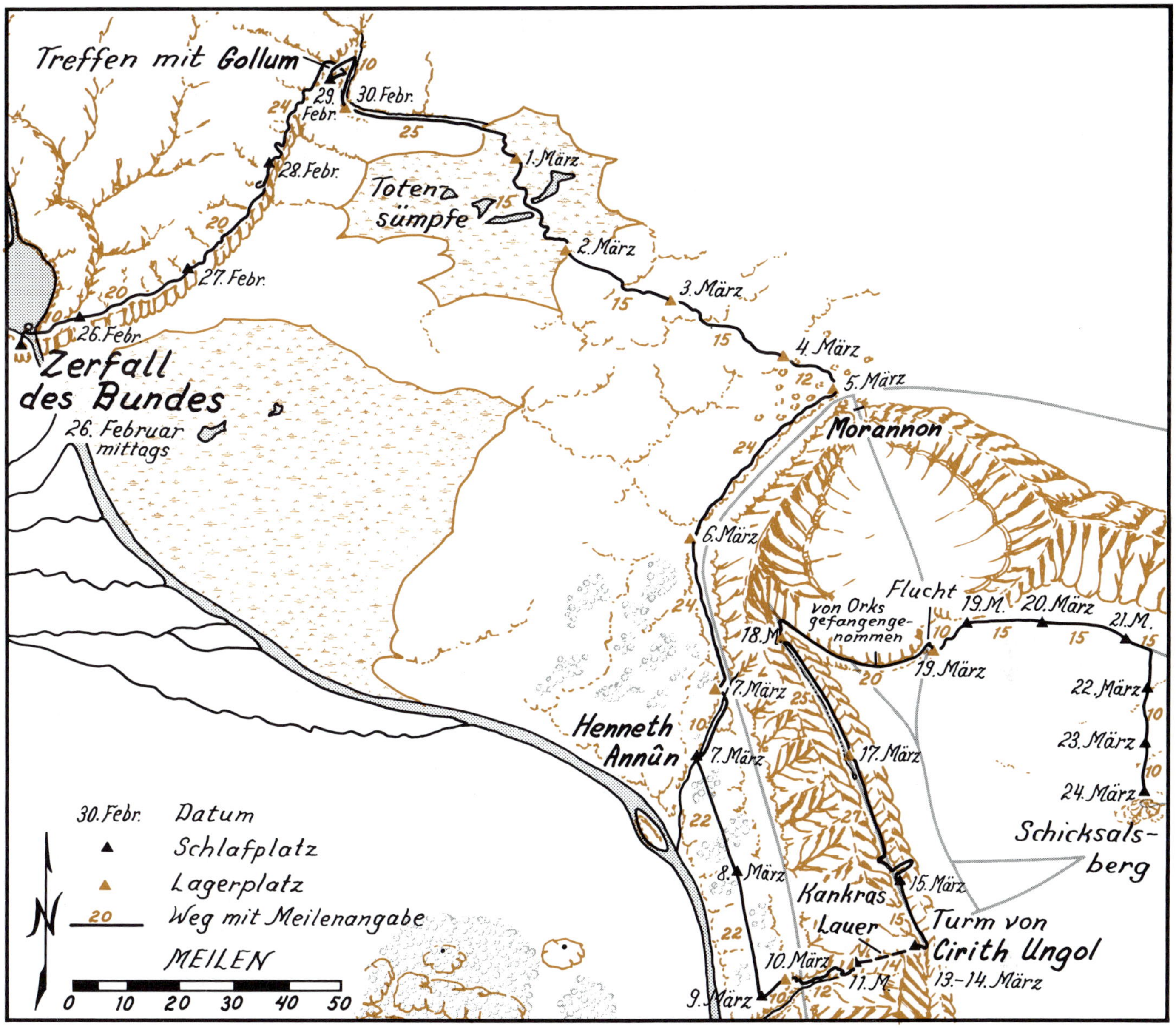

Die Reise von Frodo und Sam

erklimmen, doch sie befanden sich genau über einem großen Ork-Lager und mußten sich zurückziehen. Sie wandten sich erneut nach Norden und schleppten sich mühsam weiter bis zum frühen Morgen des 17. März. Sie waren »von der Brücke aus jetzt zwölf Wegstunden nach Norden gegangen« (36 Meilen) (III 229). Im Lauf der Nacht kamen sie ans Nordende des Tals, und am 19. März begannen sie bei Dunkelheit den Marsch auf der Straße, die nach Isenmünde führte. Nach zwölf Meilen wurden sie von einem Ork-Trupp eingeholt und über die restlichen acht Meilen zu einem »flotten Trab« gezwungen (III 232; 234). Nachdem sie in der Nähe von Isenmünde entkommen waren, schliefen sie bis zum Morgen.

Der letzte Teil der Reise wurde am Tage zurückgelegt, denn Saurons Truppen marschierten meist nachts. Am 20. März schafften die Hobbits im unwegsamen Gelände nur »einige mühselige Meilen«, bis Sam Frodo zum Dammweg zurückführte (III 238). In weniger als drei Märschen legten sie sogar auf der Straße nur 40 Meilen zurück. Während des 22. März, dem vierten Tag seit dem Aufbruch von Isenmünde, gelangten sie auf die Höhe des Schicksalsberges und schwenkten nach Süden (III 423). Nach zwei weiteren qualvollen Tagen waren sie bis zum Fuß des Berges gekrochen; und am 25. März morgens erreichten sie die Schicksalskluft, und der Ring wurde zerstört (III 252).

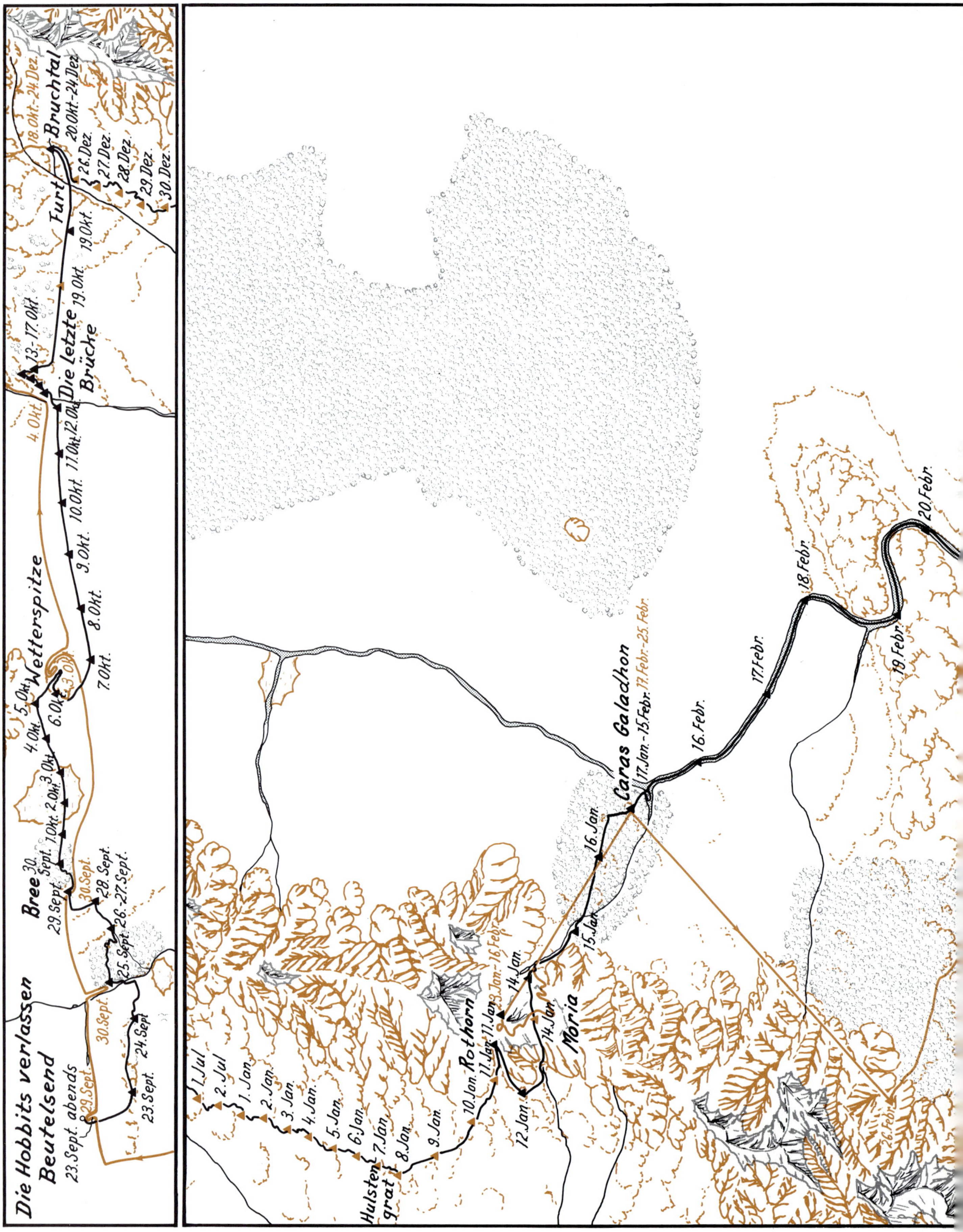

Die Reisen auf einen Blick

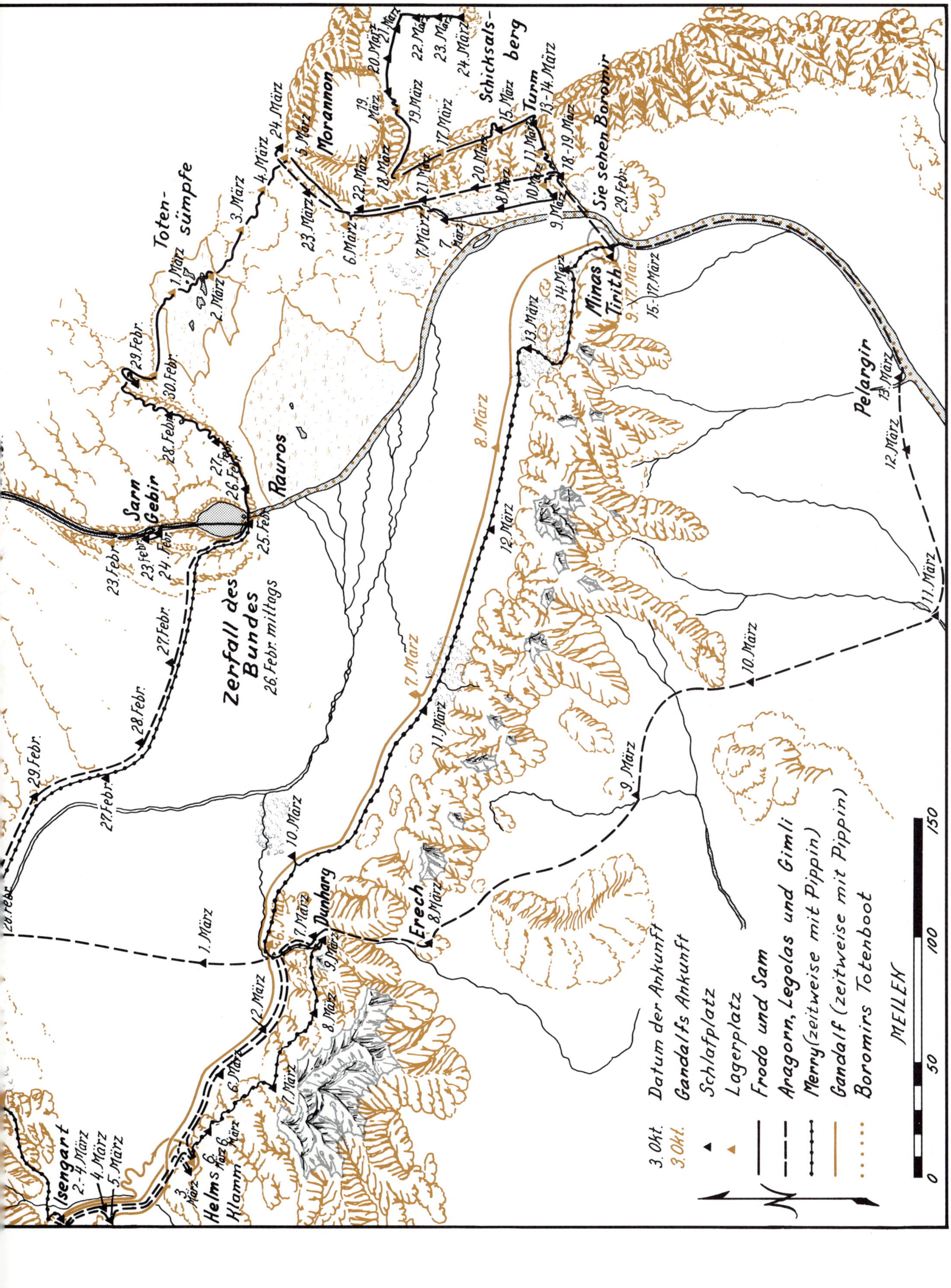
Isengart
Helms Klamm
Dunharg
Erech
Sarn Gebir
Rauros
Zerfall des Bundes
26. Febr. mittags
Toten-sümpfe
Morannon
Schicksals-berg
Turm
Sie sehen Boromir
Minas Tirith
Pelargir
3. Okt. Datum der Ankunft
3. Okt. Gandalfs Ankunft
Schlafplatz
Lagerplatz
Frodo und Sam
Aragorn, Legolas und Gimli
Merry (zeitweise mit Pippin)
Gandalf (zeitweise mit Pippin)
Boromirs Totenboot
0 50 100 150
MEILEN
N

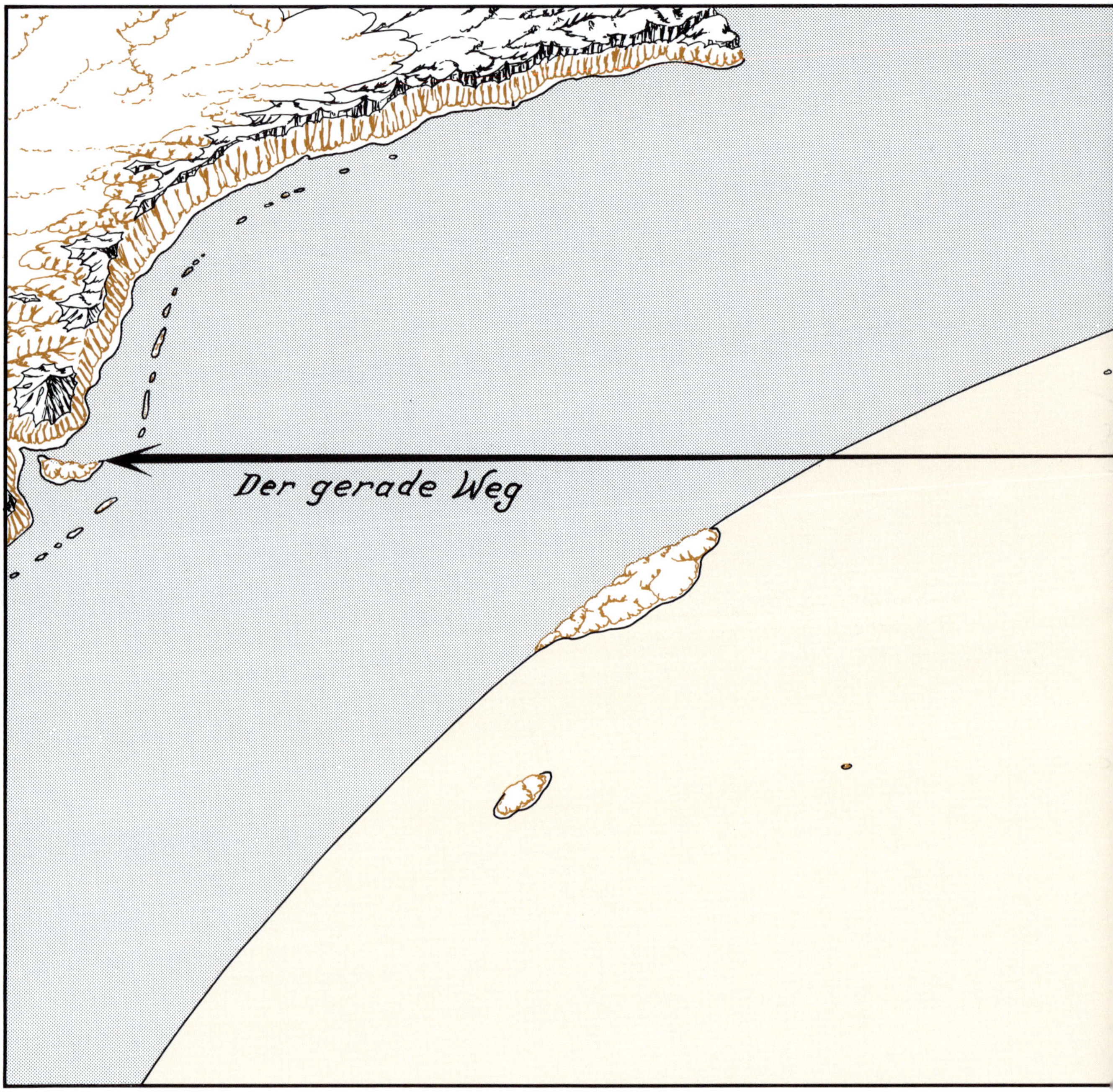

Der Weg nach Hause

Der Weg nach Hause

Den Frühsommer verbrachten die Reisenden in Minas Tirith und waren wenig geneigt, ihren Bund aufzulösen; jedoch nach der Hochzeit von Aragorn und Arwen rückte die Zeit des Abschieds heran. Am 19. Juli setzte sich eine Eskorte mit der Totenbahre König Théodens nach Rohan in Marsch. Man ließ sich Zeit und erreichte Edoras am 7. August; nicht vor dem 14. August setzte man den Weg zur Helms Klamm fort. Nachdem sie zwei Tage dort verbracht hatten, ritten sie gen Norden nach Isengart, wo sie am 22. August anlangten. An diesem Tag trennten sich die Angehörigen des Bundes: Legolas und Gimli gingen durch den Fangorn, und Aragorn kehrte nach Minas Tirith zurück. Gandalf und die Hobbits setzten ihre Reise nach Bruchtal fort (III 286—292; 425).

Sechs Tage später, am 28. August, trafen sie Saruman in Dunland. Die Gesellschaft zog weiter nach Norden, Saruman hingegen zum Auenland, denn er hatte Böses im Sinn, während die Hobbits »doppelt so weit« ritten (III 294; 337). Am 6. September hielten sie westlich von Moria, und nach einer Woche brachen Celeborn und Galadriel nach Lórien auf. Das Gefolge Elronds, Gandalf und die Hobbits zogen weiter nach Bruchtal, das sie am 21. September erreichten. Dort besuchten sie Bilbo, blieben fast vierzehn Tage bis zum 5. Oktober und verabschiedeten sich ziemlich erschöpft. Am folgenden Tag überschritten sie die Bruinenfurt und (bei sich verschlechterndem Wetter langsam wandernd) kamen am Abend des 28. Oktober nach Bree (III 297 f.; 302 f.). Nachdem

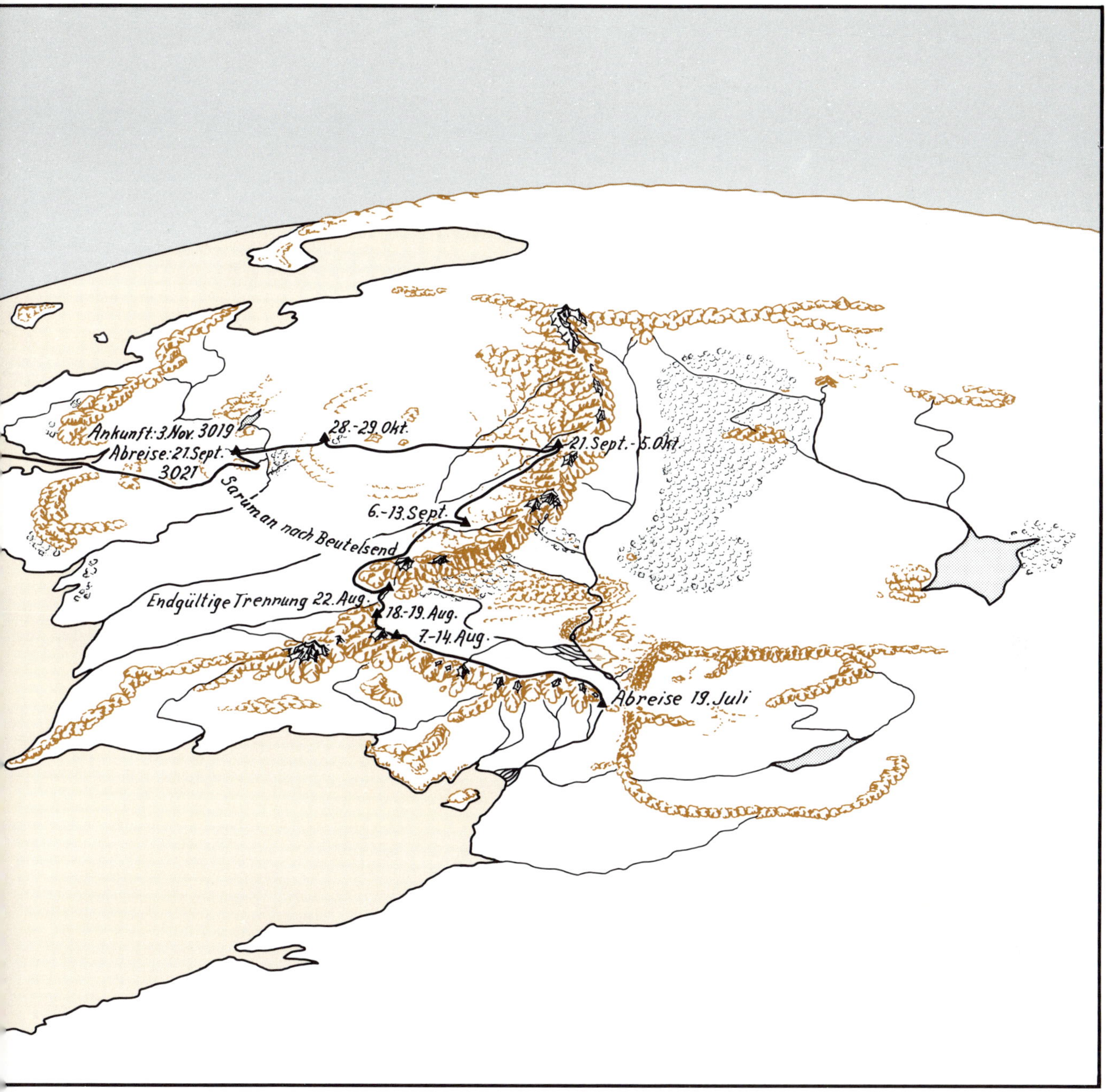

sie einen Tag bei Butterblume gewesen waren, begannen sie den Tagesmarsch ins Auenland. Gandalf trennte sich von ihnen, um Tom Bombadil zu besuchen, während die Hobbits weitereilten und am Abend die Brandyweinbrücke erreichten. Als sie die Lage erkannten, in der sich ihre Heimat befand, ritten sie stracks nach Beutelsend. Am 1. November legten sie die 22 Meilen bis Froschmoorstetten zurück und ritten am nächsten Tag nach Wasserau weiter (den größten Teil des Weges mit einer Eskorte von Landbütteln, III 304—318). Nach dem abendlichen Gefecht und der Schlacht von Wasserau am nächsten Morgen kamen sie am Nachmittag des 3. November in Beutelsend an, wo ihnen Saruman selbst in den Weg trat. In der folgenden Auseinandersetzung wurde Saruman getötet, und mit seinem Tod endete der Krieg um die Ringe (III 334—339).

Während der nächsten beiden Jahre ordneten die Hobbits das Auenland und ihr eigenes Leben neu; doch Frodo war niemals mehr völlig frei von Schmerzen. Am 21. September des Jahres 1 des Vierten Zeitalters (nach alter Rechnung 3021 des Dritten Zeitalters) brach er mit Sam zu den Grauen Anfurten auf. Auf der Südroute nach Waldende traf er Elrond, Galadriel und Bilbo; am 29. September kamen sie zum Fjord von Lhûn. Dort erwartete sie Gandalf, und als Sam mit Merry und Pippin ins Auenland zurückkehrte, segelte das Schiff auf dem geraden Weg in den Westen (III 348—351; 426).

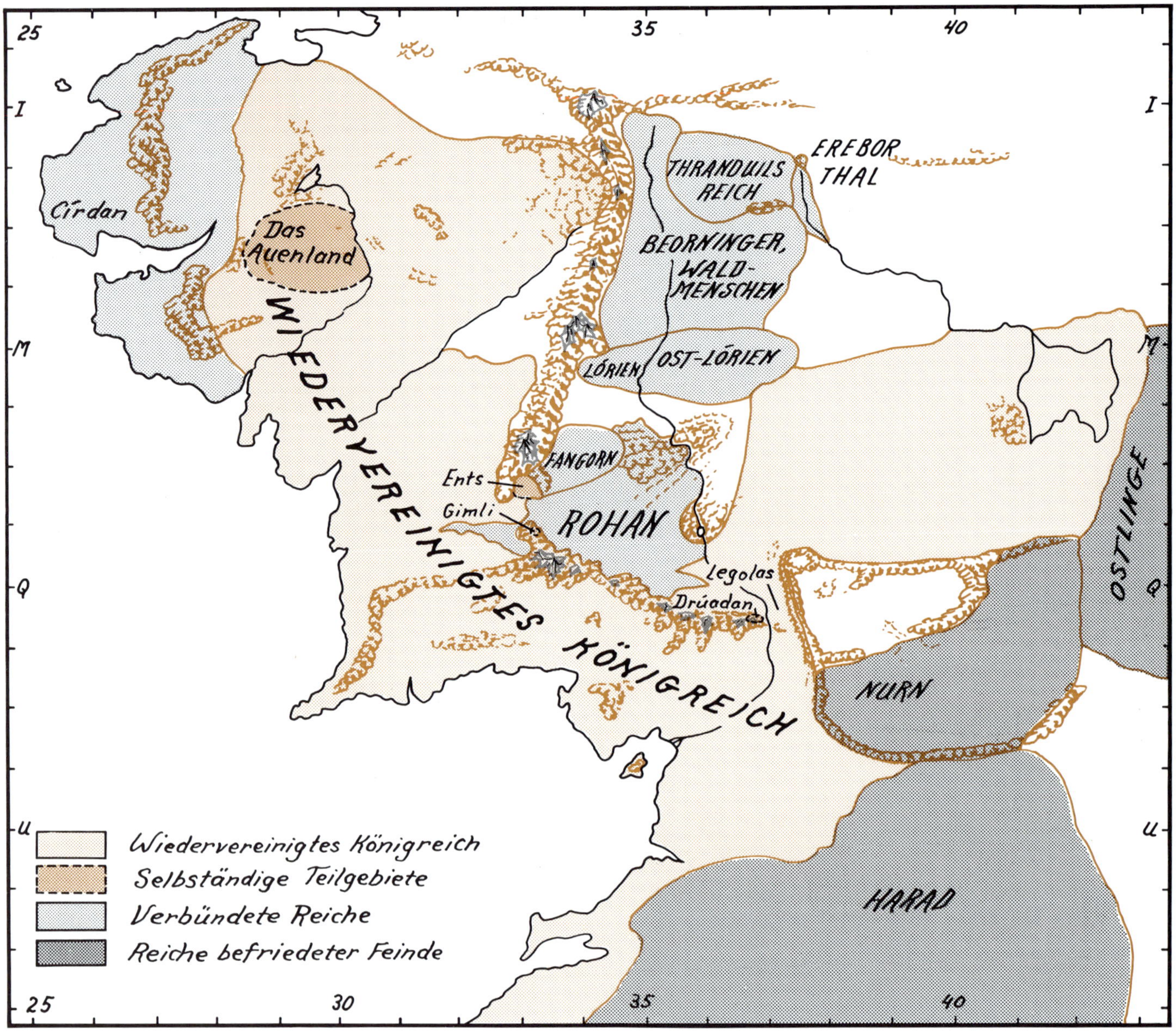

Viertes Zeitalter Ardas

Das Vierte Zeitalter

Nach der Abreise Elronds begann das Vierte Zeitalter. Aragorn forderte alle Lande von Gondor und Arnor zurück, wie sie zur Zeit ihrer größten Ausdehnung gewesen waren (nur Rohan war ausgenommen), und gründete das Wiedervereinigte Königreich (III 397). Innerhalb der Grenzen des Reiches lebten verschiedene politisch selbständige Völker: die Hobbits im Auenland, die »Wilden Menschen« vom Drúadan-Wald, die Ents bei Isengart, Gimlis Zwerge von den Glitzernden Grotten und die Elben des Grünwaldes, die unter Legolas in Ithilien wohnten. Das Auenland und den Drúadan-Wald durfte kein anderes Volk ohne die Erlaubnis seiner Bewohner betreten (III 286; 291 f.; 293; 407; 424 f.).

Das Land Nurn wurde den Sklaven Mordors übergeben, und mit den Haradrim und den Ostlingen wurde Frieden geschlossen (III 278).

Im Norden des Wiedervereinigten Königreiches war der Düsterwald befreit worden. Thranduil fügte die Lande nördlich der Berge seinem Königreich hinzu, und der mittlere Teil wurde den Beorningern und den Waldmenschen übergeben. Celegorm beanspruchte den Abschnitt südlich der Engen und nannte das Land »Ost-Lórien«, doch nachdem er fortgegangen war, »weilten in Lórien trauernd nur noch wenige der früheren Bevölkerung« (III 424).

Thematische Karten

Einleitung

In seinem Aufsatz »Über Märchen« schrieb Tolkien über die *Faerie:* »... sie umfaßt auch die Meere, Sonne und Mond, den Himmel und die Erde mit allem, was sie trägt: Baum und Vogel, Fels und Wasser, Brot und Wein und uns selbst, die Sterblichen, wenn wir verzaubert sind« (BB 18). Getreu dieser Auffassung schloß Tolkien in unterschiedlichem Maß alle wichtigen Komponenten, welche die Primärwelt ausmachen, in seine Geschichten ein: Landschaftsformen, Mineralien, Wetter und Klima, natürliche Vegetation, Landwirtschaft, Politik, Bevölkerungsverteilung, Rassen, Sprachen, Transportwege — sogar Typen des Hausbaus. Er hat freilich mehr getan, als diese einzelnen Komponenten lediglich zu beschreiben, was künstlich gewirkt hätte und ermüdend gewesen wäre. Statt dessen hat er durch eine sorgsame Mischung dieser Elemente jene eigentümliche Qualität geschaffen, die, wie er meinte, für die Glaubwürdigkeit eines imaginären Entwurfs unverzichtbar sei: »die innere Folgerichtigkeit der Realität« (BB 51). Seine bildliche Darstellung war so überzeugend, daß seine Landschaft eine lebendige Welt geworden zu sein scheint, in der wir körperlich umherwandern und mit Frodo und Sam die frisch duftende Luft Ithiliens atmen könnten, wenn es uns nur gelänge, den Weg dorthin zu finden.

Jede dieser Komponenten, wenn auch Teil eines einheitlichen Systems, ist es wert, um ihrer selbst willen untersucht zu werden. Landschaftsformen stellen mehr dar als nur die Bühne, auf der sich eine Geschichte abspielt. Ihre besonderen Merkmale waren die sichtbaren Ergebnisse des Kampfes zwischen Gut und Böse, zwischen den Valar und Melkor und Sauron (S 44f.; 54f.; 61f.; 278; 307). Sie waren die Kampfesspuren der Erde. Die Hügel und Berge, Täler und Ebenen scheinen beinahe beseelt in ihrer Fähigkeit, die Fahrten der verschiedenen Reisenden zu behindern oder zu befördern. Von den ersten Elben, denen auf ihrem Zug nach Westen von dem aufragenden Nebelgebirge der Weg versperrt wurde, bis zu den Gefährten, die Jahrtausende später vom Caradhras in die Knie gezwungen wurden — immer haben Berge jene, die ihre Übermacht herauszufordern wagten, in die Schranken gewiesen (S 64; I 348).

Das Klima und insbesondere das Wetter waren in Tolkiens Geschichten sehr wichtig. Schnee vertrieb Beren aus Dorthonion und die Gefährten vom Rothornpaß. Gewitter erschreckten die Orks, die Túrin gefangen hatten, und zwangen Thorin und seine Schar, Schutz zu suchen. Nebel verhüllte die Lande westlich des Malm-Eises, führte die Hobbits auf den Hügelgräberhöhen in die Irre und verhüllte das Tragen der Boote bei Sarn Gebir. In einem Land vorherrschender Westwinde brachen sich Saurons rauchschwere Ostwinde am östlichen Emyn Muil und sandten Stürme aus, die in eine ungewöhnliche Richtung zogen (S 183; 231; H 64; I 174; 351; 469).

Die Vegetation war nicht nur wichtig, um den Entwurf zu bereichern, sondern auch zur Schaffung eines weiteren Mediums, über das die Kräfte des Guten und des Bösen, Entzücken und Furcht auf die Reisenden wirken konnten. Obgleich Tolkien von den kurzen trockenen Gräsern der Hügellande bis zu den majestätisch aufragenden Mallorns in Lórien eine vollständige Pflanzenwelt präsentiert, waren seine Kenntnis der Bäume und seine Liebe zu ihnen offenkundig und erwiesen sich in der besonderen Bedeutung, die er Wäldern beimaß. Durch Yavanna hat er dem deutlich Ausdruck gegeben: »Ein jedes hat seinen Wert ... (doch) mir sind die Bäume teuer« (S 55).

Er bevölkerte die imaginäre Welt mit Lebewesen, und ihre Ausbreitung war eine Geschichte für sich. Mit seltenen Ausnahmen schienen die Bösen imstande zu sein, Meere von Feinden hervorzubringen — von Morgoths Orks, Balrogs und Drachen, die so zahlreich geworden waren, daß die gesamte Ebene Anfauglith sie nicht aufnehmen konnte (S 278), bis zu Saurons Armee im Ringkrieg, die groß genug war, ungeheure Streitkräfte gegen Minas Tirith, Lórien, Thranduils Reich, Thal und Erebor zu entsenden und immer noch riesige Truppenmassen übrig hatte, die am Schwarzen Tor kämpften. Manchmal konnten die Kräfte des Guten gegen sie die Oberhand gewinnen, weil sie, im Gegensatz zu den Hörigen, denen sie gegenüberstanden, einen freien Willen hatten, doch selten waren sie ihren Widersachern an Zahl überlegen.

Doch Bevölkerungszahlen waren nicht nur in Hinsicht auf Schlachten von Bedeutung. Mittelerde schien in den westlichen Landen außerordentlich dünn besiedelt gewesen zu sein, und diese Tatsache verstärkte das Gefühl der Einsamkeit und Verlorenheit, das die Reisenden befallen haben muß, wenn sie sich durch das wilde Gelände kämpften, fern von Freunden und ohne Verbündete gegen böse Wesen, die sie verfolgten. Wie befriedigend war es doch, eine Zuflucht zu erreichen, wo man einen Hauch gewohnter Bequemlichkeiten und Genüsse spürte. So kam Frodo und Sam in Henneth Annûn nach »den in der einsamen Wildnis verbrachten Tagen ... das Abendessen wie ein Festmahl vor: blaßgelben Wein zu trinken ... und Brot und Butter, gepökeltes Fleisch und getrocknete Früchte und guten rohen Käse zu essen mit sauberen Händen und sauberem Besteck und Geschirr« (II 327).

Die folgenden Karten versuchen in einer weitaus »weltlicheren« Weise, die Strukturen der fünf wesentlichen Elemente, jedes für sich, zu erforschen, die Tolkien in seine Welt eingeschlossen hat: Geländeformen, Klima, Vegetation, Bevölkerung und die von ihm so geliebten Sprachen. Bei der Betrachtung der Karten sollte der Leser sich vergegenwärtigen, daß trotz zahlreicher Textpassagen, die Hinweise liefern, nicht jede Gegend von Tolkien in gleicher Weise behandelt worden ist. Für jene Regionen, die in den Geschichten behandelt wurden, konnte die Karte nur so genau sein, wie die Interpretation der Hinweise durch den Kartographen es zuließ. Bei diesen Karten ist es, mehr als irgendwo anders in diesem Atlas, wichtig, die normalen Strukturen und Prozesse Mittelerdes so aufzufassen, als stimmten sie mit denen unserer Primärwelt überein, es sei denn, Mächte der Sekundärwelt hätten Veränderungen verursacht.

Landschaftsformen

Die ausführlichen Hinweise und die Bewertungen der wichtigeren Geländestrukturen sind im Zusammenhang mit den verschiedenen Regionalkarten von Valinor, Númenor, Beleriand und den anderen bekannten Ländern Mittelerdes gegeben worden (vgl. oben, S. 6; 9—11; 43; 69—91). Die nebenstehenden Karten sind lediglich zusammenfassende Diagramme. Tolkiens Karten umfassen alle Bergketten und alle Berge, mit Ausnahme der Pelóri und der Eisenberge. Doch es gab viele wellige Gebiete und sogar ziemlich zerklüftete Landstriche, die er nicht aufgenommen hat, was auf die Schwierigkeiten zurückzuführen war, ein flaches Relief kartographisch darzustellen. Verallgemeinernd wurde angenommen, daß ein Land um so zerklüfteter war, je näher es am Gebirge lag; und wirklich flaches Land fand sich nur dort, wo es Marschen oder aufgeschwemmte Flächen gab.

Gebirge

Die beiden größten Gebirgsketten sind von Tolkien nie in Karten eingezeichnet worden: die Pelóri und die Eisenberge (Ered Engrin). Beide sind sie als außerordentlich hoch und breit dargestellt worden. In Tolkiens Beschreibung hatten die Pelóri auf der Seeseite, ähnlich wie ein Schichtenbruch, einen geraden Steilhang und sanftere westliche Hänge, die den größtmöglichen Schutz gegen die äußere Welt boten (S 85 f.). Die Eisenberge wurden ähnlich dargestellt, nur daß ihre Klippen nach Süden zeigten.

Die mittleren Hochlande südlich der Eisenberge und nördlich von Beleriand scheinen Hochebenen gewesen zu sein, die von Gebirgen begrenzt wurden (vgl. oben, S. 10). Die Echoriath und die Ered Gorgoroth auf der Südseite Dorthonions waren die höchsten. Von den Gebirgen östlich von Beleriand zeigte die Karte das Nebelgebirge und das Weiße Gebirge als die höchsten, denn sie waren schneebedeckt und schienen durch die Zeitalter klimatisch und verkehrstechnisch die größten Hindernisse gebildet zu haben (vgl. oben, S. 3). Die Gebirge von Mordor, wenn sie auch nur drei Pässe hatten (Cirith Gorgor, Cirith Ungol und den Morgul-Paß) waren offensichtlich nicht schneebedeckt und folglich niedriger (II 367; vgl. auch oben, S. 90).

Hügel und Hochebenen

Vorberge fanden sich vermutlich an den Füßen aller Bergketten, doch belegen lassen sie sich nur dort, wo Reisende sie passierten. In den Ausläufern der Ered Lindon, westlich der Blauen Berge, entdeckte Finrod Sterbliche Menschen (S 138; 157). Tuor kam durch die »zerstreuten Hügel«, die den Echoriath vorgelagert waren (ME 64). Westlich des Nebelgebirges erstreckte sich zerklüftetes Land von den Ettenöden nach Süden durch Dunland. Die Trollhöhen waren sehr unwegsam (I 249). In der Nähe von Bruchtal scheinen die Moore in einem »riesigen Hang« (H 53) zu einer Art Hochebene angestiegen zu sein, die von tiefen Schluchten zerschnitten war. Südlich von Bruchtal waren die Lande stärker abgetragen. Diese topographische Beschaffenheit fand sich in ganz Dunland und vermutlich bis hin zur Pforte von Rohan (I 342; III 294). Nördlich des Weißen Gebirges drängten sich die Berge der Leuchtfeuer dicht an die südlichen Klippen, während die Hügel südlich der Gebirgskette sich vom Hauptgebirge aus weit in den Süden zogen und sogar die gebirgige Küste nahe Dol Amroth bildeten.

Die einzige Hochebene, die anders geartet war als die in Beleriand und bei Bruchtal, war die Lava-Hochebene von Gorgoroth im nordwestlichen Mordor (vgl. Karte in Band 3 des *Herrn der Ringe*). Wie bei der Hochebene nahe Bruchtal täuschte auch hier der erste Eindruck, denn ihre Oberfläche war nicht glatt: die »weiten, einförmigen Flächen« der Gorgoroth waren »in Wirklichkeit uneben und zerklüftet« (III 237).

Sedimentgesteine, die von den verschiedenen Gebirgen und anderen breiter gefalteten Gebieten abgetragen und ausgewaschen wurden, schufen abwechselnd Bergrücken und Tieflande. Die offensichtlichsten Hügel waren jene, die als *Hügelländer* bekannt waren und in Númenor, in Eriador und rund um das Ödland gefunden wurden. Der *Bergrücken,* den die Hobbits in Nord-Ithilien erstiegen, wurde durch den gleichen Erosionsprozeß hervorgebracht, doch er fiel steiler ab als die Bergrücken in den Hügellanden (II 353; vgl. auch oben, S. 90). Zwei Bergrücken in Beleriand können ebenfalls durch Erosion entstanden sein: der »äußere Kamm dieses seltsam verflochtenen Knäuels von Bergen«, der sich vom Hochland bei Amon Rûdh bis zu den Fällen des Esgalduin hinzog, und Andram, der Lange Wall (vgl. oben, S. 11).

Ebenen und wellige Tieflande

Flache Tieflande entstehen dort, wo weiche Gesteinsformationen vorliegen oder wo nahe Gebirge für alluviales Material sorgen, das über die Lande zu ihren Füßen gewaschen wird. Tolkien hat verschiedene flache Gebiete eingehend beschrieben: Ard-galen und Lothlann zu Füßen der Eisenberge; nördlich vom Wall von Andram bei den Dämmerseen; die Ebenen von Rohan und Rhovanion; Dagorlad, die Schlachtebene, und Lithlad, die Aschenebene (S 133; 135; II 29; 32; 266; 279; ME 382). Falls nicht Küstenklippen auf Tolkiens Karten erschienen (wie jene in Nevrast, Númenor und nahe des Dol Amroth; S 134), wurden die Ufer als flache Küstenebenen angesehen.

Abgesehen von diesen besonders erwähnten Ebenen war das Land vermutlich welliger, denn die Flüsse dürften mehr Land ausgewaschen haben, als durch Schwemmstoffe wieder aufgefüllt wurde. In einigen Gebieten des Nordens, besonders im nördlichen Wilderland, scheint das Land kontinentaler Vergletscherung unterworfen gewesen zu sein und kann sowohl Ablagerungs- wie auch Erosionshügel aufgewiesen haben (vgl. oben, S. 78). Ein großer Teil der Reisen spielte sich in diesen welligen Hügellanden ab. Die angenehme Geländeform dürfte die Reisenden vorwärtsgebracht haben; doch sogar in diesen weniger unwegsamen Gebieten gab es Faktoren, die ihre Schritte verlangsamen oder beschleunigen konnten.

Landschaftsformen
oben: Erstes Zeitalter *Nebenkarte:* Zweites Zeitalter ▶
unten: Drittes Zeitalter

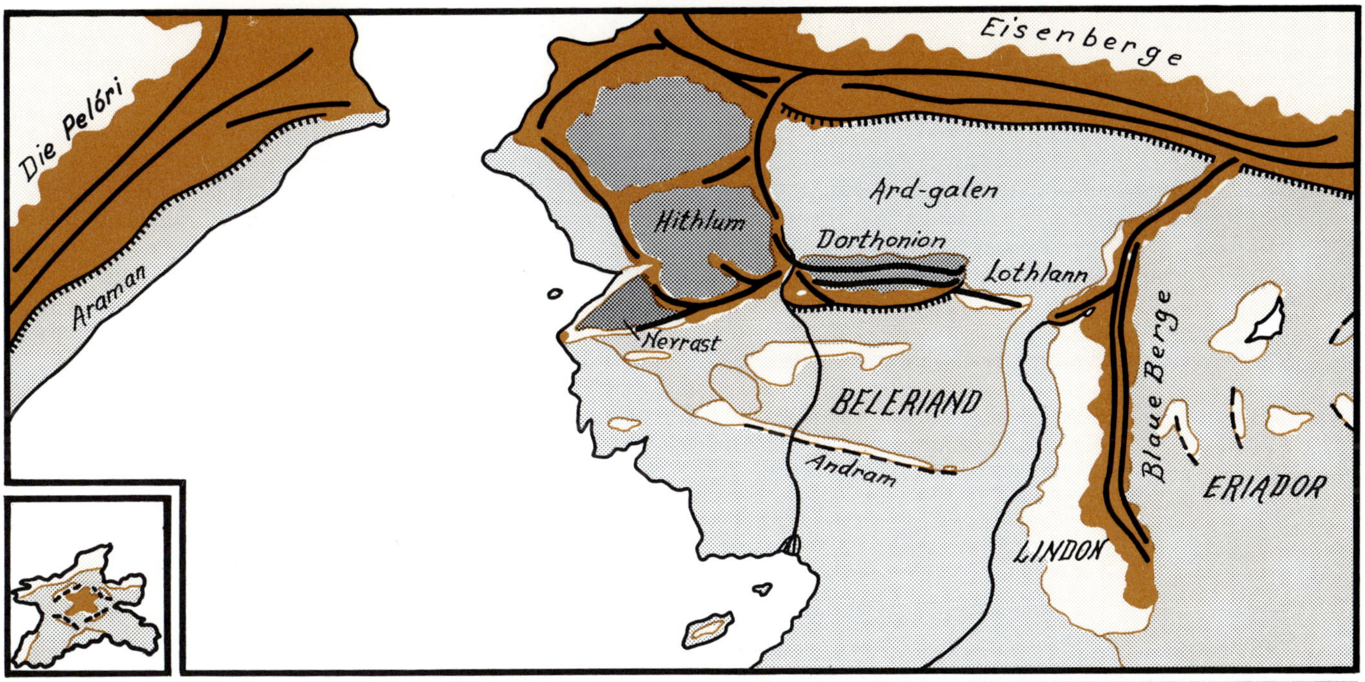
Die Pelóri
Araman
Eisenberge
Ard-galen
Hithlum
Dorthonion
Lothlann
Nevrast
BELERIAND
Andram
Blaue Berge
ERIADOR
LINDON

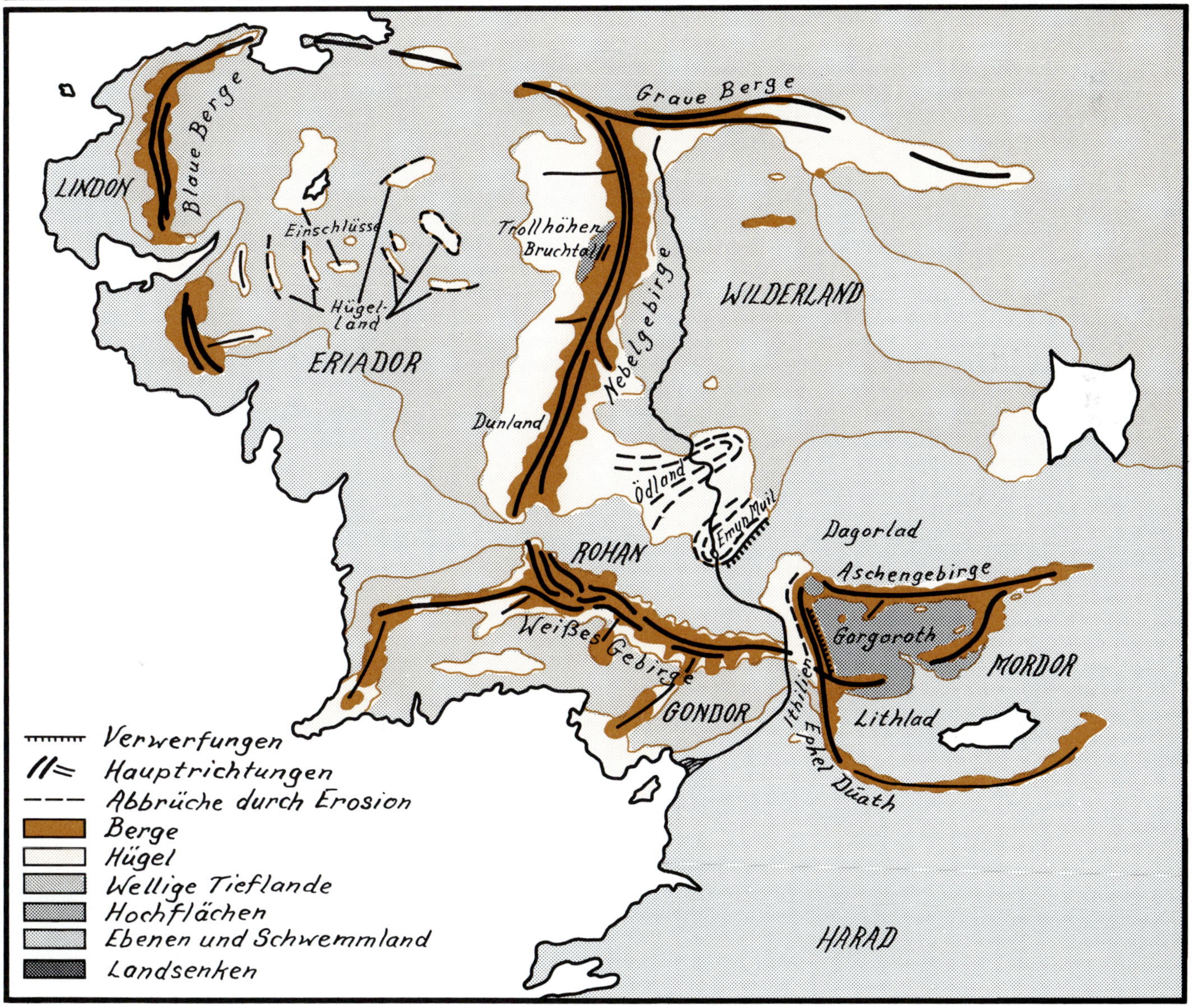
Blaue Berge
LINDON
Einschlüsse
Hügel-Land
ERIADOR
Graue Berge
Trollhöhen
Bruchtal
Nebelgebirge
WILDERLAND
Dunland
Ödland
Emyn Muil
ROHAN
Dagorlad
Aschengebirge
Gorgoroth
MORDOR
Weißes Gebirge
GONDOR
Ithilien
Lithlad
Ephel Dúath
HARAD
Verwerfungen
Hauptrichtungen
Abbrüche durch Erosion
Berge
Hügel
Wellige Tieflande
Hochflächen
Ebenen und Schwemmland
Landsenken

Klima

Ausgedehnte Klimazonen können aufgrund jährlicher und jahreszeitlicher Temperaturen und Niederschläge bestimmt werden. Der Leser wird sich leichter eine Vorstellung von den Klimazonen auf den nebenstehenden Karten machen können, wenn er sie mit Beispielen aus unserer eigenen Welt vergleicht.

Feuchtes Klima
Milde Winter, milde Sommer: England, Nördliches Mitteleuropa
Milde Winter, heiße, trockene Sommer: Mittelmeergebiet
Milde bis strenge Winter, warme bis kühle Sommer: Osteuropa

Trockenes Klima
Trocken: Arabien
Halb-trocken: Iran

Polares Klima
Tundra: Nordküsten der UdSSR, Alaska, Kanada
Eisdecke: Zentral-Grönland

Valinor war, anders als Mittelerde, den Naturgesetzen nicht unterworfen (S 86f.). Jedoch auch ohne die Einflüsse der Sekundärwelt dürfte in den Breiten nahe Tirion (das am Gürtel Ardas lag; S 98) das ganze Jahr über ein warmes Klima geherrscht haben. Im Norden war die Küste von Araman kalt, und Oiomúre war dichten Nebeln ausgesetzt, da dort warmes Meerwasser und das Malm-Eis zusammentrafen (S 100; 102).

Die bekannten Lande von Mittelerde lagen vermutlich etwa auf der geographischen Breite Europas, denn wie auch Mittelerde liegt Europa in einem Gürtel mit vorherrschenden westlichen Winden. Westwinde werden von Tolkien überaus oft erwähnt: in Nevrast, im Auenland, auf den Hügelgräberhöhen, in den Trollhöhen, am Einsamen Berg, in Gondor und sogar in Mordor nach der Schlacht auf den Pelennor-Feldern (H 64; 277; I 97; 171; 249; III 224; 245; 302; ME 38). Folglich weisen auf der Karte Númenor, Beleriand und der größte Teil Eriadors das milde, doch relativ kühle *maritime Westküsten-Klima* Englands und des nördlichen Mitteleuropa auf. Bevor Morgoths Macht zunahm, hatte Beleriand, Nevrast eingeschlossen, milde Winter (S 134; 228). In den Mittleren Hochlanden war es kälter, nicht nur aufgrund ihrer höheren Lage, sondern auch weil sie im Winter dem ungeminderten Anprall von Morgoths eisigen Nordwinden ausgesetzt waren. Himring war der »Ewig-Kalte«, und durch den Paß von Aglon »pfiff ein bitterer Wind« (S 139). In Hithlum war es »kühl und der Winter hart« (S 134). Die Hochlande verwehrten auch südlichen Winden den Zugang, verringerten die Regenfälle, und so waren Ard-galen und Lothlann grasige Ebenen (S 134; 139).

Während des Zweiten und Dritten Zeitalters, nach der Überflutung Beleriands, verlagerte sich die Wirkung der Meereswinde vermutlich weiter ins Innere von Eriador. Die Blauen Berge können einen Teil der Feuchtigkeit aufgefangen haben, die den Wäldern an ihren westlichen Hängen zugute kam; doch die Lücke beim Golf von Lhûn und die lange Küste im Südwesten Eriadors könnten der Wirkung des Gebirges entgegengewirkt und dem Auenland das Klima Englands gegeben haben. Jedoch nur 100 Wegstunden weiter nördlich, bei der Eisbucht von Forochel, lauerte Morgoths Kälte, die einmal durch Frost aus Angmar noch verschlimmert wurde (III 362). Östlich des Nebelgebirges hatte sich der Einfluß milderen Meeresklimas verloren. So sagte Aragorn während der Bootsfahrt nach Süden: »Hier ist die Welt kalt, bis es plötzlich Frühling wird, und wir können sogar noch Schnee bekommen« (I 459). Sogar in Rohan gab es während des Langen Winters von November bis März eine Schneedecke (III 392), obgleich es dort üblicherweise mild war, wie Aragorn, Legolas und Gimli im späten Februar feststellen konnten (II 28).

Auf der windgeschützten Seite von Gebirgen entsteht oft ein Steppen- oder gar Wüstenklima; doch dies war weder beim Nebelgebirge noch beim Weißen Gebirge der Fall. Die Graslande von Rohan können das Ergebnis dieses »Regenschirm-Effektes« gewesen sein, doch östlich des Nebelgebirges lagen ausgedehnte Wälder — vielleicht wegen der geringeren Verdunstung in der kühleren Luft des Nordens.

Die einzigen trockenen Landstriche, die besonders erwähnt wurden, waren die Niemandslande nahe dem Schwarzen Tor (II 273). Die Trockenheit dürfte eher auf die verderblichen Dämpfe als auf mangelnden Niederschlag zurückzuführen sein (III 224). Wie auch immer, trockene Sommer sind rings um das Mittelmeer die Regel, und Steppen- und Wüstengebiete liegen sowohl im Süden wie im Osten des Mittelmeergebietes; also ist es möglich, daß Tolkien diese Konstellation beim Entwurf der Bucht von Belfalas vorschwebte. Der Salzgehalt des Nûrnenmeers und die Beschreibung der Dagorlad als steinige Ebene (möglicherweise eine Art von Geröll, das nur in trockenem Klima auftritt, ein *Pediment,* vgl. oben, S. 90) erhöhen die Wahrscheinlichkeit, daß Mordor sowohl ein trockenes Klima hatte als auch chemisch denudiert (durch Abtragung freigelegt) wurde.

Die Klimata mittlerer Breiten sind das Schlachtfeld, auf dem kalte Luftmassen polaren Ursprungs und warme tropische Luftmassen aufeinandertreffen und einen Gürtel von *Zyklonen* erzeugen, der sich von Westen nach Osten über das Land bewegt. Mit den Zyklonen ziehen die bekannten Fronten: *Kaltfronten,* in Verbindung mit Gewittern und starkem Regen; *Warmfronten* mit leichten warmen Sommerregen; und *Okklusionsfronten* mit ganztägigen winterlichen Sprüh- oder Nieselregen. Es gehörte zu den bekanntesten von Tolkiens Kunstmitteln, das Wetter in den Erzählvorgang einzubinden. Er verwendete das normale Wetter, das durch übernatürliche Kraft verändert und zeitlich gesteuert wurde. So wurden ganze Klimata durch die Mächte der Sekundärwelt überlagert — durch gute Mächte, die in ungewöhnlich warmen, angenehmen Klimazonen lebten (besonders in Valinor und Lórien, S 86f.; I 433), und durch böse Mächte wie Morgoth oder Sauron, die ein kaltes, unfreundliches Klima schufen (S 133; 139; I 350; 458; II 294; III 36; 244; 362). Durch diesen Kunstgriff bewies Tolkien einmal mehr, daß er es meisterlich verstand, das Natürliche zu benutzen, um das Übernatürliche zu betonen.

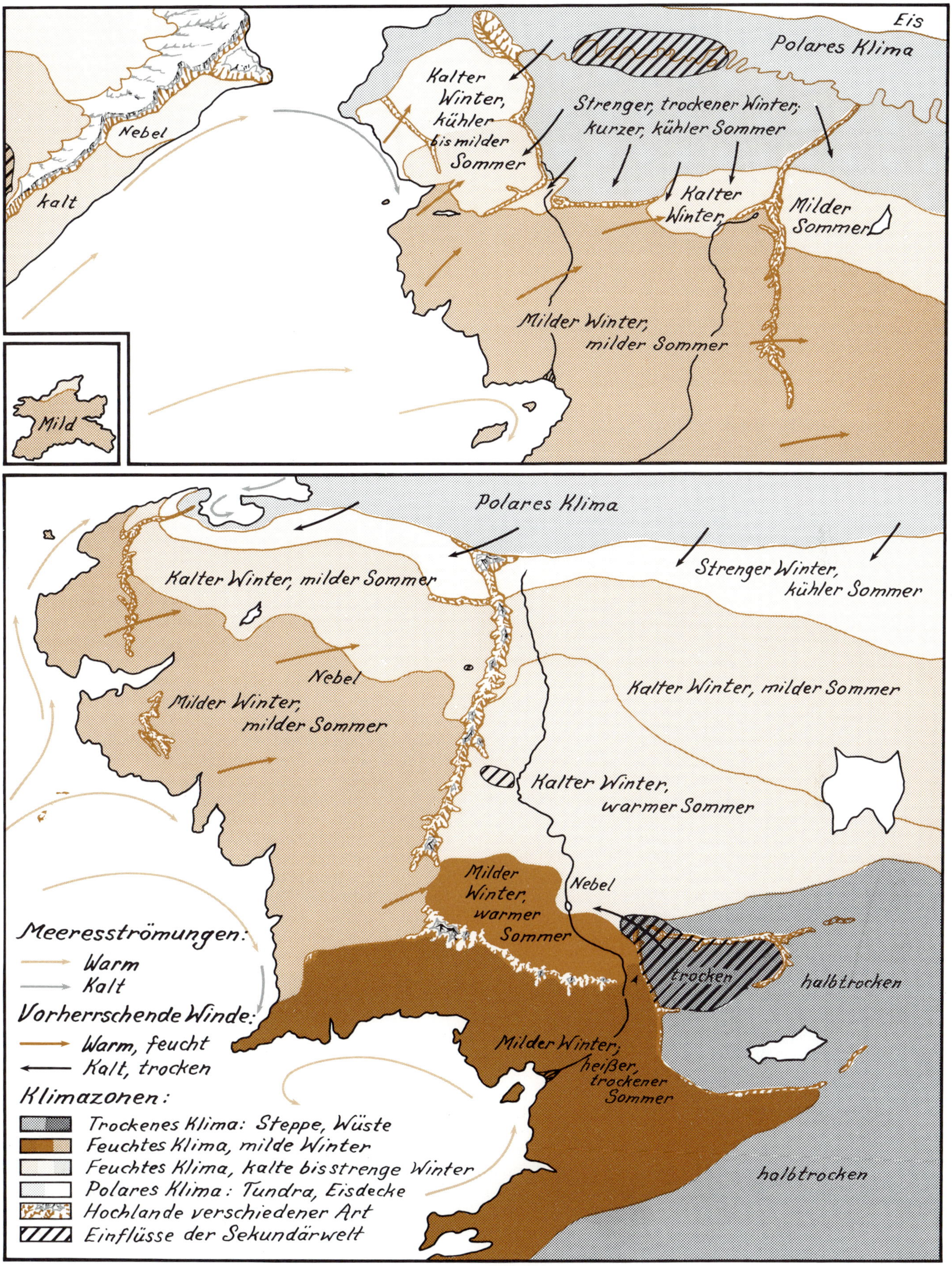

Klima
oben: Erstes Zeitalter *Nebenkarte:* Zweites Zeitalter
unten: Drittes Zeitalter

Vegetation

Tolkien hat die Hauptmerkmale der Vegetation in seine Karten eingetragen, doch die nebenstehende Karte hat versucht, auch die bislang nicht erfaßten Vegetationszonen graphisch darzustellen. Dabei ist folgendes angenommen worden: Wenn irgendein Reisender ein Gebiet durchquerte, von dem keine besonderen Eigentümlichkeiten erwähnt wurden, gab es dort vermutlich eine Mischung aus, zum Beispiel, Feldern oder Wiesen und verstreuten Bäumen. Die Vegetation des Ersten Zeitalters wies vermutlich alles auf, was die Natur bot. Die Vegetation des Dritten Zeitalters war das Ergebnis eines durch Jahrtausende betriebenen allgemeinen Mißbrauchs: Sie war abgegrast, kahl geschlagen, verbrannt und durch Kriege und giftige Winde verwüstet.

Wälder und Waldgebiete

Ursprünglich bedeckte ein Urwald große Gebiete von Mittelerde. Baumbart sagte: »... einstmalen war alles ein Wald von hier [Fangorn] bis zu den Bergen von Luhn, und dies hier war einfach das Ostende« (II 79). Die Wälder wuchsen auch westlich der Blauen Berge und östlich des Großen Strom. In diesen ausgedehnten Wäldern gab es eine Vielzahl von Baumarten.[43] Der südliche Düsterwald war ein »Wald aus dunklen Tannen« (I 424); doch in der Nähe von Thranduils Höhlen gab es kräftige Bestände von Eichen und Buchen (H 150; 172). Fangorn und der Alte Wald, obgleich »dicht und dunkel« (I 147; II 68), waren offenbar weniger dicht als Taur-im-Duinath; der Wald zwischen den Flüssen in Süd-Beleriand war so wild, daß sogar die Elben selten versuchten, seine Ränder zu durchdringen (S 138). In Doriath waren die Verbreitungsgebiete der Bäume so klar begrenzt, daß man danach mindestens drei Landesteile unterscheiden konnte: Nivrim mit Eichen; Neldoreth mit Buchen und Region mit einem dichteren Mischwald (S 137).[44] Es war bezeichnend, daß die Bäume an den Toren Menegroths und bei Thranduils Höhlen Buchen waren, denn reine Buchenbestände erscheinen wie grüne Kathedralen, in denen die Stämme über einem Grasteppich schlanke graue Säulen darstellen. Diese Beschreibung paßte sehr gut auf Lórien, und *mallorns* glichen den weniger wunderbaren Buchen, nur daß die Mallorn-Blätter größer waren (ME 228). In der Tat lautet die Übersetzung von *malinornélion* (von Baumbart im Zusammenhang mit Lórien genannt) »goldener Buchenbaum« (II 78).[45]

Nadelwälder, wie sie weite Gebiete Alaskas, Kanadas und Nordasiens bedecken, fehlten in Mittelerde fast ganz. Offenbar fanden sich die einzigen Nadelwälder, außer denen des südlichen Düsterwaldes, an den nördlichen und westlichen Rändern Dorthonions (S 135). Anderswo gab es verstreute Nadelbäume an geeigneten Standorten, wie oben im Tal von Bruchtal oder östlich der Ork-Tunnel, wo Thorin und seine Gefährten von Wölfen umzingelt wurden (H 104—106; I 291).

Über die Lande verstreut gab es auch Laubwaldgebiete oder Mischwaldgebiete, die freilich nicht in die Karten eingetragen wurden. Einige davon waren recht ausgedehnt. Sie fanden sich besonders in Gebirgstälern: westlich der Blauen Berge in Ossiriand, südlich und östlich der Ered Wethrin in Hithlum, zu beiden Seiten des Nebelgebirges und westlich des Ephel Dúath in Ithilien (S 262; H 104; I 16; 291; 457; II 295; III 294; ME 55; 77). Auch hügelige Gebiete wiesen Wälder auf: Taur-en-Faroth oberhalb Nargothronds (S 137), der Chetwald östlich von Bree (I 226), die Trollhöhen (I 252; 256). Die Wälder östlich der Blauen Berge können Überbleibsel des einstigen Urwaldes gewesen sein, denn gegen Ende des Zweiten Zeitalters war der größte Teil des ursprünglichen Waldbestandes verschwunden (ME 351).

Wiesenlande und Ödlande

Einige Gebiete ließen nur kümmerlichen oder überhaupt keinen Baumwuchs zu. Die freundlichsten dieser Lande waren die mit hohem Gras bewachsenen »Prärien« von Ard-galen, Lothlann und Rohan. Sie lieferten ein reiches Weideland für Pferde (S 134; 139; II 29 f.; ME 381). Die Berge von Himring, die verschiedenen Hügelländer, die Wetterberge und das Ödland waren nicht so fruchtbar und nur mit kurzem Gras bedeckt (S 139; I 173; 228; 460; II 31 f.; ME 227).

Auf ausgedehnten Ödflächen wuchsen lediglich verkrüppelte Büsche oder Bäume, doch die Pflanzen, die dort überlebten, waren gewöhnlich weit über die öde Landschaft verstreut. Einige dieser Ödlande waren auf natürliche Weise entstanden, doch die Mehrzahl war auf die bösen Mächte Saurons oder Morgoths zurückzuführen. Dornengestrüpp trat nach der Schlacht des Jähen Feuers an die Stelle der Kiefernwälder nördlich von Dorthonion (S 169; 232). Die Lande von Hulsten und Süd-Dunland, vormals grün und lieblich, wurden Ödland, als Sauron Ost-en-Edhil zerstörte und Saruman dem Bösen verfiel (S 314; I 343; 347; II 294; 296). Krüppelbirken klammerten sich an die Felsen im Osten des Emyn Muil, und im Tal zwischen Ephel Dúath und Morgai wuchsen wegen der verderblichen Ostwinde Mordors nur Dornendickichte (II 242; III 217; 222).

Jedoch die Lande, die den bösen Mächten am nächsten lagen, wurden am meisten betroffen, und dort wuchs nichts. Nach der Schlacht des Jähen Feuers wurde aus Ard-galen, der »Grünen Gegend«, Anfauglith, der »Erstickende Staub« — eine kahle sandige Wüste (S 169; 212; 231). Die fruchtbaren Felder der Entfrauen wurden so verheert, daß auf den Braunen Landen nicht einmal Gras wuchs (I 458; II 88). So gab es verwüstete Gegenden vor den Toren Angbands, am Einsamen Berg, als Smaug anwesend war, und am Schwarzen Tor von Mordor (S 131; H 206; II 273; III 182). Das ödeste aller Länder überhaupt lag freilich vor den Toren des Dunklen Turms von Barad-dûr — eine brodelnde vulkanische Wüste (III 224).

Vegetation
oben: Erstes Zeitalter *Nebenkarte:* Zweites Zeitalter ▶
unten: Drittes Zeitalter

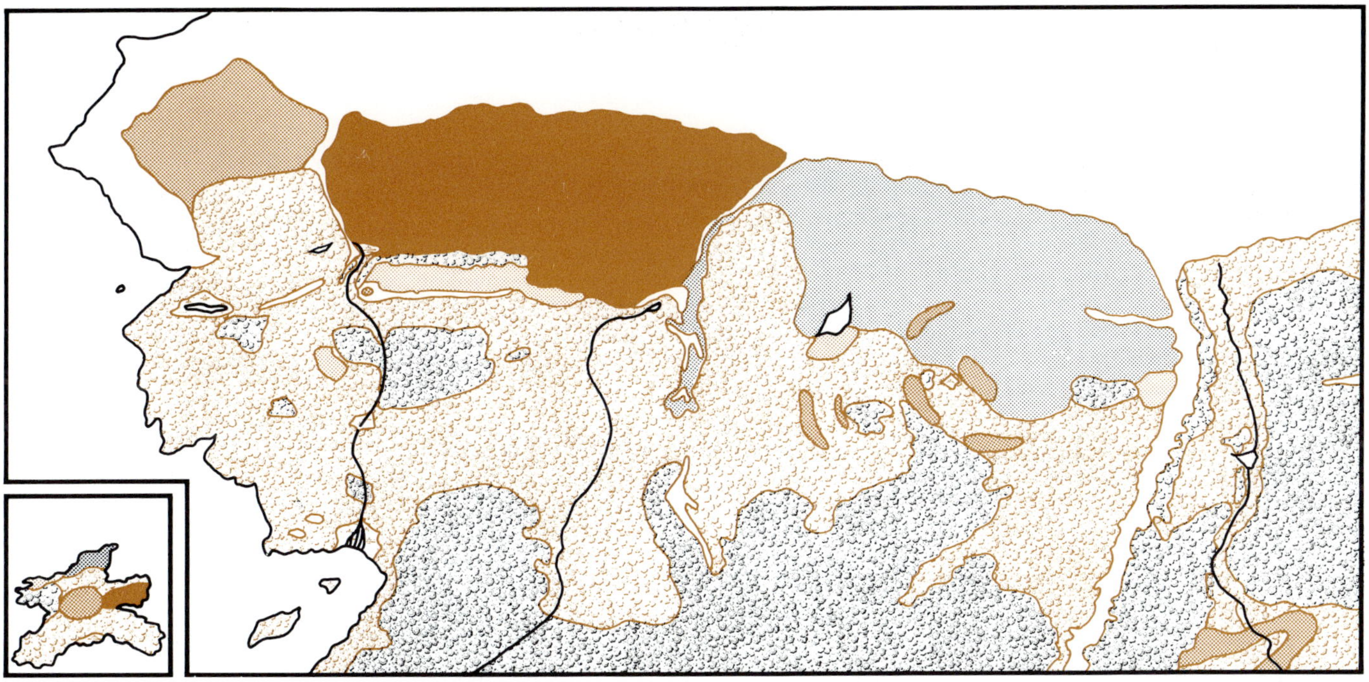

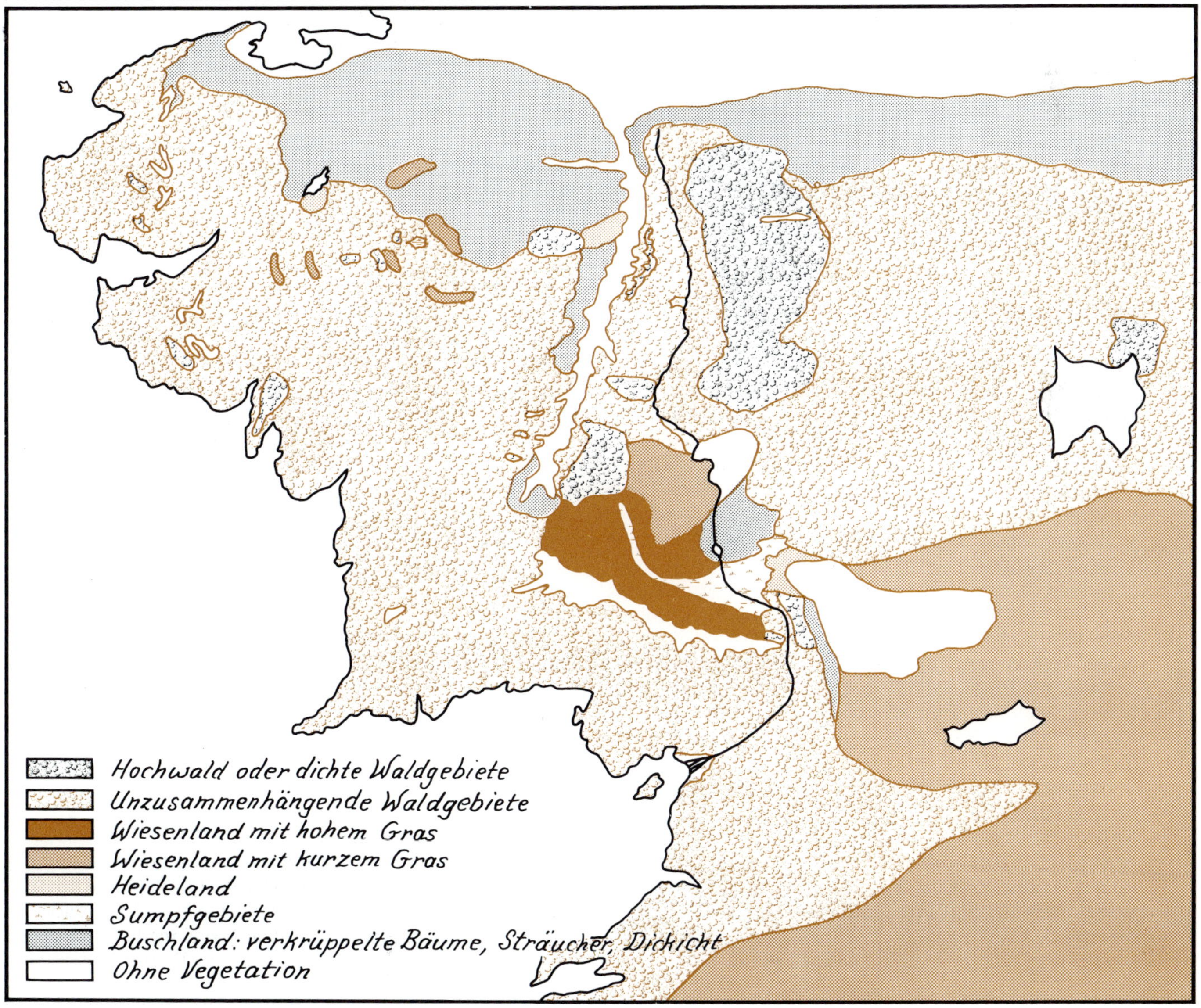

Hochwald oder dichte Waldgebiete
Unzusammenhängende Waldgebiete
Wiesenland mit hohem Gras
Wiesenland mit kurzem Gras
Heideland
Sumpfgebiete
Buschland: verkrüppelte Bäume, Sträucher, Dickicht
Ohne Vegetation

Bevölkerung

Wie in unserer Primärwelt vollzogen sich auch in Tolkiens Welt die Ausbreitung und der Rückstrom der freien Völker in dem Auf und Ab der Zeiten. Drei Zeiträume, die für die verschiedenen Geschichten am wichtigsten sind, wurden herausgegriffen: das Erste Zeitalter zur Zeit des Langen Friedens (S 132); das Zweite Zeitalter, beschränkt auf Númenor; und das Dritte Zeitalter unmittelbar vor dem Ringkrieg. Bei den geringen Angaben Tolkiens ist nur eine relative Bevölkerungsdichte auf den Karten dargestellt worden.

Das Erste Zeitalter

Als die Noldor plötzlich von Valinor zurückkehrten, fanden sie den größten Teil Beleriands bereits von Völkern in Besitz genommen, die weit zahlreicher waren als sie selbst (S 104; 126 f.; III 457): die Sindar und die Grün-Elben von Ossiriand. Die Noldor besiedelten deshalb die zerklüfteten Hochlande nördlich von Beleriand und belagerten Morgoth (S 126 f.). Einige wenige Landstriche waren unbewohnt: Lammoth, Ard-galen und Lothlann; Nevrast, nachdem Turgons Volk nach Gondolin gezogen war; zerklüftete Hochlande wie das mittlere Dorthonion; Dimbar; das Tal des Schrecklichen Todes, wo Ungolianth wohnte; Marschgebiete und der dichte Wald Taur-im-Duinath (S 92 f.; 133—140). Während des Langen Friedens erschienen zum ersten Mal Sterbliche Menschen, und ihre Scharen gesellten sich zu denen der Elben. Viele blieben östlich von Doriath in Estolad. Diejenigen, die fortgingen, siedelten im nordöstlichen Dorthonion, im Wald von Brethil und im Süden und Norden der Ered Wethrin (S 160; 161 f.; 165 f.). Zwei andere freie Völker wohnten ebenfalls in den Ländern des Westens — Zwerge und Ents. Die Zwerge hatten sich ihre unterirdischen Wohnsitze Belegost und Nogrod auf der Ostseite der Blauen Berge gegraben (S 104). Obwohl sie nach Beleriand kamen, um zu arbeiten, war ihre Anwesenheit dort nur vorübergehend (S 106; 129). Die Ents durchwanderten offensichtlich die Wälder, denn Baumbarts Lied spricht von zahlreichen Ents in den Wäldern (II 79); Ents waren es auch, welche die Zwerge erschlugen, die Thingol getötet hatten (S 262).

Östlich der Blauen Berge durchstreiften Dunkel-Elben und Ents die ausgedehnten Wälder, während die Menschen sich in die offeneren Gebiete begaben. Als die Vorväter der Edain in den Westen gewandert waren, hatten sich einige entlang der Straße niedergelassen: östlich vom Düsterwald, im Tal des Anduin und in Eriador. Sie wurden die Vorfahren der Rohirrim, der Waldmenschen, der Beorninger, der Menschen von Thal und der Menschen, die Aldarion im Zweiten Zeitalter traf (III 458). Menschen anderer Herkunft bevölkerten die Täler des Weißen Gebirges, zogen nördlich ins Dunland und sogar bis Bree (I 186; III 456—458; ME 286 f.). In einigen der genannten Gebiete wohnten die Drúedain, Vorfahren der Wilden Menschen von Drúadan, die sogar bis nach Brethil gelangten (III 458; ME 491—495). Andere Menschen lebten weit im Osten und im Süden, in Rhûn und Harad (III 133; 367). Menschen hatten sogar den Weg bis in die eisigen Landstriche nahe den Eisenbergen gefunden. Dieses waren die Forodwaith, das »Nord-Volk«. Ihre Abkömmlinge, die Lossoth, blieben sogar noch in den kalten Regionen, als die westlichen Lande versunken waren (III 363).

Das Zweite Zeitalter

Die nach Númenor versetzten Edain breiteten sich über ihr neues Land aus, und ihre Zahl nahm bis zum Ende des Zeitalters ständig zu. Das am dichtesten bevölkerte Gebiet war Arandor, das »Königsland«, mit den Städten Armenelos und Rómenna (ME 225). Der Hafen von Andúnië war zu Beginn des Zeitalters ebenfalls groß gewesen, doch als die Elben und die Edain sich fremd wurden, gab man ihn nach und nach auf (S 295).

Es gab noch andere Häfen an der Westküste und Fischerdörfer im Süden, doch die Hauptmasse der Insel hatte ländlichen Charakter und wurde im wesentlichen von Bauern, Hirten und Waldleuten bevölkert. Nur der Meneltarma, die kahlen nördlichen Hügel und die Sümpfe des Südens waren völlig unbewohnt (ME 225—230).

Das Dritte Zeitalter

Am Ende des Dritten Zeitalters war Mittelerde außerordentlich dünn besiedelt. Die Elben waren weiterhin nach Westen gesegelt, bis jene im nordöstlichen Düsterwald, in Lórien, Bruchtal und bei den Grauen Anfurten schließlich die einzigen waren, die in Mittelerde geblieben waren (H 171; I 64; 105; 325; 384; III 413). Die Zwerge waren aus ihren Wohnsitzen vertrieben worden und hatten sich hauptsächlich in den Blauen Bergen, den Eisenbergen und am Einsamen Berg niedergelassen (III 398 f.; 403; 407; 415—417). Das Reich von Arnor war im Grunde genommen durch Krieg und Pest entvölkert (III 361—366; 390). In den ganzen riesigen Landen Eriadors waren die einzigen erkennbaren Siedlungen die im Auenland und die bei Bree — das Land jenseits davon wurde die Verlorenen Lande genannt. Im äußersten Norden lebten die Lammoth, und westlich von Isengart gab es noch Völker im südlichen Dunland und entlang der Küste (III 294; 363; ME 349; 504).

Gondor war es besser ergangen (III 21; 367), weil nämlich ein großer Teil seiner Bevölkerung in den Städten und verteilt über die Lande südlich des Weißen Gebirges, entlang der Küsten und sogar in den Gebirgstälern wohnte (III 44). Nördlich der Gebirge hatten die Rohirrim sich niedergelassen (III 389). Die Gebiete um Edoras und das Tal der Westfold waren am dichtesten besiedelt (II 125; 150; III 81). Das Ödland wurde in der Hauptsache als Weideland genutzt (II 40).

Die Zahl der Menschen in den oberen Tälern des Anduin und in der Nähe des Einsamen Berges (H 109; I 278) hatte langsam zugenommen; offenbar waren sie noch östlich des Düsterwaldes anzutreffen (H 180; I 279). Jenseits des Meers von Rhûn und südlich von Mordor, in Khand, Harad und besonders in Umbar lebten die Ostlinge und die Südländer, die mit Sauron verbündet waren (III 133).

Nach der Schlacht der Fünf Heere war die Zahl der Orks klein, und sie waren »schreckerfüllt« (H 294); doch nur 77 Jahre darauf hatte sich ihre Zahl wieder vervielfacht (I 63). Saruman hatte eine Armee aufgestellt (II 194), Dol Guldur war zurückerobert worden, und der Nordwesten von Mordor war mit riesigen, die Grenzen sprengenden Heeren angefüllt (III 224 f.; 230; 423).

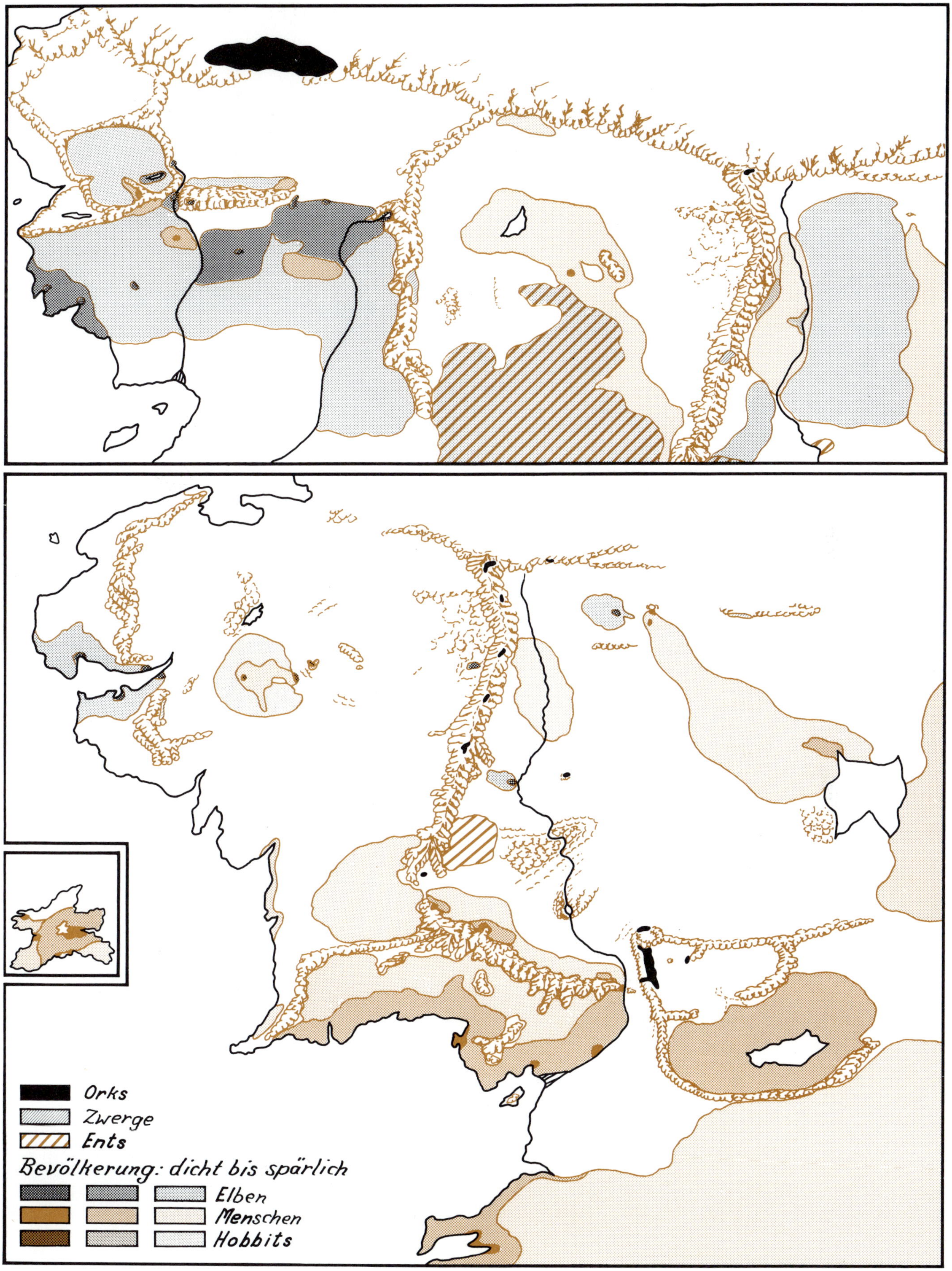

Bevölkerung
oben: Erstes Zeitalter *Nebenkarte:* Zweites Zeitalter
unten: Drittes Zeitalter

Sprachen

Es ist angemessen, daß die Sprachen in diesem Atlas ebenfalls behandelt werden, denn die Philologie war Tolkiens Fachgebiet. Überdies hatte Tolkiens Idee, eine umfassende Mythologie zu schaffen, ihren Ursprung »in seinem Hang, Sprachen zu erfinden... Er hatte gemerkt, daß er den Sprachen eine ›Geschichte‹ geben [mußte], in der sie sich entwickeln könnten«.[46]

So hat Tolkien, getreu seinem außerordentlich kreativen Geist, nicht nur eine, sondern mehrere Sprachen erfunden. Die vollständigsten waren die zwei Formen des Elbischen: Quenya, das Hochelbische, und Sindarin, das Grauelbische (III 456). Außerdem gab es Ansätze zu zahlreichen weiteren Sprachen, die weniger weit entwickelt wurden: Waldelbisch, Entisch, Khazâd, verschiedene Menschliche Sprachen und die Schwarze Sprache (III 456—460). Alle Elbensprachen (S 158) wie auch die der Edain und der mit ihnen verwandten Nordmenschen waren miteinander verwandt (III 456; 458). Die sonstigen erwähnten Sprachen waren völlig anderer Art als das Elbische oder als jede der anderen Sprachen. Unterschiede und Ähnlichkeiten ergaben sich durch die verschiedenen Abläufe der Wanderungen. Gegen Ende des Ersten Zeitalters waren alle ursprünglichen Sprachen und Mundarten vorhanden. Das Zweite und das Dritte Zeitalter waren Perioden abnehmender Isolierung mit der sie begleitenden Vermischung von Sprachen, die schließlich im Dritten Zeitalter zur Ausbildung der Gemeinsamen Sprache führte. Wenn man Sprachen kartographisch erfassen will, ist dazu mehr nötig als die Kenntnis der Gegend, in der jede von ihnen in Gebrauch war. Es war auch notwendig zu untersuchen, welche Sprachen historisch miteinander verwandt waren, denn dann konnten die Farben und Flächen der Karte die Beziehungen zwischen den Völkern in Tolkiens Welt widerspiegeln.

Die Elben begannen ihre große Wanderung nach Westen, aber einige überschritten nie die Blauen Berge; einige blieben in Beleriand; wieder andere zogen nach Valinor weiter und kehrten später zurück. Die Elbensprachen spiegelten diese drei Hauptspaltungen wider. Die Dunkel-Elben sprachen verschiedene Dialekte des *Waldelbischen.* Die Grau-Elben benutzten *Sindarin.* Die Noldor sprachen *Quenya,* die Hochsprache des Westens; jedoch nach ihrer Rückkehr nach Beleriand wurde deren Gebrauch aufgegeben (außer für Überlieferung und Dichtung), ausgenommen vielleicht in Gondolin (S 146; III 455 f.; ME 55).

Die Menschen schienen ursprünglich keine gemeinsame Sprache gehabt zu haben, denn einige Sprachen waren vollkommen andersartig. Mindestens vier getrennte Gruppen entstanden: der Stamm der Edain, der Stamm der Dunländer, die Drúedain und verschiedene Südländer und Ostlinge (III 456—458; ME 498; 517 f.). Die Menschen aus dem Süden drangen bis in das Weiße Gebirge und weiter bis nach Bree vor. Die Menschen des Nordens siedelten östlich und westlich des Düsterwaldes und waren von jenen getrennt, die nach Beleriand weiterzogen: die Edain (III 456—458). Solange die Edain in Beleriand waren, benutzten sie *Sindarin* (S 165). Als sie jedoch während des Zweiten Zeitalters nach Númenor übersiedelten, gaben sie das Elbische allmählich auf und sprachen Adûnaïsch — die Sprache des Dritten Hauses (der Menschen von Dor-lómin), angereichert mit elbischen Ausdrücken; gleichwohl wurde Sindarin in Eldalonde und Andúnië weiterhin gesprochen, bis die Besuche der Elben aufhörten (S 158; 165 f.; III 457 f.; ME 289). In den Kolonien der Númenórer rund um die Bucht von Belfalas vermischte sich ihr Adûnaïsch in wachsendem Maße mit den Südlichen Menschensprachen der Menschen von den Bergen. Als die Reiche im Exil begründet wurden und an Macht gewannen, wurde dieses Gemisch aus Sindarin und südlichen und nördlichen Menschensprachen zum *Westron,* der »Gemeinsamen Sprache«. Sie wurde schließlich überall innerhalb der alten Grenzen von Arnor und Gondor gesprochen, sogar von Feinden; gleichwohl hielten auch einige Völker an ihren eigenen Sprachen fest (III 458). Zusätzlich zur Gemeinsamen Sprache wurden am Ende des Dritten Zeitalters noch folgende Sprachen gesprochen: Sindarin, Waldelbisch, Entisch, Rohirrisch, die Sprachen der Dunländer, der Drúedain (die Wasa von Drúadan), der Ostlinge und Südländer, die Vielzahl von Ork-Mundarten (verquickt mit Sprachen anderer Völker) und die Schwarze Sprache, die von Sauron erfunden wurde.

Sprachen
oben: Erstes Zeitalter *Nebenkarte:* Zweites Zeitalter ▶
unten: Drittes Zeitalter

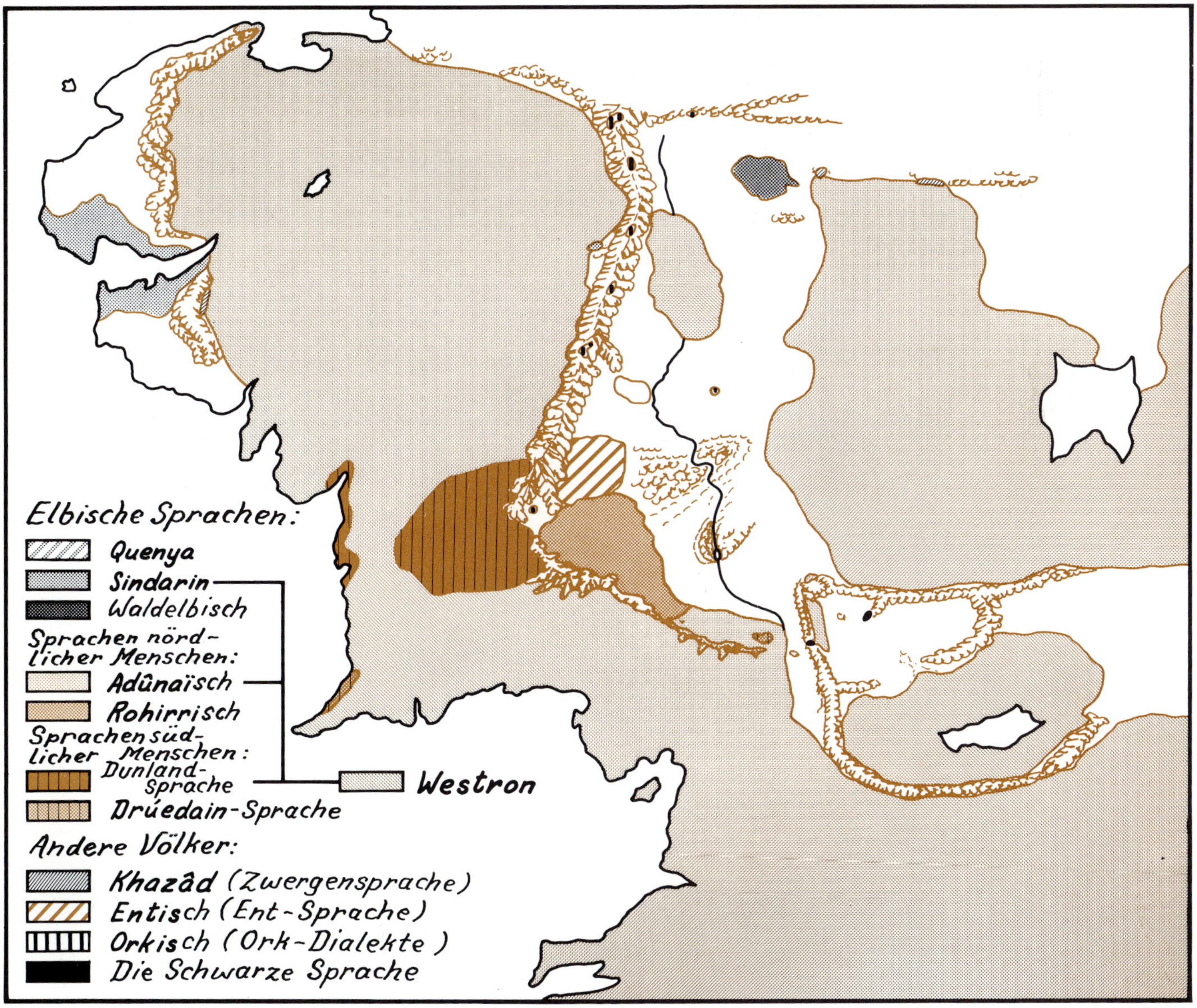
Elbische Sprachen:
Quenya
Sindarin
Waldelbisch
Sprachen nördlicher Menschen:
Adûnaïsch
Rohirrisch
Sprachen südlicher Menschen:
Dunland-Sprache
Drúedain-Sprache
Westron
Andere Völker:
Khazâd (Zwergensprache)
Entisch (Ent-Sprache)
Orkisch (Ork-Dialekte)
Die Schwarze Sprache

ENTWICKLUNG DER SPRACHEN

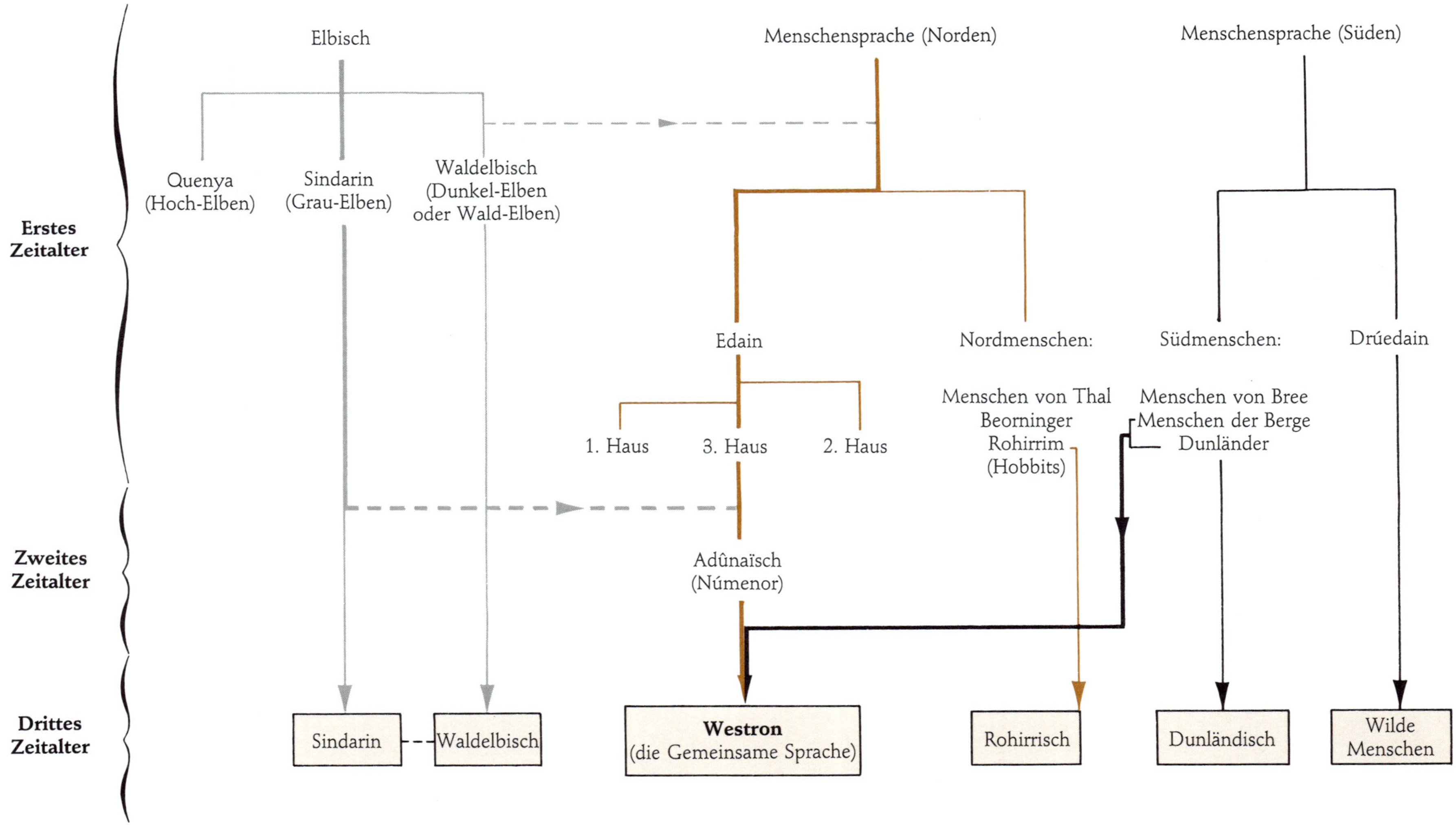

Eigenständige Sprachen:

Khazâd (Zwerge)
Entisch
Schwarze Sprache

Zuordnung unsicher:

Ostlinge
Südländer
Forodwaith (Schneemenschen)

Anhang

Die folgenden Tabellen wurden unter Benutzung der Meßwerte aus den entsprechenden Regionalkarten und/oder politischen Karten zusammengestellt.

Gebirgsketten

Gebirgszug		Länge in Meilen
Eisenberge		unbekannt
Die Pelóri		unbekannt
Gebirge von Mordor		1.282
Aschenberge	498	
Südl. Ephel Dúath	501	
Westl. Ephel Dúath	283	
Weißes Gebirge		852
Nebelgebirge (mit den Bergen von Angmar)		702
Graues Gebirge		580
Blaue Berge (1. Zeitalter)		678
Blaue Berge (3. Zeitalter)		559
Südl. Blaue Berge	170	
Nördl. Blaue Berge	389	

Wasserflächen im Binnenland

Meer oder See	Größe in Quadratmeilen
Meer von Rhûn	17.898
Nûrnenmeer	5.718
Nenuial-See	639
Linaewen-See	407
Mithrim-See	256
Nen Hithoel	244
Helevorn-See	105
Langer See	93

Flüsse

Fluß / Flüsse	Länge in Meilen
Anduin der Große	1.388
Waldfluß/Eilend	835
Gelion	780
Weißquell/Grauflut	689
Brandywein	573
Isen	395
Sirion	390
Lefnui	382
Lhûn	307

Ausdehnung der Reiche

Land		Größe in Quadratmeilen
Wiedervereinigtes Königreich (4. Zeitalter)		909.510
Gondor (größte Ausdehnung)		716.426
Südliches Königreich (mit Harondor)	471.158	
Östliche Staatsgebiete	206.511	
Umbar	38.757	
Harad		486.776
Arnor		245.847
Arthedain	113.957	
Cardolan	83.299	
Rhudaur	48.880	
Númenor		167.961
Rohan		52.763
Das Auenland		21.400

Anmerkungen

1 Resnick, 41.
2 Carpenter, 109.
3 Kocher, 13.
4 nach: »Encyclopedia Americana«, Stichwort: Columbus.
5 MacKendrick, Greece and Rome: Builders of Our World. Washington 1968, 79.
6 Kilby, 52.
7 Resnick, 41.
8 Kilby, 51.
9 Das alte Wort »league« (Meile) wird hier wie im *Herrn der Ringe* mit »Wegstunde« übersetzt (nach Tolkien etwa drei englische Meilen, entspricht 4,8 km); Meilenangaben im Atlas beziehen sich auf die Englische Meile (= 1,609 km). [Anm. d. Übers.]
10 z. B. nach Webster's, Seventh New Collegiate Dictionary. Springfield, Mass., 1965, 480.
11 Noel, Mythology, 45; Howes, 14.
12 vgl. dazu: Bodman.
13 Collingwood, Knowing Your Trees. Washington 1945, 128.
14 Curran, et al., Atlas of Landforms. New York ^{2}1974, 44.
15 In ME heißt es (S. 491—504), daß einige Wilde Menschen mit den Haladin nach Beleriand kamen und dort schließlich den Namen Drúedain erhielten.
16 Ginsburg, Hg., Aldine University Atlas. Chicago 1969, 45.
17 vgl. MacKendrick, a.a.O. 79.
18 Es ist zu beachten, daß die Éothéod erst in die Täler des Anduin wanderten, nachdem die Angriffe der Wagenfahrer erfolgt waren (ME 382).
19 vgl. auch Porteus und Reynolds.
20 Die Ausnahmen waren Breredon und Grindwall, die nur in *Tom Bombadil* erwähnt werden.
21 Man beachte, daß diese Angabe nicht mit der auf Tolkiens Karte übereinstimmt.
22 vgl. dazu Meland.
23 Carpenter, 64f.
24 Espenshade, Hg., Goode's World Atlas. Chicago ^{15}1978, 164; 229.
25 vgl. dazu auch: Juhren, 5.
26 Niekas, 39f.
27 vgl. Harriman.
28 Whybrow, Antiquary's Exmoor: Microstudy (1. Dulverton 1970, 15f.
29 Byrne, Mrs. Byrne's Dictionary of Unusual, Obscure, and Preposterous Words. Secaucus, N.Y., 1975, 34.
30 zur Schreibweise vgl. ME 355.
31 In ME (S. 229) heißt es, die Mallorns von Númenor seien sogar noch höher gewesen.
32 Tolkiens Zeichnung (P 26) zeigt nicht einen, sondern vier Türme.
33 Marquette Archives. Dies bezieht sich auf ein anderes Bild und nicht auf P 27.
34 Marquette Archives. Auf dieser Zeichnung erscheinen die Zinnen Orthancs weiter auseinanderstehend als in P 27.
35 Marquette Archives. Von P 29 heißt es, es sei »von der Beschreibung im veröffentlichten Werk verschieden«. Die Archivzeichnung erscheint genauer.
36 Wäre der Turm breiter als 150 Fuß gewesen, hätte er trotz seiner Höhe von 300 Fuß (50 Klafter, vgl. III 21) plump gewirkt.
37 Die Seitenansicht in P 30 zeigt eine noch stärkere vertikale Vergrößerung.
38 Thornbury, Principles of Geomorphology. New York 1958, 491.
39 Man beachte, daß Baumbarts Schrittlänge nur ein Drittel von der jenes Baum-Mannes betrug, den Sams Vetter Hal in den Nordmooren traf (I 64).
40 Die angegebene Entfernung ist unvereinbar mit dem Maßstab auf Tolkiens Karte und mit der Entfernung zwischen Edoras und Minas Tirith nördlich der Berge. Sie ist zweifellos etwa 30 Meilen zu lang.
41 Die Entfernung wurde mit 100 Meilen angegeben, plus (wegen des Verlassens der Straße) 8 bis 10 Meilen; dies ist ein Kompromiß zwischen 100 Meilen und der in II 295 genannten Entfernung von »etwa 30 Wegstunden« (90 Meilen).
42 Man beachte, daß dies mit dem in III 423 genannten Datum nicht übereinstimmt.
43 vgl. dazu Juhrens vorzügliche Studie.
44 Es ist unsicher, ob in Brethil Birken (vgl. Noel, Languages, 120) oder Buchen wuchsen (III 460).
45 Noel, Languages, 167.
46 Carpenter, 109.

Auswahlbibliographie

I. Werke J. R. R. Tolkiens

Die Abenteuer des Tom Bombadil und andere Gedichte aus dem Roten Buch (The Adventures of Tom Bombadil and Other Verses from the Red Book). Stuttgart 1984.

Baum und Blatt (Tree and Leaf). Berlin 1982.

Bilder aus Mittelerde. Postkartenbuch. München 1984.

Der Herr der Ringe (The Lord of the Rings). Band 1: *Die Gefährten* (The Fellowship of the Ring). Stuttgart 1969. Band 2: *Die zwei Türme* (The Two Towers). Stuttgart 1970. Band 3: *Die Rückkehr des Königs* (The Return of the King). Stuttgart 1970.

Der kleine Hobbit (The Hobbit, or There and Back Again). München 1974.

Nachrichten aus Mittelerde (Unfinished Tales of Númenor and Middle-Earth). Stuttgart 1982.

Pictures by J. R. R. Tolkien. Vorwort und Anmerkungen von Christopher Tolkien. London 1979.

The Road Goes Ever On: A Song Cycle, mit Donald Swann. London ^{2}1978.

Das Silmarillion (The Silmarillion). Stuttgart 1978.

II. Über J. R. R. Tolkien

Carpenter, Humphrey. *Tolkien: Eine Biographie* (Tolkien: A Biography). Stuttgart 1979.

Carter, Lin. *Tolkien: A Look Behind »The Lord of the Rings«.* New York 1968.

Foster, Robert. *The Complete Guide to Middle-Earth.* London 1978.

Grotta-Kurska, Daniel. *Eine Biographie von J. R. R. Tolkien: Architekt von Mittelerde* (The Biography of J. R. R. Tolkien: Architect of Middle-Earth). Aalen 1979.

Helms, Randel. *Tolkien's World.* Boston 1974.

Kilby, Clyde S. *Tolkien and the Silmarillion.* Wheaton, Ill. 1976.

Kocher, Paul H. *Master of Middle-Earth: The Achievement of J. R. R. Tolkien.* London 1972.

Lobdell, Jared, Hg. *A Tolkien Compass.* LaSalle, Ill. 1975.

Noel, Ruth S. *The Languages of Middle-Earth.* Boston 1980.

Noel, Ruth S. *The Mythology of Middle-Earth.* London 1977.

Shippey, T. A. *The Road to Middle-Earth.* London 1982.

Strachey, Barbara. *Frodos Reisen: Der Atlas zu »Der Herr der Ringe«* (Journeys of Frodo: An Atlas of J. R. R. Tolkien's »The Lord of the Rings«). Stuttgart 1982.

Tyler, J. E. A. *The Tolkien Companion.* London 1976. Rev. Ausg.: *The New Tolkien Companion.* London 1979.

III. Zeitschriftenaufsätze

Goodknight, Glen. »A Comparison of Cosmological Geography in the Works of J. R. R. Tolkien, C. S. Lewis, and Charles Williams.« *Mythlore,* vol. I, no. 3 (Juli 1969), 18—22.

Howes, Margaret M. »The Elder Ages and the Later Glaciations of the Pleistocene Epoch.« *Tolkien Journal,* vol. 3, no. 2 (Frühjahr 1968), 3—15.

Jünger, Friedrich Georg. »Der Herr der Ringe.« *Scheidewege,* 1 (1976), 105—119.

Juhren, Marcella. »The Ecology of Middle Earth.« *Tolkien Journal/Mythlore,* vol. 11, no. 1 (Winter 1970), 4—6.

Kilby, Clyde / Richard Plotz. »Many Meetings with Tolkien.« *Niekas,* vol. 19 (1968), 39—40.

Mitchison, Naomi. »One Ring to Bind Them.« *New Statesman and Nation,* vol. 48 (September 18, 1954), 331.

Niekas, vol. 18 (1968), 39, 40.

Porteus, J. Douglas. »A Preliminary Landscape Analysis of Middle-Earth in Its Third Age.« *Landscape,* vol. 19, no. 2 (Januar 1975), 33—38.

Resnick, Henry. »Interview with Tolkien.« *Niekas,* vol. 18 (Frühjahr 1967), 37—43.

Reynolds, Robert C. »The Geomorphology of Middle-Earth.« *Swansea Geographer,* vol. 12 (1974), 67—71.

IV. Interviews

Dr. Andrew Bodman, 10. April 1979.

Dr. Neil Harriman, 3. August 1979.

Mrs. Jean Magnuson, 18. Oktober 1979.

Dr. Nils Meland, 15. April 1979.

V. Verschiedenes

Baynes, Pauline. »A Map of Middle-Earth.« London, 1970.

Marquette University, Department of Special Collections and University Archives. »John Ronald Reuel Tolkien Manuscript Collection.«

St. Clair, Gloria S. »Studies in the Sources of J. R. R. Tolkien's Lord of the Rings.« Unveröffentlichte Dissertation. University of Oklahoma, 1970.

Tedhams, Richard Warren. »Tolkien: An Annotated Glossary.« Unveröffentlichte Magisterarbeit. University of Oklahoma, 1967.

Tolkien, C. J. R. »Map of Beleriand and the Lands to the North.« Boston 1977.

Register der Ortsnamen

Dieses Register verzeichnet die Ortsnamen von *Arda* — Tolkiens Welt — in alphabetischer Reihenfolge. Viele der Orte haben zwei oder mehr Namen, die ausgewiesen werden, auch wenn einige auf keiner der Karten erscheinen. Die Lage jedes wichtigen Ortes ist durch die Angabe der entsprechenden Koordinaten gekennzeichnet. Orte im Auenland werden überdies durch die Nennung des jeweiligen *Viertels* oder der *Mark* näher bestimmt. Dabei werden folgende Abkürzungen verwendet:

OV = Ostviertel	WV = Westviertel	BK = Bockland
NV = Nordviertel	SV = Südviertel	WM = Westmark

Seitenverweise auf Nebenkarten werden in Klammern gesetzt.

CIP-Kurztitelaufnahme der Deutschen Bibliothek

Fonstad, Karen Wynn:
Historischer Atlas von Mittelerde / Karen Wynn Fonstad.
Aus dem Amerikanischen übersetzt von Hans J. Schütz. –
Stuttgart: Klett-Cotta, 1985.
(Hobbit Presse)
Einheitssachtitel: The atlas of Middle-Earth ⟨dt.⟩
ISBN 3-608-95023-0